2023

윤우혁

헌법
최신기출
문제집

윤우혁 편저

박영사

2023

윤우혁 헌법
최신기출문제집

"객관식 시험에서 기출문제의 중요성은 아무리 강조해도 지나치지 않다."

기출문제집은 이론서를 어느 정도 본 다음에 전체를 정리하는 과정으로 보는 것이 일반적 공부법이고, 그런 방법은 매우 유효하다. 저자는 이미 헌법 기출문제집을 출간한 바 있고 많은 수험생들이 그 책으로 합격으로 가는 길을 줄여서 갔다. 그런데 처음 헌법을 공부하는 학생들이 두꺼운 기출문제집을 보는 것은 시간적으로 무리이고 공부법으로도 비효율적인 점이 있다. 한편, 초심자들이 이론 공부를 하면서 실제기출이 어떻게 출제되는지를 몰라서 이론서를 공부할 때 강약을 조절하지 못하는 답답함도 있다. 또 공부가 많이 된 수험생도 최근의 기출만 별도로 정리하면서 경향을 파악할 필요가 있다. 이런 점을 고려하여 많은 수험생들의 요청에 부응하고자 이 책을 출간하게 되었다.

이 책은 2021 5급 공채, 2021 입법고시, 2021 국회직 8급, 2021 법무사, 2021 국가직 7급, 2021 서울시 지방직 7급, 2022 소방간부, 2022 경찰승진, 2022 변호사시험, 2022 5급 공채, 2022 경찰 1차로 구성되어 있다. 즉 최근 1년의 문제를 대상으로 하는 것이다. 문제의 배치는 시행처별로 이루어져 있다.

처음 공부하는 학생은 이론서와 함께 공부하면서 공부의 방향을 잡고, 시험을 눈앞에 둔 학생은 최근의 경향을 정리하는 방법으로 활용하면 합격에 많은 도움을 줄 것으로 본다. 점점 어려워지는 공무원 시험에 이 책이 도움이 될 것으로 보고 수험생들의 조속한 합격을 기원한다. 마지막으로 박영사의 임직원들께 감사드린다.

2022년 4월

윤우혁

Contents

2023 윤우혁 헌법 최신기출문제집

PART 01 헌법총론

구분	입법고시	5급 공채		국회직 8급	법무사 시험	국가직 7급	서울시 지방직 7급	소방간부	경찰승진	변호사 시험	경찰 1차
	21	21	22	21	21	21	21	22	22	22	22
01 헌법과 헌법학	1					2		1	2	1	1
02 대한민국 헌법 총설	3	2	6	4	6	6	4	3	4	5	3
출제율	4/25 (16%)	2/25 (8%)	6/25 (24%)	4/25 (16%)	6/20 (30%)	8/25 (32%)	4/20 (20%)	4/25 (16%)	6/40 (15%)	6/20 (30%)	4/20 (20%)

PART 02 기본권론

구분	입법고시	5급 공채		국회직 8급	법무사 시험	국가직 7급	서울시 지방직 7급	소방간부	경찰승진	변호사 시험	경찰 1차
	21	21	22	21	21	21	21	22	22	22	22
01 기본권총론	1	2	1	1			1		3		2
02 인간의 존엄과 가치	2	1	2	2	1	2	1	2	4	2	4
03 자유권적 기본권	3	3	2	3	3	3		4	11	2	4
04 경제적 기본권	2	1	1	1	2		1	1	2		1
05 정치적 기본권						1			1	1	1
06 청구권적 기본권				1		1	2		2		1
07 사회적 기본권	2	1	2	2	2	1	1		3	1	3
08 국민의 기본적 의무				1					1	1	
출제율	10/25 (40%)	8/25 (32%)	8/25 (32%)	11/25 (44%)	8/20 (40%)	8/25 (32%)	6/20 (30%)	7/25 (28%)	27/40 (67.5%)	7/20 (35%)	16/20 (80%)

PART 03 국가조직론

구분	입법고시	5급 공채		국회직 8급	법무사 시험	국가직 7급	서울시 지방직 7급	소방간부	경찰승진	변호사 시험	경찰 1차
	21	21	22	21	21	21	21	22	22	22	22
01 통치구조론의 이론적 기초											
02 통치구조론의 구성원리		1									
03 통치구조의 형태											
04 국회	5	4	3	3	1	4	3	3	2	1	
05 대통령과 행정부	1	5	4	1	2	2	3	6	1	2	
06 사법부(법원)	1	2	1	2	1	1	2				
07 헌법재판소와 헌법소송	4	3	3	4	2	2	2	5	4	4	
출제율	11/25 (44%)	15/25 (60%)	11/25 (44%)	10/25 (40%)	6/20 (30%)	9/25 (36%)	10/20 (50%)	14/25 (56%)	7/40 (17.5%)	7/20 (35%)	0/20 (0%)

2023
윤우혁 헌법 최신기출문제집

문제편

01

헌법전문(前文)에 대한 설명으로 옳지 않은 것은? (다툼이 있는 경우 판례에 의함)

① 우리 헌법은 전문에서 모든 사회적 폐습과 불의를 타파한다고 규정하고 있다.

② '헌법전문에 기재된 3·1정신'은 우리나라 헌법의 연혁적·이념적 기초로서 헌법이나 법률해석에서의 해석기준으로 작용한다고 할 수 있지만, 그에 기하여 곧바로 국민의 개별적 기본권성을 도출해 낼 수는 없다.

③ 국가는 일제로부터 조국의 자주독립을 위하여 공헌한 독립유공자와 그 유족에 대하여 응분의 예우를 하여야 할 법률상의 의무를 지닐 뿐 헌법적 의무를 지닌다고 보기는 어렵다.

④ 일제강점기에 일본군위안부로 강제동원되어 인간의 존엄과 가치가 말살된 상태에서 장기간 비극적인 삶을 영위하였던 피해자들의 훼손된 인간의 존엄과 가치를 회복시켜야 할 의무는 대한민국임시정부의 법통을 계승한 지금의 정부가 국민에 대하여 부담하는 가장 근본적인 보호의무에 속한다.

02

경제조항에 대한 설명으로 옳지 않은 것은?

① 국가는 농지에 관하여 경자유전의 원칙이 달성될 수 있도록 노력하여야 하며, 농지의 소작제도는 금지된다.

② 국가는 건전한 소비행위를 계도하고 생산품의 품질향상을 촉구하기 위한 소비자보호운동을 법률이 정하는 바에 의하여 보장한다.

③ 국가는 지역 간의 균형 있는 발전을 위하여 지역경제를 육성할 의무를 지나, 중소기업을 보호·육성하여야 할 의무를 지지 아니한다.

④ 국가는 농수산물의 수급균형과 유통구조의 개선에 노력하여 가격안정을 도모함으로써 농·어민의 이익을 보호한다.

03

형사보상청구권에 대한 설명으로 옳은 것은?

① 보상청구는 무죄재판을 한 법원의 상급법원에 대하여 하여야 한다.

② 보상을 청구하는 경우에는 국가배상을 청구할 수 없다.

③ 보상청구는 무죄재판이 확정된 사실을 안 날부터 3년, 무죄재판이 확정된 때부터 5년 이내에 하여야 한다.

④ 보상청구는 대리인을 통하여 할 수 없다.

04

법인의 기본권 주체성에 대한 설명으로 옳지 않은 것은? (다툼이 있는 경우 판례에 의함)

① 본래 자연인에게 적용되는 기본권 규정이라도 성질상 법인이 누릴 수 있는 기본권은 당연히 법인에게도 적용하여야 한다.

② 법인도 법인의 목적과 사회적 기능에 비추어 볼 때 그 성질에 반하지 않는 범위 내에서 인격권의 한 내용인 사회적 신용이나 명예 등의 주체가 될 수 있다.

③ 국립서울대학교는 공권력 행사의 주체인 공법인으로서 기본권의 '수범자'이므로 기본권의 주체가 될 수는 없다.

④ 법인 아닌 사단·재단이라고 하더라도 대표자의 정함이 있고 독립된 사회적 조직체로서 활동하는 때에는 성질상 법인이 누릴 수 있는 기본권을 침해당하게 되면 법인 아닌 사단·재단의 이름으로 헌법소원심판을 청구할 수 있다.

05

헌법상 금지되는 사전검열에 대한 설명으로 옳은 것만을 모두 고르면? (다툼이 있는 경우 판례에 의함)

> ㄱ. 「영화진흥법」이 규정하고 있는 영상물등급위원회에 의한 등급분류보류제도는 등급분류보류의 횟수제한이 없어 실질적으로 영상물등급위원회의 허가를 받지 않는 한 영화를 통한 의사표현이 무한정 금지될 수 있으므로 검열에 해당한다.
>
> ㄴ. 검열을 행정기관이 아닌 독립적인 위원회에서 행한다고 하더라도, 행정권이 주체가 되어 검열절차를 형성하고 검열기관의 구성에 지속적인 영향을 미칠 수 있는 경우라면 실질적으로 그 검열기관은 행정기관이라고 보아야 한다.
>
> ㄷ. 민간심의기구가 심의를 담당하는 경우에도 행정권이 개입하여 그 사전심의에 자율성이 보장되지 않는다면 이 역시 행정기관의 사전검열에 해당하게 된다.
>
> ㄹ. 헌법상 사전검열은 표현의 자유 보호대상이면 예외 없이 금지된다.

① ㄱ, ㄴ
② ㄱ, ㄷ, ㄹ
③ ㄴ, ㄷ, ㄹ
④ ㄱ, ㄴ, ㄷ, ㄹ

06

신체의 자유에 대한 설명으로 옳지 않은 것은? (다툼이 있는 경우 판례에 의함)

① 검찰수사관이 정당한 사유 없이 피의자신문에 참여한 변호인에게 피의자 후방에 앉으라고 요구한 행위는 변호인의 변호권을 침해하는 것이다.

② 외국에서 실제로 형의 집행을 받았음에도 불구하고 우리 형법에 의한 처벌 시 이를 전혀 고려하지 않더라도 과도한 제한이라고 할 수 없으므로 신체의 자유를 침해하지 아니한다.

③ 현행범인인 경우와 장기 3년 이상의 형에 해당하는 죄를 범하고 도피 또는 증거인멸의 염려가 있을 때에는 사후에 영장을 청구할 수 있다.

④ 헌법 제12조 제4항 본문에 규정된 '구속'은 사법절차에서 이루어진 구속뿐 아니라, 행정절차에서 이루어진 구속까지 포함한다.

07

기본권 보호의무에 대한 설명으로 옳지 않은 것은? (다툼이 있는 경우 판례에 의함)

① 국가의 기본권 보호의무는 기본권적 법익을 기본권 주체인 사인에 의한 위법한 침해 또는 침해의 위험으로부터 보호해야 하는 국가의 의무로서 주로 사인인 제3자에 의한 개인의 생명이나 신체의 훼손에서 문제된다.

② 국가가 기본권 보호의무를 어떻게 실현할 것인지는 입법자의 책임범위에 속하는 것으로서 보호의무 이행을 위한 행위의 형식에 관하여도 폭넓은 형성의 자유가 인정되고, 반드시 법령에 의하여야 하는 것은 아니다.

③ 「공직선거법」이 선거운동을 위해 확성장치를 사용할 수 있는 기간과 장소, 시간, 사용개수 등을 규정하고 있는 이상, 확성장치의 소음규제기준을 정하지 않았다고 하여 기본권 보호의무를 과소하게 이행하였다고 볼 수는 없다.

④ 국가가 국민의 법익을 보호하기 위하여 아무런 보호조치를 취하지 않았든지 아니면 취한 조치가 법익을 보호하기에 명백하게 부적합하거나 불충분한 경우에 한하여 국가의 보호의무의 위반을 확인할 수 있다.

08

보건에 관한 권리에 대한 설명으로 옳지 않은 것은? (다툼이 있는 경우 판례에 의함)

① 모든 국민은 보건에 관하여 국가의 보호를 받는다.

② 국가는 국민의 건강을 소극적으로 침해하여서는 아니 될 의무를 부담하는 것에서 한 걸음 더 나아가 적극적으로 국민의 보건을 위한 정책을 수립하고 시행하여야 할 의무를 부담한다.

③ 헌법 제10조, 제36조 제3항에 따라 국가는 국민의 생명·신체의 안전이 위협받거나 받게 될 우려가 있는 경우 국민의 생명·신체의 안전을 보호하기에 필요한 적절하고 효율적인 조치를 취하여 그 침해의 위험을 방지하고 이를 유지할 포괄적 의무를 진다.

④ 국민의 보건에 관한 권리는 국민이 자신의 건강을 유지하는 데 필요한 국가적 급부와 배려까지 요구할 수 있는 권리를 포함하는 것은 아니다.

09

개인정보자기결정권에 대한 설명으로 옳지 않은 것은? (다툼이 있는 경우 판례에 의함)

① 헌법재판소는 수사를 위하여 필요한 경우 검사 또는 사법경찰관이 전기통신사업자에게 기지국을 이용하여 착·발신한 전화번호 등의 통신사실 확인자료의 제공을 요청할 수 있도록 하는 「통신비밀보호법」 제13조 제1항이 과잉금지원칙에 위반되어 정보주체의 개인정보자기결정권을 침해한다고 판시하였다.

② '각급학교 교원의 교원단체 및 교원노조 가입현황 실명자료'를 인터넷을 통하여 일반 대중에게 공개하는 국회의원의 행위는 해당 교원들의 개인정보자기결정권을 침해한다.

③ 개인정보자기결정권은 자신에 관한 정보가 언제 누구에게 어느 범위까지 알려지고 또 이용되도록 할 것인지를 그 정보주체가 스스로 결정할 수 있는 권리로서, 헌법 제10조 제1문에서 도출되는 일반적 인격권 및 헌법 제17조의 사생활의 비밀과 자유에 의하여 보장된다.

④ 수형인등이 재범하지 않고 상당 기간을 경과하는 경우에는 재범의 위험성이 그만큼 줄어든다고 할 것임에도 일률적으로 이들 대상자가 사망할 때까지 디엔에이신원확인정보를 보관하는 것은 과잉금지원칙에 위반하여 수형인등의 개인정보자기결정권을 침해한다.

10

대통령에 대한 설명으로 옳지 않은 것은?

① 대통령은 필요하다고 인정할 때에는 국회의 동의를 얻어 외교·국방·통일 기타 국가안위에 관한 중요정책을 국민투표에 붙인다.

② 대통령이 재직 중 탄핵결정을 받아 퇴임한 경우 '필요한 기간의 경호 및 경비'를 제외하고는 「전직대통령 예우에 관한 법률」에 따른 전직대통령으로서의 예우를 하지 아니한다.

③ 대통령은 조약을 체결·비준하고, 외교사절을 신임·접수 또는 파견하며, 선전포고와 강화를 한다.

④ 대통령은 조국의 평화적 통일을 위한 성실한 의무를 지며, 이에 대해 취임에 즈음하여 선서한다.

11

행정부에 대한 설명으로 옳지 않은 것은? (다툼이 있는 경우 판례에 의함)

① 감사원장은 국회의 동의를 얻어 대통령이 임명하고, 그 임기는 4년으로 하며, 1차에 한하여 중임할 수 있다.

② 「정부조직법」상 정부의 구성단위로서 그 권한에 속하는 사항을 집행하는 모든 중앙행정기관이 곧 헌법 제86조 제2항 소정의 행정각부라고 할 것이다.

③ 국가안전 보장에 관련되는 대외정책·군사정책과 국내정책의 수립에 관하여 국무회의의 심의에 앞서 대통령의 자문에 응하기 위하여 국가안전보장회의를 둔다.

④ 군인은 현역을 면한 후가 아니면 국무위원으로 임명될 수 없다.

12

국무총리에 대한 설명으로 옳지 않은 것은?

① 국무총리는 국무회의의 부의장이 된다.

② 국무총리가 탄핵결정을 받은 때에는 공직으로부터 파면함에 그치지만, 이에 의하여 민사상이나 형사상의 책임이 면제되지는 아니한다.

③ 국무총리는 중앙행정기관의 장의 명령이나 처분이 위법 또는 부당하다고 인정될 경우에는 대통령의 승인을 받지 않고 이를 중지 또는 취소할 수 있다.

④ 국무총리는 국회의 동의를 얻어 대통령이 임명하며, 행정에 관하여 대통령의 명을 받아 행정각부를 통할한다.

13

다음 사례에 대한 설명으로 옳지 않은 것은? (다툼이 있는 경우 판례에 의함)

> 甲은 간통하였다는 범죄사실로 기소되어 형사재판을 받던 중 담당법원에 2011.8.26. 구「형법」제241조가 위헌이라 며 위헌법률심판제청을 신청하였다. 헌법재판소가 위 법률 조항에 대하여 1990.9.10., 1993.3.11., 2001.10.25. 세 차례에 걸쳐 합헌결정을 내린 바 있고, 담당법원은 합헌결정의 주요근거를 이유로 위 신청을 기각하였다. 이에 甲은 2014.3.13. 헌법재판소에 「헌법재판소법」제68조 제2항에 의한 헌법소원심판을 청구하였다.
>
> [심판대상조항]
> 구「형법」(1953.9.18. 법률 제293호로 제정되고, 2016. 1.6. 법률 제13719호에 의하여 삭제되기 전의 것)
> 제241조【간통】① 배우자 있는 자가 간통한 때에는 2년 이하의 징역에 처한다. 그와 상간한 자도 같다.
>   ② 전항의 죄는 배우자의 고소가 있어야 논한다. 단 배우자가 간통을 종용 또는 유서한 때에는 고소할 수 없다.

① 위 사례에서 심판대상조항에 대하여 위헌결정을 선고하는 경우, 침해되는 甲의 기본권은 성적 자기결정권 및 사생활의 비밀과 자유이다.

② 위 사례에서 위헌결정이 선고되는 경우 결정선고 이전에 심판대상조항에 의하여 유죄의 확정판결을 받은 사람들은 당연히 구제되는 것은 아니고 법원에 개별적으로 재심을 청구하여야 한다.

③ 위 사례에서 헌법재판관들의 의견이 위헌 3인, 헌법불합치 4인, 합헌 2인으로 나뉘는 경우 헌법재판소는 심판대상조항의 헌법불합치를 주문에서 선고하여야 한다.

④ 위 사례에서 심판대상조항에 대하여 위헌결정을 선고하는 경우, 이는 형벌조항에 대한 위헌결정이므로 예외적으로 심판대상조항은 제정된 때로 소급하여 효력을 상실하게 된다.

14

국무회의에 대한 설명으로 옳지 않은 것은?

① 의장과 부의장이 모두 사고로 직무를 수행할 수 없는 경우에는 기획재정부장관이 겸임하는 부총리, 교육부장관이 겸임하는 부총리 및 「정부조직법」제26조 제1항에 규정된 순서에 따라 국무위원이 그 직무를 대행한다.

② 국무위원은 정무직으로 하며 의장에게 의안을 제출할 수 있으나, 국무회의의 소집을 요구할 수는 없다.

③ 국무회의는 대통령·국무총리와 15인 이상 30인 이하의 국무위원으로 구성한다.

④ 국정처리상황의 평가·분석은 국무회의의 심의를 거쳐야 한다.

15

권한쟁의심판에 대한 설명으로 옳은 것은? (다툼이 있는 경우 판례에 의함)

① 「헌법재판소법」제62조 제1항 제1호가 국가기관 상호 간의 권한쟁의심판을 '국회, 정부, 법원 및 중앙선거관리위원회 상호 간의 권한쟁의심판'이라고 규정하고 있으므로, 이들 기관 외에는 권한쟁의심판의 당사자가 될 수 없다.

② 정당은 공권력 행사주체로서 국가기관의 지위를 가지므로 권한쟁의심판의 당사자가 될 수 있다.

③ 교섭단체가 갖는 권한은 원활한 국회 의사진행을 위하여 헌법이 인정하는 권한이므로, 교섭단체는 그 권한침해를 이유로 권한쟁의심판의 당사자가 될 수 있다.

④ 권한쟁의심판은 피청구인의 처분 또는 부작위가 헌법 또는 법률에 의하여 부여받은 청구인의 권한을 침해하였거나 침해할 현저한 위험이 있는 경우에만 청구할 수 있다.

16

법원에 대한 설명으로 옳지 않은 것은?

① 재판의 심리와 판결은 국가의 안전보장 또는 안녕질서를 방해하거나 선량한 풍속을 해할 염려가 있을 때에는 법원의 결정으로 공개하지 아니할 수 있다.

② 법관이 중대한 심신상의 장해로 직무를 수행할 수 없을 때에는 법률이 정하는 바에 의하여 퇴직하게 할 수 있다.

③ 군사법원의 상고심은 대법원에서 관할한다.

④ 대법원장과 대법관이 아닌 법관은 대법관회의의 동의를 얻어 대법원장이 임명한다.

17

선거관리위원회에 대한 설명으로 옳지 않은 것은?

① 중앙선거관리위원회 위원의 임기는 6년으로 하며, 법률이 정하는 바에 의하여 연임할 수 있다.

② 중앙선거관리위원회는 대통령이 임명하는 3인, 국회에서 선출하는 3인과 대법원장이 지명하는 3인의 위원으로 구성하며, 위원장은 위원 중에서 호선한다.

③ 중앙선거관리위원회 위원은 정당에 가입하거나 정치에 관여할 수 없다.

④ 선거에 관한 경비는 법률이 정하는 경우를 제외하고는 정당 또는 후보자에게 부담시킬 수 없다.

18

국회의 안건의 신속처리에 대한 설명으로 옳은 것은?

① 신속처리안건에 대한 지정동의가 소관 위원회 위원장에게 제출된 경우 안건의 소관 위원회 위원장은 지체 없이 신속처리안건 지정동의를 기명투표로 표결한다.

② 소관 위원회는 원칙적으로 신속처리대상안건에 대한 심사를 그 지정일부터 90일 이내에 마쳐야 한다.

③ 법제사법위원회가 신속처리대상안건에 대하여 그 지정일부터 60일 이내에 심사를 마치지 아니하였을 때에는 그 기간이 끝난 다음 날에 법제사법위원회에서 심사를 마치고 바로 본회의에 부의된 것으로 본다.

④ 신속처리대상안건을 심사하는 안건조정위원회는 그 안건이 관련 규정에 따라 법제사법위원회에 회부되거나 바로 본회의에 부의된 것으로 보는 경우에는 안건조정위원회의 활동기한이 남았더라도 그 활동을 종료한다.

19

국회에 대한 설명으로 옳지 않은 것은?

① 국회는 정부의 동의 없이 정부가 제출한 지출예산 각항의 금액을 증가하거나 새 비목을 설치할 수 없다.

② 국회의원의 자격심사청구, 예산안에 대한 수정동의는 각각 의원 50명 이상의 찬성이 있어야 한다.

③ 국회의원이 본회의에 부의된 안건에 대하여 '무제한토론'을 하려는 경우에는 재적의원 3분의 1 이상이 서명한 요구서를 의장에게 제출하여야 한다.

④ 국회의 경호업무는 의장의 지휘를 받아 수행하되, 경위는 회의장 건물 안에서, 경찰공무원은 회의장 건물 밖에서 경호한다.

20

국회의 위원회에 대한 설명으로 옳은 것은?

① 정보위원회의 위원은 의장이 각 교섭단체 대표의원으로부터 해당 교섭단체 소속 의원 중에서 후보를 추천받아 부의장 및 각 교섭단체 대표의원과 협의하여 선임하거나 개선하며, 각 교섭단체 대표의원은 정보위원회의 위원이 된다.

② 예산결산특별위원회와 윤리특별위원회는 활동기한을 정해서 그 기한의 종료 시까지만 존속한다.

③ 정무위원회는 대통령비서실과 국무총리비서실의 소관사항을 관장한다.

④ 소위원회는 폐회 중에는 활동할 수 없으며, 법률안을 심사하는 소위원회는 매월 2회 이상 개회한다.

21

국회의원선거에 대한 설명으로 옳지 않은 것은?

① 국회의원선거구획정위원회는 중앙선거관리위원회 위원장이 위촉하는 9명의 위원으로 구성하되, 위원장은 위원 중에서 호선한다.

② 국회는 국회의원지역구를 선거일 전 180일까지 확정하여야 한다.

③ 국회의원의 임기가 개시된 후에 실시하는 보궐선거에 의한 의원의 임기는 당선이 결정된 때부터 개시되며 전임자의 잔임기간으로 한다.

④ 선거일 현재 금고 이상의 형의 선고를 받고 그 형이 실효되지 아니한 자는 피선거권이 없다.

22

탄핵심판에 대한 설명으로 옳은 것은?

① 탄핵의 대상이 되는 공직자는 대통령, 국무총리, 국무위원, 행정각부의 장, 헌법재판소 재판관, 법관, 중앙선거관리위원회 위원, 감사원장, 감사위원 기타 법률이 정한 공무원이다.

② 대통령에 대한 탄핵소추는 국회재적의원 3분의 1 이상의 발의와 국회재적의원 과반수의 찬성에 의한 의결로 이루어지고, 탄핵의 결정에는 헌법재판소 재판관 6인 이상의 찬성이 있어야 한다.

③ 탄핵심판이 있을 때까지 탄핵소추의 의결을 받은 자의 권한행사가 정지되는지 여부에 대하여 헌법상 명문으로 규정하고 있지 않다.

④ 탄핵심판은 고위공직자에 의한 헌법침해로부터 헌법을 보호하기 위한 헌법재판제도로서, 제5차 개정헌법에서 최초 도입된 이래로 존속되어 온 제도이다.

23

사법권의 독립에 대한 설명으로 옳지 않은 것은? (다툼이 있는 경우 판례에 의함)

① 명령·규칙 또는 처분이 헌법이나 법률에 위반되는 여부가 재판의 전제가 된 경우에는 대법원은 이를 최종적으로 심사할 권한을 가진다.

② 국정감사 또는 국정조사는 계속 중인 재판에 관여할 목적으로 행사되어서는 아니 된다.

③ 대법원장은 다른 국가기관으로부터 법관의 파견근무요청을 받은 경우에 업무의 성질상 법관을 파견하는 것이 타당하다고 인정되면 해당 법관이 파견근무에 동의하지 않는 경우에도 이를 허가할 수 있다.

④ 형사재판에 있어서 사법권 독립은 심판기관인 법원과 소추기관인 검찰청의 분리를 요구함과 동시에 법관이 실제 재판에 있어서 소송당사자인 검사와 피고인으로부터 부당한 간섭을 받지 않은 채 독립하여야 할 것을 요구한다.

24

지방자치에 대한 설명으로 옳지 않은 것은? (다툼이 있는 경우 판례에 의함)

① 지방자치단체는 주민의 복리에 관한 사무를 처리하고 재산을 관리하며, 법령의 범위 안에서 자치에 관한 규정을 제정할 수 있다.

② 헌법 제117조와 제118조에 의하여 제도적으로 보장되는 지방자치는 지방자치의 본질적 내용인 핵심영역이 어떠한 경우라도 입법 기타 중앙정부의 침해로부터 보호되어야 한다는 것을 의미한다.

③ 주민투표권은 법률이 보장하는 권리일 뿐이지 헌법이 보장하는 기본권 또는 헌법상 제도적으로 보장되는 주관적 공권으로 볼 수 없다.

④ 지방자치단체의 자치권이 미치는 관할구역의 범위에는 육지만 포함되므로, 공유수면에 대해서는 지방자치단체의 자치권한이 존재하지 않는다.

25

대의제도에 대한 설명으로 옳은 것은? (다툼이 있는 경우 판례에 의함)

① 국회의원이 계속 특정 상임위원회에서 활동하기를 원하고 있다면 그 위원회와 관련하여 위법하거나 부당한 행위를 한 사실이 인정되는 경우가 아닌 한 본인의 의사에 반하여 강제로 위원회에서 사임시킬 수는 없다.

② 국민의 국회의원선거권은 국회의원을 보통·평등·직접·비밀선거에 의하여 국민의 대표자로 선출하는 권리에 그치는 것이기 때문에 유권자가 설정한 국회의석분포에 국회의원들을 기속시키는 것은 대의제도의 본질에 반하는 것이다.

③ 대의제를 보완하는 직접민주주의 요소로서 우리 헌법은 국민투표만을 규정하였을 뿐 우리 헌정사상 국민발안제나 국민소환제를 채택한 적은 없다.

④ 국민과 국회의원은 자유위임관계에 있는 것이 아니라 명령적 위임관계에 있다.

01

헌법상 경제조항에 대한 설명으로 옳지 않은 것은? (다툼이 있는 경우 판례에 의함)

① 헌법 제119조는 헌법상 경제질서에 관한 일반조항으로서 국가의 경제정책에 대한 하나의 헌법적 지침이 됨과 동시에 경제에 관한 기본권의 성질도 포함하고 있으므로 독자적인 위헌심사의 기준이 될 수 있다.

② 헌법은 제119조 이하의 경제에 관한 장에서 국가가 경제정책을 통하여 달성하여야 할 '공익'을 구체화함과 동시에 헌법 제37조 제2항의 기본권제한을 위한 일반 법률유보에서의 '공공복리'를 구체화하고 있다.

③ 입법자가 경제영역에서의 국가목표를 이루기 위하여 가능한 여러 정책 중 필요하다고 판단되는 경제정책을 선택하였다면 입법자의 그러한 정책판단과 선택은 현저히 합리성을 결여한 것이라고 볼 수 없는 한 존중되어야 한다.

④ 헌법 제119조 제1항이 규정하고 있는 '경제적 자유와 창의'는 직업의 자유, 재산권의 보장, 근로3권과 같은 경제에 관한 기본권 및 비례의 원칙과 같은 법치국가원리에 의하여 비로소 헌법적으로 구체화된다.

⑤ 헌법은 단지 국가가 실현하려고 의도하는 전형적인 경제목표를 예시적으로 구체화하고 있을 뿐이므로 기본권의 침해를 정당화할 수 있는 모든 공익을 아울러 고려하여 법률의 합헌성 여부를 심사하여야 한다.

02

기본권의 주체에 대한 설명으로 옳지 않은 것은? (다툼이 있는 경우 판례에 의함)

① 국가기관인 국회의 일부조직인 노동위원회는 기본권의 주체가 될 수 없다.

② 대학의 자율성은 대학에게 부여된 헌법상의 기본권이지만, 대학의 자치의 주체를 기본적으로 대학으로 본다고 하더라도 교수나 교수회의 기본권 주체성이 반드시 부정된다고 볼 수는 없다.

③ 외국인은 자격제도 자체를 다툴 수 있는 기본권 주체성이 인정되지 않지만 평등권의 주체는 될 수 있으므로, 자격제도와 관련된 평등권의 기본권 주체성은 인정될 수 있다.

④ 근로의 권리가 '일할 자리에 관한 권리'만이 아니라 '일할 환경에 관한 권리'도 함께 내포하고 있는데, 이 중 '일할 환경에 관한 권리'는 인간의 존엄성에 대한 침해를 방어하기 위한 자유권적 기본권의 성격도 갖고 있어 외국인 근로자라고 하여 이에 대한 기본권 주체성을 부인할 수는 없다.

⑤ 대통령은 소속 정당을 위하여 정당활동을 할 수 있는 사인으로서의 지위와 국민 모두에 대한 봉사자로서 공익실현의 의무가 있는 헌법기관으로서의 지위를 동시에 갖는데 최소한 전자의 지위와 관련하여서는 기본권 주체성을 갖는다고 할 수 있다.

03

정당제도에 대한 설명으로 옳지 않은 것은? (다툼이 있는 경우 판례에 의함)

① 헌법 제8조 제1항 전단의 '정당설립의 자유'는 헌법 제21조 제1항의 '결사의 자유'의 특별규정이다.

② 정당의 명칭은 그 정당의 정책과 정치적 신념을 나타내는 대표적인 표지에 해당하므로, 정당설립의 자유는 자신들이 원하는 명칭을 사용하여 정당을 설립하거나 정당활동을 할 자유도 포함한다.

③ 임기만료에 의한 국회의원선거에 참여하여 의석을 얻지 못하고 유효투표총수의 100분의 2 이상을 득표하지 못한 정당에 대해 그 등록을 취소하도록 한 「정당법」 조항은 정당설립의 자유를 침해한다.

④ 정당에 대한 재정적 후원을 금지하고 이를 위반시 형사처벌하는 「정치자금법」 조항은 정당 후원회를 금지함으로써 불법 정치자금 수수로 인한 정경유착을 막고 정당의 정치자금 조달의 투명성을 확보하여 정당 운영의 투명성과 도덕성을 제고하기 위한 것이므로, 정당의 정당활동의 자유를 침해하지 않는다.

⑤ 정당의 시·도당 하부조직의 운영을 위하여 당원협의회 등의 사무소를 두는 것을 금지한 「정당법」 조항은 고비용 저효율의 정당구조를 개선하기 위한 것으로 정당활동의 자유를 침해하지 않는다.

04

근로3권에 대한 설명으로 옳지 않은 것은? (다툼이 있는 경우 판례에 의함)

① 노동조합이 노동조합으로서 자주성 등을 갖추고 있는지를 심사하여 이를 갖추지 못한 단체의 설립신고서를 반려하도록 하는 것은 근로자의 단결권을 침해한다고 볼 수 없다.

② 교육공무원이 아닌 대학 교원의 단결권을 인정하지 않는 것은 헌법에 위배되지만, 교육공무원인 대학 교원의 단결권을 인정하지 않는 것은 헌법에 위배되지 않는다.

③ 「국가공무원법」 제66조 제1항이 근로3권이 보장되는 공무원의 범위를 사실상 노무에 종사하는 공무원에 한정한 것이 입법자에게 허용된 입법재량권의 범위를 벗어난 것이라 할 수 없다.

④ 노조전임자에 대한 급여 지원을 금지하는 것은 노조전임자나 노동조합의 단체교섭권 및 단체행동권을 침해하지 않는다.

⑤ 청원경찰에 대하여 직접행동을 수반하지 않는 단결권과 단체교섭권을 인정하더라도 시설의 안전 유지에 지장이 된다고 단정할 수 없다.

05

한국 헌정사에 대한 설명으로 옳지 않은 것은?

① 1948년 제헌헌법에서는 대통령 국회간선제, 국회단원제, 국무총리제, 국정감사 제도를 규정하였다.

② 1960년 제3차 개정헌법에서는 헌법재판소를 최초로 규정하였다.

③ 1962년 제5차 개정헌법에서는 법률의 위헌 여부에 대하여 최종적으로 심사할 권한을 대법원에 부여하였다.

④ 1972년 제7차 개정헌법에서는 언론·출판의 허가나 검열금지조항을 폐지하였다.

⑤ 1987년 제9차 개정헌법에서는 환경권과 국가의 최저임금제 시행의무를 최초로 규정하였다.

06

헌법재판소 판례에 대한 설명으로 옳지 않은 것은?

① 특정 범죄를 범한 수형인 등에 대한 디엔에이(DNA) 감식시료 채취의 근거조항인 「디엔에이신원확인정보의 이용 및 보호에 관한 법률」 규정은 신체의 자유를 침해하지 않는다.

② 형사사건에 있어 변호인의 조력을 받을 권리는 피의자에게 보장되므로, 국선변호인의 조력을 받을 권리 또한 피의자에게 인정된다.

③ 체포영장을 발부받아 피의자를 체포하는 경우에 필요한 때에는 영장 없이 타인의 주거 등 내에서 피의자 수사를 할 수 있도록 한 「형사소송법」 규정은 별도로 영장을 발부받기 어려운 긴급한 사정이 있는지 여부를 구별하지 아니하고 피의자가 소재할 개연성만 소명되면 영장 없이 타인의 주거 등을 수색할 수 있도록 허용하고 있으므로 헌법 제16조의 영장주의에 위반된다.

④ 외국에서 형의 전부 또는 일부의 집행을 받았더라도 우리 「형법」에 의한 처벌 시 이를 전혀 반영하지 않을 수 있도록 한 「형법」 조항은 신체의 자유를 침해한다.

⑤ 무죄추정의 원칙은 피고인이나 피의자를 유죄의 판결이 확정되기 전에 죄 있는 자에 준하여 취급함으로써 법률적·사실적 측면에서 유형·무형의 차별취급을 가하는 유죄인정의 효과로서의 불이익을 주어서는 안 된다는 것을 뜻하고, 이는 비단 형사절차 내에서의 불이익뿐만 아니라 기타 일반 법생활 영역에서의 기본권 제한과 같은 경우에도 적용된다.

07

헌법재판에 대한 설명으로 옳지 않은 것은? (다툼이 있는 경우 헌법재판소 판례에 의함)

① 「헌법재판소법」 제68조 제1항에 따른 헌법소원의 심판은 그 사유가 있음을 안 날부터 90일 이내에, 그 사유가 있는 날부터 1년 이내에 청구하여야 한다. 다만, 다른 법률에 따른 구제절차를 거친 헌법소원의 심판은 그 최종결정을 통지받은 날부터 30일 이내에 청구하여야 한다.

② 「헌법재판소법」 제68조 제1항 본문 중 '법원의 재판을 제외하고는' 부분은 헌법재판소가 위헌으로 결정한 법령을 적용함으로써 국민의 기본권을 침해한 재판이 포함되는 것으로 해석하는 한 헌법에 위반된다.

③ 법원이 법률의 위헌 여부 심판을 헌법재판소에 제청한 때에는 당해 소송사건의 재판은 헌법재판소의 위헌 여부의 결정이 있을 때까지 정지된다. 다만, 법원이 긴급하다고 인정하는 경우에는 종국재판 외의 소송절차를 진행할 수 있다.

④ 위헌으로 결정된 형벌에 관한 법률 또는 법률의 조항은 소급하여 그 효력을 상실한다. 다만, 해당 법률 또는 법률의 조항에 대하여 종전에 합헌으로 결정한 사건이 있는 경우에는 그 결정이 있는 날의 다음 날로 소급하여 효력을 상실한다.

⑤ 대한변호사협회가 변호사등록사무의 수행과 관련하여 정립한 규범은 대외적 구속력이 없는 단순한 내부적 기준으로서 헌법소원의 대상이 되지 않는다.

08

「헌법재판소법」제68조 제1항에 따른 헌법소원심판에 대한 설명으로 옳지 않은 것은? (다툼이 있는 경우 판례에 의함)

① 자율형사립고등학교 법인 이사장을 상대로 이루어진 교육감의 입학전형요강 승인처분에 대하여 해당 학교의 입시를 준비 중인 자는 기본권 침해의 자기관련성이 인정되지 않는다.

② 도서관의 관장 등이 승인 또는 허가하면 대학구성원이 아닌 사람에 대하여도 도서 대출 및 열람실 이용이 가능하도록 한 도서관규정에 대하여 대학구성원이 아닌 사람이 헌법소원심판을 청구한 경우 기본권 침해의 직접성이 인정되지 않는다.

③ 의료인에게 하나의 의료기관만을 개설할 수 있도록 한 「의료법」규정에 대하여 의사 및 한의사의 복수면허를 가진 의료인이 헌법소원심판을 청구한 경우 기본권 침해의 직접성이 인정된다.

④ 선거권연령을 20세로 한 「공직선거법」규정에 대하여 18세인 자가 국회의원선거 2개월 전에 헌법소원심판을 청구한 경우 기본권 침해의 현재성이 인정된다.

⑤ 개인택시면허의 양도 및 상속을 금지하는 「여객자동차 운수사업법」규정에 대하여 장래 개인택시면허를 취득하려는 자가 헌법소원심판을 청구한 경우 기본권 침해의 현재성이 인정되지 않는다.

09

무죄추정의 원칙에 대한 설명으로 옳지 않은 것은? (다툼이 있는 경우 판례에 의함)

① 형사재판이 계속 중인 사람에 대하여 출국금지 처분을 할 수 있도록 한 「출입국관리법」규정은 무죄추정의 원칙에 위반되지 않는다.

② 교도소에 수용된 때에는 국민건강보험급여를 정지하도록 한 규정은 유죄의 확정 판결이 있기 전인 미결수용자에게 불이익을 주는 것으로서 무죄추정의 원칙에 위반된다.

③ 사업자단체의 법위반행위가 있을 때 공정거래위원회가 당해 사업자단체에 대하여 '법위반사실의 공표'를 명할 수 있도록 한 규정은 무죄추정의 원칙에 위반된다.

④ 판결선고 전 미결구금일수를 본형에 전부 또는 일부 산입하도록 규정한 「형법」조항 중 '또는 일부' 부분은 헌법상 무죄추정의 원칙에 위반된다.

⑤ 지방자치단체의 장이 공소 제기된 후 구금상태에 있는 경우 부단체장이 그 권한을 대행하도록 한 「지방자치법」규정은 무죄추정의 원칙에 위반되지 않는다.

10

평등권에 대한 설명으로 옳은 것은? (다툼이 있는 경우 판례에 의함)

① 대한민국 국적을 가지고 있는 영유아 중에서 재외국민인 영유아를 보육료·양육수당의 지원대상에서 제외한다고 하더라도 국내에 거주하면서 재외국민인 영유아를 양육하는 부모를 국내에 주민등록을 두고 있는 국민에 비하여 차별하고 있는 것은 아니다.

② 사회복무요원과는 달리 산업기능요원의 경력을 공무원 초임호봉에 반영하지 않는 것은 산업기능요원의 평등권을 침해한다.

③ 초등교사 임용시험에서 동일 지역 교육대학 출신 응시자에게 제1차 시험 만점의 6% 내지 8%의 지역가산점을 부여하는 것은 다른 지역 교육대학 출신 응시자들의 평등권을 침해한다.

④ 누범을 가중하여 처벌하는 것은 전과자라는 사회적 신분에 의하여 합리적 이유 없이 차별하는 것이어서 헌법 제11조 제1항의 평등의 원칙에 위배된다.

⑤ 검정고시로 고등학교 졸업학력을 취득한 사람들의 수시모집 지원을 기초생활수급자·차상위계층, 장애인 등을 대상으로 한 일부 특별전형을 제외하고 일률적으로 제한하는 국립교육대학교 수시모집 입시요강은 검정고시 출신자의 균등하게 교육을 받을 권리를 침해한다.

11

자기결정권에 대한 설명으로 옳지 않은 것은? (다툼이 있는 경우 판례에 의함)

① 가정폭력 가해자에 대하여 별도의 제한 없이 직계혈족이기만 하면 사실상 자유롭게 그 자녀의 가족관계증명서와 기본증명서를 발급받을 수 있도록 함으로써, 가정폭력 피해자의 개인정보가 자녀의 가족관계증명서 등을 통하여 가정폭력 가해자인 전 배우자에게 무단으로 유출될 수 있는 가능성을 열어놓고 있는 「가족관계의 등록 등에 관한 법률」 조항은 과잉금지원칙을 위반하여 가정폭력 피해자의 개인정보자기결정권을 침해한다.

② 법무부장관으로 하여금 합격자가 결정되면 즉시 명단을 공고하고 합격자에게 합격증서를 발급하도록 한 「변호사시험법」 조항은 전체 합격자의 응시번호만을 공고하는 등의 방법으로도 입법목적을 달성할 수 있음에도 변호사시험 응시 및 합격 여부에 관한 사실을 널리 공개되게 함으로써 과잉금지원칙에 위배되어 변호사시험응시자의 개인정보자기결정권을 침해한다.

③ 「모자보건법」이 정한 예외를 제외하고는 임신기간 전체를 통틀어 모든 낙태를 전면적·일률적으로 금지하고, 이를 위반한 자를 형사처벌하는 것은 임신한 여성의 자기결정권을 침해한다.

④ 본인의 생전 의사와 관계없이 인수자가 없는 시체를 해부용으로 제공할 수 있도록 한 것은 시체 처분에 대한 자기결정권을 침해한다.

⑤ 통신매체이용음란죄로 유죄판결이 확정된 자는 신상정보 등록대상자가 된다고 규정한 「성폭력범죄의 처벌 등에 관한 특례법」 조항은 과잉금지원칙에 위배되어 해당 범죄자의 개인정보자기결정권을 침해한다.

12

선거제도에 대한 설명으로 옳지 않은 것은? (다툼이 있는 경우 판례에 의함)

① 비밀선거는 자유선거를 실질적으로 보장하기 위한 수단으로서 유권자 스스로 이를 포기할 수도 있으므로 비밀선거의 원칙에 대한 예외를 두는 법률조항이 선거권을 침해하는지 여부를 판단할 때에는 헌법 제37조 제2항에 따른 엄격한 심사가 적용되지 아니한다.

② 자유선거의 원칙은 선거의 전 과정에 요구되는 선거권자의 의사형성의 자유와 의사실현의 자유를 말하고, 구체적으로는 투표의 자유, 입후보의 자유, 나아가 선거운동의 자유를 뜻한다.

③ 선거권 자체를 제한하는 것이 아니라 선거권의 행사를 제한하는 법률의 경우에는 입법자에게 일정한 형성의 자유가 인정되지만, 이러한 경우에도 입법자는 헌법에 명시된 선거제도의 원칙을 존중하고 국민의 선거권이 부당하게 제한되지 않도록 하여야 한다는 헌법적 한계를 준수해야 한다.

④ 선거구 획정에 있어서 인구비례의 원칙에 의한 투표가치의 평등은 기본적이고 일차적인 기준이어야 하지만 자치구·시·군의원 선거구 획정에 있어서는 행정구역 내지 지역대표성 등 2차적 요소도 인구비례의 원칙에 못지않게 함께 고려해야 한다.

⑤ 비례대표제 하에서 선거결과의 결정에는 정당의 의석배분이 필수적인 요소를 이루게 되므로 비례대표제를 채택하는 한 직접선거의 원칙은 의원의 선출뿐만 아니라 정당의 비례적인 의석확보도 선거권자의 투표에 의하여 직접 결정될 것을 요구한다.

13

헌법해석과 합헌적 법률해석에 대한 설명으로 옳지 않은 것만을 모두 고르면? (다툼이 있는 경우 판례에 의함)

ㄱ. 통일정신, 국민주권원리 등은 우리나라 헌법의 연혁적·이념적 기초로서 헌법이나 법률해석에서의 해석기준으로 작용하므로 그에 기하여 곧바로 국민의 개별적 기본권성을 도출해 낼 수 있다.

ㄴ. 법률의 합헌적 해석은 그 법률이 위헌으로도 해석되고 합헌으로도 해석되는 경우에 가능한 것이지, 법률의 위헌성이 분명한 경우에는 반드시 위헌선언을 하여야 한다.

ㄷ. 법률의 합헌적 해석은 헌법의 최고규범성에서 나오는 법질서의 통일성에 바탕을 두고 법률이 헌법에 조화하여 해석될 수 있는 경우에는 위헌으로 판단하여서는 아니 된다는 것을 뜻하는 것으로서 권력분립과 입법권을 존중하는 정신에 그 뿌리를 두고 있다.

ㄹ. 헌법은 전문과 각 개별조항이 서로 밀접한 관련을 맺으면서 하나의 통일된 가치 체계를 이루고 있는 것으로서, 헌법의 제규정 가운데는 헌법의 근본가치를 보다 추상적으로 선언한 것도 있고 이를 보다 구체적으로 표현한 것도 있을 수 있으나, 이념적·논리적으로는 규범상호간의 우열을 인정할 수는 없다.

① ㄱ, ㄴ   ② ㄱ, ㄷ

③ ㄱ, ㄹ   ④ ㄴ, ㄷ

⑤ ㄴ, ㄹ

14

직업의 자유에 대한 설명으로 옳지 않은 것은? (다툼이 있는 경우 판례에 의함)

① 범죄의 종류와 관계없이 금고 이상의 형의 집행유예를 선고받고 그 유예기간이 지난 후 2년이 경과하지 아니한 자는 변호사가 될 수 없도록 규정한 것은 변호사의 직업선택의 자유를 침해하지 아니한다.

② 학원이나 체육시설에서 어린이통학버스를 운영하는 자로 하여금 어린이통학버스에 반드시 보호자를 동승하여 운행하도록 한 「여객자동차 운수사업법」 조항은 어린이 등의 안전을 효과적으로 담보하는 중요한 역할을 하는 점 등에 비추어 보면 학원이나 체육시설에서 어린이통학버스를 운영하는 자의 직업수행의 자유를 침해한다고 볼 수 없다.

③ 아동학대 관련 범죄로 형을 선고받아 확정된 자로 하여금 그 형이 확정된 때부터 형의 집행이 종료되거나 집행을 받지 아니하기로 확정된 후 10년 동안 아동 관련 기관인 체육시설 등을 운영하거나 학교에 취업할 수 없도록 제한하는 것은 아동학대 관련 범죄전력자의 직업선택의 자유를 침해하지 아니한다.

④ 직업의 자유에 의한 보호의 대상이 되는 '직업'은 생활의 기본적 수요를 충족시키기 위한 계속적 소득활동을 의미하며 휴가기간 중에 하는 일, 수습직으로서의 활동 등도 이에 포함될 수 있다.

⑤ 세무사 자격 보유 변호사로 하여금 세무사로서 세무대리를 일체 할 수 없도록 전면적으로 금지한 「세무사법」 조항은 과잉금지원칙을 위반하여 세무사 자격 보유 변호사의 직업선택의 자유를 침해한다.

15

재산권에 대한 설명으로 옳지 않은 것은? (다툼이 있는 경우 판례에 의함)

① 청중이나 관중으로부터 당해 공연에 대한 반대급부를 받지 아니하는 경우에는 상업용 목적으로 공표된 음반 또는 상업용 목적으로 공표된 영상저작물을 재생하여 공중에게 공연할 수 있도록 하더라도 저작재산권자의 재산권을 침해하지 않는다.

② 재직중의 사유로 금고 이상의 형을 선고받아 처벌받은 사립학교 교원에 대하여 당연퇴직을 시키면서 직무 관련 범죄 여부, 고의 또는 과실범 여부 등을 묻지 않고 퇴직급여와 퇴직수당을 일률적으로 감액하는 것은 재산권을 침해한다.

③ 퇴직연금수급자가 지방의회의원에 취임한 경우 그 재직기간 중 퇴직연금 전부의 지급을 정지하도록 하는 것은 퇴직연금수급자의 재산권을 침해하지 아니한다.

④ 농지의 사회성과 공공성은 일반적인 토지의 경우보다 더 강하다고 할 수 있으므로 농지재산권을 제한하는 입법에 대한 헌법심사의 강도는 다른 토지재산권을 제한하는 입법에 대한 것보다 완화된다.

⑤ 「공무원연금법」상의 연금수급권과 같이 사회보장수급권과 재산권의 두 요소가 불가분적으로 혼재되어 있는 경우 입법자로서는 그 구체적 내용을 정함에 있어 어느 한 쪽의 요소에 보다 중점을 둘 수도 있다.

16

교육을 받을 권리에 대한 설명으로 옳지 않은 것은? (다툼이 있는 경우 판례에 의함)

① 학생에게도 국가의 간섭을 받지 아니하고 자신의 능력과 개성, 적성에 맞는 학교를 자유롭게 선택할 권리가 인정된다.

② 학부모의 자녀교육권과 학생의 교육을 받을 권리에는 학교교육이라는 국가의 공교육 급부의 형성과정에 균등하게 참여할 권리로서의 참여권이 내포되어 있다.

③ 헌법 제31조 제3항에 따른 의무교육 무상의 범위는 모든 학생이 의무교육을 받음에 있어서 경제적인 차별 없이 수학하는 데 반드시 필요한 비용에 한한다.

④ 학교제도에 관한 국가의 규율권한과 부모의 교육권이 서로 충돌하는 경우 어떠한 법익이 우선하는가의 문제는 구체적인 경우마다 법익형량을 통하여 판단해야 한다.

⑤ 헌법 제31조 제6항의 교육제도 법정주의는 교육의 영역에서 의회유보의 원칙을 규정한 것임과 동시에 국가에 대해 학교제도에 관한 포괄적인 규율권한을 부여한 것이다.

17

대통령에 대한 설명으로 옳지 않은 것은? (다툼이 있는 경우 판례에 의함)

① 대통령이 특별사면을 할 때, 중한 형에 대하여 사면을 하면서 그보다 가벼운 형에 대하여 사면을 하지 않는다고 하여도 형평의 원칙에 반하지 않는다.

② 긴급재정경제명령은 중대한 재정·경제상의 위기가 현실적으로 발생한 경우에 한하여 발할 수 있으므로, 이러한 위기가 발생할 우려가 있다는 이유로 사전적·예방적으로 발할 수는 없다.

③ 특정의 국가정책에 대하여 다수의 국민들이 국민투표를 원하고 있음에도 불구하고 대통령이 국민투표에 회부하지 아니한다면 이는 헌법에 위반된다.

④ 한미연합 군사훈련을 하기로 한 결정은 국방에 관련되는 고도의 정치적 결단에 해당하여 사법심사를 자제하여야 하는 통치행위에 해당된다고 보기 어렵다.

⑤ 계엄을 선포한 때에는 대통령은 지체 없이 국회에 통고하여야 하며, 국회가 재적의원 과반수의 찬성으로 계엄의 해제를 요구한 때에는 대통령은 이를 해제하여야 한다.

18

「국회법」에 대한 설명으로 옳지 않은 것은?

① 의원이 의장으로 당선된 때에는 당선된 다음 날부터 의장으로 재직하는 동안은 당적(黨籍)을 가질 수 없다. 다만, 국회의원 총선거에서 「공직선거법」 제47조에 따른 정당 추천후보자로 추천을 받으려는 경우에는 의원 임기만료일 90일 전부터 당적을 가질 수 있다.

② 전원위원회는 재적위원 5분의 1 이상의 출석으로 개회하고, 재적위원 4분의 1 이상의 출석과 출석위원 과반수의 찬성으로 의결한다.

③ 의장은 특히 필요하다고 인정하는 안건에 대해서는 국회운영위원회와 협의하여 이를 특별위원회에 회부한다.

④ 상임위원회 위원을 선임한 후 교섭단체 소속 의원 수가 변동되었을 때에는 국회의장은 상임위원회의 교섭단체별 할당 수를 변경하여 위원을 개선할 수 있다.

⑤ 교섭단체대표의원은 국회운영위원회 및 정보위원회의 위원이 된다.

19

국회의원의 지위와 권한에 대한 설명으로 옳지 않은 것은?
(다툼이 있는 경우 판례에 의함)

① 국회의원이 발언 내용이 허위라는 점을 인식하지 못하였다면 비록 발언 내용에 다소 근거가 부족하거나 진위 여부를 확인하기 위한 조사를 제대로 하지 않았다고 하더라도, 그것이 직무수행의 일환으로 이루어진 것인 이상 이는 면책특권의 대상이 된다.

② 국회의장이 교섭단체의 필요에 따라 국회의원을 다른 상임위원회로 강제 전임하는 조치는 헌법을 위반하여 해당 국회의원의 원소속 상임위원회에서의 법률안 심의·표결권을 침해하는 것이 아니다.

③ 「국회법」은 상임위원회의 상임위원을 개선함에 있어 '임시회'의 경우에는 회기 중에 개선할 수 없도록 하고 있는데, 여기에서의 '회기'는 '개선의 대상이 되는 해당 위원이 선임 또는 개선된 임시회의 회기'를 의미하는 것으로 해석된다.

④ 국회의장은 의원에 대한 체포동의를 요청받은 후 처음 개의하는 본회의에 이를 보고하고, 본회의에 보고된 때부터 24시간 이후 72시간 이내에 표결한다.

⑤ 국회는 국회의원이 본회의 또는 위원회의 회의장에서 「국회법」 또는 국회규칙을 위반하여 회의장 질서를 어지럽히는 행위를 하거나 이에 대한 국회의장 또는 위원장의 조치에 따르지 아니하였을 경우에는 윤리특별위원회의 심사를 거치지 아니하고 징계할 수 있다.

20

권한쟁의심판에 대한 설명으로 옳지 않은 것은? (다툼이 있는 경우 판례에 의함)

① 국회의원의 심의·표결권은 국회의 대내적인 관계에서 행사되고 침해될 수 있을 뿐 다른 국가기관과의 대외적인 관계에서는 침해될 수 없다.

② 권한쟁의심판을 청구하기 위한 요건으로서 '권한을 침해할 현저한 위험'이란 아직 침해라고는 할 수 없으나 조만간 권한침해에 이르게 될 개연성이 상당히 높은 상황을 말한다.

③ 지방자치단체는 기관위임사무의 집행에 관한 권한의 존부 및 범위에 관한 권한분쟁을 이유로 기관위임사무를 집행하는 국가기관 또는 다른 지방자치단체의 장을 상대로 권한쟁의심판을 청구할 수 없다.

④ 각급 구·시·군 선거관리위원회는 헌법에 의해 설치된 국가기관이 아니므로 권한쟁의심판청구의 당사자가 될 수 없다.

⑤ 헌법재판소가 국가기관 또는 지방자치단체의 처분을 취소하는 결정을 하더라도 그 처분의 상대방에 대하여 이미 생긴 효력에는 영향을 미치지 아니한다.

21

위헌법률심판에 대한 설명으로 옳지 않은 것은? (다툼이 있는 경우 판례에 의함)

① '헌법에 의하여 체결·공포된 조약과 일반적으로 승인된 국제법규'는 헌법상 형식적 의미의 법률이 아니므로 위헌법률심판의 대상이 되지 않는다.

② 행정처분에 대한 소송절차에서는 행정처분에 불복하는 당사자뿐만 아니라 당해 행정처분의 주체인 행정청도 그 근거 법률의 위헌 여부에 대한 심판의 제청을 신청할 수 있다.

③ 민사소송에서 사건의 당사자가 아닌 보조참가인도 피참가인의 소송행위와 저촉되지 아니하는 한 일체의 소송행위를 할 수 있으므로 위헌법률심판제청신청을 할 수 있는 '당사자'에 해당한다.

④ 위헌법률심판제청을 신청한 당사자는 당해 법원이 제청신청을 기각한 결정에 대하여 항고할 수 없다.

⑤ 위헌법률심판제청 당시 재판의 전제성이 있었다가 심리기간 중 재판의 전제성이 소멸되었더라도 위헌법률심판제청된 법률조항에 의하여 침해된다는 기본권이 중요하여 해당 법률조항의 위헌 여부의 해명이 헌법적으로 중요성이 있음에도 그 해명이 없다면, 예외적으로 그 위헌 여부를 판단할 수 있다.

22

사법권에 대한 설명으로 옳지 않은 것은? (다툼이 있는 경우 판례에 의함)

① 일체의 법률적 쟁송을 심리재판하는 작용인 사법작용은 헌법 그 자체에 의한 유보가 없는 한 오로지 대법원을 최고법원으로 하는 법원만이 담당할 수 있다.

② 행정심판의 판단에 대하여는 법원에 의한 사실적 측면과 법률적 측면의 심사가 모두 가능하여야만 사법권이 법원에 속한다고 할 수 있다.

③ 법관에 대한 대법원장의 징계처분 취소청구소송을 대법원에 의한 단심재판에 의하도록 하는 것은, 독립적으로 사법권을 행사하는 법관이라는 지위의 특수성과 법관에 대한 징계절차의 특수성을 감안하여 재판의 신속을 도모하기 위한 것이므로 헌법에 위반되지 않는다.

④ "대법원과 각급 법원의 조직은 법률로 정한다."라고 규정한 헌법 제102조 제3항에 따라 법률로 정해지는 '대법원과 각급 법원의 조직'에는 그 관할에 관한 사항도 포함되므로 대법원이 어떤 사건을 제1심으로서 또는 상고심으로서 관할할 것인지는 법률로 정할 수 있는 것으로 보아야 한다.

⑤ 어떤 행정심판을 필요적 전심절차로 규정하는 경우에는 그 절차에 사법절차가 준용되지 않는다 하더라도 헌법 제107조 제3항에 위반되지 않는다.

23

다음 계산식에서 도출되는 값으로 옳은 것은?

$$A+(B \times C)+D-E$$

─ 보기 ─

- 법률은 특별한 규정이 없는 한 공포한 날로부터 (A)일을 경과함으로써 효력을 발생한다.
- 대법원장과 대법관이 아닌 법관의 임기는 (B)년으로 하며, 법률이 정하는 바에 의하여 연임할 수 있다.
- 정보위원회의 위원 정수는 (C)명으로 한다.
- 의원이 징계대상자에 대한 징계를 요구하려는 경우에는 의원 (D)명 이상의 찬성으로 그 사유를 적은 요구서를 의장에게 제출하여야 한다.
- 대통령이 궐위된 때 또는 대통령 당선자가 사망하거나 판결 기타의 사유로 그 자격을 상실한 때에는 (E)일 이내에 후임자를 선거한다.

① 70
② 80
③ 90
④ 100
⑤ 110

24

국회의 예산심의·확정권에 대한 설명으로 옳지 않은 것은? (다툼이 있는 경우 판례에 의함)

① 예산도 일종의 법규범이고 법률과 마찬가지로 국회의 의결을 거쳐 제정되나, 법률과 달리 국가기관만을 구속할 뿐 일반국민을 구속하지 않는다.
② 예비비는 총액으로 국회의 의결을 얻어야 하며, 예비비의 지출은 차기국회의 승인을 얻어야 한다.
③ 예산결산특별위원회가 소관상임위원회에서 삭감한 세출예산 각항의 금액을 증가하게 하거나 새 비목을 설치할 경우에는 소관상임위원회의 동의를 얻어야 한다.
④ 정부는 회계연도마다 예산안을 편성하여 회계연도 개시 60일 전까지 국회에 제출하고, 국회는 회계연도 개시 30일 전까지 이를 의결하여야 한다.
⑤ 위원회는 예산안의 심사를 매년 11월 30일까지 마쳐야 하고, 그 기한까지 심사를 마치지 아니하였을 때에는 그 다음 날에 위원회에서 심사를 마치고 바로 본회의에 부의된 것으로 본다. 다만, 의장이 각 교섭단체대표의원과 합의한 경우에는 그러하지 아니하다.

25

국회의 입법권과 입법절차에 대한 설명으로 옳지 않은 것만을 모두 고르면? (다툼이 있는 경우 판례에 의함)

ㄱ. 국회에서 의결된 법률안이 정부에 이송되어 15일 이내에 대통령이 공포나 재의의 요구를 하지 아니한 때에는 그 법률안은 법률로서 확정되며, 이와 같이 확정된 법률은 그 법률이 확정된 후 5일 이내에 국회의장이 공포한다.

ㄴ. 제정법률안 및 전부개정법률안을 심사하는 경우에 위원회는 이에 대하여 위원회의 의결로 공청회 또는 청문회를 생략할 수는 없지만 축조심사를 생략할 수 있다.

ㄷ. 대통령이 법률안에 대해 재의를 요구하기 위해서는 이의서를 붙여 국회로 환부하여야 하며, 국회는 대통령으로부터 환부된 법률안을 무기명투표로 표결한다.

ㄹ. '회기결정의 건'에 대하여 무제한토론이 실시되면 무제한토론이 '회기결정의 건'의 처리 자체를 봉쇄하는 결과가 초래되므로, '회기결정의 건'은 「국회법」 제106조의2에 따른 무제한토론의 대상이 되지 않는다.

① ㄱ, ㄴ
② ㄱ, ㄷ
③ ㄱ, ㄹ
④ ㄴ, ㄷ
⑤ ㄴ, ㄹ

01

공무원에 대한 설명으로 옳지 않은 것은? (다툼이 있는 경우 판례에 의함)

① 공무원의 직무와 관련이 없는 범죄라 할지라도 고의범의 경우에는 공무원의 법령준수의무, 청렴의무, 품위유지의무 등을 위반한 것으로 볼 수 있으므로 이를 퇴직급여의 감액사유에서 제외하지 아니하더라도 헌법에 위반되지 않는다.

② 공무원의 징계사유가 공금횡령인 경우에 해당 징계 외에 공금횡령액의 5배 내의 징계부가금을 부과하도록 하는 것은 이중처벌금지원칙에 위배되지 않는다.

③ 국회 소속 공무원은 국회의장이 임용하되, 국회규칙으로 정하는 바에 따라 그 임용권의 일부를 소속 기관의 장에게 위임할 수 있다.

④ 공무원의 범죄행위로 인해 형사처벌이 부과된 경우에 그로 인하여 공직을 상실하게 되므로, 이에 더하여 공무원의 퇴직급여청구권까지 제한하는 것은 이중처벌 금지의 원칙에 위배된다.

⑤ 퇴직연금수급자가 유족연금을 함께 받게 된 경우에 그 유족연금액의 2분의 1을 빼고 지급하도록 하는 것은 입법형성의 한계를 벗어나 재산권을 침해한다고 볼 수 없다.

02

선거의 원칙에 대한 설명으로 옳은 것만을 〈보기〉에서 모두 고르면? (다툼이 있는 경우 판례에 의함)

┌─ 보기 ──────────────────────────
ㄱ. 헌법 제24조는 모든 국민은 '법률이 정하는 바에 의하여' 선거권을 가진다고 규정함으로써 법률유보의 형식을 취하고 있으므로 국민의 선거권은 '법률이 정하는 바에 따라서만 인정될 수 있다'는 포괄적인 입법권의 유보하에 있다.

ㄴ. 보통선거의 원칙은 선거권자의 능력, 재산, 사회적 지위 등의 실질적인 요소를 배제하고 성년자이면 누구라도 당연히 선거권을 갖는 것을 요구하므로 보통선거의 원칙에 반하는 선거권 제한의 입법을 하기 위해서는 헌법 제37조 제2항의 규정에 따른 한계가 한층 엄격히 지켜져야 한다.

ㄷ. 천재·지변 기타 부득이한 사유로 지방의회의원 및 지방자치단체의 장의 선거를 실시할 수 없거나 실시하지 못한 때에는 중앙선거관리위원회 위원장이 당해 지방자치단체의 장과 협의하여 선거를 연기하여야 한다.

ㄹ. 선거구 획정에 있어서 인구비례원칙에 의한 투표가치의 평등은 헌법적 요청으로서 다른 요소에 비해 기본적이고 일차적인 기준이다.

ㅁ. 1인 1표제하에서의 비례대표의석 배분방식은 직접선거의 원칙과 평등선거의 원칙에 위반된다.
└─────────────────────────────

① ㄱ, ㄴ, ㄹ   ② ㄱ, ㄹ, ㅁ

③ ㄴ, ㄷ, ㅁ   ④ ㄴ, ㄹ, ㅁ

⑤ ㄷ, ㄹ, ㅁ

03

헌정사에 대한 설명으로 옳지 않은 것은?

① 1948년 제헌헌법은 대통령과 부통령을 국회에서 각각 선거하도록 하고 1차에 한하여 중임할 수 있도록 규정하였다.

② 1960년 6월 개정헌법은 대법원장과 대법관을 법관의 자격이 있는 자로 조직되는 선거인단이 선거하고 대통령이 이를 확인하며, 그 외의 법관은 대법관회의의 결의에 따라 대법원장이 임명하도록 규정하였다.

③ 1962년 개정헌법은 국민의 보통·평등·직접·비밀선거에 의하여 대통령을 선출하고, 대통령이 궐위된 경우 잔임기간이 2년 미만인 때에는 국회에서 선거하도록 규정하였다.

④ 1972년 개정헌법은 대통령은 대통령선거인단에서 무기명투표로 선출하고, 대통령에 입후보하려는 자는 정당의 추천 또는 법률이 정하는 수의 대통령선거인의 추천을 받도록 규정하였다.

⑤ 1980년 개정헌법은 국회가 국무총리에 대하여 해임을 의결할 경우, 대통령은 국무총리와 국무위원 전원을 해임하여야 한다고 규정하였다.

04

정당에 대한 설명으로 옳지 않은 것은? (다툼이 있는 경우 판례에 의함)

① 정당이 최근 4년간 임기만료에 의한 국회의원선거 또는 임기만료에 의한 지방자치단체의 장 선거나 시·도의회의원선거에 참여하지 아니한 때에는 당해 선거관리위원회는 그 등록을 취소한다.

② 초·중등학교의 교원인 공무원에 대하여 정당가입을 전면적으로 금지하는 법률조항은 근무시간 내외를 불문하고 정당 관련 활동을 금지함으로써 해당 교원의 정당가입의 자유를 침해한다.

③ 정당은 5 이상의 시·도당을 가져야 하며, 시·도당은 1천인 이상의 당원을 가져야 한다.

④ 헌법재판소의 해산결정으로 정당이 해산되는 경우 정당해산제도의 취지 등에 비추어 볼 때 그 정당 소속 국회의원의 의원직은 당선방식을 불문하고 모두 상실된다.

⑤ 정당의 지위는 적어도 그 소유재산의 귀속관계에 있어서는 법인격 없는 사단이다.

05

기본권의 주체에 대한 설명으로 옳은 것은? (다툼이 있는 경우 판례에 의함)

① 축협중앙회는 공법인으로서의 성격이 상대적으로 크지만 공법인성과 사법인성을 겸유한 특수한 법인으로서 기본권의 주체가 될 수 있다.

② 인간의 존엄과 가치에서 유래하는 인격권은 성질상 법인에게 적용될 수 없다.

③ 외국인에게 근로관계가 형성되기 전 단계인 특정한 직업을 선택할 수 있는 권리는 헌법상 기본권에서 유래된다.

④ 국회의원은 국회 구성원의 지위에서 질의권·토론권·표결권 등의 기본권 주체가 될 수 있다.

⑤ 대통령은 국민에 대한 봉사자의 지위에서 헌법기관으로서의 기본권 주체가 될 수 있다.

06

신체의 자유에 대한 설명으로 옳지 않은 것은? (다툼이 있는 경우 판례에 의함)

① 형사피고인이 스스로 변호인을 구할 수 없을 때에는 법률이 정하는 바에 의하여 국가가 변호인을 붙인다.

② 체포·구속·압수 또는 수색을 할 때에는 적법한 절차에 따라 검사의 신청에 의하여 법관이 발부한 영장을 제시하여야 한다.

③ 누구든지 체포 또는 구속을 당한 때에는 적부의 심사를 법원에 청구할 수 있다.

④ 체포 또는 구속을 당한 자의 가족은 구속의 이유, 일시 및 장소를 지체 없이 통지받을 헌법상의 권리를 가진다.

⑤ 병에 대한 징계처분으로 영창처분이 가능하도록 규정한 군인사법 조항은 군조직 내 복무규율 준수 강화라는 군의 특수성 등을 고려할 때 과잉금지원칙에 위배되지 않는다.

07

평등권을 침해한다고 판시한 것만을 〈보기〉에서 모두 고르면? (다툼이 있는 경우 판례에 의함)

― 보기 ―

ㄱ. 회원제로 운영하는 골프장 시설의 입장료에 대한 부가금을 규정한 국민체육진흥법 조항

ㄴ. 공중보건의사가 군사교육에 소집된 기간을 복무기간에 산입하지 않도록 규정한 병역법 조항

ㄷ. 독립유공자의 손자녀 중 1명에게만 보상금을 지급하도록 하면서 독립유공자의 선순위 자녀의 자녀에 해당하는 손자녀가 2명 이상인 경우에 나이가 많은 손자녀를 우선하도록 규정한 독립유공자예우에 관한 법률 조항

ㄹ. 자격정지 이상의 형을 받은 전과가 있는 자에 대하여 선고유예를 할 수 없도록 규정한 형법 조항

① ㄱ, ㄴ
② ㄱ, ㄷ
③ ㄴ, ㄷ
④ ㄴ, ㄹ
⑤ ㄷ, ㄹ

08

공정거래위원회의 '법위반사실의 공표명령'과 관련된 헌법재판소의 결정내용으로서 옳은 것(○)과 옳지 않은 것(×)을 올바르게 조합하면?

― 보기 ―

ㄱ. '법위반사실의 공표명령'은 '특정한 내용의 행위를 함으로써 「독점규제및공정거래에관한법률」을 위반한 사실'을 공표하라는 것이지 행위자에게 사죄 내지 사과를 요구하는 것은 아니다. 따라서 이 사건 법률조항의 경우 사죄 내지 사과를 강요함으로써 인격발현 혹은 사회적 신용유지를 위하여 보호되어야 할 명예권에 대한 제한의 문제는 발생하지 않는다.

ㄴ. 만약 행위자가 자신의 법위반 여부에 관하여 사실인정 혹은 법률적용의 면에서 공정거래위원회와는 판단을 달리하고 있음에도 불구하고 불합리하게 법률에 의하여 이를 공표할 것을 강제당한다면 이는 행위자가 자신의 행복추구를 위하여 내키지 아니하는 일을 하지 아니할 일반적 행동자유권을 침해하는 것이다.

ㄷ. 헌법상 무죄추정의 원칙은 형사절차와 관련하여 공소가 제기되지 아니한 피의자는 물론 공소가 제기된 피고인이라 할지라도 유죄판결 확정 때까지는 죄가 없는 자로 다루어져야 한다는 원칙을 말하는바, 이 사건 공표명령은 행정처분의 하나로서 형사절차 내에서 행하여진 처분은 아니므로 관련 행위자를 유죄로 추정하는 불이익한 처분이라고 할 수는 없다.

ㄹ. 헌법상 보장된 진술거부권은 형사절차뿐만 아니라 행정절차나 법률에 의한 진술강요에서도 인정되는 것인바, 이 사건 공표명령은 "특정의 행위를 함으로써 「독점규제및공정거래에관한법률」을 위반하였다"는 취지의 행위자의 진술을 공표하게 하는 것으로서 행위자로 하여금 형사절차에 들어가기 전에 법위반행위를 일단 자백하게 하는 것이 되어 진술거부권을 침해하는 것이다.

① ㄱ(○), ㄴ(○), ㄷ(×), ㄹ(○)
② ㄱ(○), ㄴ(×), ㄷ(×), ㄹ(×)
③ ㄱ(×), ㄴ(○), ㄷ(×), ㄹ(○)
④ ㄱ(×), ㄴ(○), ㄷ(○), ㄹ(○)
⑤ ㄱ(×), ㄴ(×), ㄷ(○), ㄹ(○)

09

재판청구권에 대한 설명으로 옳지 않은 것은? (다툼이 있는 경우 판례에 의함)

① 디엔에이(DNA)감식시료채취영장청구는 그 대상자에게 구속영장청구 시와 같이 엄격한 절차적 권리가 보장되어야 하거나 영장발부 후 반드시 구제절차를 두어야 하는 것은 아니므로 재판청구권을 침해하지 않는다.

② 심리불속행 상고기각판결의 경우에 판결이유를 생략할 수 있도록 규정한 상고심절차에 관한 특례법 조항은 재판청구권을 침해하지 않는다.

③ 형사소송법상 즉시항고 제기기간을 3일로 제한하고 있는 것은 헌법상 재판청구권을 공허하게 하므로 입법재량의 한계를 일탈하여 재판청구권을 침해한다.

④ 국민참여재판을 받을 권리가 헌법 제27조 제1항에서 규정한 헌법과 법률이 정한 법관에 의한 재판을 받을 권리의 보호범위에 속한다고 볼 수 없다.

⑤ 법관에 대한 징계처분취소청구소송을 대법원의 단심재판에 의하도록 규정한 법관징계법 조항은 재판청구권을 침해한다고 볼 수 없다.

10

거주·이전의 자유에 대한 설명으로 옳지 않은 것은? (다툼이 있는 경우 판례에 의함)

① 대한민국의 국민이 대한민국의 국적을 포기하고 다른 나라의 국적을 선택할 자유는 거주·이전의 자유에 포함된다.

② 대한민국의 국민이 외국체류를 중단하고 다시 대한민국으로 들어올 수 있는 입국의 자유는 거주·이전의 자유에 포함된다.

③ 한의사인 A가 아프가니스탄 북동부에 의료봉사활동을 하기 위해 여권을 신청했으나 테러위험을 이유로 여권발급을 거부당한 경우, A는 거주·이전의 자유를 제한받은 것이다.

④ B는 대한민국과 미국의 이중국적을 가지고 있는데, 구체적인 병역의무가 발생하는 때로부터 3개월 이내에 미국 국적을 선택하지 않으면 병역의무를 해소한 후에야 미국 국적을 선택할 수 있도록 하는 경우, B는 국적이탈의 자유를 제한받은 것이다.

⑤ 경찰청장이 경찰버스들로 서울광장을 둘러싸 일반시민들의 통행을 제지한 행위는 시민들의 거주·이전의 자유를 제한한다.

11

언론·출판의 자유에 대한 설명으로 옳은 것은? (다툼이 있는 경우 판례에 의함)

① 모욕죄의 형사처벌은 다양한 의견 간의 자유로운 토론과 비판을 제한하여 정치적·학술적 표현행위가 위축되고 열린 논의의 가능성이 줄어들게 되어 표현의 자유를 침해한다.

② 반론보도청구권은 원보도를 진실에 부합되게 시정보도해 줄 것을 요구하는 권리이므로 원보도의 내용이 허위일 것을 조건으로 한다.

③ 인터넷게시판을 설치·운영하는 정보통신서비스 제공자에게 본인확인조치의무를 부과한 법률규정은 과잉금지원칙에 위배되어 정보통신서비스 제공자의 언론의 자유를 침해한다.

④ 의료는 국민건강에 직결되므로 의료광고에 대해서는 합리적인 규제가 필요하고 의료광고는 상업광고로서 정치적·시민적 표현행위 등과 관련이 적으므로 의료광고에 대해서는 사전검열금지원칙이 적용되지 않는다.

⑤ 공연히 사실을 적시하여 사람의 명예를 훼손한 경우 형사처벌하는 것은 공적 인물과 공적 사안에 대한 감시·비판을 봉쇄할 목적으로 악용될 소지가 크므로 표현의 자유를 침해한다.

12

사회국가원리에 대한 설명으로 옳지 않은 것은? (다툼이 있는 경우 판례에 의함)

① 사회국가의 원리는 자유민주적 기본질서의 범위 내에서 이루어져야 하고, 국민 개인의 자유와 창의를 보완하는 범위 내에서 이루어져야 하는 내재적 한계를 지니고 있다.

② 사회국가란 사회정의의 이념을 헌법에 수용한 국가, 사회현상에 대하여 방관적인 국가가 아니라 경제·사회·문화의 모든 영역에서 정의로운 사회질서의 형성을 위하여 사회현상에 관여하고 간섭하고 분배하고 조정하는 국가이며, 궁극적으로는 국민 각자가 실제로 자유를 행사할 수 있는 실질적 조건을 마련해 줄 의무가 있는 국가이다.

③ 우리 헌법의 경제질서는 사유재산제를 바탕으로 하고 자유경쟁을 존중하는 자유시장경제질서를 기본으로 하면서도 이에 수반되는 갖가지 모순을 제거하고 사회복지·사회정의를 실현하기 위하여 국가적 규제와 조정을 용인하는 사회적 시장경제질서로서의 성격을 띠고 있다.

④ 우리 헌법의 경제질서원칙에 비추어 보면, 사회보험방식에 의하여 재원을 조성하여 반대급부로 노후생활을 보장하는 강제저축프로그램으로서의 국민연금제도는 상호부조의 원리에 입각한 사회연대성에 기초하여 고소득계층에서 저소득계층으로, 근로세대에서 노년세대로, 현재세대에서 미래세대로 국민 간의 소득재분배기능을 함으로써 오히려 사회적 시장경제질서에 부합하는 제도이다.

13

〈보기〉의 사례에 대한 설명으로 옳은 것은? (다툼이 있는 경우 판례에 의함)

─ 보기 ─
甲은 자율형 사립고등학교(이하 '자사고')를 운영하는 학교법인이고, 乙은 자사고 입학을 희망하는 중학생이며, 丙은 乙의 학부모이다. 정부는 자사고를 후기학교로 정하여 신입생을 일반고와 동시에 선발하도록 하고(동시선발 조항), 자사고를 지원한 학생에게 평준화지역 후기학교에 중복지원하는 것을 금지(중복지원 금지 조항)하였다.

① 헌법상 교육제도법정주의는 교육제도에 관한 기본방침뿐만 아니라 나머지 세부적인 사항까지 반드시 형식적 의미의 법률로 정하여야 한다는 것을 의미한다.

② 이 사건 동시선발 조항과 중복지원 금지 조항은 교육제도법정주의에 위반하여 甲, 乙, 丙의 기본권을 침해한다.

③ 이 사건 중복지원 금지 조항은 학생 乙과 학부모 丙의 평등권을 침해한다.

④ 이 사건 동시선발 조항은 기본권 제한의 한계를 일탈하여 학교법인 甲의 사학운영의 자유를 침해한다.

⑤ 이 사건 동시선발 조항은 학교법인 甲의 평등권을 침해한다.

14

기본권 보호의무에 대한 설명으로 옳은 것만을 〈보기〉에서 모두 고르면? (다툼이 있는 경우 판례에 의함)

─ 보기 ─
ㄱ. 헌법재판소는 국가가 국민의 법익보호를 위하여 적어도 적절하고 효율적인 최소한의 보호조치를 취했는가를 기준으로 심사한다.

ㄴ. 교통사고처리특례법상 업무상 과실 또는 중대한 과실로 인한 교통사고로 말미암아 피해자로 하여금 상해에 이르게 한 경우 공소를 제기할 수 없도록 한 부분은 국가의 기본권 보호의무에 위반되지 않는다.

ㄷ. 국가는 사인인 제3자에 의한 국민의 환경권 침해에 대해서 기본권 보호조치를 취할 의무를 지지 않는다.

ㄹ. 선거운동 시 확성장치의 사용시간과 사용지역에 따른 소음규제기준에 관한 구체적인 규정을 두고 있지 않은 것은 국가의 기본권 보호의무를 과소하게 이행한 것이다.

ㅁ. 동물장묘업 등록에 관하여 장사 등에 관한 법률 제17조 외에 다른 지역적 제한사유를 규정하지 않은 것은 국가의 기본권 보호의무를 과소하게 이행한 것이다.

① ㄱ, ㄴ, ㄹ   ② ㄱ, ㄴ, ㅁ

③ ㄴ, ㄷ, ㄹ   ④ ㄴ, ㄷ, ㅁ

⑤ ㄷ, ㄹ, ㅁ

15

직업의 자유에 대한 설명으로 옳지 않은 것은? (다툼이 있는 경우 판례에 의함)

① 대학생이 방학기간을 이용하여 또는 휴학 중에 학비 등을 벌기 위해 학원강사로서 일하는 행위는 어느 정도 계속성을 띤 소득활동으로서 직업의 자유의 보호영역에 속한다.

② 거짓이나 그 밖의 부정한 수단으로 운전면허를 받은 경우 국민의 생명·신체를 보호할 필요성이 매우 크므로 모든 범위의 운전면허를 필요적으로 취소하도록 규정한 도로교통법 조항은 직업의 자유를 침해하지 않는다.

③ 사립학교 교원이 금고 이상의 형의 집행유예를 받은 경우 당연퇴직되도록 규정한 사립학교법 조항은 사립학교 교원의 직업의 자유를 침해하지 않는다.

④ 최저임금의 적용을 위해 주 단위로 정해진 근로자의 임금을 시간에 대한 임금으로 환산할 때, 해당 임금을 1주 동안의 소정근로시간 수와 법정주휴시간 수를 합산한 시간 수로 나누도록 규정한 최저임금법 시행령 조항은 사용자의 직업의 자유를 침해하지 않는다.

⑤ 직업의 자유를 제한함에 있어, 당사자의 능력이나 자격과 상관없는 객관적 사유에 의한 직업선택의 자유의 제한은 월등하게 중요한 공익을 위하여 명백하고 확실한 위험을 방지하기 위한 경우에만 정당화될 수 있다.

16

대통령에 대한 설명으로 옳은 것만을 〈보기〉에서 모두 고르면?

─ 보기 ─

ㄱ. 대통령은 국가의 안위에 관계되는 중대한 교전상태에 있어서 국가를 보위하기 위하여 긴급한 조치가 필요하고 국회의 집회가 불가능한 때에 한하여 법률의 효력을 가지는 명령을 발할 수 있다.

ㄴ. 대통령은 사법부를 구성할 권한을 가지므로, 국회의 동의를 얻어 대법원장과 대법관을 임명하며, 대법원장의 제청으로 일반법관을 임명한다.

ㄷ. 대통령직인수위원회는 대통령 임기 시작일 이후 30일의 범위에서 존속한다.

ㄹ. 대통령은 외교사절을 신임·접수 또는 파견하고, 이를 위해서는 국회의 동의가 필요하다.

ㅁ. 대통령의 임기가 만료되는 때에는 임기만료 70일 내지 30일 전에 후임자를 선거한다.

① ㄱ, ㄷ   ② ㄱ, ㄹ

③ ㄴ, ㄹ   ④ ㄴ, ㅁ

⑤ ㄷ, ㅁ

17

사법권에 대한 설명으로 옳지 않은 것은? (다툼이 있는 경우 판례에 의함)

① 남북정상회담의 개최과정에서 통일부장관의 협력사업 승인을 얻지 아니한 채 북한 측에 사업권의 대가 명목으로 송금한 행위는 사법심사의 대상이 된다.

② 대법원은 법률에 저촉되지 아니하는 범위 안에서 소송에 관한 절차, 법원의 내부규율과 사무처리에 관한 규칙을 제정할 수 있다.

③ 법무사법 제4조 제2항이 대법원규칙으로 정하도록 위임한 이른바 '법무사시험의 실시에 관하여 필요한 사항'이란 시험과목·합격기준·시험실시방법·시험실시시기·실시횟수 등 시험실시에 관한 구체적인 방법과 절차를 말하는 것이지 시험의 실시 여부까지도 대법원규칙으로 정하라는 말은 아니다.

④ 헌법재판소는 위헌법률심판제청서, 탄핵소추의결서, 정당해산·권한쟁의·헌법소원에 관한 청구서를 접수한 날로부터 180일 이내에 종국결정을 선고하여야 한다.

⑤ 법원의 근무성적평정에 관한 사항을 대법원규칙으로 위임한 것은 포괄위임입법 금지의 원칙에 위반된다.

18

국회의 의사절차에 대한 설명으로 옳은 것은? (다툼이 있는 경우 판례에 의함)

① 2021년 2월의 임시회에서 의결하지 못한 법률안은 2021년 8월의 임시회에서 다시 의결하지 못한다.

② 헌법이 요구하는 의사공개의 원칙은 본회의에 적용되는 것이며 위원회와 소위원회에는 원칙적으로 적용되지 않는다.

③ 국회 본회의에서 260명의 국회의원이 출석하여 법률안에 대해 표결한 결과 찬성 130명, 반대 130명으로 의결이 이루어져 가부동수인 경우, 국회의장이 결정권을 가진다.

④ 국회에서 의결되어 정부에 이송된 법률안에 대해 대통령이 15일 이내에 공포나 재의의 요구를 하지 않은 때에 그 법률안은 법률로서 확정되고, 이 경우에 공포 없이도 그 효력이 발생한다.

⑤ 국회에서 의결되어 정부에 이송된 법률안에 대해 대통령이 이의가 있을 때에는 이의서를 붙여 국회에 환부할 수 있지만, 그 법률안을 수정하여 재의를 요구할 수는 없다.

19

국회의원의 지위 및 권리에 대한 설명으로 옳은 것만을 〈보기〉에서 모두 고르면? (다툼이 있는 경우 판례에 의함)

─ 보기 ─

ㄱ. 지방의회의원으로 하여금 지방공사의 직원을 겸직할 수 없도록 한 조항이 국회의원으로 하여금 국무위원이 될 수도 있도록 하고 있는 조항과 비교하여 차별한 것은 아닌지의 문제가 제기된 헌법소원심판 사건에서 헌법재판소는 지방의원과 국회의원을 합리적 사유가 없이 차별한 것으로서 평등권을 침해한다고 하였다.

ㄴ. 국회의원은 국무총리 및 국무위원 이외의 다른 직의 겸직이 금지되지만 공익목적의 명예직이나 정당법에 따른 정당의 직 등은 허용된다.

ㄷ. 국회의원은 현행범인 경우를 제외하고는 회기 중 국회의 동의 없이 체포 또는 구금되지 아니하고 국회의원이 회기 전에 체포 또는 구금된 때에는 현행범이 아닌 한 국회의 요구가 있으면 회기 중 석방된다.

ㄹ. 국회의원은 그 지위를 남용하여 국가·공공단체 또는 기업체와의 계약이나 그 처분에 의하여 재산상의 권리·이익 또는 직위를 취득하거나 타인을 위하여 그 취득을 알선할 수 없다.

ㅁ. 면책특권의 대상이 되는 행위는 국회의 직무수행에 필수적인 국회의원의 국회 내에서의 직무상 발언과 표결이라는 의사표현행위에 국한된다.

① ㄱ, ㄴ, ㄷ ② ㄱ, ㄹ, ㅁ
③ ㄴ, ㄷ, ㄹ ④ ㄴ, ㄷ, ㅁ
⑤ ㄴ, ㄹ, ㅁ

20

국정감사 및 조사에 대한 설명으로 옳지 않은 것은? (다툼이 있는 경우 판례에 의함)

① 1948년 제헌헌법에는 국정감사만 있을 뿐 국정조사는 없었고 1980년 개정헌법부터 국정조사제도를 두었다.

② 국회는 국정 전반에 관하여 소관 상임위원회별로 매년 정기회 집회일 이전에 감사 시작일부터 30일 이내의 기간을 정하여 감사를 실시하므로, 정기회기간 중에는 국정조사만 인정된다.

③ 형법상 위증죄보다 국회에서의 위증을 무거운 법정형으로 정한 국회에서의 증언·감정 등에 관한 법률 조항은 형벌체계상의 정당성과 균형성을 상실한 것이 아니다.

④ 지방자치단체 중 특별시·광역시·도는 국정감사 및 조사의 대상기관이 되며, 다만 그 감사범위는 국가위임사무와 국가가 보조금등 예산을 지원하는 사업에 한정된다.

⑤ 조사위원회는 조사의 목적, 조사할 사안의 범위와 조사방법, 조사에 필요한 기간 및 소요경비 등을 기재한 조사계획서를 본회의에 제출하여 승인을 받아 조사를 한다.

21

헌법재판소가 내린 위헌결정의 효력에 대한 설명으로 옳은 것은? (다툼이 있는 경우 판례에 의함)

① 세법 조항이 단순위헌으로 결정되면, 그 세법 조항은 위헌결정이 있는 날로부터 효력을 상실하기 때문에, 위헌결정의 소급효가 인정되지 않아 당해 사건의 당사자는 구제를 받지 못한다.

② 형벌 조항이 단순위헌으로 결정되면, 그 형벌 조항에 의하여 이미 유죄의 확정판결을 받은 사람은 재심을 청구하여 구제를 받을 수 있다.

③ 불처벌의 특례를 규정한 형벌 규정에 대해 위헌결정이 내려지면, 종래 그 특례의 적용을 받았던 사람에 대해 형사처벌을 할 수 있다.

④ 형벌에 관한 법률 또는 법률의 조항은 소급하여 효력을 상실하지만, 해당 법률 또는 법률의 조항에 대하여 종전에 합헌으로 결정한 사건이 있는 경우 그 결정이 있는 날로 소급하여 효력을 상실한다.

⑤ 법률 조항에 대해 단순위헌결정이 내려지더라도, 입법자가 동일한 사정하에서 동일한 이유에 근거한 동일한 내용의 법률을 다시 제정하는 것은 위헌결정의 기속력에 반하지 않는다.

22

헌법재판소법 제68조 제1항에 따른 헌법소원심판에 대한 설명으로 옳은 것은? (다툼이 있는 경우 판례에 의함)

① 법령이 헌법재판소법 제68조 제1항에 따른 헌법소원의 대상이 되려면 구체적인 집행행위 없이 직접 기본권을 침해해야 하는바, 여기의 집행행위에 입법 및 사법행위는 포함되지 않는다.

② 방송통신심의위원회의 시정요구는 단순한 행정지도로서 항고소송의 대상이 되는 공권력의 행사라고 볼 수 없으므로 시정요구에 대하여 행정소송을 제기하지 않고 헌법소원심판을 청구하더라도 적법하다.

③ 법령의 시행일 이후 일정한 유예기간을 둔 경우 유예기간과 관계없이 이미 그 법령 시행일에 기본권의 침해를 받은 것이므로 이에 대한 헌법소원심판청구기간의 기산점은 법령의 시행일이다.

④ 헌법은 그 전체로서 주권자인 국민의 결단 내지 국민적 합의의 결과라고 보아야 할 것으로, 헌법의 개별규정을 헌법재판소법 제68조 제1항 소정의 공권력 행사의 결과라고 볼 수 없다.

⑤ 대통령이 국회에 법률안을 제출하는 행위는 공권력의 행사에 해당하므로 이를 대상으로 한 헌법재판소법 제68조 제1항에 따른 헌법소원심판은 적법하다.

23

권한쟁의심판에 대한 설명으로 옳은 것은? (다툼이 있는 경우 판례에 의함)

① 권한쟁의는 국가기관과 지방자치단체 간 및 지방자치단체 상호 간의 권한분쟁을 해결하는 절차이므로 국가기관 상호 간의 권한분쟁은 심판대상이 되지 않는다.

② 권한쟁의심판절차에서는 종국결정의 선고 시까지 심판대상이 된 피청구인의 처분의 효력을 정지하는 가처분이 인정되지 않는다.

③ 권한쟁의심판에서 청구를 인용하는 결정을 하기 위해서는 헌법재판관 6인 이상의 찬성이 있어야 한다.

④ 일반 법원의 기관소송관할권과 중복을 피하기 위하여 권한쟁의심판에서는 헌법상의 권한분쟁만을 대상으로 하고 법률상의 권한분쟁은 그 대상이 되지 않는다.

⑤ 대통령이 국회의 동의 없이 조약에 비준한 경우, 국회의 구성원인 국회의원이 국회의 조약에 대한 체결·비준동의권의 침해를 대신 주장하며 청구한 권한쟁의심판은 적법하지 않다.

24

헌법재판에 대한 설명으로 옳은 것만을 〈보기〉에서 모두 고르면? (다툼이 있는 경우 판례에 의함)

─ 보기 ─

ㄱ. 헌법재판소 전원재판부는 7명 이상의 출석으로 사건을 심리하며, 당사자는 동일한 사건에 대하여 2명의 재판관까지 기피할 수 있다.

ㄴ. 헌법재판소장이 필요하다고 인정하는 경우에는 변론 또는 종국결정을 심판정 외의 장소에서 할 수 있다.

ㄷ. 탄핵심판, 위헌법률심판 및 권한쟁의의 심판은 구두변론을 거쳐야 한다.

ㄹ. 재판관회의는 재판관 7명 이상의 출석과 출석인원 과반수의 찬성으로 의결한다.

ㅁ. 헌법재판소법은 헌법소원심판에 대해서만 국선대리인 제도를 규정하고 있다.

① ㄱ, ㄴ, ㅁ   ② ㄱ, ㄷ, ㄹ

③ ㄴ, ㄷ, ㅁ   ④ ㄴ, ㄹ, ㅁ

⑤ ㄷ, ㄹ, ㅁ

25

법원에 대한 설명으로 옳지 않은 것은?

① 법관으로서 퇴직 후 2년이 지나지 아니한 사람은 대통령 비서실의 직위에 임용될 수 없다.

② 법관 외의 법원공무원은 대법원장이 임명하며, 그 수는 대법원규칙으로 정한다.

③ 대법관은 대법원장의 제청으로 국회의 동의를 받아 대통령이 임명하는데, 대법원장은 대법관후보추천위원회가 추천하는 대법관 후보자 중에서 제청하여야 한다.

④ 대법원장은 다른 국가기관으로부터 법관의 파견근무요청을 받은 경우에 업무의 성질상 법관을 파견하는 것이 타당하다고 인정되고 해당 법관이 파견근무에 동의하는 경우에는 그 기간을 정하여 이를 허가할 수 있다.

⑤ 대법원장이 궐위되거나 부득이한 사유로 직무를 수행할 수 없을 때에는 선임대법관이 그 권한을 대행한다.

01

재산권에 관한 다음 설명 중 가장 옳지 않은 것은? (다툼이 있는 경우 대법원 판례 및 헌법재판소 결정에 의함)

① 시혜적 입법의 시혜대상에서 제외되었다는 이유만으로 재산권의 침해가 발생하는 것은 아니고 시혜대상에 포함될 경우 얻을 수 있었던 재산상 이익의 기대가 성취되지 않았다고 하여도 이와 같은 단순한 재산상 이익에 대한 기대는 헌법이 보호하는 재산권의 영역에 포함되지 아니한다.

② 연금수급권의 내용은 사회·경제적 상황을 고려한 입법자의 정책적 판단에 의하여 변경될 수 있어 조기노령연금의 수급개시연령에 대한 신뢰는 보호가치가 크지 않으므로, 조기노령연금을 수급할 수 있는 연령이 59세에서 60세로 인상하는 법률은 재산권을 침해하지 않는다.

③ 유류분 반환청구는 피상속인이 생전에 한 유효한 증여라도 그 효력을 잃게 하는 것이므로, 민법 제1117조에서 '반환하여야 할 증여를 한 사실을 안 때로부터 1년'이라는 단기소멸시효를 정한 것은 재산권을 침해하지 않는다.

④ 헌법이 규정한 '정당한 보상'이란 손실보상의 원인이 되는 재산권의 침해가 기존의 법질서 안에서 개인의 재산권에 대한 개별적인 침해인 경우에는 그 손실 보상은 원칙적으로 피수용재산의 객관적인 재산가치를 완전하게 보상하는 것이어야 한다는 완전보상을 뜻하는 것이다.

⑤ 재산권의 객체가 갖는 객관적 가치란 그 물건의 성질에 정통한 사람들의 자유로운 거래에 의하여 도달할 수 있는 합리적인 매매가능가격 즉 시가에 의하여 산정되는 것이 보통이므로, 수용으로 인한 보상가액은 피수용토지의 수용시점 시가에 의하여야 하고, 공익사업의 시행으로 지가가 상승하여 발생하는 개발이익 역시 해당 토지의 객관적 가치에 포함되므로, 손실보상액에서 그와 같은 개발이익을 배제하는 것은 헌법이 정한 정당보상의 원리에 위배된다.

02

정당제도에 관한 다음 설명 중 가장 옳지 않은 것은? (다툼이 있는 경우 대법원 판례 및 헌법재판소 결정에 의함)

① 우리 헌법은 정당을 일반적인 결사의 자유로부터 분리하여 제8조에 독자적으로 규율함으로써, 정당의 특별한 지위를 강조하고 있다.

② 헌법 제8조 제1항 전단의 정당설립의 자유는 정당설립의 자유만이 아니라 누구나 국가의 간섭을 받지 아니하고 자유롭게 정당에 가입하고 정당으로부터 탈퇴할 수 있는 자유를 함께 보장한다.

③ 정당의 설립과 활동의 자유를 보장하는 것은 선거제도의 민주화와 국민주권을 실질적으로 현실화하고 정치적으로 자유민주주의 구현에 기여하는 데 그 목적이 있는 것이지 정치의 독점이나 무소속후보자의 진출을 봉쇄하는 정당의 특권을 설정할 수 있는 것을 의미하는 것이 아니다.

④ 정당은 단순히 행정부의 통상적인 처분에 의해서는 해산될 수 없고, 오직 헌법재판소가 그 정당의 위헌성을 확인하고 해산의 필요성을 인정한 경우에만 정당정치의 영역에서 배제된다.

⑤ 정당해산심판절차에 민사소송에 관한 법령을 준용하도록 한 헌법재판소법 제40조 제1항은 헌법상 재판을 받을 권리를 침해한다.

03

개인정보자기결정권에 관한 다음 설명 중 가장 옳지 않은 것은? (다툼이 있는 경우 대법원 판례 및 헌법재판소 결정에 의함)

① 개인정보자기결정권은 자신에 관한 정보가 언제 누구에게 어느 범위까지 알려지고 또 이용되도록 할 것인지를 그 정보주체가 스스로 결정할 수 있는 권리로서, 헌법 제10조 제1문에서 도출되는 일반적 인격권 및 헌법 제17조의 사생활의 비밀과 자유에 의하여 보장된다.

② 개인정보를 대상으로 한 조사·수집·보관·처리·이용 등의 행위는 모두 원칙적으로 개인정보자기결정권에 대한 제한에 해당한다.

③ 직계혈족이기만 하면 아무런 제한 없이 자녀의 가족관계증명서 및 기본증명서의 교부를 청구하여 발급받을 수 있도록 규정한 가족관계의 등록 등에 관한 법률 제15조 제1항은 과잉금지원칙을 위반하여 자녀의 개인정보자기결정권을 침해한다.

④ 정보주체가 직접 또는 제3자를 통하여 이미 공개한 개인정보라고 하더라도 공개 당시 정보주체가 자신의 개인정보에 대한 수집이나 제3자 제공 등의 처리에 대하여 동의를 하였다고 단정할 수 없으므로, 그 정보를 수집·이용·제공 등 처리하고자 하는 자는 정보주체로부터 별도의 동의를 받아야 한다.

⑤ 법률정보 제공 사이트를 운영하는 회사가 공립대학교 법학과 교수의 사진, 성명, 성별, 출생연도, 직업, 직장, 학력, 경력 등 개인정보를 위 법학과 홈페이지 등을 통해 수집하여 위 사이트 내 '법조인' 항목에서 유료로 제공한 경우, 위 회사가 영리 목적으로 개인정보를 수집하여 제3자에게 제공하였더라도 그에 의하여 얻을 수 있는 법적 이익이 정보처리를 막음으로써 얻을 수 있는 정보주체의 인격적 법익에 비하여 우월하므로, 개인정보자기결정권을 침해하는 위법한 행위로 평가할 수 없다.

04

근로의 권리에 관한 다음 설명 중 가장 옳지 않은 것은? (다툼이 있는 경우 대법원 판례 및 헌법재판소 결정에 의함)

① 헌법상 근로의 권리는 '일할 자리에 관한 권리'만이 아니라 '일할 환경에 관한 권리'도 의미하는 것이다.

② 근로자가 퇴직급여를 청구할 수 있는 권리는 헌법 제32조 제1항의 근로의 권리의 본질적인 내용에 해당하므로, 모든 근로자는 헌법상 권리로서 퇴직급여 청구권을 갖는다.

③ 최저임금제는 법률이 정하는 바에 의하여 보장되는 것이므로, 근로자가 최저임금을 청구할 수 있는 권리가 헌법상 근로의 권리로서 바로 보장되는 것은 아니다.

④ 근로의 권리는 개인인 근로자가 그 주체가 되는 것이고, 근로자의 모임인 노동조합은 그 주체가 될 수 없다.

⑤ 우리 헌법은 연소자의 근로는 특별한 보호를 받는다고 명문으로 규정하고 있다.

05

법률유보원칙에 관한 다음 설명 중 가장 옳은 것은? (다툼이 있는 경우 대법원 판례 및 헌법재판소 결정에 의함)

① 대통령령은 법률의 위임이 없어도 법률에 위반되지 않는 범위 내에서 국민의 권리·의무에 관한 사항을 규율할 수 있다.

② 법률이 국민의 기본권 실현과 관련된 영역에 있어서 본질적인 사항에 대하여 스스로 결정하지 않고 행정입법에 위임하였다고 하더라도, 법률유보원칙에 위반되는 것은 아니다.

③ 법률유보원칙과 의회유보원칙은 서로 다른 별개의 원리로서 법률유보원칙이 의회유보원칙을 포함하는 것은 아니다.

④ 조례에 대한 법률의 위임은 법규명령에 대한 법률의 위임과 같이 반드시 구체적으로 범위를 정하여 할 필요가 없으며 포괄적인 것으로 족하다.

⑤ 입법자가 형식적 법률로 스스로 규율하여야 하는 사항이 어떤 것인지는 일률적으로 획정되어야 한다.

06

헌법의 기본원리에 관한 다음 설명 중 가장 옳지 않은 것은? (다툼이 있는 경우 대법원 판례 및 헌법재판소 결정에 의함)

① 자유민주적 기본질서란 모든 폭력적 지배와 자의적 지배, 즉 반국가단체의 일인독재 내지 일당독재를 배제하고 다수의 의사에 의한 국민의 자치, 자유·평등의 기본원칙에 의한 법치주의적 통치질서를 말한다. 구체적으로는 기본적 인권의 존중, 권력분립, 의회제도, 복수정당제도, 선거제도, 사유재산과 시장경제를 골간으로 한 경제질서 및 사법권의 독립 등을 의미한다.

② 우리 헌법상의 경제질서는 사유재산제를 바탕으로 하고 자유경쟁을 존중하는 자유시장경제질서를 기본으로 하면서도 이에 수반되는 갖가지 모순을 제거하고 사회복지·사회정의를 실현하기 위하여 국가적 규제와 조정을 용인하는 사회적 시장경제질서로서의 성격을 띠고 있다.

③ 우리 헌법은 사회국가원리를 명문으로 규정하고 있지는 않지만, 구체화된 여러 표현을 통하여 사회국가원리를 수용한 것으로 평가할 수 있다.

④ 사회국가란 사회정의의 이념을 헌법에 수용한 국가, 사회현상에 대하여 방관적인 국가가 아니라 경제·사회·문화의 모든 영역에서 정의로운 사회질서의 형성을 위하여 사회현상에 관여하고 간섭하고 분배하고 조정하는 국가이며, 궁극적으로는 국민 각자가 실제로 자유를 행사할 수 있는 그 실질적 조건을 마련해 줄 의무가 있는 국가이다.

⑤ 복수정당제가 우리 헌법상 반드시 보장되는 것은 아니다.

07

양심적 병역거부에 관한 다음 설명 중 가장 옳지 않은 것은? (다툼이 있는 경우 대법원 판례 및 헌법재판소 결정에 의함)

① 국방의 의무는 법률이 정하는 바에 따라 부담하므로, 그 구체적인 이행방법과 내용은 법률로 정할 사항이다.

② 양심적 병역거부의 허용 여부는 헌법 제19조 양심의 자유 등 기본권 규범과 헌법 제39조 국방의 의무 규범 사이의 충돌·조정 문제이다.

③ 양심적 병역거부는 소극적 부작위에 의한 양심실현에 해당하므로, 이에 대한 제한은 양심의 자유에 대한 과도한 제한이 되거나 본질적 내용에 대한 위협이 될 수 있다.

④ 양심적 병역거부자에게 병역의무의 이행을 일률적으로 강제하고 그 불이행에 대하여 형사처벌 등 제재를 하는 것은 소수자에 대한 관용과 포용이라는 자유민주주의 정신에도 위배된다.

⑤ 신념이 확고하다는 것은 그것이 유동적이거나 가변적이지 않다는 것을 뜻하지만, 반드시 고정불변이어야 하는 것은 아니므로, 상황에 따라 타협적이거나 전략적으로 행동하는 것을 금지하지는 아니한다. 병역거부자가 그 신념과 관련한 문제에서 상황에 따라 다른 행동을 하였다고 하더라도, 그러한 신념이 진실하지 않다고 단정할 수는 없다.

08

정당해산심판제도에 관한 다음 설명 중 가장 옳지 않은 것은? (다툼이 있는 경우 대법원 판례 및 헌법재판소 결정에 의함)

① 헌법은 방어적 민주주의 관점에 기초하여 정당해산심판제도를 규정하고 있다.

② 정당의 목적이나 활동이 민주적 기본절서에 위배될 때에는 정부는 헌법재판소에 그 해산을 제소할 수 있다.

③ 정당의 목적이나 활동이 헌법에 위반된 경우, 그 위반이 사소한 위반인 경우에도 그 정당을 해산하는 것이 헌법정신에 부합한다.

④ 정당 소속원이 민주적 기본질서에 위반된 행위를 하였다고 하더라도, 개인적 차원의 행위에 불과한 것이라면, 이러한 행위에 대해서까지 정당해산심판의 심판대상이 되는 활동으로 보기는 어렵다.

⑤ 정당해산심판제도는 정치적 비판자들을 탄압하기 위한 용도로 남용되는 일이 생기지 않도록 엄격하고 제한적으로 운용되어야 한다.

09

기본권에 관한 다음 설명 중 가장 옳지 않은 것은? (다툼이 있는 경우 대법원 판례 및 헌법재판소 결정에 의함)

① 주민등록번호가 부여된 이후 주민등록번호 변경을 허용하게 되면 범죄은폐, 탈세, 채무면탈 또는 신분세탁 등 불순한 용도로 이를 악용하는 경우가 발생할 수 있으므로 주민등록번호 변경을 허용하지 않은 주민등록법이 개인정보자기결정권을 침해한 것으로 볼 수 없다.

② 인터넷언론사의 공개된 게시판·대화방에서 스스로의 의사에 의하여 정당·후보자에 대한 지지·반대의 글을 게시하는 행위는 양심의 자유나 사생활 비밀의 자유에 의하여 보호되는 영역이라고 할 수 없다.

③ 방송의 자유는 주관적 권리로서의 성격과 함께 자유로운 의견형성이나 여론형성을 위해 필수적인 기능을 행하는 객관적 규범질서로서 제도적 보장의 성격을 함께 가진다.

④ 군대 내에서 군종장교가 성직자의 신분에서 종교활동을 수행함에 있어 소속종단의 종교를 선전하거나 다른 종교를 비판하였다고 할지라도 그것만으로 종교적 중립을 준수할 의무를 위반하였다고 볼 수 없다.

⑤ 헌법 제23조의 재산권은 자기 노력의 대가나 자본의 투자 등 특별한 희생을 통하여 얻은 공법상의 권리도 포함한다.

10

직업의 자유에 관한 다음 설명 중 가장 옳지 않은 것은? (다툼이 있는 경우 대법원 판례 및 헌법재판소 결정에 의함)

① 직업의 자유에 의한 보호의 대상이 되는 '직업'은 '생활의 기본적 수요를 충족시키기 위한 계속적 소득활동'을 의미하며 그러한 내용의 활동인 한 그 종류나 성질을 묻지 아니하므로, 대학생이 방학기간을 이용하여 학비등을 벌기 위하여 학원강사로서 일하는 행위도 직업의 자유의 보호영역에 속한다.

② 성인대상 성범죄로 형을 선고받아 확정된 자로 하여금 그 형의 집행을 종료한 날로부터 10년 동안 의료기관을 개설하거나 의료기관에 취업할 수 없도록 한 구 아동·청소년의 성보호에 관한 법률은 직업선택의 자유를 침해한다.

③ 직업수행의 자유에 대한 제한은 인격발현에 대한 침해의 효과가 일반적으로 직업선택의 자유에 대한 제한에 비하여 작기 때문에, 그에 대한 제한은 보다 폭넓게 허용된다.

④ 직업의 자유에는 해당 직업에 합당한 보수를 받을 권리도 포함되어 있다.

⑤ 자격제도를 시행함에 있어서 설정하는 자격요건에 대한 판단은 원칙적으로 입법자의 입법형성권의 영역에 있으므로, 그것이 입법재량의 범위를 일탈하여 현저히 불합리한 경우에 한하여 헌법에 위반된다고 할 수 있다.

11

다음 설명 중 가장 옳지 않은 것은? (다툼이 있는 경우 대법원 판례 및 헌법재판소 결정에 의함)

① 공익사업을 위한 토지 등의 취득 및 보상에 관한 법률 제91조 제1항이 환매권의 발생기간을 '취득일로부터 10년 이내'로 제한한 것은 환매권의 구체적 행사를 위한 내용을 정한 것이라기보다는 환매권의 발생 여부 자체를 정하는 것이어서 사실상 원소유자의 환매권을 배제하는 결과를 초래할 수 있으므로, 침해의 최소성 및 법익의 균형성 등 기본권 제한입법의 한계를 준수하지 못하고 있어 헌법에 위반된다.

② 노동조합 및 노동관계조정법 제94조는 양벌규정으로서 "법인 또는 단체의 대표자, 법인·단체 또는 개인의 대리인·사용인 기타의 종업원이 그 법인·단체 또는 개인의 업무에 관하여 제88조 내지 제93조의 위반행위를 한 때에는 행위자를 벌하는 외에 그 법인·단체 또는 개인에 대하여도 각 해당 조의 벌금형을 과한다."라고 규정하고 있는데, 위 규정 중 '법인의 대리인·사용인 기타의 종업원' 관련 부분은 책임주의 원칙에 위배되지만, '법인의 대표자' 관련 부분은 책임주의 원칙에 위배되지 않는다.

③ 건강보험수급권은 가입자가 납부한 보험료에 대한 반대급부의 성격을 가지며, 보험사고로 초래되는 재산상 부담을 전보하여 주는 경제적 유용성을 가지므로, 헌법상 재산권의 보호범위에 속한다.

④ 초·중등학교 교원에 대해서는 정당가입의 자유를 금지하면서 대학의 교원에게 이를 허용한다 하더라도, 이는 양자간 직무의 본질과 내용, 근무 태양이 다른 점을 고려한 합리적인 차별이므로 평등원칙에 위배되지 않는다.

⑤ 국가공무원법 제66조 제1항 본문은 "공무원은 노동운동이나 그 밖에 공무 외의 일을 위한 집단행위를 하여서는 아니 된다."라고 규정하고 있는데, 위 규정 중 '그 밖에 공무 외의 일을 위한 집단행위' 부분은 명확성 원칙에 위반될 뿐 아니라 공무에 속하지 아니하는 어떤 일을 위하여 공무원들이 하는 모든 집단적 행위를 금지함으로써 표현의 자유에 대한 과도한 제한에 해당하므로, 헌법에 위반된다.

12

선거운동에 관한 다음 설명 중 가장 옳지 않은 것은? (다툼이 있는 경우 대법원 판례 및 헌법재판소 결정에 의함)

① 선거운동의 자유는 우리 헌법에 명시되어 있지 않다.

② 예비후보자로 등록한 사람은 선거운동기간 이전이라도 선거운동을 할 수 있다.

③ 예비후보자로서 선거운동을 할 수 있는 기간을 제한하는 것 자체가 선거운동의 자유를 과도하게 제한하는 것이라고 할 수는 없고, 제한되는 기간을 어느 정도로 할 것인지 여부는 입법정책에 맡겨져 있다고 볼 수 있으며, 그 구체적인 기간이 선거운동의 자유를 형해화할 정도에 이르지 않았다면 이 역시 기본권을 침해하였다고 볼 수 없다.

④ 선거운동기간 전에는 문자메시지를 전송하는 방법이나 인터넷 홈페이지 또는 그 게시판·대화방 등에 글이나 동영상 등을 게시하거나 전자우편을 전송하는 방법으로 선거운동을 하는 것이 허용되지 않는다.

⑤ 공직선거법이 자치구·시의 장의 선거에서 예비후보자의 선거운동기간보다 군의 장의 선거에서 예비후보자의 선거운동기간을 단기간으로 정한 것은 합리적 이유 있는 차별로서 평등원칙에 위배되지 않는다.

13

양심의 자유에 관한 다음 설명 중 옳은 것은 모두 몇 개인가? (다툼이 있는 경우 대법원 판례 및 헌법재판소 결정에 의함)

㉠ 양심은 어떤 일의 옳고 그름을 판단할 때 그렇게 행동하지 않고서는 자신의 인격적 존재가치가 파멸되고 말 것이라는 강력하고 진지한 마음의 소리로서 절박하고 구체적인 것이어야 한다.

㉡ 양심의 자유는 양심을 형성할 자유와 양심에 따라 결정할 자유 등 내심의 자유일 뿐, 양심을 실현할 수 있는 자유는 포함되지 않는다.

㉢ 근로관계의 속성상 사용자가 비위행위를 저지른 근로자에게 자신의 잘못을 반성하고 사죄한다는 내용의 시말서 제출을 명령하는 것은 양심의 자유 침해로 볼 수 없다.

㉣ 양심은 내면의 영역이므로 양심적 병역거부 행위는 신념이 확고하고 진실한지 여부와 관계없이 병역법에 따라 처벌할 수 없다.

㉤ 국가가 수형자의 가석방 여부를 심사하면서 국법질서나 헌법체제를 준수하겠다는 취지의 준법서약서 제출을 요구한 조치는 양심의 자유와 자유로운 정신세계를 형성할 행복추구권을 침해한다.

---

① 1개   ② 2개

③ 3개   ④ 4개

⑤ 5개

14

국회에 관한 다음 설명 중 가장 옳지 않은 것은?

① 국회의 정기회는 법률이 정하는 바에 의하여 매년 1회 집회되며, 임시회는 대통령 또는 국회 재적의원 4분의 1 이상의 요구에 의하여 집회된다. 대통령이 임시회의 집회를 요구할 때에는 기간과 집회요구의 이유를 명시하여야 한다.

② 국회의 회의는 공개한다. 다만, 출석의원 과반수의 찬성이 있거나 의장이 국가의 안전보장을 위하여 필요하다고 인정할 때에는 공개하지 아니할 수 있다.

③ 우리 헌법은 국회에 제출된 의안이 회기중에 의결되지 못한 경우에는 폐기된다는 회기불계속의 원칙을 취하고 있다.

④ 대통령은 국회에서 의결된 법률안에 이의가 있을 때에는 정부에 이송된 후 15일 이내에 이의서를 붙여 국회로 환부하여 그 재의를 요구할 수 있다.

⑤ 법률안에 대한 재의의 요구가 있을 때에는 국회는 재의에 붙이고, 재적의원 과반수의 출석과 출석의원 3분의 2 이상의 찬성으로 전과 같은 의결을 하면 그 법률안은 법률로서 확정된다.

15

법원에 관한 다음 설명 중 가장 옳지 않은 것은? (다툼이 있는 경우 대법원 판례 및 헌법재판소 결정에 의함)

① 대법관의 임기는 6년이고, 법률이 정하는 바에 의하여 연임할 수 있다.

② 법관은 탄핵 또는 금고 이상의 형의 선고에 의하지 아니하고는 파면되지 아니하고, 징계처분에 의하지 아니하고는 정직·감봉 기타 불리한 처분을 받지 아니한다.

③ 법관에 대한 징계처분 취소청구소송을 대법원의 단심재판에 의하도록 한 법관징계법 조항은 재판청구권을 침해한다.

④ 대법원장과 대법관이 아닌 법관은 대법관회의의 동의를 얻어 대법원장이 임명한다.

⑤ 군사법원의 상고심은 대법원에서 관할한다.

16

헌법소원의 대상에 관한 다음 설명 중 가장 옳지 않은 것은? (다툼이 있는 경우 대법원 판례 및 헌법재판소 결정에 의함)

① 행정청이 우월적 지위에서 일방적으로 강제하는 '권력적 사실행위'는 헌법소원의 대상이 될 수 있다.

② 대통령의 법률안 제출행위는 국가기관 사이의 내부적 행위에 불과하므로 헌법소원심판의 대상이 되는 공권력의 행사가 아니다.

③ 명령·규칙 그 자체에 의하여 직접 기본권이 침해된 경우, 대법원이 이를 최종적으로 심사할 권한을 가지므로 명령·규칙은 헌법소원의 대상이 될 수 없다.

④ 예산은 일반국민을 구속하지 않으므로 국회의 예산안 의결행위는 헌법소원의 대상이 되지 않는다.

⑤ 헌법 해석상 특정인의 기본권을 보호하기 위한 국가의 입법의무가 발생하였음에도 불구하고 입법자가 아무런 입법조치를 취하지 않고 있는 경우 그 입법부작위는 헌법소원의 대상이 될 수 있다.

17

선거관리에 관한 다음 설명 중 가장 옳지 않은 것은?

① 선거와 국민투표의 공정한 관리 및 정당에 관한 사무를 처리하기 위하여 선거관리위원회를 둔다.

② 중앙선거관리위원회는 대통령이 임명하는 9인의 위원으로 구성하고, 위원장은 위원 중에서 호선한다.

③ 중앙선거관리위원회 위원의 임기는 6년으로 한다.

④ 각급 선거관리위원회는 선거인명부의 작성 등 선거사무와 국민투표사무에 관하여 관계 행정기관에 필요한 지시를 할 수 있다.

⑤ 선거에 관한 경비는 법률이 정하는 경우를 제외하고는 정당 또는 후보자에게 부담시킬 수 없다.

18

헌법재판소 및 위헌법률심사에 관한 다음 설명 중 가장 옳지 않은 것은? (다툼이 있는 경우 대법원 판례 및 헌법재판소 결정에 의함)

① 헌법재판소는 법관의 자격을 가진 9인의 재판관으로 구성하며, 재판관은 대통령이 임명한다.

② 위헌법률심판의 대상이 되는 '법률'에는 국회의 의결을 거친 형식적 의미의 법률뿐만 아니라 조약 등 형식적 의미의 법률과 동일한 효력을 가지는 법규범들도 포함된다.

③ 법률의 위헌 여부가 재판의 전제가 된 경우 법원은 헌법재판소에 제청하여 그 심판에 의하여 재판을 하는데, 여기서 말하는 재판에는 본안에 관한 재판 외에 소송절차에 관한 재판도 포함된다.

④ 헌법재판소법 제68조 제2항의 헌법소원은 법률의 위헌여부 심판의 제청신청을 하여 그 신청이 기각된 때에 청구할 수 있다.

⑤ 개별적, 구체적 사건에서 법률조항의 단순한 포섭, 적용에 관한 문제를 다투는 것도 적법한 헌법소원 심판청구에 해당한다.

19

지방자치단체에 관한 다음 설명 중 가장 옳지 않은 것은? (다툼이 있는 경우 대법원 판례 및 헌법재판소 결정에 의함)

① 헌법상 특정 지방자치단체의 존속이 보장되어야 하므로 법률로 지방자치단체를 폐치·분합하는 것은 허용되지 않는다.

② 지방자치단체 상호간에 권한의 유무 또는 범위에 관하여 다툼이 있을 때에는 해당 지방자치단체는 헌법재판소에 권한쟁의심판을 청구할 수 있다.

③ 지방자치단체에는 반드시 지방의회를 두어야 한다.

④ 지방자치단체는 주민의 복리에 관한 사무를 처리하고 재산을 관리하며, 법령의 범위 안에서 자치에 관한 규정을 제정할 수 있다.

⑤ 지방자치단체가 제정한 조례가 법령에 위반되는 경우에는 효력이 없다.

20

대통령의 권한에 관한 다음 설명 중 가장 옳지 않은 것은?

① 대통령은 법률이 정하는 바에 의하여 사면·감형 또는 복권을 명할 수 있다.

② 대통령은 헌법과 법률이 정하는 바에 의하여 국군을 통수한다.

③ 대통령은 전시·사변 또는 이에 준하는 국가비상사태에 있어서 병력으로써 군사상의 필요에 응하거나 공공의 안녕질서를 유지할 필요가 있을 때에는 법률이 정하는 바에 의하여 계엄을 선포할 수 있고 이때 대통령은 지체없이 국회에 보고하여 그 승인을 얻어야 한다.

④ 대통령은 국회에 출석하여 발언하거나 서한으로 의견을 표시할 수 있다.

⑤ 대통령은 법률이 정하는 바에 의하여 훈장 기타의 영전을 수여한다.

01

영토조항 및 평화통일조항에 대한 설명으로 옳지 않은 것은? (다툼이 있는 경우 판례에 의함)

① 우리 헌법이 영토조항(제3조)을 두고 있는 이상 대한민국의 헌법은 북한지역을 포함한 한반도 전체에 그 효력이 미치고 따라서 북한지역은 당연히 대한민국의 영토가 된다.

② 남북합의서는 남북관계를 '나라와 나라 사이의 관계가 아닌 통일을 지향하는 과정에서 잠정적으로 형성되는 특수관계'임을 전제로 하여 이루어진 합의문서인바, 이는 한민족공동체 내부의 특수관계를 바탕으로 한 당국 간의 합의로서 남북당국의 성의 있는 이행을 상호 약속하는 일종의 공동성명 또는 신사협정에 준하는 성격을 가진다.

③ 개별 법률의 적용 내지 준용에 있어서는 남북한의 특수관계적 성격을 고려하여 북한지역을 외국에 준하는 지역으로, 북한주민 등을 외국인에 준하는 지위에 있는 자로 규정할 수 있다.

④ 헌법상의 여러 통일관련 조항들은 국가의 통일의무를 선언한 것이므로, 그로부터 국민 개개인의 통일에 대한 기본권, 특히 국가기관에 대하여 통일과 관련된 구체적인 행위를 요구하거나 일정한 행동을 할 수 있는 권리도 도출된다.

02

체계정당성의 원리에 대한 설명으로 옳지 않은 것은? (다툼이 있는 경우 판례에 의함)

① 체계정당성의 원리라는 것은 동일 규범 내에서 또는 상이한 규범 간에 그 규범의 구조나 내용 또는 규범의 근거가 되는 원칙면에서 상호 배치되거나 모순되어서는 아니된다는 하나의 헌법적 요청이다.

② 일반적으로 일정한 공권력작용이 체계정당성에 위반한다고 해서 곧 위헌이 되는 것은 아니고, 그것이 위헌이 되기 위해서는 결과적으로 비례의 원칙이나 평등의 원칙 등 일정한 헌법의 규정이나 원칙을 위반하여야 한다.

③ 체계정당성의 원리는 규범 상호간의 구조와 내용 등이 모순됨이 없이 체계와 균형을 유지하여야 한다는 헌법적 원리이지만 곧바로 입법자를 기속하는 것이라고는 볼 수 없다.

④ 규범 상호간의 체계정당성을 요구하는 이유는 입법자의 자의를 금지하여 규범의 명확성, 예측가능성 및 규범에 대한 신뢰와 법적 안정성을 확보하기 위한 것이고 이는 국가공권력에 대한 통제와 이를 통한 국민의 자유와 권리의 보장을 이념으로 하는 법치주의원리로부터 도출되는 것이다.

03

헌법개정에 대한 설명으로 옳은 것으로만 묶은 것은?

> ㄱ. 국회는 헌법개정안이 공고된 날로부터 30일 이내에 의결하여야 하며, 국회의 의결은 출석의원 3분의 2 이상의 찬성을 얻어야 한다.
> ㄴ. 헌법개정안은 국회에서 기명투표로 표결한다.
> ㄷ. 헌법개정안은 국회가 의결한 후 60일 이내에 국민투표에 붙여 국회의원선거권자 과반수의 투표와 투표자 과반수의 찬성을 얻어야 한다.
> ㄹ. 제안된 헌법개정안은 대통령이 20일 이상의 기간 이를 공고하여야 한다.

① ㄱ, ㄴ   ② ㄱ, ㄷ
③ ㄴ, ㄹ   ④ ㄷ, ㄹ

04

군사제도 및 군인의 기본권에 대한 설명으로 옳지 않은 것은? (다툼이 있는 경우 판례에 의함)

① 헌법 제110조 제1항에 따라 특별법원으로서 군사법원을 둘 수 있지만, 법률로 군사법원을 설치함에 있어서 군사재판의 특수성을 고려하여 그 조직·권한 및 재판관의 자격을 일반법원과 달리 정하는 것은 헌법상 허용되지 않는다.

② 병(兵)에 대한 징계처분으로 일정기간 부대나 함정 내의 영창, 그 밖의 구금장소에 감금하는 영창처분은, 인신의 자유를 덜 제한하면서도 병의 비위행위를 효율적으로 억지할 수 있는 징계수단을 강구하는 것이 얼마든지 가능함에도, 병의 신체의 자유를 필요 이상으로 과도하게 제한하므로 침해의 최소성 원칙에 어긋난다.

③ 사관생도의 모든 사적 생활에서까지 예외 없이 금주의무를 이행할 것을 요구하는 것은 사관생도의 일반적 행동자유권은 물론 사생활의 비밀과 자유를 지나치게 제한하는 것이다.

④ 국군통수권은 군령(軍令)과 군정(軍政)에 관한 권한을 포괄하고, 여기서 군령이란 국방목적을 위하여 군을 현실적으로 지휘·명령하고 통솔하는 용병작용(用兵作用)을, 군정이란 군을 조직·유지·관리하는 양병작용(養兵作用)을 말한다.

05

재판을 받을 권리에 대한 설명으로 옳지 않은 것은? (다툼이 있는 경우 판례에 의함)

① 재판청구권에는 민사재판, 형사재판, 행정재판뿐만 아니라 헌법재판을 받을 권리도 포함되므로, 헌법상 보장되는 기본권인 '공정한 재판을 받을 권리'에는 '공정한 헌법재판을 받을 권리'도 포함된다.

② 헌법 제27조 제1항의 재판을 받을 권리는 신분이 보장되고 독립된 법관에 의한 재판의 보장을 주된 내용으로 하므로 국민참여재판을 받을 권리는 헌법 제27조 제1항에서 규정하는 재판받을 권리의 보호범위에 속하지 아니한다.

③ 공정한 재판을 받을 권리 속에는 신속하고 공개된 법정의 법관의 면전에서 모든 증거자료가 조사·진술되고 이에 대하여 피고인이 공격·방어할 수 있는 기회가 보장되는 재판, 원칙적으로 당사자주의와 구두변론주의가 보장되어 당사자가 공소사실에 대한 답변과 입증 및 반증을 하는 등 공격, 방어권이 충분히 보장되는 재판을 받을 권리가 포함되어 있다.

④ 형사피해자에게 약식명령을 고지하지 않도록 규정한 것은 형사피해자의 재판절차진술권과 정식재판청구권을 침해하는 것으로서, 입법자가 입법재량을 일탈·남용하여 형사피해자의 재판을 받을 권리를 침해하는 것이다.

06

변호인의 조력을 받을 권리에 대한 설명으로 옳지 않은 것은? (다툼이 있는 경우 판례에 의함)

① 변호인이 피의자신문에 자유롭게 참여할 수 있는 권리는 피의자가 가지는 변호인의 조력을 받을 권리를 실현하는 수단이라고 할 수 있어 헌법상 기본권인 변호인의 변호권으로서 보호되어야 하므로, 검찰수사관인 피청구인이 피의자신문에 참여한 변호인인 청구인에게 피의자 후방에 앉으라고 요구한 행위는 변호인인 청구인의 변호권을 침해한다.

② 「형사소송법」은 차폐시설을 설치하고 증인신문절차를 진행할 경우 피고인으로부터 의견을 듣도록 하는 등 피고인이 받을 수 있는 불이익을 최소화하기 위한 장치를 마련하고 있으므로, '피고인 등'에 대하여 차폐시설을 설치하고 신문할 수 있도록 한 것이 변호인의 조력을 받을 권리를 침해한다고 할 수는 없다.

③ 헌법 제12조 제4항 본문에 규정된 변호인의 조력을 받을 권리는 형사절차에서 피의자 또는 피고인의 방어권을 보장하기 위한 것으로서 「출입국관리법」상 보호 또는 강제퇴거의 절차에는 적용되지 않는다.

④ 변호인의 수사서류 열람·등사권은 피고인의 신속·공정한 재판을 받을 권리 및 변호인의 조력을 받을 권리라는 헌법상 기본권의 중요한 내용이자 구성요소이며 이를 실현하는 구체적인 수단이 된다.

07

사생활의 비밀과 자유에 대한 설명으로 옳은 것은? (다툼이 있는 경우 판례에 의함)

① 피고인이나 변호인에 의한 공판정에서의 녹취는 진술인의 인격권 또는 사생활의 비밀과 자유에 대한 침해를 수반하고, 실체적 진실발견 등 다른 법익과 충돌할 개연성이 있으므로, 녹취를 금지해야 할 필요성이 녹취를 허용함으로써 달성하고자 하는 이익보다 큰 경우에는 녹취를 금지 또는 제한함이 타당하다.

② 자동차를 도로에서 운전하는 중에 좌석안전띠를 착용할 것인가 여부의 생활관계는 개인의 전체적 인격과 생존에 관계되는 '사생활의 기본조건'이라 할 수 있으므로, 운전할 때 운전자가 좌석안전띠를 착용할 의무는 청구인의 사생활의 비밀과 자유를 침해한다.

③ 헌법 제17조의 사생활의 비밀과 자유 및 헌법 제18조의 통신의 자유에 의하여 보장되는 개인정보자기결정권의 보호대상이 되는 개인정보는 개인의 신체, 신념, 사회적 지위, 신분 등과 같이 개인의 사적 영역에 국한된 사항으로서 그 개인의 동일성을 식별할 수 있게 하는 일체의 정보라고 할 수 있다.

④ 지문은 그 정보주체를 타인으로부터 식별가능하게 하는 개인정보가 아니므로, 경찰청장이 이를 보관·전산화하여 범죄수사목적에 이용하는 것은 정보주체의 개인정보자기결정권을 제한하는 것이 아니다.

08

개인정보자기결정권에 대한 설명으로 옳지 않은 것은? (다툼이 있는 경우 판례에 의함)

① 구 「형의 실효 등에 관한 법률」의 해당 조항이 법원에서 불처분결정된 소년부송치 사건에 대한 수사경력자료의 삭제 및 보존기간에 대하여 규정하지 아니하여 수사경력자료에 기록된 개인정보가 당사자의 사망 시까지 보존되면서 이용되는 것은 당사자의 개인정보자기결정권에 대한 제한에 해당한다.

② 선거운동기간 중 모든 익명표현을 사전적·포괄적으로 규율하는 것은 표현의 자유보다 행정편의와 단속편의를 우선함으로써 익명표현의 자유와 개인정보자기결정권 등을 지나치게 제한한다.

③ 야당 소속 후보자 지지 혹은 정부 비판은 정치적 견해로서 개인의 인격주체성을 특징짓는 개인정보에 해당하지만, 그것이 지지 선언 등의 형식으로 공개적으로 이루어진 것이라면 개인정보자기결정권의 보호범위 내에 속하지 않는다.

④ 서울용산경찰서장이 전기통신사업자로부터 위치추적자료를 제공받아 청구인들의 위치를 확인하였거나 확인할 수 있었음에도 불구하고 청구인들의 검거를 위하여 국민건강보험공단으로부터 2년 내지 3년 동안의 요양급여정보를 제공받은 것은 청구인들의 개인정보자기결정권에 대한 중대한 침해에 해당한다.

09

신체의 자유에 대한 설명으로 옳지 않은 것은? (다툼이 있는 경우 판례에 의함)

① 관광진흥개발기금 관리·운용업무에 종사토록 하기 위하여 문화체육관광부장관에 의해 채용된 민간 전문가에 대해 「형법」상 뇌물죄의 적용에 있어서 공무원으로 의제하는 「관광진흥개발기금법」의 규정은 신체의 자유를 과도하게 제한하는 것은 아니다.

② 구 「미성년자보호법」의 해당 조항 중 "잔인성"과 "범죄의 충동을 일으킬 수 있게"라는 부분은 그 적용 범위를 법집행기관의 자의적인 판단에 맡기고 있으므로 죄형법정주의에서 파생된 명확성의 원칙에 위배된다.

③ 군인 아닌 자가 유사군복을 착용함으로써 군인에 대한 국민의 신뢰가 실추되는 것을 방지하기 위해 유사군복의 착용을 금지하는 것은 허용되지만, 유사군복을 판매목적으로 소지하는 것까지 금지하는 것은 과잉금지원칙에 위반된다.

④ 디엔에이신원확인정보의 수집·이용은 수형인등에게 심리적 압박으로 인한 범죄예방효과를 가진다는 점에서 보안처분의 성격을 지니지만, 처벌적인 효과가 없는 비형벌적 보안처분으로서 소급입법금지원칙이 적용되지 않는다.

10

행복추구권에 대한 설명으로 옳지 않은 것은? (다툼이 있는 경우 판례에 의함)

① 공정거래위원회의 명령으로 「독점규제 및 공정거래에 관한 법률」 위반의 혐의자에게 스스로 법위반사실을 인정하여 공표하도록 강제하고 있는 '법위반사실공표명령' 부분은 헌법상 일반적 행동의 자유, 명예권, 무죄추정권 및 양심의 자유를 침해한다.

② 공문서의 한글전용을 규정한 「국어기본법」 및 「국어기본법 시행령」의 해당 조항은 '공공기관 등이 작성하는 공문서'에 대하여만 적용되고, 일반 국민이 공공기관 등에 접수·제출하기 위하여 작성하는 문서나 일상생활에서 사적 의사소통을 위해 작성되는 문서에는 적용되지 않으므로 청구인들의 행복추구권을 침해하지 않는다.

③ 「수상레저안전법」상 조종면허를 받은 사람이 동력수상레저기구를 이용하여 범죄행위를 하는 경우에 조종면허를 필요적으로 취소하도록 하는 구 「수상레저안전법」상 규정은 직업의 자유 내지 일반적 행동의 자유를 침해한다.

④ 청구인이 공적인 인물의 부당한 행위를 비판하는 과정에서 모욕적인 표현을 사용한 행위가 사회상규에 위배되지 아니하는 행위로서 정당행위에 해당될 여지가 있음에도, 이에 대한 판단 없이 청구인에게 모욕 혐의를 인정한 피청구인의 기소유예처분은 청구인의 행복추구권을 침해한다.

11

교육을 받을 권리에 대한 설명으로 옳지 않은 것은? (다툼이 있는 경우 판례에 의함)

① 초·중등학교 교사인 청구인들이 교육과정에 따라 학생들을 가르치고 평가하여야 하는 법적인 부담이나 제약을 받는다고 하더라도 이는 헌법상 보장된 기본권에 대한 제한이라고 보기 어렵다.

② 학교의 급식활동은 의무교육에 있어서 필수불가결한 교육과정이고 이에 소요되는 경비는 의무교육의 실질적인 균등보장을 위한 본질적이고 핵심적인 항목에 해당하므로, 급식에 관한 경비를 전면무상으로 하지 않고 그 일부를 학부모의 부담으로 정하고 있는 것은 의무교육의 무상원칙에 위배된다.

③ 교육을 받을 권리가 국가에 대하여 특정한 교육제도나 시설의 제공을 요구할 수 있는 권리를 뜻하는 것은 아니므로, 대학의 구성원이 아닌 사람이 대학도서관에서 도서를 대출할 수 없거나 열람실을 이용할 수 없더라도 교육을 받을 권리가 침해된다고 볼 수 없다.

④ 학문의 자유와 대학의 자율성에 따라 대학이 학생의 선발 및 전형 등 대학입시제도를 자율적으로 마련할 수 있다 하더라도, 국민의 '균등하게 교육을 받을 권리'를 위해 대학의 자율적 학생 선발권은 일정부분 제약을 받을 수 있다.

12

정당해산심판에 대한 설명으로 옳지 않은 것은? (다툼이 있는 경우 판례에 의함)

① 정당의 목적이나 활동이 민주적 기본질서에 위배될 때에는 정부는 국무회의의 심의를 거쳐 헌법재판소에 정당해산심판을 청구할 수 있다.

② 정당해산심판에 있어서는 피청구인의 활동을 정지하는 가처분이 인정되지 않는다.

③ 정당의 해산을 명하는 헌법재판소의 결정은 중앙선거관리위원회가 「정당법」에 따라 집행한다.

④ 헌법재판소의 해산결정으로 정당이 해산되는 경우에 그 정당 소속 국회의원이 의원직을 상실하는지에 대하여 명문의 규정은 없으나 헌법재판소의 정당해산결정이 있는 경우 그 정당 소속 국회의원의 의원직은 당선 방식을 불문하고 모두 상실된다.

13

문화국가원리에 대한 설명으로 옳은 것은? (다툼이 있는 경우 판례에 의함)

① 개인의 정치적 견해를 기준으로 청구인들을 문화예술계 정부지원사업에서 배제되도록 차별취급한 것은 헌법상 문화국가원리에 반하는 자의적인 것으로 정당화될 수 없다.

② 우리나라는 제9차 개정 헌법에서 문화국가원리를 헌법의 기본원리로 처음 채택하였으며, 문화국가원리는 국가의 문화국가실현에 관한 과제 또는 책임을 통하여 실현된다.

③ 국가의 문화육성의 대상에는 원칙적으로 다수의 사람에게 문화창조의 기회를 부여한다는 의미에서 엘리트문화를 제외한 서민문화, 대중문화를 정책적인 배려의 대상으로 하여야 한다.

④ 우리 헌법상 문화국가원리는 견해와 사상의 다양성을 그 본질로 하지만, 이를 실현하는 국가의 문화정책이 국가가 어떤 문화현상에 대하여도 이를 선호하거나 우대하는 경향을 보이지 않는 불편부당의 원칙을 따라야 하는 것은 아니다.

14

계엄에 대한 설명으로 옳은 것으로만 묶은 것은? (다툼이 있는 경우 판례에 의함)

ㄱ. 계엄이 해제된 후에는 계엄하에서 행해진 위반행위의 가벌성이 소멸된다고 보아야 하므로, 계엄기간 중의 계엄포고위반행위에 대해서는 행위당시의 법령에 따라 처벌할 수 없다.

ㄴ. 계엄을 선포할 때에는 국무회의의 심의를 거쳐야 하나, 계엄을 해제할 때에는 국무회의의 심의를 거치지 않아도 된다.

ㄷ. 국회가 재적의원 과반수의 찬성으로 계엄의 해제를 요구한 때에는 대통령은 이를 해제하여야 한다.

ㄹ. 비상계엄이 선포된 때에는 법률이 정하는 바에 의하여 영장제도, 언론·출판·집회·결사의 자유, 정부나 법원의 권한에 관하여 특별한 조치를 할 수 있다.

① ㄱ, ㄴ　　　　　② ㄱ, ㄷ
③ ㄴ, ㄹ　　　　　④ ㄷ, ㄹ

15

공무담임권에 대한 설명으로 옳은 것은? (다툼이 있는 경우 판례에 의함)

① 교육의원후보자가 되려는 사람은 5년 이상의 교육경력 또는 교육행정경력을 갖추도록 규정한 구「제주특별자치도 설치 및 국제자유도시 조성을 위한 특별법」의 해당 조항은 이러한 경력을 갖추지 못한 청구인들의 공무담임권을 침해한다.

② 공무담임권의 보호영역에는 공직취임 기회의 자의적인 배제뿐 아니라, 공무원 신분의 부당한 박탈이나 권한(직무)의 부당한 정지도 포함된다.

③ 행정5급 일반임기제공무원에 관한 경력경쟁채용시험에서 '변호사 자격 등록'을 응시자격요건으로 하는 방위사업청장의 공고는 변호사 자격을 가졌으나 변호사 자격 등록을 하지 아니한 청구인들의 공무담임권을 침해한다.

④ 「고등교육법」상 심판대상 조항이 성인에 대한 성폭력범죄 행위로 벌금 100만 원 이상의 형을 선고받고 확정된 자에 한하여 「고등교육법」상의 교원으로 임용할 수 없도록 한 것은, 성폭력범죄를 범하는 대상과 형의 종류에 따라 성폭력범죄에 관한 교원으로서의 최소한의 자격기준을 설정하였다고 할 수 없으므로, 죄형법정주의 및 과잉금지원칙에 반하여 청구인의 공무담임권을 침해한다.

16

신뢰보호원칙에 대한 설명으로 옳지 않은 것은? (다툼이 있는 경우 판례에 의함)

① 조세에 관한 법규·제도는 신축적으로 변할 수밖에 없다는 점에서 납세의무자로서는 구법 질서에 의거한 신뢰를 바탕으로 적극적으로 새로운 법률관계를 형성하였다든지 하는 특별한 사정이 없는 한 원칙적으로 현재의 세법이 변함없이 유지되리라고 기대하거나 신뢰할 수는 없다.

② 사회환경이나 경제여건의 변화에 따른 필요성에 의하여 법률은 신축적으로 변할 수밖에 없고 변경된 새로운 법질서와 기존의 법질서 사이에는 이해관계의 상충이 불가피하므로, 국민이 가지는 모든 기대 내지 신뢰가 헌법상 권리로서 보호될 것은 아니다.

③ 법률의 제정이나 개정시 구법 질서에 대한 당사자의 신뢰가 합리적이고도 정당하며, 법률의 제정이나 개정으로 야기되는 당사자의 손해가 극심하여 새로운 입법으로 달성하고자 하는 공익적 목적이 그러한 당사자의 신뢰의 파괴를 정당화할 수 없다면, 그러한 새로운 입법은 신뢰보호의 원칙상 허용될 수 없다.

④ 법률에 따른 개인의 행위가 단지 법률이 반사적으로 부여하는 기회의 활용을 넘어서 국가에 의하여 일정 방향으로 유인된 것이라 하더라도 개인의 신뢰보호가 국가의 법률개정이익에 우선된다고 볼 여지는 없다.

17

국회의 국정통제에 대한 설명으로 옳은 것으로만 묶은 것은?

> ㄱ. 본회의는 의결로 국무총리, 국무위원 또는 정부위원
> 의 출석을 요구할 수 있으며, 이 경우 그 발의는 의원
> 10명 이상이 이유를 구체적으로 밝힌 서면으로 하여
> 야 한다.
> ㄴ. 국회에서 탄핵소추가 발의된 자는 그 때부터 헌법재판
> 소의 탄핵심판이 있을 때까지 권한행사가 정지된다.
> ㄷ. 상임위원회는 위원회 또는 상설소위원회를 정기적으로
> 개회하여 그 소관 중앙행정기관이 제출한 대통령령·총리
> 령 및 부령의 법률 위반 여부 등을 검토하여야 한다.
> ㄹ. 「대통령직 인수에 관한 법률」 제5조 제2항에 따라 대
> 통령당선인이 국무총리 후보자에 대한 인사청문의 실
> 시를 요청하는 경우에 국회의장은 각 교섭단체 대표의
> 원과 협의하여 그 인사청문을 실시하기 위한 인사청문
> 특별위원회를 둔다.

① ㄱ, ㄴ   ② ㄱ, ㄹ

③ ㄴ, ㄷ   ④ ㄷ, ㄹ

18

대통령과 행정부에 대한 설명으로 옳지 않은 것은? (다툼이 있는 경우 판례에 의함)

① 기본권을 제한하는 내용의 입법을 위임할 때에는 법규명
령에 위임하는 것이 원칙이고, 고시와 같은 형식으로 입
법위임을 할 때에는 법령이 전문적·기술적 사항이나 경
미한 사항으로서 업무의 성질상 위임이 불가피한 사항에
한정된다.

② 입주자들이 국가나 사업주체의 관여없이 자치활동의 일환
으로 구성한 입주자대표회의는 사법상의 단체로서, 그 구
성에 필요한 사항을 대통령령에 위임하도록 한 것은 법률
유보원칙에 위반되지 않는다.

③ 대통령은 국무총리와 중앙행정기관의 장의 명령이나 처분
이 위법 또는 부당하다고 인정하면 국무회의의 심의를 거
쳐 이를 중지 또는 취소하여야 한다.

④ 국무총리는 대통령의 명을 받아 각 중앙행정기관의 장을
지휘·감독한다.

19

대통령에 대한 설명으로 옳지 않은 것은? (다툼이 있는 경우 판례에 의함)

① 선거일 현재 5년 이상 국내에 거주하고 있는 40세 이상
의 국민은 대통령의 피선거권이 있다. 이 경우 공무로 외
국에 파견된 기간과 국내에 주소를 두고 일정기간 외국에
체류한 기간은 국내거주기간으로 본다.

② 대통령 선거에 있어서 최고득표자가 2인 이상인 때에는
국회의 공개회의에서 재적의원 과반수의 출석과 출석의원
과반수의 찬성을 얻은 자를 당선자로 한다.

③ 대통령의 임기는 전임대통령의 임기만료일의 다음날 0시
부터 개시되나, 전임자의 임기가 만료된 후에 실시하는
선거와 궐위로 인한 선거에 의한 대통령의 임기는 당선이
결정된 때부터 개시된다.

④ 대통령이 헌법상 허용되지 않는 재신임 국민투표를 국민
들에게 제안한 것은 그 자체로서 헌법 제72조에 반하는
것으로 헌법을 실현하고 수호해야 할 대통령의 의무를 위
반한 것이다.

20

법원에 대한 설명으로 옳은 것은?

① 법관이 중대한 신체상 또는 정신상의 장해로 직무를 수
행할 수 없을 때에는, 대법관인 경우에는 대법원장의 제
청으로 대통령이 퇴직을 명할 수 있고, 판사인 경우에는
인사위원회의 심의를 거쳐 대법원장이 퇴직을 명할 수
있다.

② 대법원은 대법원장 1명과 대법관 14명으로 구성한다.

③ 재판의 심리와 판결은 공개한다. 다만, 국가의 안전보장
또는 안녕질서를 방해하거나 선량한 풍속을 해할 염려가
있을 때에는 법원의 결정으로 심리와 판결을 공개하지 아
니할 수 있다.

④ 대법원장이 궐위되거나 부득이한 사유로 직무를 수행할
수 없을 때에는 수석대법관, 선임대법관이 그 권한을 대
행한다.

21

권한쟁의심판에 대한 설명으로 옳지 않은 것은? (다툼이 있는 경우 판례에 의함)

① 정당은 국민의 자발적 조직으로, 그 법적 성격은 일반적으로 사적·정치적 결사 내지는 법인격 없는 사단으로서 공권력의 행사 주체로서 국가기관의 지위를 갖는다고 볼 수 없으므로, 정당이 국회 내에서 교섭단체를 구성하고 있다고 하더라도 권한쟁의심판의 당사자능력이 인정되지 않는다.

② 법률안 수리행위에 대한 권한쟁의심판청구가 법률안에 대한 위원회 회부나 안건 상정, 본회의 부의 등과는 별도로 오로지 전자정보시스템으로 제출된 법률안을 접수하는 수리행위만을 대상으로 하고 있지만 사법개혁특별위원회 및 정치개혁특별위원회 위원인 청구인들의 법률안 심의·표결권이 침해될 가능성이나 위험성이 있으므로 권한쟁의심판청구는 적법하다.

③ 피청구인의 부작위에 의하여 청구인의 권한이 침해당하였다고 주장하는 권한쟁의심판은 피청구인에게 헌법상 또는 법률상 유래하는 작위의무가 있음에도 불구하고 피청구인이 그러한 의무를 다하지 아니한 경우에 허용된다.

④ 청구인이 법률안 심의·표결권의 주체인 국가기관으로서의 국회의원 자격으로 권한쟁의심판을 청구하였다가 심판절차 계속 중 사망한 경우, 권한쟁의심판청구는 청구인의 사망과 동시에 당연히 그 심판절차가 종료된다.

22

국정감사 및 국정조사에 대한 설명으로 옳은 것은? (다툼이 있는 경우 판례에 의함)

① 국정감사권과 국정조사권은 국회의원의 권한일뿐 국회의 권한이라 할 수 없으므로 국회의원은 법원을 상대로 국정감사권 또는 국정조사권 자체에 관한 침해를 이유로 권한쟁의심판을 청구할 수 있다.

② 국회는 본회의 의결로써 조사위원회의 활동기간을 연장할 수 있으나 이를 단축할 수는 없다.

③ 국정조사는 소관 상임위원회별로 시행하나, 국정감사는 특별위원회를 구성하여 시행할 수 있다.

④ 국정조사를 할 특별위원회를 교섭단체 의원 수의 비율에 따라 구성하여야 하나, 조사에 참여하기를 거부하는 교섭단체의 의원은 제외할 수 있다.

23

국회의 운영원리 및 입법절차에 대한 설명으로 옳은 것은? (다툼이 있는 경우 판례에 의함)

① 국회의 위임 의결이 없더라도 국회의장은 국회에서 의결된 법률안의 조문이나 자구·숫자, 법률안의 체계나 형식 등의 정비가 필요한 경우 의결된 내용이나 취지를 변경하지 않는 범위 안에서 이를 정리할 수 있다고 봄이 상당하고, 이렇듯 국회의장이 국회의 위임 없이 법률안을 정리하더라도 그러한 정리가 국회에서 의결된 법률안의 실질적 내용에 변경을 초래하는 것이 아닌 한 헌법이나 「국회법」상의 입법절차에 위반된다고 볼 수 없다.

② 의사공개의 원칙은 방청 및 보도의 자유와 회의록의 공표를 그 내용으로 하지만 출석의원 3분의 1 이상의 찬성이 있거나 의장이 국가의 안전보장을 위하여 필요하다고 인정할 때에는 공개하지 아니한다.

③ 일반정족수는 다수결의 원리를 실현하는 국회의 의결방식으로서 헌법상의 원칙에 해당한다.

④ 일사부재의의 원칙은 의회에서 일단 부결된 의안은 동일 회기 중에 다시 발의하거나 심의하지 못한다는 원칙을 말하는데, 현행 헌법은 일사부재의의 원칙을 명시적으로 규정하고 있다.

24

헌법상 정족수가 같은 것으로만 묶은 것은?

① 국무총리·국무위원 해임 건의 발의, 법관에 대한 탄핵소추 발의, 국회임시회 소집 요구

② 국회의원 제명, 대통령에 대한 탄핵소추 의결, 법률안 재의결

③ 계엄해제 요구, 법관에 대한 탄핵소추 의결, 헌법개정안 의결

④ 헌법개정안 발의, 국무총리·국무위원 해임 건의 의결, 대통령에 대한 탄핵소추 발의

25

「헌법재판소법」 제68조 제1항의 헌법소원에 대한 설명으로 옳은 것은? (다툼이 있는 경우 판례에 의함)

① 공권력의 작용의 직접적인 상대방이 아닌 제3자는 공권력의 작용이 그 제3자의 기본권을 직접적이고 법적으로 침해하는 경우라 하더라도 그 제3자에게 자기관련성이 인정되지 않는다.

② 청구인은 공권력 작용과 현재 관련이 있어야 하며, 장래 어느 때인가 관련될 수 있을 것이라는 것만으로는 헌법소원을 제기하기에 족하지 않으므로, 기본권침해가 장래에 발생하고 그 침해가 틀림없을 것으로 현재 확실히 예측되더라도 침해의 현재성을 인정할 수는 없다.

③ 「헌법재판소법」 제68조 제1항 단서에서 말하는 다른 권리구제절차에는 사후적·보충적 구제수단인 손해배상청구나 손실보상청구도 포함된다.

④ 공권력의 불행사로 인한 기본권침해는 그 불행사가 계속되는 한 기본권침해의 부작위가 계속된다고 할 것이므로 공권력의 불행사에 대한 헌법소원은 그 불행사가 계속되는 한 기간의 제약없이 적법하게 청구할 수 있다.

01

국제질서에 대한 설명으로 옳지 않은 것은? (다툼이 있는 경우 판례에 의함)

① 국제법적으로, 조약은 국제법 주체들이 일정한 법률효과를 발생시키기 위하여 체결한 국제법의 규율을 받는 국제적 합의를 말하며 서면에 의한 경우가 대부분이지만 예외적으로 구두합의도 조약의 성격을 가질 수 있다.

② 자유권규약위원회는 자유권규약의 이행을 위해 만들어진 조약상의 기구이므로, 규약의 당사국은 그 견해를 존중하여야 하며, 우리 입법자는 자유권규약위원회의 견해의 구체적인 내용에 구속되어 그 모든 내용을 그대로 따라야 하는 의무를 부담한다.

③ 헌법에 의하여 체결·공포된 조약과 일반적으로 승인된 국제법규는 국내법과 같은 효력을 가진다.

④ 조약과 비구속적 합의를 구분함에 있어서는 합의의 명칭, 합의가 서면으로 이루어졌는지 여부 등과 같은 형식적 측면 외에도 합의의 과정과 내용·표현에 비추어 법적 구속력을 부여하려는 당사자의 의도가 인정되는지 여부 등 실체적 측면을 종합적으로 고려하여야 한다.

02

민주적 기본질서에 대한 설명으로 옳지 않은 것은? (다툼이 있는 경우 판례에 의함)

① 민주주의 원리는 사회의 자율적인 의사결정이 궁극적으로 올바른 방향으로 전개될 것이라는 신뢰를 바탕으로 한다.

② 헌법 제8조 제4항이 의미하는 '민주적 기본질서'는, 개인의 자율적 이성을 신뢰하고 모든 정치적 견해들이 각각 상대적 진리성과 합리성을 지닌다고 전제하는 다원적 세계관에 입각한 것으로서, 모든 폭력적·자의적 지배를 배제하고, 다수를 존중하면서도 소수를 배려하는 민주적 의사결정과 자유·평등을 기본원리로 하여 구성되고 운영되는 정치적 질서를 말하며, 구체적으로는 국민주권의 원리, 기본적 인권의 존중, 권력분립제도, 복수정당제도 등이 현행 헌법상 주요한 요소라고 볼 수 있다.

③ 정당은 오늘날 민주주의에 있어서 필수불가결한 요소이기 때문에 정당의 자유로운 설립과 활동은 민주주의 실현의 전제조건이라고 할 수 있다.

④ 모든 정당의 존립과 활동이 최대한 보장되어야 하는 것은 아니므로, 어떤 정당이 민주적 기본질서를 부정하고 이를 적극적으로 공격하는 경우에는 행정부의 통상적인 처분에 의해서도 해산될 수 있다.

03

헌법 전문(前文)에 대한 설명으로 옳지 않은 것은? (다툼이 있는 경우 판례에 의함)

① '헌법 전문에 기재된 3·1정신'은 우리나라 헌법의 연혁적·이념적 기초로서 헌법이나 법률해석에서의 해석기준으로 작용한다고 할 수 있지만, 그에 기하여 곧바로 국민의 개별적 기본권성을 도출해낼 수는 없다.

② 헌법 전문에서 '3·1운동으로 건립된 대한민국임시정부의 법통을 계승'한다고 선언하고 있는바, 국가는 일제로부터 조국의 자주독립을 위하여 공헌한 독립유공자와 그 유족에 대하여는 응분의 예우를 하여야 할 헌법적 의무를 지니며, 이러한 헌법적 의무는 당사자가 주장하는 특정인을 독립유공자로 인정해야 한다는 것을 뜻한다.

③ 헌법 전문에서 '대한민국은 3·1운동으로 건립된 대한민국임시정부의 법통을 계승하(였다)'라고 규정되어 있지만, 특정 토지에 대한 보상이라는 작위의무가 헌법에서 유래하는 작위의무로 특별히 구체적으로 규정되어 있다거나 해석상 도출된다고 볼 수 없다.

④ 1972년 제7차 개정헌법의 전문에서는 3·1운동의 숭고한 독립정신과 4·19 의거 및 5·16 혁명의 이념을 계승한다고 규정하였다.

04

교육을 받을 권리에 대한 설명으로 옳은 것은? (다툼이 있는 경우 판례에 의함)

① 헌법 제31조 제3항의 의무교육 무상의 원칙은 교육을 받을 권리를 보다 실효성 있게 보장하기 위하여 의무교육 비용을 학령아동의 보호자 개개인의 직접적 부담에서 공동체 전체의 부담으로 이전하라는 명령일 뿐, 의무교육의 비용을 오로지 국가 또는 지방자치단체의 예산으로 해결해야 함을 의미하는 것은 아니다.

② 헌법 제31조의 교육을 받을 권리는 국민이 국가에 대해 직접 특정한 교육제도나 학교시설을 요구할 수 있는 기본권이며, 자신의 교육환경을 최상 혹은 최적으로 만들기 위해 타인의 교육시설 참여 기회를 제한할 것을 청구할 수 있는 기본권이기도 하다.

③ 헌법 제31조 제4항에서 보장하고 있는 대학의 자율성에 따라 대학은 학생의 선발 및 전형 등 대학입시제도를 자율적으로 마련할 수 있으므로, 국립교육대학교 등이 검정고시 출신자의 수시모집 지원을 제한하는 것은 수시모집에 지원하려는 검정고시 출신자의 균등하게 교육을 받을 권리를 침해하는 것이 아니다.

④ 헌법 제31조 제1항에서 보장되는 교육의 기회균등권은 모든 국민에게 균등한 교육을 받게 하고 특히 경제적 약자가 실질적인 평등교육을 받을 수 있도록 국가에게 적극적 정책을 실현할 것을 요구하므로, 헌법 제31조 제1항으로부터 국민이 직접 실질적 평등교육을 위한 교육비를 청구할 권리가 도출된다.

05

평등의 원칙에 대한 설명으로 옳지 않은 것은? (다툼이 있는 경우 판례에 의함)

① 개별사건법률의 위헌 여부는, 그 형식만으로 가려지는 것이 아니라, 나아가 평등의 원칙이 추구하는 실질적 내용이 정당한지 아닌지를 따져야 비로소 가려진다.

② 헌법 제11조 제1항의 규범적 의미는 '법 적용의 평등'에서 끝나지 않고, 더 나아가 입법자에 대해서도 그가 입법을 통해서 권리와 의무를 분배함에 있어서 적용할 가치평가의 기준을 정당화할 것을 요구하는 '법 제정의 평등'을 포함한다.

③ 특정한 범죄에 대한 형벌이 그 자체로서의 책임과 형벌의 비례원칙에 위반되지 않더라도 보호법익과 죄질이 유사한 범죄에 대한 형벌과 비교할 때 현저히 불합리하거나 자의적이어서 형벌체계상의 균형을 상실한 것이 명백한 경우에는 평등원칙에 반하여 위헌이라 할 수 있다.

④ 구 「공직선거법」이 고등학교를 졸업한 공직 후보자에 대해서는 수학기간의 기재를 요구하지 않으면서도 고등학교 졸업학력 검정고시에 합격한 공직 후보자에게는 고등학교를 중퇴한 경력에 대해서 그 학력을 기재할 때 그 수학기간을 기재하도록 요구하는 것은 불합리한 차별이므로 평등원칙에 위배된다.

06

재판청구권에 대한 설명으로 옳지 않은 것은? (다툼이 있는 경우 판례에 의함)

① 헌법상 재판을 받을 권리의 보호범위에는 배심재판을 받을 권리가 포함되지 아니한다.

② 디엔에이감식시료채취영장 발부 과정에서 채취대상자에게 자신의 의견을 밝히거나 영장 발부 후 불복할 수 있는 절차 등에 관하여 규정하지 아니한 「디엔에이신원확인정보의 이용 및 보호에 관한 법률」의 조항은 채취대상자들의 재판청구권을 침해한다.

③ 헌법 해석상 국회가 선출하여 임명된 헌법재판소의 재판관 중 공석이 발생한 경우에 국회가 공정한 헌법재판을 받을 권리의 보장을 위하여 공석인 재판관의 후임자를 선출하여야 할 구체적 작위의무를 부담한다고 볼 수는 없다.

④ '헌법과 법률이 정한 법관에 의하여 법률에 의한 재판을 받을 권리'가 사건의 경중을 가리지 않고 모든 사건에 대하여 대법원을 구성하는 법관에 의한 재판을 받을 권리를 의미한다거나 또는 상고심재판을 받을 권리를 의미하는 것이라고 할 수는 없다.

07

청원에 대한 설명으로 옳지 않은 것은?

① 국민은 법령에 따라 행정 권한을 위임 또는 위탁받은 개인에게 청원을 제출할 수는 없다.

② 법률·명령·조례·규칙 등의 제정·개정 또는 폐지에 대하여 청원기관에 청원할 수 있다.

③ 국회의장은 청원을 접수하였을 때에는 청원요지서를 작성하여 인쇄하거나 전산망에 입력하는 방법으로 각 국회의원에게 배부하는 동시에 그 청원서를 소관 위원회에 회부하여 심사하게 한다.

④ 청원을 소개한 국회의원은 소관 위원회 또는 청원심사소위원회의 요구가 있을 때에는 청원의 취지를 설명하여야 한다.

08

기본권의 보호범위에 대한 설명으로 옳은 것은? (다툼이 있는 경우 판례에 의함)

① 헌법 제20조 제1항에 근거한 종교전파의 자유는 국민에게 그가 선택한 임의의 장소에서 이를 자유롭게 행사할 수 있는 권리까지 보장한다.

② 변호사의 업무와 관련된 수임사건의 건수 및 수임액은 변호사의 내밀한 개인적 영역에 속하는 것이므로 이를 소속 지방변호사회에 보고하도록 한 것은 헌법 제17조의 사생활의 비밀과 자유에 대한 제한에 해당한다.

③ 음란표현은 헌법 제21조가 규정하는 언론·출판의 자유의 보호영역 내에 있다.

④ 헌법 제25조의 공무담임권의 보호영역에는 일반적으로 공직취임의 기회보장, 신분박탈, 직무의 정지가 포함되는 것일 뿐만 아니라, 여기서 더 나아가 공무원이 특정의 장소에서 근무하는 것 또는 특정의 보직을 받아 근무하는 것을 포함하는 일종의 '공무수행의 자유'까지 포함된다.

09

재산권에 대한 설명으로 옳지 않은 것은? (다툼이 있는 경우 판례에 의함)

① 재산권 제한으로 인하여 토지소유자가 종래의 지목과 토지현황에 의한 이용방법에 따른 토지의 사용도 할 수 없거나 실질적으로 토지의 사용·수익을 전혀 할 수 없는 경우에는, 그러한 재산권 제한은 토지소유자가 수인해야 할 사회적 제약의 범주를 넘는 것으로서 손실을 완화하는 보상적 조치가 있어야 비례원칙에 부합한다.

② 소액임차인이 보증금 중 일부를 우선하여 변제받으려면 주택에 대한 경매신청의 등기 전에 대항력을 갖추어야 한다고 규정한 「주택임대차보호법」 조항은 입법형성의 한계를 벗어나 주택에 대한 경매신청의 등기 전까지 주민등록을 미처 갖추지 못한 소액임차인의 재산권을 침해한다고 보기 어렵다.

③ 재산권의 내용과 한계를 구체적으로 형성함에 있어서 입법자는 일반적으로 광범위한 입법형성권을 가진다고 할 것이고, 재산권의 본질적 내용을 침해하여서는 아니 된다거나 사회적 기속성을 함께 고려하여 균형을 이루도록 하여야 한다는 등의 입법형성권의 한계를 일탈하지 않는 한 재산권 형성적 법률규정은 헌법에 위반되지 아니한다.

④ 농지의 경우 그 사회성과 공공성의 정도는 일반적인 토지의 경우와 동일하므로, 농지 재산권을 제한하는 입법에 대한 헌법심사의 강도는 다른 토지 재산권을 제한하는 입법에 대한 것보다 낮아서는 아니 된다.

10

사면 등에 대한 설명으로 옳지 않은 것은? (다툼이 있는 경우 판례에 의함)

① 법무부장관은 사면심사위원회의 심사를 거쳐 대통령에게 특별사면을 상신한다.

② 형의 집행유예를 선고받은 자에 대하여는 형 선고의 효력을 상실하게 하는 특별사면 또는 형을 변경하는 감형을 하거나 그 유예기간을 단축할 수 있다.

③ 유죄의 확정판결 후 형 선고의 효력을 상실케 하는 특별사면이 있었다면 이미 재심청구의 대상이 존재하지 아니하므로, 그러한 판결이 여전히 유효하게 존재함을 전제로 하는 재심청구는 부적법하다.

④ 특별사면은 국가원수인 대통령이 형의 집행을 면제하거나 선고의 효력을 상실케 하는 시혜적 조치로서, 형의 전부 또는 일부에 대하여 하거나, 중한 형 또는 가벼운 형에 대하여만 할 수도 있다.

11

대통령에 대한 설명으로 옳지 않은 것은? (다툼이 있는 경우 판례에 의함)

① 대통령을 제외한 다른 공직자의 경우에는 파면결정으로 인한 효과가 일반적으로 적기 때문에 상대적으로 경미한 법위반행위에 의해서도 파면이 정당화될 가능성이 큰 반면, 대통령의 경우에는 파면결정의 효과가 지대하기 때문에 파면결정을 하기 위해서는 이를 압도할 수 있는 중대한 법위반이 존재해야 한다.

② 대통령은 행정부의 수반으로서 국가가 국민의 생명과 신체의 안전 보호의무를 충실하게 이행할 수 있도록 권한을 행사하고 직책을 수행하여야 하는 의무를 부담하지만, 국민의 생명이 위협받는 재난상황이 발생하였다고 하여 대통령이 직접 구조 활동에 참여하여야 하는 등 구체적이고 특정한 행위의무까지 바로 발생한다고 보기는 어렵다.

③ 대통령은 국가의 안위에 관계되는 중대한 교전상태에 있어서 국가를 보위하기 위하여 긴급한 조치가 필요하고 국회의 집회를 기다릴 여유가 없을 때에 한하여 법률의 효력을 가지는 긴급명령을 발할 수 있다.

④ 대통령의 임기가 만료되는 때에는 임기만료 70일 내지 40일 전에 후임자를 선거하고, 대통령이 궐위된 때 또는 대통령 당선자가 사망하거나 판결 기타의 사유로 그 자격을 상실한 때에는 60일 이내에 후임자를 선거한다.

12

행정부에 대한 설명으로 옳은 것은? (다툼이 있는 경우 판례에 의함)

① 법률에서 위임받은 사항을 전혀 규정하지 아니하고 그대로 하위의 법규명령에 재위임하는 것은 허용되지 않으며 위임받은 사항에 관하여 대강(大綱)을 정하고 그 중의 특정사항을 범위를 정하여 하위의 법규명령에 다시 위임하는 경우에만 재위임이 허용된다.

② 입법자는 법률에서 구체적으로 범위를 정하여 대통령령에 입법사항을 위임할 수 있을 뿐 부령에 직접 입법사항을 위임할 수는 없다.

③ 국무위원은 행정각부의 장 중에서 국무총리의 제청으로 대통령이 임명한다.

④ 국회는 대통령에게 행정각부의 장의 해임을 건의할 수 있으나 국무위원의 해임은 건의할 수 없다.

13

헌법소원심판의 대상이 되는 공권력의 행사에 해당하는 것은? (다툼이 있는 경우 판례에 의함)

① 정부의 법률안 제출
② 한국증권거래소의 상장법인인 회사에 대한 상장폐지확정결정
③ 한국방송공사의 예비사원 채용공고
④ 법학전문대학원협의회의 법학적성시험 시행계획 공고

14

국회와 관련된 정족수가 다른 것으로 연결된 것은?

① 계엄의 해제 요구 - 헌법개정안 발의
② 국회의 임시회 집회 요구 - 국무위원의 해임건의 발의
③ 국무총리의 해임건의 의결 - 법관에 대한 탄핵소추 의결
④ 국회의원의 제명 의결 - 대통령에 대한 탄핵소추 의결

15

국회의원에 대한 설명으로 옳은 것만을 모두 고르면? (다툼이 있는 경우 판례에 의함)

> ㄱ. 국회의원의 의안에 대한 심의·표결권은 국회의원 개인의 전속적 권한이므로, 국회의원의 개별적인 의사에 따라 포기할 수 있다.
> ㄴ. 국회의원이 체포 또는 구금된 국회의원의 석방 요구를 발의할 때에는 재적의원 4분의 1 이상의 연서(連書)로 그 이유를 첨부한 요구서를 의장에게 제출하여야 한다.
> ㄷ. 국회의원은 국무총리 또는 국무위원 직 외의 다른 직을 겸할 수 없으나, 다른 법률에서 국회의원이 임명·위촉되도록 정한 직은 겸할 수 있다.
> ㄹ. 국회의원은 그 직무 외에 영리를 목적으로 하는 업무에 종사할 수 없으나, 다만 국회의원 본인 소유의 토지·건물 등의 재산을 활용한 임대업 등 영리업무를 하는 경우로서 국회의원 직무수행에 지장이 없는 경우에는 그러하지 아니하다.

① ㄱ, ㄴ
② ㄴ, ㄷ
③ ㄷ, ㄹ
④ ㄴ, ㄷ, ㄹ

16

사법부에 대한 설명으로 옳지 않은 것은? (다툼이 있는 경우 판례에 의함)

① 법관에 대한 대법원장의 징계처분 취소청구소송을 대법원에 의한 단심재판에 의하도록 규정하고 있는 구「법관징계법」조항은 독립적으로 사법권을 행사하는 법관이라는 지위의 특수성과 법관에 대한 징계절차의 특수성을 감안하여 재판의 신속을 도모하기 위한 것으로 그 합리성을 인정할 수 있고, 사실확정도 대법원의 권한에 속하여 법관에 의한 사실확정의 기회가 박탈되었다고 볼 수 없으므로, 헌법 제27조 제1항의 재판청구권을 침해하지 아니한다.
② 약식절차에서 피고인이 정식재판을 청구한 경우 약식명령의 형보다 중한 형을 선고할 수 없도록 한「형사소송법」조항은 피고인이 정식재판을 청구하는 경우 법관에게 부여된 형종에 대한 선택권이 검사의 일방적인 약식명령 청구에 의하여 심각하게 제한되므로 법관의 양형결정권을 침해한다.
③ 「법원조직법」제8조는 '상급법원의 재판에 있어서의 판단은 당해사건에 관하여 하급심을 기속한다.'고 규정하지만 이는 심급제도의 합리적 유지를 위하여 당해사건에 한하여 구속력을 인정한 것이고 그 후의 동종의 사건에 대한 선례로서의 구속력에 관한 것은 아니다.
④ 헌법이 대법원을 최고법원으로 규정하였다고 하여 대법원이 곧바로 모든 사건을 상고심으로서 관할하여야 한다는 결론이 당연히 도출되는 것은 아니다.

17

법원에 대한 설명으로 옳지 않은 것만을 모두 고르면?

> ㄱ. 법관의 정년을 연장하기 위하여는 헌법을 개정하여야
> 한다.
> ㄴ. 대법원장의 임기는 6년으로 하며, 법률이 정하는 바에
> 의하여 연임할 수 있다.
> ㄷ. 법관은 재직 중 대법원장의 허가가 없더라도 보수를
> 받지 않는다면 국가기관 외의 법인·단체에 임원으로
> 취임할 수 있다.
> ㄹ. 금고 이상의 형을 선고받은 사람은 법관으로 임용할
> 수 없다.

① ㄱ, ㄷ

② ㄴ, ㄹ

③ ㄱ, ㄴ, ㄷ

④ ㄱ, ㄴ, ㄹ

18

헌법소원에 대한 설명으로 옳지 않은 것은? (다툼이 있는 경우 판례에 의함)

① 법률조항 자체가 「헌법재판소법」 제68조 제1항의 헌법소원의 대상이 될 수 있으려면 그 법률조항에 의하여 구체적인 집행행위를 기다리지 아니하고 직접 자기의 기본권을 침해받아야 하며 집행행위에는 입법행위도 포함되므로, 법률규정이 그 규정의 구체화를 위하여 하위규범의 시행을 예정하고 있는 경우에는 원칙적으로 당해 법률의 직접성은 부인된다.

② 법령에 근거한 구체적인 집행행위가 재량행위인 경우에 법령은 집행기관에게 기본권 침해의 가능성만 부여할 뿐, 법령 스스로가 기본권의 침해행위를 규정하고 행정청이 이에 따르도록 구속하는 것이 아니고, 이때의 기본권의 침해는 집행기관의 의사에 따른 집행행위, 즉 재량권의 행사에 의하여 비로소 이루어지고 현실화되므로 이러한 경우에는 법령에 의한 기본권 침해의 직접성이 인정되지 않는다.

③ 국방부장관 등의 '군내 불온서적 차단대책 강구 지시'는 그 지시를 받은 하급 부대장이 일반 장병을 대상으로 하여 그에 따른 구체적인 집행행위를 하지 않더라도 곧바로 일반 장병의 기본권을 제한하는 직접적인 공권력 행사에 해당하므로 기본권 침해의 직접성이 인정된다.

④ 법령이 집행행위를 예정하고 있더라도, 법령이 일의적이고 명백한 것이어서 집행기관이 심사와 재량의 여지없이 그 법령에 따라 일정한 집행행위를 하여야 하는 경우와 당해 집행행위를 대상으로 하는 구제절차가 없거나, 구제절차가 있다고 하더라도 권리구제의 기대가능성이 없고 기본권 침해를 당한 청구인에게 불필요한 우회절차를 강요하는 것밖에 되지 않는 경우에는 예외적으로 당해 법령의 직접성을 인정할 수 있다.

19

지방자치에 대한 설명으로 옳은 것만을 모두 고르면? (다툼이 있는 경우 판례에 의함)

> ㄱ. 헌법상 지방자치제도보장의 핵심영역 내지 본질적 부분이 지방자치단체에 의한 자치행정을 보장하는 것이므로, 현행법에 따른 지방자치단체의 중층구조를 계속하여 존속하도록 할지 여부는 입법자의 입법형성권의 범위에 포함되지 않는다.
>
> ㄴ. 권한쟁의가 「지방교육자치에 관한 법률」 제2조에 따른 교육·학예에 관한 지방자치단체의 사무에 관한 것인 경우에는 교육감이 국가기관과 지방자치단체 간의 권한쟁의심판 및 지방자치단체 상호 간의 권한쟁의심판의 당사자가 된다.
>
> ㄷ. 지방의회의원과 지방자치단체장을 선출하는 지방선거는 지방자치단체의 기관을 구성하고 그 기관의 각종 행위에 정당성을 부여하는 행위라 할 것이므로, 지방선거사무는 지방자치단체의 존립을 위한 자치사무에 해당한다 할 것이다.
>
> ㄹ. 법령에 위반되거나 재판 중인 사항을 포함하여 주민에게 과도한 부담을 주거나 중대한 영향을 미치는 지방자치단체의 주요 결정사항으로서 그 지방자치단체의 조례로 정하는 사항은 주민투표에 부칠 수 있다.

① ㄷ

② ㄱ, ㄹ

③ ㄴ, ㄷ

④ ㄴ, ㄹ

20

국회의 입법절차 및 의사절차에 대한 설명으로 옳지 않은 것은? (다툼이 있는 경우 판례에 의함)

① 「국회법」에 따른 국회의장의 직권상정권한은 국회의 수장이 국회의 비상적인 헌법적 장애상태를 회복하기 위하여 가지는 권한으로 국회의장의 의사정리권에 속하고, 의안심사에 관하여 위원회중심주의를 채택하고 있는 우리 국회에서는 비상적·예외적 의사절차에 해당한다.

② 국회의 회의는 국회의 활동을 주권자인 국민이 알 수 있도록 하는 데 필요하므로, 정보위원회를 비롯한 상임위원회의 회의는 공개하여야 한다.

③ 국회의장이 국회의 위임 없이 법률안을 정리하더라도 그러한 정리가 국회에서 의결된 법률안의 실질적 내용에 변경을 초래하는 것이 아닌 한 헌법이나 「국회법」상의 입법절차에 위반된다고 볼 수 없다.

④ 본회의는 안건을 심의할 때 그 안건을 심사한 위원장의 심사보고를 듣고 질의·토론을 거쳐 표결하나, 다만 위원회의 심사를 거치지 아니한 안건에 대해서는 제안자가 그 취지를 설명하여야 하고, 위원회의 심사를 거친 안건에 대해서는 의결로 질의와 토론을 모두 생략하거나 그중 하나를 생략할 수 있다.

01

대한민국헌법 전문(前文)에 규정된 내용이 아닌 것은?

① 1948년 7월 12일에 제정되고 9차에 걸쳐 개정된 헌법
② 3·1운동으로 건립된 대한민국임시정부의 법통
③ 4·19민주이념
④ 국민생활의 균등한 향상
⑤ 항구적인 세계평화와 인류공영

02

대통령의 권한에 관한 설명으로 옳지 않은 것은?

① 대통령은 국가의 안위에 관계되는 중대한 교전상태에 있어서 국가를 보위하기 위하여 긴급한 조치가 필요하고 국회의 집회가 불가능한 때에 한하여 법률의 효력을 가지는 명령을 발할 수 있다.
② 계엄을 선포한 때에는 대통령은 지체없이 국회에 통고하여야 한다.
③ 긴급명령과 긴급재정경제명령이 국회의 승인을 얻지 못한 때에는 그 명령은 명령이 발하여진 때로 소급하여 효력을 상실한다. 이 경우 그 명령에 의하여 개정 또는 폐지되었던 법률은 소급하여 효력을 회복한다.
④ 대통령은 내우·외환·천재·지변 또는 중대한 재정·경제상의 위기에 있어서 국가의 안전보장 또는 공공의 안녕질서를 유지하기 위하여 긴급한 조치가 필요하고 국회의 집회를 기다릴 여유가 없을 때에 한하여 최소한으로 필요한 재정·경제상의 처분을 하거나 이에 관하여 법률의 효력을 가지는 명령을 발할 수 있다.
⑤ 대통령의 긴급명령·긴급재정경제처분 및 명령 또는 계엄과 그 해제는 국무회의의 심의를 거쳐야 한다.

03

법치국가원리에 관한 설명으로 옳지 않은 것은? (다툼이 있는 경우 헌법재판소 판례에 의함)

① 신뢰보호의 원칙은 법치국가원리에 근거를 두고 있는 헌법상의 원칙으로서 특정한 법률에 의하여 발생한 법률관계는 그 법에 따라 파악되고 판단되어야 하고, 과거의 사실관계가 그 뒤에 생긴 새로운 법률의 기준에 따라 판단되지 않는다는 국민의 신뢰를 보호하기 위한 것이다.
② 근대의 입헌적 민주주의 체제는 사회의 공적 자율성에 기한 정치적 의사결정을 추구하는 민주주의 원리와, 국가권력이나 다수의 정치적 의사로부터 개인의 권리, 즉 개인의 사적 자율성을 보호해 줄 수 있는 법치주의 원리라는 두 가지 주요한 원리에 따라 구성되고 운영된다.
③ 자유민주적 법치국가는 모든 국민에게 사상의 자유와 법질서에 대하여 비판할 수 있는 자유를 보장하고 정당한 절차에 의하여 헌법과 법률을 개정할 수 있는 장치를 마련하고 있는 만큼 그에 상응하여 다른 한편으로 국민의 국법질서에 대한 자발적인 참여와 복종을 그 존립의 전제로 하고 있다.
④ '책임 없는 자에게 형벌을 부과할 수 없다.'라는 책임주의는 형사법의 기본원리로서 헌법상 자기책임의 원칙으로부터 도출되는 원리이지 헌법상 법치국가원리로부터 도출되는 것은 아니다.
⑤ 입법자가 형식적 법률로 스스로 규율하여야 하는 사항이 어떤 것인가는 일률적으로 획정할 수 없고, 구체적 사례에서 관련된 이익 내지 가치의 중요성, 규제 내지 침해의 정도와 방법 등을 고려하여 개별적으로 결정할 수 있을 뿐이다.

04

헌법을 개정하지 않고서도 채택할 수 있는 것은?

① 국회의원의 수를 200인으로 하는 것

② 국회 부의장을 1인으로 하는 것

③ 대통령의 피선거권 연령을 30세로 낮추는 것

④ 감사원의 감사위원 수를 12인으로 하는 것

⑤ 대법원장과 대법관이 아닌 법관의 임기를 5년으로 하는 것

05

기본권에 관한 헌법재판소의 입장으로 옳지 않은 것은? (다툼이 있는 경우 헌법재판소 판례에 의함)

① 인격권은 헌법 제10조의 인간의 존엄과 가치로부터 유래한다.

② 헌법에 열거되지 아니한 기본권을 새롭게 인정하려면, 그 필요성이 특별히 인정되고, 그 권리내용이 비교적 명확하여 구체적 기본권으로서의 실체 즉, 권리내용을 규범 상대방에게 요구할 힘이 있고 그 실현이 방해되는 경우 재판에 의하여 그 실현을 보장받을 수 있는 구체적 권리로서의 실질에 부합하여야 한다.

③ '부모의 자녀에 대한 교육권'은 비록 헌법에 명문으로 규정되어 있지는 아니하지만, 이는 모든 인간이 누리는 불가침의 인권으로서 혼인과 가족생활을 보장하는 헌법 제36조 제1항, 행복추구권을 보장하는 헌법 제10조 및 "국민의 자유와 권리는 헌법에 열거되지 아니한 이유로 경시되지 아니한다."고 규정하는 헌법 제37조 제1항에서 나오는 기본권이다.

④ 헌법 제31조 제4항이 보장하는 대학의 자율성이란 대학의 운영에 관한 모든 사항을 외부의 간섭 없이 자율적으로 결정할 수 있는 자유를 말한다.

⑤ 출국만기보험금의 지급시기에 관한 것은 근로조건의 문제이고 생존권적 성격을 가지므로 외국인에게는 기본권 주체성이 인정되지 않는다.

06

헌법상 평등에 관한 설명으로 옳지 않은 것은? (다툼이 있는 경우에는 헌법재판소 판례에 의함)

① 헌법 제11조 제1항의 규범적 의미는 '법 적용의 평등'에서 끝나지 않고, 더 나아가 입법자에 대해서도 그가 입법을 통해서 권리와 의무를 분배함에 있어서 적용할 가치평가의 기준을 정당화할 것을 요구하는 '법 제정의 평등'을 포함한다.

② 입법자가 헌법 제11조 제1항의 평등원칙에 어느 정도로 구속되는가는 그 규율대상과 차별기준의 특성을 고려하여 구체적으로 결정된다.

③ 헌법재판소의 심사기준이 되는 행위규범으로서의 평등원칙은 단지 자의적인 입법의 금지기준만을 의미하는 것이 아니므로 헌법재판소는 입법자의 결정에서 차별을 정당화할 수 있는 합리적인 이유가 있는 경우에도 평등원칙의 위반을 선언해야 한다.

④ 헌법이 규정한 평등의 원칙은 국가가 언제 어디에서 어떤 계층을 대상으로 하여 기본권에 관한 상황이나 제도의 개선을 시작할 것인지를 선택하는 것을 방해하지는 않는다.

⑤ 모든 국민은 법 앞에 평등하다. 누구든지 성별·종교 또는 사회적 신분에 의하여 정치적·경제적·사회적·문화적 생활의 모든 영역에 있어서 차별을 받지 아니한다.

07

헌법 제12조에 관한 설명으로 옳지 않은 것은? (다툼이 있는 경우 헌법재판소 판례에 의함)

① 누구든지 법률에 의하지 아니하고는 체포·구속·압수·수색 또는 심문을 받지 아니하며, 법률과 적법한 절차에 의하지 아니하고는 처벌·보안처분 또는 강제노역을 받지 아니한다.

② 체포·구속·압수 또는 수색을 할 때에는 적법한 절차에 따라 검사의 신청에 의하여 법관이 발부한 영장을 제시하여야 한다. 다만, 현행범인인 경우와 장기 3년 이상의 형에 해당하는 죄를 범하고 도피 또는 증거인멸의 염려가 있을 때에는 사후에 영장을 청구할 수 있다.

③ 헌법상 신체의 자유에는 안정성이 외부로부터의 물리적인 힘이나 정신적인 위험으로부터 침해당하지 아니할 자유와 신체활동을 임의적이고 자율적으로 할 수 있는 자유가 포함된다.

④ 누구든지 체포 또는 구속의 이유와 변호인의 조력을 받을 권리가 있음을 고지받지 아니하고는 체포 또는 구속을 당하지 아니한다. 체포 또는 구속을 당한 자의 가족 등 법률이 정하는 자에게는 그 이유와 일시·장소가 지체없이 통지되어야 한다.

⑤ 신체의 자유를 최대한으로 보장하려는 헌법정신, 특히 영장주의 원칙으로 인하여 불구속수사·불구속재판을 원칙으로 하고 예외적으로 피의자 또는 피고인이 도피할 우려가 있거나 증거를 인멸할 우려가 있는 때에 한하여 구속수사 또는 구속재판이 인정된다.

08

코로나19 관련 헌법재판소의 입장으로 옳지 않은 것은? (다툼이 있는 경우 헌법재판소 판례에 의함)

① '국무총리가 확진자 중 증세가 있는 확진자의 비율을 파악하지 않고 감염 시기를 특정할 수 없는 확진자의 수를 기준으로 방역단계를 설정하는 등 직무유기하여 헌법에 위반하였다'는 취지에서 제기된 헌법소원 심판청구에 대해서, 헌법재판소는 기본권 침해의 가능성을 확인할 수 있을 정도로 청구인의 어떠한 기본권이 구체적으로 어떻게 침해받는지에 대한 명확한 주장이 없다는 이유로 각하하였다.

② 서울특별시립 지원센터에서 감염병 확산을 방지하고 시설을 차질 없이 운영하기 위하여 보건복지부 및 서울특별시의 협조 요청에 따라 시설 이용자들을 대상으로 코로나19 검사 결과를 확인하는 것은 센터가 우월적인 지위에서 일방적으로 강제하는 권력적 사실행위에 해당하기에 헌법소원의 대상이 된다.

③ 코로나의 예방 및 확산 방지를 위해 교도소장이 수용자에게 일회용 마스크를 정기적으로 지급할 의무는 헌법에서 유래하는 작위의무로서 특별히 구체적으로 규정되어 있다거나 헌법 해석상 도출된다고 볼 수 없으므로, 일회용 마스크를 미지급하는 교도소장의 부작위는 헌법소원의 대상이 되는 공권력의 불행사에 해당하지 않는다.

④ '코로나 백신을 맞지 않아도 며칠 만에 인간의 면역력에 의해 자연치유되는 것을 알면서도 인간을 사망에 이르게 하는 등 위험한 코로나 백신을 전 국민에게 접종하려는 행위가 헌법에 위반된다'는 취지에서 제기된 헌법소원 심판청구에 대해서, 헌법재판소는 「헌법재판소법」 제72조 제3항 제4호에 따라 각하하였다.

⑤ 서울특별시립 지원센터에서 시설 출입자의 체온을 측정하기 위해 수 초간 안면인식 열화상 카메라를 응시하도록 하는 것은 헌법소원의 대상이 되는 공권력의 행사에 해당하지 않는다.

09

양심의 자유에 관한 설명으로 옳지 않은 것은? (다툼이 있는 경우 헌법재판소 판례에 의함)

① 단순한 사실관계의 확인과 같이 가치적·윤리적 판단이 개입될 여지가 없는 경우는 물론, 법률해석에 관하여 여러 견해가 갈리는 경우처럼 다소의 가치관련성을 가진다고 하더라도 개인의 인격 형성과는 관계가 없는 사사로운 사유나 의견 등은 양심의 자유의 보호대상이 아니다.

② 양심은 그 대상이나 내용 또는 동기에 의하여 판단될 수 없지만, 양심상의 결정이 이성적·합리적인지, 타당한지 또는 법질서나 사회규범, 도덕률과 일치하는지 여부는 양심의 존재를 판단하는 기준이 된다.

③ 열 손가락 지문날인의 의무를 부과하는 「주민등록법 시행령」 조항은 국가가 개인의 윤리적 판단에 개입한다거나 그 윤리적 판단을 표명하도록 강제하는 것이라고 할 수 없으므로 양심의 자유를 침해하는 것이 아니다.

④ 운전 중의 운전자에게 좌석안전띠 착용 의무를 부과하는 것은 운전자의 양심의 자유를 침해하는 것이라 할 수 없다.

⑤ 의사가 환자의 신병(身病)에 관한 사실을 자신의 의사에 반하여 외부에 알리도록 강제하는 법률조항은 의사의 양심의 자유를 제한한다.

10

집회의 자유에 관한 설명으로 옳지 않은 것은? (다툼이 있는 경우 헌법재판소 판례에 의함)

① 집회의 자유는 다수의 의견을 국정에 반영하는 창구로서 그 중요성을 더해 가고 있다는 점에서 다수의 보호를 위한 중요한 기본권이다.

② 집회의 자유는 표현의 자유와 더불어 민주적 공동체가 기능하기 위하여 불가결한 근본요소에 속하며, 집단적 의견 표명의 자유로서 민주국가에서 정치의사형성에 참여할 수 있는 기회를 제공한다.

③ 집회의 자유는 사회·정치현상에 대한 불만과 비판을 공개적으로 표출케 함으로써 정치적 불만이 있는 자를 사회에 통합하고 정치적 안정에 기여하는 기능을 한다.

④ 집회의 자유는 개인의 인격발현의 요소이자 민주주의를 구성하는 요소라는 이중적 헌법적 기능을 가지고 있으며, 개인의 자기결정과 인격발현에 기여하는 기본권이다.

⑤ 집회장소가 바로 집회의 목적과 효과에 대하여 중요한 의미를 가지기 때문에, 누구나 '어떤 장소에서' 자신이 계획한 집회를 할 것인가를 원칙적으로 자유롭게 결정할 수 있어야만 집회의 자유가 비로소 효과적으로 보장되는 것이다.

11

직업의 자유에 관한 설명으로 옳지 않은 것은? (다툼이 있는 경우 헌법재판소 판례에 의함)

① 직업선택의 자유는 각자의 생활의 기본적 수요를 충족시키는 방편이 되고 개성신장의 바탕이 된다는 점에서 주관적 공권의 성격을 가지면서도 국민 개개인이 선택한 직업의 수행에 의하여 국가의 사회질서와 경제질서가 형성된다는 점에서 사회적 시장경제질서라고 하는 객관적 법질서의 구성요소이기도 하다.

② 직업수행의 자유는 직업결정의 자유에 비하여 상대적으로 그 제한의 정도가 작다고 할 것이므로 이에 대하여는 공공복리 등 공익상의 이유로 비교적 넓은 법률상의 규제가 가능하다.

③ 이미 국내에서 치과의사면허를 취득하고 외국의 의료기관에서 치과전문의 과정을 이수한 사람들에게 국내에서 전문의 과정을 다시 이수할 것을 요구하는 것은 치과의사의 직업수행의 자유를 침해한다.

④ 건설업자가 명의대여행위를 한 경우 그 대여행위의 동기, 과정 및 피해자의 유무 등을 고려하여 그에 상응하는 조치나 영업정지 및 등록말소 등의 행정상 제재를 부과할 수 있음에도 불구하고, 그 건설업의 등록을 필요적으로 말소하도록 하는 것은 과잉금지 원칙을 위반하여 건설업자의 직업수행의 자유를 침해하는 것이다.

⑤ 범죄의 종류나 내용을 불문하고 금고 이상의 형의 선고유예를 받은 청원경찰을 당연 퇴직되도록 한 법률조항은 청원경찰의 직업의 자유를 침해하는 것이다.

12

헌법 제28조와 관련한 설명으로 옳지 않은 것은? (다툼이 있는 경우 헌법재판소 판례에 의함)

① 형사피의자 또는 형사피고인으로서 구금되었던 자가 법률이 정하는 불기소처분을 받거나 무죄판결을 받은 때에는 법률이 정하는 바에 의하여 국가에 정당한 보상을 청구할 수 있다.

② 형사피고인으로서 구금되었던 자가 법률이 정한 무죄판결을 받은 경우에 국가에 대하여 물질적·정신적 피해에 대한 정당한 보상을 청구할 수 있는 권리를 보장하여 국가의 형사사법작용에 의하여 신체의 자유가 침해된 국민에게 그 구제를 인정하여 국민의 기본권 보호를 강화하는 데 그 목적이 있다.

③ 형사보상청구에 관하여 어느 정도의 제척기간을 둘 것인가의 문제는 원칙적으로 입법권자의 재량에 맡겨져 있는 것이지만, 그 청구기간이 지나치게 단기간이거나 불합리하여 무죄재판이 확정된 형사피고인이 형사보상을 청구하는 것을 현저히 곤란하게 하거나 사실상 불가능하게 한다면 이는 입법재량의 한계를 넘어서는 것으로서 헌법이 보장하는 형사보상청구권을 침해하는 것이라 하지 않을 수 없다.

④ 권리의 행사가 용이하고 일상 빈번히 발생하는 것이거나 권리의 행사로 인하여 상대방의 지위가 불안정해지는 경우 또는 법률관계를 보다 신속히 확정하여 분쟁을 방지할 필요가 있는 경우에는 특별히 짧은 소멸시효나 제척기간을 인정할 필요가 있기에 형사보상의 청구를 무죄재판이 확정된 때로부터 1년 이내에 하도록 하는 것은 헌법 제28조를 침해하지 않는다.

⑤ 형사보상청구에 관한 제척기간을 두고 있는 것은 형사보상에 관한 국가의 채무 관계를 조기에 확정하고 예산 수립의 불안정성을 제거하여 국가재정을 합리적으로 운영하기 위한 것이다.

13

정당해산에 관한 설명으로 옳지 않은 것은?

① 정당이 헌법재판소의 결정으로 해산된 때에는 해산된 정당의 강령(또는 기본정책)과 동일하거나 유사한 것으로 정당을 창당하지 못한다.

② 정당이 등록취소되거나 자진해산한 때에는 그 잔여재산은 국고에 귀속한다.

③ 정당의 목적이나 활동이 민주적 기본질서에 위배될 때에는 정부는 헌법재판소에 그 해산을 제소할 수 있고, 정당은 헌법재판소의 심판에 의하여 해산된다.

④ 헌법재판소는 정당해산심판의 청구를 받은 때에는 직권 또는 청구인의 신청에 의하여 종국결정의 선고 시까지 피청구인의 활동을 정지하는 결정을 할 수 있다.

⑤ 헌법재판소의 해산결정의 통지나 중앙당 또는 그 창당준비위원회의 시·도당 창당승인의 취소통지가 있는 때에는 당해 선거관리위원회는 그 정당의 등록을 말소하고 지체 없이 그 뜻을 공고하여야 한다.

14

헌법재판소 재판관에 관한 설명으로 옳은 것은?

① 금고 이상의 형을 선고받은 사람이라도 헌법재판소 재판관으로 임명될 수 있다.

② 헌법재판소의 장은 국회의 동의를 얻어 재판관 중에서 대통령이 임명한다.

③ 헌법재판소 재판관의 임기는 7년으로 한다.

④ 헌법재판소 재판관 중 3인은 대통령이 임명하고, 3인은 국회에서 선출하며, 3인은 대법원장이 임명한다.

⑤ 헌법재판소 재판관은 연임할 수 없다.

15

위헌법률심판에 관한 설명으로 옳지 않은 것은?

① 법률이 헌법에 위반되는지 여부가 재판의 전제가 된 경우에는 당해 사건을 담당하는 법원(군사법원은 제외한다)은 직권 또는 당사자의 신청에 의한 결정으로 헌법재판소에 위헌 여부 심판을 제청한다.

② 대법원 외의 법원이 헌법재판소에 위헌 여부 심판을 제청할 때에는 대법원을 거쳐야 한다.

③ 법원이 법률의 위헌 여부 심판을 헌법재판소에 제청한 때에는 당해 소송사건의 재판은 헌법재판소의 위헌 여부의 결정이 있을 때까지 정지된다. 다만, 법원이 긴급하다고 인정하는 경우에는 종국재판 외의 소송절차를 진행할 수 있다.

④ 헌법재판소는 제청된 법률 또는 법률 조항의 위헌 여부만을 결정한다. 다만, 법률 조항의 위헌결정으로 인하여 해당 법률 전부를 시행할 수 없다고 인정될 때에는 그 전부에 대하여 위헌결정을 할 수 있다.

⑤ 법률의 위헌결정은 법원과 그 밖의 국가기관 및 지방자치단체를 기속(羈束)한다.

16

헌법상 정부에 관한 설명으로 옳지 않은 것은?

① 국무회의는 대통령·국무총리와 15인 이상 30인 이하의 국무위원으로 구성한다.

② 대통령 선거에 있어서 최고득표자가 2인 이상인 때에는 국회의 재적의원 과반수가 출석한 공개회의에서 다수표를 얻은 자를 당선자로 한다.

③ 대통령후보자가 1인일 때에는 그 득표수가 선거권자 총수의 과반수 이상이 아니면 대통령으로 당선될 수 없다.

④ 대통령의 임기가 만료되는 때에는 임기만료 70일 내지 40일 전에 후임자를 선거한다.

⑤ 검찰총장·합동참모의장·각군참모총장·국립대학교총장·대사 기타 법률이 정한 공무원과 국영기업체관리자의 임명은 국무회의의 심의를 거쳐야 한다.

17

헌법상 정족수에 관한 설명으로 옳지 않은 것은?

① 국회의원을 제명하려면 국회재적의원 3분의 2 이상의 찬성이 있어야 한다.

② 법률안에 대한 대통령의 재의의 요구가 있을 때에는 국회는 재의에 붙이고, 재적의원과반수의 출석과 출석의원 3분의 2 이상의 찬성으로 전과 같은 의결을 하면 그 법률안은 법률로서 확정된다.

③ 대통령에 대한 탄핵소추는 국회재적의원 과반수의 발의와 국회재적의원 3분의 2 이상의 찬성이 있어야 한다.

④ 헌법개정안은 국회가 의결한 후 30일 이내에 국민투표에 붙여 국회의원선거권자 과반수의 투표와 투표자 과반수의 찬성을 얻어야 한다.

⑤ 국회의원이 의안을 발의하기 위해서는 의원 10인 이상의 찬성을 얻어야 한다.

18

헌법상 국회의 회의운영과 의사원칙에 관한 설명으로 옳지 않은 것은?

① 국회의 정기회의 회기는 100일을, 임시회의 회기는 30일을 초과할 수 없고, 정기회·임시회를 합하여 연 150일을 초과하여 개최할 수 없다.

② 국회의 임시회는 대통령 또는 국회재적의원 4분의 1 이상의 요구에 의하여 집회된다.

③ 국회의 회의는 공개한다. 다만, 출석의원 과반수의 찬성이 있거나 의장이 국가의 안전보장을 위하여 필요하다고 인정할 때에는 공개하지 아니할 수 있다.

④ 국회에 제출된 법률안 기타의 의안은 회기중에 의결되지 못한 이유로 폐기되지 아니한다. 다만, 국회의원의 임기가 만료된 때에는 그러하지 아니하다.

⑤ 국회는 헌법 또는 법률에 특별한 규정이 없는 한 재적의원 과반수의 출석과 출석의원 과반수의 찬성으로 의결한다. 가부동수인 때에는 부결된 것으로 본다.

19

국회의 내부조직에 관한 설명으로 옳은 것은?

① 의장과 부의장은 국회에서 무기명투표로 선거하고 재적의원 과반수 출석에 출석의원 과반수 득표로 당선된다.

② 의원이 의장으로 당선된 때에는 당선된 날로부터 의장으로 재직하는 동안은 당적을 가질 수 없다. 다만, 국회의원 총선거에서 정당추천후보자로 추천을 받으려는 경우에는 의원 임기만료일 90일 전부터 당적을 가질 수 있다.

③ 의장과 부의장이 모두 사고가 있을 때에는 임시의장을 선출하여 의장의 직무를 대행하게 한다.

④ 상임위원회의 위원을 개선할 때 임시회의 경우에는 회기중에 개선될 수 없고, 정기회의 경우에는 선임 또는 개선 후 50일 이내에는 개선될 수 없다. 다만, 위원이 질병 등 부득이한 사유로 의장의 허가를 받은 경우에는 그러하지 아니하다.

⑤ 위원회는 다른 위원회와 협의하여 연석회의를 열고 의견을 교환할 수 있으며 연석회의에서 토론 및 표결을 할 수 있다.

20

대통령의 사면권에 관한 설명으로 옳은 것은? (다툼이 있는 경우 헌법재판소 판례에 의함)

① 일반사면은 죄를 범한 자를, 특별사면 및 감형은 형을 선고받은 자를, 복권은 형의 선고로 인하여 법령에 따른 자격이 상실되거나 정지된 자를 대상으로 한다.

② 대통령이 특별사면을 명하려면 반드시 국회의 동의를 얻어야 한다.

③ 특별사면의 효과로 형의 집행이 면제되나, 어떠한 경우에도 이후 형 선고의 효력을 상실하게 할 수는 없다.

④ 사면심사위원회가 대통령에게 특정한 자에 대한 감형 및 복권을 상신할 때에는 법무부장관의 허가를 받아야 한다.

⑤ 선고된 형의 전부를 사면할 것인지 또는 일부만을 사면할 것인지를 결정하는 것은 사면권자의 전권사항에 속하는 것이 아니라, 사면의 내용에 대한 해석문제에 불과하다.

21

감사원에 관한 설명으로 옳지 않은 것은?

① 감사원은 헌법기관으로서 대통령 소속하에 설치된 기관이다.

② 감사원장과 감사위원은 국회의 동의를 얻어 대통령이 임명한다.

③ 감사원은 세입·세출의 결산을 매년 검사하여 대통령과 차년도국회에 그 결과를 보고하여야 한다.

④ 감사원장과 감사위원의 임기는 4년으로 하며, 1차에 한하여 중임할 수 있다.

⑤ 감사원의 조직·직무범위·감사위원의 자격·감사대상공무원의 범위 기타 필요한 사항은 법률로 정한다.

22

국무위원에 관한 설명으로 옳은 것은?

① 국무총리만이 국무위원의 해임을 대통령에게 건의할 수 있다.

② 국무위원은 국무총리의 동의를 얻어 대통령이 임명한다.

③ 군인은 현역을 면한 후가 아니더라도 국무위원으로 임명될 수 있다.

④ 국회의 국무위원에 대한 해임건의는 국회재적의원 4분의 1 이상의 발의와 국회재적의원 과반수의 찬성이 있어야 한다.

⑤ 국무위원은 국정에 관하여 대통령을 보좌하며, 국무회의의 구성원으로서 국정을 심의한다.

23

탄핵제도에 관한 설명으로 옳지 않은 것은?

① 탄핵심판에서는 국회 법제사법위원회의 위원장이 소추위원이 된다.

② 탄핵심판에서 피청구인이 결정 선고 전에 해당 공직에서 파면되었을 때에는 헌법재판소는 심판청구를 기각하여야 한다.

③ 탄핵결정에 의하여 파면된 사람은 결정 선고가 있는 날부터 5년이 지나지 아니하면 공무원이 될 수 없다.

④ 피청구인에 대한 탄핵심판 청구와 동일한 사유로 형사소송이 진행되고 있는 경우에는 재판부는 심판절차를 정지해야 한다.

⑤ 탄핵소추가 발의되었을 때에는 국회의장은 발의된 후 처음 개의하는 본회의에 보고하고, 본회의는 의결로 법제사법위원회에 회부하여 조사하게 할 수 있다.

24

헌법소원심판에 관한 설명으로 옳지 않은 것은? (다툼이 있는 경우 헌법재판소 판례에 의함)

① 「헌법재판소법」 제68조 제2항에 따른 헌법소원심판은 위헌 여부 심판의 제청신청을 기각하는 결정을 통지받은 날부터 30일 이내에 청구하여야 한다.

② '지방의회 위원회 위원장이 행하는 방청불허행위'의 헌법적 한계를 확정짓고 합헌적 기준을 제시하는 문제는 알 권리 및 의사공개원칙의 범위를 확인하는 것이므로, 헌법적 해명이 필요하여 헌법소원심판청구의 권리보호이익이 있다.

③ 「헌법재판소법」 제68조 제1항의 "기본권을 침해받은 자"라 함은 공권력의 행사 또는 불행사로 인하여 자기의 기본권이 현재 그리고 직접적으로 침해받은 자를 의미하며 단순히 간접적, 사실적 또는 경제적인 이해관계가 있을 뿐인 제3자는 이에 해당하지 않는다.

④ 법령의 시행일 이후 일정한 유예기간을 둔 경우, 이에 대한 헌법소원심판 청구기간의 기산점은 그 법령의 시행일이 아니라 유예기간 경과일이다.

⑤ 헌법소원심판을 청구하려는 자가 변호사를 대리인으로 선임할 자력이 없는 경우에는 헌법재판소에 국선대리인을 선임하여 줄 것을 신청할 수 있다.

25

권한쟁의심판에 관한 설명으로 옳은 것은? (다툼이 있는 경우 헌법재판소 판례에 의함)

① 권한쟁의심판청구는 피청구인의 처분 또는 부작위(不作爲)가 헌법 또는 법률에 의하여 부여받은 청구인의 권한을 침해할 현저한 위험이 있는 경우에만 할 수 있다.

② 지방자치단체 상호간의 권한쟁의심판에는 교육감과 지방의회 상호간 권한의 유무 또는 범위에 관한 다툼도 포함된다.

③ 권한쟁의심판에 있어 '제3자 소송담당'을 허용하는 명문의 규정이 없는 현행법 체계 하에서 국회의 구성원인 국회의원이 국회의 권한침해를 이유로 권한쟁의심판을 청구할 수는 없다.

④ 권한쟁의의 심판은 그 사유가 있음을 안 날부터 30일 이내에, 그 사유가 있은 날부터 90일 이내에 청구하여야 한다.

⑤ 국가기관 또는 지방자치단체의 처분을 취소하는 헌법재판소의 권한쟁의심판의 결정은 그 처분의 상대방에 대하여 이미 생긴 효력에 영향을 미친다.

01

관습헌법에 관한 설명 중 가장 적절하지 않은 것은? (다툼이 있는 경우 판례에 의함)

① 우리나라는 성문헌법을 가진 나라로서 기본적으로 우리 헌법전이 헌법의 법원(法源)이 된다.

② 성문헌법이라고 하여도 그 속에 모든 헌법사항을 빠짐없이 완전히 규율하는 것은 불가능하고 또한 헌법은 국가의 기본법으로서 간결성과 함축성을 추구하기 때문에 형식적 헌법전에는 기재되지 아니한 사항이라도 이를 불문헌법 내지 관습헌법으로 인정할 소지가 있다.

③ 관습헌법도 성문헌법과 마찬가지로 주권자인 국민의 헌법적 결단의 의사 표현이나, 성문헌법과 동등한 효력을 가진다고 볼 수는 없고, 보충적으로 효력을 가진다고 보아야 한다.

④ 헌법 제1조 제2항 따라 국민이 대한민국의 주권자이며, 국민은 최고의 헌법제정권력이기 때문에 성문헌법의 제·개정에 참여할 뿐만 아니라 헌법전에 포함되지 아니한 헌법사항을 필요에 따라 관습의 형태로 직접 형성할 수 있다.

02

헌법개정에 관한 설명으로 가장 적절한 것은? (다툼이 있는 경우 판례에 의함)

① 우리 헌법은 헌법개정의 한계에 관한 규정을 두고 있으며, 헌법의 개정을 법률의 개정과는 달리 국민투표에 의하여 이를 확정하도록 규정하고 있다.

② 국회는 헌법개정안이 공고된 날로부터 60일 이내에 의결하여야 하며, 국회의 의결은 무기명투표로 한다.

③ 헌법개정안이 국회가 의결한 후 30일 이내에 국민투표에 붙여 국회의원선거권자 과반수의 투표와 투표자 과반수의 찬성을 얻은 때에는 헌법개정은 확정되며, 대통령은 즉시 이를 공포하여야 한다.

④ 우리 헌법의 각 개별규정 가운데 무엇이 헌법제정규정이고 무엇이 헌법개정규정인지를 구분하는 것이 가능할 뿐만 아니라, 그 효력상의 차이도 인정할 수 있다

03

헌법상 영토조항에 관한 설명 중 가장 적절하지 않은 것은? (다툼이 있는 경우 판례에 의함)

① 영토조항만을 근거로 하여 독자적으로 헌법소원을 청구할 수 있다.

② 국민의 기본권 침해에 대한 권리구제를 위하여 그 전제조건으로서 영토에 관한 권리를 영토권이라 구성하여, 이를 헌법소원의 대상인 기본권으로 간주하는 것은 가능하다.

③ 우리 헌법이 "대한민국의 영토는 한반도와 그 부속도서로 한다"는 영토조항(제3조)을 두고 있는 이상 대한민국의 헌법은 북한지역을 포함한 한반도 전체에 그 효력이 미치고 따라서 북한지역은 당연히 대한민국의 영토가 된다.

④ 외국환거래의 일방 당사자가 북한의 주민일 경우 그는 「남북교류협력에 관한 법률」상 '북한의 주민'에 해당하는 것이므로, 북한의 조선아시아태평양위원회가 「외국환거래법」 제15조에서 말하는 '거주자'나 '비거주자'에 해당하는지 또는 「남북교류협력에 관한 법률」상 '북한의 주민'에 해당하는지 여부는 법률해석의 문제에 불과한 것이고, 헌법 제3조의 영토조항과는 관련이 없다.

04

사회국가원리와 사회적 기본권에 관한 설명 중 가장 적절한 것은? (다툼이 있는 경우 판례에 의함)

① 우리 헌법은 '사회국가원리'를 헌법전문과 경제질서 부분에서 명문으로 직접 규정하고 있다.

② 사회국가란 경제·사회·문화의 모든 영역에서 정의로운 사회질서의 형성을 위하여 사회현상에 관여하고 간섭하고 분배하고 조정하는 국가이며, 궁극적으로는 국민 각자가 실제로 자유를 행사할 수 있는 그 실질적 조건을 마련해 줄 의무가 있는 국가이다.

③ 사회적 기본권은 입법과정이나 정책결정과정에서 사회적 기본권에 규정된 국가목표의 무조건적인 최우선적 배려를 요청하는 것이며, 이러한 의미에서 사회적 기본권은 국가의 모든 의사결정과정에서 사회적 기본권이 담고 있는 국가목표를 최우선적으로 고려하여야 할 국가의 의무를 의미한다.

④ 국가가 인간다운 생활을 보장하기 위한 헌법적 의무를 다하였는지의 여부가 사법심사의 대상이 된 경우, 국가가 최저생활보장에 관한 입법을 전혀 하지 아니한 경우에만 한하여 헌법에 위반된다고 할 수 있다.

05

신뢰보호의 원칙에 관한 설명 중 가장 적절한 것은? (다툼이 있는 경우 판례에 의함)

① 기존의 퇴직연금 수급자에게 전년도 평균임금월액을 초과한 소득월액이 있는 경우에 그 초과 액수에 따라 퇴직연금 중 일부의 지급을 정지하는 것은 보호해야 할 퇴직연금 수급자의 신뢰의 가치는 매우 큰 반면, 공무원연금 재정의 파탄을 막고 공무원 연금제도를 건실하게 유지하려는 공익적 가치는 그리 크지 않으므로 헌법상 신뢰보호의 원칙에 위반된다.

② 외국에서 치과대학을 졸업한 대한민국 국민이 국내 치과의사 면허시험에 응시하기 위해서는 기존의 응시요건에 추가하여 새로이 예비시험에 합격할 것을 요건으로 규정한 「의료법」의 '예비시험' 조항은 외국에서 치과대학을 졸업한 국민들이 가지는 합리적 기대를 저버리는 것으로서 신뢰보호의 원칙상 허용되지 아니한다.

③ 무기징역의 집행 중에 있는 자의 가석방 요건을 종전의 '10년 이상'에서 '20년 이상' 형 집행 경과로 강화한 개정 「형법」 조항을 「형법」 개정 시에 이미 수용 중인 사람에게도 적용하는 것은 가석방을 기대하고 있던 수형자가 국가 공권력에 대해 가지고 있던 적법한 신뢰를 보호하지 않는 것으로서 신뢰보호의 원칙에 위반된다.

④ 사법연수원의 소정 과정을 마치더라도 바로 판사임용자격을 취득할 수 없고 일정 기간 이상의 법조경력을 갖추어야 판사로 임용될 수 있도록 한 「법원조직법」 개정조항의 시행일 및 그 경과조치에 관한 부칙은, 동법 개정 시점에 이미 사법연수원에 입소하여 사법연수생의 신분을 가지고 있었던 자가 사법연수원을 수료하는 해의 판사 임용에 지원하는 경우에 적용되는 한 신뢰보호의 원칙에 위반된다.

06

정당제도에 관한 설명으로 가장 적절한 것은? (다툼이 있는 경우 판례에 의함)

① 정당의 설립은 자유이나 복수정당제는 헌법상 바로 보장되는 것은 아니고, 구체적인 법률의 규정이 존재하여야 비로소 보장된다.

② 정당은 그 목적·조직과 활동 및 강령이 민주적이면 족하고, 국민의 정치적 의사형성에 참여하는데 필요한 조직을 반드시 가져야 하는 것은 아니다.

③ 정당의 목적이나 활동이 민주적 기본질서에 위배될 때에는 국회는 헌법재판소에 그 해산을 제소할 수 있고, 정당은 헌법재판소의 심판에 의하여 해산된다.

④ 헌법 제8조 제4항이 의미하는 '민주적 기본질서'는 그 외연이 확장될수록 정당해산결정의 가능성은 확대되고 이와 동시에 정당활동의 자유는 축소될 것이므로, 헌법 제8조 제4항의 민주적 기본질서는 최대한 엄격하고 협소한 의미로 이해해야 한다.

07

선거권과 선거제도에 관한 설명 중 가장 적절한 것은? (다툼이 있는 경우 판례에 의함)

① 지방자치단체의 장 선거권은 헌법 제24조에 의해 보호되는 기본권으로 인정된다.

② 선거권의 제한은 불가피하게 요청되는 개별적 구체적 사유가 존재함이 명백할 경우 정당화될 수 있으며, 막연하고 추상적인 위험이나 국가의 노력에 의해 극복될 수 없는 기술상의 어려움이나 장애 등을 사유로도 그 제한이 정당화될 수 있다.

③ 「주민등록법」상 주민등록을 할 수 없는 재외국민의 대통령 선거권행사를 전면 부정하는 것은 헌법에 위배되지 않는다.

④ 민주주의 국가에서 국민주권과 대의제 민주주의의 실현수단으로서 선거권이 갖는 중요성으로 인해 입법자는 선거권을 최대한 보장하는 방향으로 입법을 하여야 하는 반면, 헌법재판소가 선거권을 제한하는 법률의 합헌성을 심사하는 경우 그 심사 강도는 완화하여야 한다.

08

기본권 충돌에 관한 설명 중 가장 적절하지 않은 것은? (다툼이 있는 경우 판례에 의함)

① 상이한 복수의 기본권 주체를 전제로 한다.

② 충돌하는 기본권이 반드시 상이한 기본권이어야 하는 것은 아니다.

③ 상하의 위계질서가 있는 기본권끼리 충돌하는 경우에는 상위 기본권 우선의 원칙에 따라 하위 기본권이 제한될 수 있다.

④ 노동조합의 적극적 단결권은 근로자 개인의 단결하지 않을 자유보다 중시된다고 할 수 없어, 노동조합에 적극적 단결권(조직강제권)을 부여하는 것은 근로자의 단결하지 아니할 자유의 본질적인 내용을 침해한다.

09

과잉금지원칙(비례원칙)에 관한 설명 중 가장 적절하지 않은 것은? (다툼이 있는 경우 판례에 의함)

① 과잉금지원칙은 기본권 제한의 방법상 한계로서 헌법 제37조 제2항의 '필요한 경우에 한하여' 부분에서 그 근거를 찾을 수 있다.

② 국민의 기본권을 제한하는 입법은 그 목적이 헌법 및 법률의 체제상 정당성이 인정되어야 하고, 그 목적의 달성을 위하여 방법이 효과적이고 적절하여야 하며, 입법권자가 선택한 방법이 설사 적절하다고 하더라도 보다 완화된 형태나 방법을 모색함으로써 기본권의 제한은 필요한 최소한도에 그치도록 하여야 하며, 입법에 의하여 보호하려는 공익과 침해되는 사익을 비교형량 할 때 보호되는 공익이 더 커야 한다.

③ 입법목적을 달성하기 위한 수단으로서 반드시 가장 합리적이며 효율적인 수단을 선택하여야 하는 것은 아니라고 할지라도 적어도 현저하게 불합리하고 불공정한 수단의 선택은 피하여야 한다.

④ 입법자가 임의적 규정으로도 법의 목적을 실현할 수 있는 경우, 구체적 사안의 개별성과 특수성을 고려할 수 있는 가능성을 일체 배제하는 필요적 규정을 둔다면 이는 비례원칙의 한 요소인 '수단의 적합성(적절성) 원칙'에 위배된다.

10

기본권 제한에 관한 설명 중 가장 적절하지 않은 것은? (다툼이 있는 경우 판례에 의함)

① 법률유보의 원칙은 '법률에 의한' 규율만을 뜻하는 것이 아니라 '법률에 근거한' 규율을 요청하는 것이므로 기본권 제한의 형식이 반드시 법률의 형식일 필요는 없고 법률에 근거를 두면서 헌법 제75조가 요구하는 위임의 구체성과 명확성을 구비하기만 하면 위임입법에 의하여도 기본권 제한을 할 수 있다.

② 텔레비전방송 수신료금액의 결정은 납부의무자의 범위 등과 함께 수신료에 관한 본질적인 중요한 사항이라고 보기 어려우므로 「한국방송공사법」 제36조 제1항이 국회의 결정이나 관여를 배제하고 한국방송공사로 하여금 수신료금액을 결정해서 문화관광부장관의 승인을 얻도록 하더라도 법률유보원칙에 위반되지 않는다.

③ 침해의 최소성의 관점에서, 입법자는 그가 의도하는 공익을 달성하기 위하여 우선 기본권을 보다 적게 제한하는 단계인 기본권행사의 '방법'에 관한 규제로써 공익을 실현할 수 있는가를 시도하고 이러한 방법으로는 공익달성이 어렵다고 판단되는 경우에 비로소 그 다음 단계인 기본권행사의 '여부'에 관한 규제를 선택해야 한다.

④ 특정규범이 개별사건법률에 해당한다 하여 곧바로 위헌을 뜻하는 것은 아니며, 비록 특정법률 또는 법률조항이 단지 하나의 사건만을 규율하려고 한다 하더라도 이러한 차별적 규율이 합리적인 이유로 정당화될 수 있는 경우에는 합헌적일 수 있다.

11

기본권 보호의무에 관한 설명 중 가장 적절하지 않은 것은?
(다툼이 있는 경우 판례에 의함)

① 기본권 보호의무란 국민의 기본권적 법익을 기본권 주체인 사인에 의한 위법한 침해 또는 침해의 위험으로부터 보호하여야 하는 국가의 의무를 말하며, 주로 사인인 제3자에 의한 개인의 생명이나 신체의 훼손에서 문제된다.

② 국가의 기본권보호의무의 이행은 입법자의 입법을 통하여 비로소 구체화되는 것이고, 국가가 그 보호의무를 어떻게 어느 정도로 이행할 것인지는 원칙적으로 한 나라의 정치 경제 사회 문화적인 제반 여건과 재정 사정 등을 감안하여 입법정책적으로 판단하여야 하는 입법재량의 범위에 속한다.

③ 국가가 국민의 생명 신체의 안전에 대한 보호의무를 다하지 않았는지 여부를 헌법재판소가 심사할 때에는 국가가 이를 보호하기 위하여 적어도 적절하고 효율적인 최소한의 보호조치를 취하였는가 하는 이른바 '과소보호금지원칙' 위반 여부를 기준으로 한다.

④ 사산된 태아에게 불법적인 생명침해로 인한 손해배상청구권을 인정하지 않는 것은 입법형성권의 한계를 명백히 일탈한 것으로서 국가의 기본권보호의무를 위반한 것이다.

12

인간의 존엄과 가치 및 행복추구권에 관한 설명 중 가장 적절하지 않은 것은? (다툼이 있는 경우 판례에 의함)

① 헌법 제10조로부터 도출되는 일반적 인격권에는 개인의 명예에 관한 권리도 당연히 포함되며, '명예'에는 사람이나 그 인격에 대한 '사회적 평가', 즉 객관적·외부적 가치 평가뿐만 아니라 주관적·내면적인 명예감정도 포함된다.

② 헌법 제10조의 행복추구권은 국민이 행복을 추구하기 위하여 필요한 급부를 국가에게 적극적으로 요구할 수 있는 것을 내용으로 하는 것이 아니라, 국민이 행복을 추구하기 위한 활동을 국가권력의 간섭없이 자유롭게 할 수 있다는 포괄적인 의미의 자유권으로서의 성격을 가진다.

③ 인수자가 없는 시체를 생전의 본인의 의사와는 무관하게 해부용 시체로 제공될 수 있도록 규정한 「시체 해부 및 보존에 관한 법률」의 조항은 시체의 처분에 대한 자기결정권을 침해한다.

④ 비어업인이 잠수용 스쿠버장비를 사용하여 수산자원을 포획·채취하는 것을 금지하는 「수산자원관리법 시행규칙」의 규정 중 '잠수용 스쿠버장비 사용'에 관한 부분은 일반적 행동의 자유를 침해하지 않는다.

13

생명권에 대한 설명으로 적절하지 않은 것을 모두 고른 것은? (다툼이 있는 경우 판례에 의함)

ⓐ 생명권은 인간의 생존본능과 존재목적에 바탕을 둔 선험적이고 자연법적인 권리로서 헌법에 규정된 모든 기본권의 전제로서 기능하는 기본권 중의 기본권이다.

ⓑ 국가는 헌법 제10조, 제12조 등에 따라 태아의 생명을 보호할 의무가 있지만, 태아는 헌법상 생명권의 주체로 인정되지 않는다.

ⓒ 인간이라는 생명체의 형성이 출생 이전의 그 어느 시점에서 시작됨을 인정하더라도, 법적으로 사람의 시기를 출생의 시점에서 시작되는 것으로 보는 것은 헌법적으로 금지된다.

ⓓ 연명치료 중단, 즉 생명단축에 관한 자기 결정은 생명권 보호의 헌법적 가치와 충돌하므로 '연명치료 중단에 관한 자기결정권'의 인정 여부가 문제되는 '죽음에 임박한 환자'란 '의학적으로 환자가 의식의 회복가능성이 없고 생명과 관련된 중요한 생체기능의 상실을 회복할 수 없으며 환자의 신체상태에 비추어 짧은 시간 내에 사망에 이를 수 있음이 명백한 경우'를 의미한다.

---

① ㉠, ㉡　　　　　　　② ㉠, ㉢

③ ㉡, ㉢　　　　　　　④ ㉢, ㉣

14

평등원칙 내지 평등권에 관한 설명 중 가장 적절하지 않은 것은? (다툼이 있는 경우 판례에 의함)

① 고소인이나 고발인만을 항고권자로 규정한 「검찰청법」 조항은 동법상 항고를 통하여 불복할 수 없게 된 기소유예 처분을 받은 피의자를 고소인이나 고발인에 비하여 합리적 이유 없이 차별하는 것이라 할 수 없다.

② 경찰공무원은 교육훈련 또는 직무수행 중 사망한 경우 「국가유공자 등 예우 및 지원에 관한 법률」상 순직군경으로 예우받을 수 있는 것과는 달리, 소방공무원은 화재진압, 구조·구급 업무수행 또는 이와 관련된 교육훈련 중 사망한 경우에 한하여 순직군경으로서 예우를 받을 수 있도록 하는 「소방공무원법」 규정은 소방공무원에 대한 합리적인 이유없는 차별에 해당한다.

③ 대한민국 국민인 남자에 한하여 병역의무를 부과한 구 「병역법」 조항이 평등권을 침해하는지 여부는 완화된 심사척도에 따라 자의금지원칙 위반 여부에 의하여 판단한다.

④ 일반 형사소송절차와 달리 소년심판절차에서 검사에게 상소권이 인정되지 않는 것은 객관적이고 합리적인 이유가 있어 피해자의 평등권을 침해한다고 볼 수 없다.

15

이중처벌금지원칙에 관한 설명 중 가장 적절한 것은? (다툼이 있는 경우 판례에 의함)

① 신상정보 공개·고지명령은 형벌과는 목적이나 심사대상 등을 달리하는 보안처분에 해당하므로 동일한 범죄행위에 대하여 형벌이 부과된 이후 다시 신상정보 공개 고지명령이 선고 및 집행된다고 하여 이중처벌금지원칙에 위반된다고 할 수 없다.

② 헌법 제13조 제1항에서 말하는 '처벌'은 범죄에 대한 국가의 형벌권 실행으로서의 과벌을 의미하는 것인바, 국가가 행하는 일체의 제재나 불이익처분 모두 그 '처벌'에 포함이 된다.

③ 일정한 성폭력범죄를 범한 사람에게 유죄판결을 선고하는 경우 성폭력치료프로그램 이수명령을 병과하도록 한 것은 그 목적이 과거의 범죄행위에 대한 제재로서 대상자의 건전한 사회복귀 및 범죄예방과 사회보호에 있어 형벌과 본질적 차이가 나지 않는 보안처분에 해당하므로, 동일한 범죄행위에 대하여 형벌과 병과될 경우 이중처벌금지원칙에 위배된다.

④ 헌법재판소는 외국에서 형의 전부 또는 일부의 집행을 받은 자에 대하여 형을 감경 또는 면제할 수 있도록 규정한 「형법」 제7조가 이중처벌금지원칙에 위배되어 위헌이라고 판시하였다.

16

변호인의 조력을 받을 권리에 관한 설명 중 가장 적절하지 않은 것은? (다툼이 있는 경우 판례에 의함)

① 미결수용자와 변호인 간에 주고받는 서류를 확인하고 이를 소송관계서류처리부에 등재하는 행위는 그 자체만으로는 미결수용자의 변호인 접견교통권을 제한하는 행위라고 볼 수는 없다.

② 피고인에게 보장된 변호인의 조력을 받을 권리는 변호인과의 자유로운 접견교통권에 그치지 아니하고 더 나아가 변호인을 통하여 수사서류를 포함한 소송관계 서류를 열람·등사하고 이에 대한 검토결과를 토대로 공격과 방어의 준비를 할 수 있는 권리도 포함된다.

③ 변호인과의 자유로운 접견은 신체구속을 당한 사람에게 보장된 변호인의 조력을 받을 권리의 가장 중요한 내용이어서 국가안전보장·질서유지 또는 공공복리 등 어떠한 명분으로도 제한될 수 있는 성질의 것이 아니라고 할 것이나, 이는 구속된 자와 변호인 간의 접견이 실제로 이루어지는 경우에 있어서의 '자유로운 접견', 즉 '대화 내용에 대하여 비밀이 완전히 보장되고 어떠한 제한, 영향, 압력 또는 부당한 간섭 없이 자유롭게 대화할 수 있는 접견'을 제한할 수 없다는 것이지, 변호인과의 접견 자체에 대해 아무런 제한도 가할 수 없다는 것을 의미하는 것은 아니다.

④ 변호인의 조력을 받을 권리는 '형사사건에서 변호인의 조력을 받을 권리'를 의미한다고 보아야 할 것이므로 형사절차가 종료되어 교정시설에 수용 중인 수형자나 미결수용자가 형사사건의 변호인이 아닌 민사재판, 행정재판, 헌법재판 등에서 변호사와 접견할 경우에는 원칙적으로 헌법상 변호인의 조력을 받을 권리의 주체가 될 수 없다.

17

적법절차원칙에 관한 설명 중 가장 적절하지 않은 것은? (다툼이 있는 경우 판례에 의함)

① 헌법 제12조 제1항 후문은 "누구든지 법률에 의하지 아니하고는 체포 구속 압수 수색 또는 심문을 받지 아니하며, 법률과 적법한 절차에 의하지 아니하고는 처벌 보안처분 또는 강제노역을 받지 아니한다"고 규정하여 적법절차원칙을 헌법원리로 수용하고 있다.

② 적법절차원칙은 법률이 정한 형식적 절차와 실체적 내용이 모두 합리성과 정당성을 갖춘 적정한 것이어야 한다는 실질적 의미를 지니고 있는 것으로 이해된다.

③ 형사소송절차와 관련하여 보면 적법절차원칙은 형벌권의 실행절차인 형사소송의 전반을 규율하는 기본원리로서, 형사피고인의 기본권이 공권력에 의하여 침해당할 수 있는 가능성을 최소화 하도록 절차를 형성 유지할 것을 요구하고 있다.

④ 자격정지 이상의 선고유예를 받고 그 선고유예기간 중에 있는 자에 대하여 당연퇴직을 규정하고 있는 경찰공무원법 규정은 재판청구권을 침해하고, 적법절차원칙에 위배되어 위헌이다.

18

죄형법정주의에 대한 설명으로 적절하지 않은 것을 모두 고른 것은? (다툼이 있는 경우 판례에 의함)

㉠ 죄형법정주의는 범죄와 형벌이 법률로 정하여져야 함을 의미하는 것으로 이러한 죄형법정주의에서 파생되는 명확성의 원칙은 누구나 법률이 처벌하고자 하는 행위가 무엇이며, 그에 대한 형벌이 어떠한 것인지를 예견할 수 있어야 하나, 반드시 그에 따라 자신의 행위를 결정할 수 있도록 하는 구성요건의 명확성까지 요구하는 것은 아니다.

㉡ 형벌 구성요건의 실질적 내용을 법률에서 직접 규정하지 아니하고 새마을금고의 정관에 위임한 것은 범죄와 형벌에 관하여는 입법부가 제정한 형식적 의미의 법률로써 정하여야 한다는 죄형법정주의 원칙에 위반된다.

㉢ 법정형의 폭이 지나치게 넓게 되면 자의적인 형벌권의 행사가 가능하게 되어 형벌체계상의 불균형을 초래할 수 있을 뿐만 아니라, 피고인이 구체적인 형의 예측이 현저하게 곤란해지고 죄질에 비하여 무거운 형에 처해질 위험에 직면하게 되므로 법정형의 폭이 지나치게 넓어서는 아니된다는 것은 죄형법정주의의 한 내포라고 할 수 있다.

㉣ 처벌을 규정하고 있는 법률조항이 구성요건이 되는 행위를 같은 법률조항에서 직접 규정하지 않고 다른 법률조항에서 이미 규정한 내용을 원용하였다거나 그 내용 중 일부를 괄호 안에 규정한 경우 그 사실만으로 명확성 원칙에 위반된다.

① ㉠, ㉡   ② ㉠, ㉣

③ ㉡, ㉢   ④ ㉢, ㉣

19

신체의 자유에 관한 설명 중 가장 적절하지 않은 것은? (다툼이 있는 경우 판례에 의함)

① 교도소 내 엄중격리대상자에 대하여 이동시 계구를 사용하고 교도관이 동행계호하는 행위 및 1인 운동장을 사용하게 하는 처우가 필요한 경우에 한하여 부득이한 범위 내에서 실시되고 있으므로 신체의 자유를 과도하게 제한하여 헌법을 위반한 것이라고 볼 수 없다.

② 과태료는 행정상 의무위반자에게 부과하는 행정질서벌로서 그 기능과 역할이 형벌에 준하는 것이므로 죄형법정주의의 규율대상에 해당한다.

③ 행위 당시의 판례에 의하면 처벌대상이 되지 아니하는 것으로 해석되었던 행위를 판례의 변경에 따라 확인된 내용의 「형법」 조항에 근거하여 처벌한다고 하여 그것이 형벌불소급원칙에 위반된다고 할 수 없다.

④ 법관으로 하여금 미결구금일수를 형기에 산입하되, 그 미결구금일수 중 일부를 산입하지 않을 수 있게 허용하는 「형법」 규정은 무죄추정의 원칙 및 적법절차의 원칙 등을 위배하여 신체의 자유를 침해한다.

20

영장제도에 관한 설명 중 가장 적절하지 않은 것은? (다툼이 있는 경우 판례에 의함)

① 디엔에이감식시료채취영장 발부 과정에서 채취대상자에게 자신의 의견을 밝히거나 영장 발부 후 불복할 수 있는 절차 등에 관하여 규정하지 아니한 디엔에이신원확인정보의 이용 및 보호에 관한 법률의 규정은 과잉금지원칙을 위반하여 채취대상자의 재판청구권을 침해한다.

② 수사기관이 법원으로부터 영장 또는 감정처분허가장을 발부받지 아니한 채 피의자의 동의 없이 피의자의 신체로부터 혈액을 채취하고 사후에도 지체 없이 영장을 발부받지 아니한 채 그 혈액 중 알코올농도에 관한 감정을 의뢰하였다면, 이러한 과정을 거쳐 얻은 감정의뢰회보 등은 원칙적으로 그 절차위반행위가 적법절차의 실질적인 내용을 침해하여 피고인이나 변호인의 동의가 있더라도 유죄의 증거로 사용할 수 없다.

③ 체포영장을 집행하는 경우 필요한 때에는 타인의 주거 등에서 피의자 수사를 할 수 있도록 한 형사소송법 규정의 해당 부분이 체포영장이 발부된 피의자가 타인의 주거 등에 소재할 개연성은 소명되나 수색에 앞서 영장을 발부받기 어려운 긴급한 사정이 인정되지 않더라도 영장 없이 피의자 수색을 할 수 있도록 한 것은 영장주의에 위반되지 않는다.

④ 압수·수색영장을 발부받아 압수·수색의 방법으로 소변을 채취하는 경우 압수대상물인 피의자의 소변을 확보하기 위한 수사기관의 노력에도 불구하고, 피의자가 인근 병원 응급실 등 소변 채취에 적합한 장소로 이동하는 것에 동의하지 않거나 저항하는 등 임의동행을 기대할 수 없는 사정이 있는 때에는 수사기관으로서는 소변 채취에 적합한 장소로 피의자를 데려가기 위해서 필요 최소한의 유형력을 행사하는 것이 허용되며, 이는 '압수·수색 영장의 집행에 필요한 처분'에 해당한다.

21

甲은 강도죄를 범하여 유죄의 확정판결을 받고 현재 교도소에 수용 중인 자다. 甲은 교도소 내의 처우에 불만을 가지고, 이와 관련하여 헌법소원심판을 청구하고자 변호사 乙과의 접견을 신청하였으나, 교도소장 丙은 접견을 불허하였다. 이에 甲은 변호사 乙에게 서신을 발송하고자 하였는데 교도소장 丙은 외부로 반출되는 모든 서신에 대해 봉함하지 않은 상태로 사전에 검사받도록 해 온 교도소 관행에 따라 甲의 서신도 무봉함 상태로 제출하게 한 후 검열한 끝에 서신 내용을 문제 삼아 외부 발송을 거부하였다. 이 사안에 관한 설명 중 가장 적절하지 않은 것은? (다툼이 있는 경우 판례에 의함)

① 이른바 특별권력관계에서도 기본권의 제한은 법률에 근거해야 한다.

② 교도소장 丙의 서신검열행위는 이른바 권력적 사실행위로서 행정심판이나 행정소송의 대상이 되는 행정처분으로 볼 수 있다.

③ 위 사안에서는 검열행위가 이미 완료되어 행정심판이나 행정소송을 제기하더라도 소의 이익이 부정될 수밖에 없으므로 헌법소원심판청구에서의 보충성원칙의 예외에 해당한다.

④ 교도소장 丙이 甲으로 하여금 서신을 봉함하지 않은 상태로 제출하게 한 것은 교도소 내의 규율과 질서를 유지하기 위한 불가피한 조치로서 甲의 통신비밀의 자유를 침해한다고 볼 수 없다.

22

개인정보자기결정권에 관한 설명 중 가장 적절하지 않은 것은? (다툼이 있는 경우 판례에 의함)

① 「성폭력범죄의 처벌 등에 관한 특례법」상 공중밀집장소에서의 추행죄로 유죄판결이 확정된 자를 신상정보 등록대상자로 규정한 부분은 해당 신상정보 등록대상자의 개인정보자기결정권을 침해하지 않는다.

② 소년에 대한 수사경력자료의 삭제와 보존기간에 대하여 규정하면서 법원에서 불처분결정된 소년부송치 사건에 대하여 규정하지 않은 구 「형의 실효 등에 관한 법률」의 규정은 과잉금지원칙을 위반하여 소년부송치 후 불처분결정을 받은 자의 개인정보자기결정권을 침해한다.

③ 법무부장관은 변호사시험 합격자가 결정되면 즉시 명단을 공고하여야 한다고 규정한 변호사시험법 규정 중 '명단 공고' 부분은 변호사시험 응시자들의 개인정보자기결정권을 침해한다.

④ 개인정보에 관한 인격권 보호에 의하여 얻을 수 있는 이익과 정보처리 행위로 얻을 수 있는 이익 즉, 정보처리자의 '알 권리'와 이를 기반으로 한 정보수용자의 '알 권리' 및 표현의 자유, 정보처리자의 영업의 자유, 사회 전체의 경제적 효율성 등의 가치를 구체적으로 비교 형량하여 어느 쪽 이익이 더 우월한 것으로 평가할 수 있는지에 따라 정보처리 행위의 최종적인 위법성 여부를 판단하여야 한다.

23

통신의 자유에 대한 설명으로 가장 적절하지 않은 것은? (다툼이 있는 경우 판례에 의함)

① 「통신비밀보호법」 제3조의 규정에 위반하여, 불법검열에 의하여 취득한 우편물이나 그 내용 및 불법감청에 의하여 지득 또는 채록된 전기통신의 내용은 재판 또는 징계절차에서 증거로 사용할 수 없다.

② 「통신비밀보호법」상 '감청'이란 대상이 되는 전기통신의 송·수신과 동시에 이루어지는 경우만을 의미하고 이미 수신이 완료된 전기통신의 내용을 지득하는 등의 행위는 포함되지 아니한다.

③ 통신제한조치 기간의 연장을 허가함에 있어 총연장기간 내지 총연장횟수의 제한을 두지 아니하고 무제한 연장을 허가할 수 있도록 규정한 「통신비밀보호법」 중 전기통신에 관한 '통신제한 조치 기간의 연장'에 관한 부분은 과잉금지원칙을 위반하여 통신의 비밀을 침해한다.

④ 피청구인 구치소장이 구치소에 수용 중인 수형자에게 온 서신에 '허가 없이 수수되는 물품'인 녹취서와 사진이 동봉되어 있음을 확인하여 서신수수를 금지하고 발신인인 청구인에게 위 물품을 반송한 것은 과잉금지원칙에 위반되어 청구인의 통신의 자유를 침해한다.

24

양심의 자유에 관한 설명 중 가장 적절한 것은? (다툼이 있는 경우 판례에 의함)

① 주민등록증 발급을 위해 열 손가락의 지문을 날인케 하는 것은 신원확인기능의 효율적인 수행을 도모하고, 신원확인의 정확성 내지 완벽성을 제고하기 위한 것이므로 양심의 자유에 대한 최소한의 제한이라고 할 수 있다.

② 양심의 자유가 보장하고자 하는 '양심'은 민주적 다수의 사고나 가치관과 일치하는 것이어야 하며, 양심상의 결정이 이성적 합리적인지, 타당한지 또는 법질서나 사회규범, 도덕률과 일치하는지 여부는 양심의 존재를 판단하는 기준이 될 수 있다.

③ 재산목록을 제출하고 그 진실함을 법관 앞에서 선서하는 것은 개인의 인격형성에 관계되는 내심의 가치적 윤리적 판단에 해당하지 않아 양심의 자유의 보호대상이 아니다.

④ 양심형성의 자유는 내심에 머무르는 한 타인의 기본권이나 다른 헌법적 질서와 저촉되는 경우 헌법 제37조 제2항에 따라 국가안전보장 질서유지 또는 공공복리를 위하여 법률에 의하여 제한될 수 있는 상대적 자유라고 할 수 있다.

25

표현의 자유에 관한 설명 중 가장 적절하지 않은 것은? (다툼이 있는 경우 판례에 의함)

① 광고가 단순히 상업적인 상품이나 서비스에 관한 사실을 알리는 경우에는 그 내용이 공익을 포함하고 있더라도 헌법 제21조의 표현의 자유에 의하여 보호되는 것은 아니다.

② 음란표현도 헌법 제21조가 규정하는 언론·출판의 자유의 보호영역에는 해당하나, 헌법 제37조 제2항에 따라 국가안전보장·질서유지 또는 공공복리를 위하여 제한할 수 있는 것이다.

③ 개인의 외적 명예에 관한 인격권 보호의 필요성, 일단 훼손되면 완전한 회복이 사실상 불가능하다는 보호법익의 특성, 사회적으로 명예가 중시되나 명예훼손으로 인한 피해는 더 커지고 있는 우리 사회의 특수성, 명예훼손죄의 비범죄화에 관한 국민적 공감대의 부족 등을 종합적으로 고려하면, 공연히 사실을 적시하여 다른 사람의 명예를 훼손하는 행위를 금지하고 위반시 형사처벌하도록 정하고 있다고 하여 바로 과도한 제한이라 단언하기 어렵다.

④ 신문보도의 명예훼손적 표현의 피해자가 공적 인물인지 아니면 사인인지, 그 표현이 공적인 관심 사안에 관한 것인지 순수한 사적인 영역에 속하는 사안인지의 여부에 따라 헌법적 심사기준에는 차이가 있어야 한다.

26

집회의 자유에 관한 설명 중 가장 적절하지 않은 것은? (다툼이 있는 경우 판례에 의함)

① 집회의 자유는 개인의 인격발현의 요소이자 민주주의를 구성하는 요소라는 이중적 헌법적 기능을 가지고 있다.

② 집회의 자유는 집회를 통하여 형성된 의사를 집단으로 표현하고 이를 통하여 불특정 다수인의 의사에 영향을 줄 자유를 포함하므로 이를 내용으로 하는 시위의 자유 또한 집회의 자유를 규정한 헌법 제21조 제1항에 의하여 보호되는 기본권이다.

③ 집회나 시위 해산을 위한 살수차 사용은 집회의 자유 및 신체의 자유에 대한 중대한 제한을 초래하므로 살수차 사용요건이나 기준은 법률에 근거를 두어야 하고, 살수차와 같은 위해성 경찰장비는 본래의 사용방법에 따라 지정된 용도로 사용되어야 하며 다른 용도나 방법으로 사용하기 위해서는 반드시 법령에 근거가 있어야 한다.

④ 일출시간 전, 일몰시간 후의 옥외집회 또는 시위를 원칙적으로 금지하면서 다만 옥외집회의 경우 예외적으로 관할 경찰관서장이 허용할 수 있도록 하고, 이에 위반하여 옥외집회 또는 시위에 참가한 자를 형사처벌하는 구「집회 및 시위에 관한 법률」조항은 헌법 제21조 제2항의 사전허가제금지에 위배되어 집회의 자유를 침해한다.

27

재산권에 관한 설명 중 가장 적절하지 않은 것은? (다툼이 있는 경우 판례에 의함)

① 「국민연금법」상 연금수급권 내지 연금수급기대권이 재산권의 보호대상인 사회보장적 급여라고 한다면 사망일시금은 헌법상 재산권에 해당한다.

② 「공무원연금법」이 개정되어 시행되기 전에 청구인이 이미 퇴직하여 퇴직연금을 수급할 수 있는 기초를 상실한 경우에는 공무원퇴직연금의 수급요건을 재직기간 20년에서 10년으로 완화한 개정 「공무원연금법」 규정이 청구인의 재산권을 제한한다고 볼 수 없다.

③ '사업인정고시가 있은 후에 3년 이상 토지가 공익용도로 사용된 경우' 토지소유자에게 매수 혹은 수용청구권을 인정한 「공익사업을 위한 토지 등의 취득 및 보상에 관한 법률」의 조항을 통하여 인정되는 '수용청구권'은 사적유용성을 지닌 것으로서 재산의 사용, 수익, 처분에 관계되는 법적 권리이므로 헌법상 재산권에 포함된다.

④ 잠수기어업허가를 받아 키조개 등을 채취하는 직업에 종사한다고 하더라도 이는 원칙적으로 자신의 계획과 책임하에 행동하면서 법제도에 의하여 반사적으로 부여되는 기회를 활용하는 것에 불과하므로 잠수기어업허가를 받지 못하여 상실된 이익 등 청구인 주장의 재산권은 헌법 제23조에서 규정하는 재산권의 보호범위에 포함된다고 볼 수 없다

28

직업의 자유에 관한 설명 중 가장 적절하지 않은 것은? (다툼이 있는 경우 판례에 의함)

① 직업선택의 자유에는 직업결정의 자유, 직업종사(직업수행)의 자유, 전직의 자유 등이 포함된다.

② 직장선택의 자유는 개인이 선택한 직업분야에서 구체적인 취업의 기회를 가지거나, 이미 형성된 근로관계를 계속 유지하거나 포기하는 데에 있어 국가의 방해를 받지 않는 자유로운 선택·결정을 보호하는 것을 내용으로 하는바, 이 기본권은 원하는 직장을 제공하여 줄 것을 청구하거나 한번 선택한 직장의 존속 보호를 청구할 권리를 보장하며, 사용자의 처분에 따른 직장 상실로부터 보호하여 줄 것을 청구할 권리도 보장한다.

③ 경쟁의 자유는 기본권의 주체가 직업의 자유를 실제로 행사하는 데에서 나오는 결과이므로 당연히 직업의 자유에 의하여 보장되고, 다른 기업과의 경쟁에서 국가의 간섭이나 방해를 받지 않고 기업활동을 할 수 있는 자유를 의미한다.

④ 헌법 제15조에서 보장하는 '직업'이란 생활의 기본적 수요를 충족시키기 위하여 행하는 계속적인 소득활동을 의미하는바, 성매매는 그것이 가지는 사회적 유해성과는 별개로 성판매자의 입장에서 생활의 기본적 수요를 충족하기 위한 소득활동에 해당함은 부인할 수 없으므로, 성매매를 한 자를 형사처벌하는 「성매매알선 등 행위의 처벌에 관한 법률」 조항은 성판매자의 직업선택의 자유를 제한한다.

29

공무원제도 및 공무담임권에 대한 설명으로 가장 적절하지 않은 것은? (다툼이 있는 경우 판례에 의함)

① 경찰공무원이 자격정지 이상의 형의 선고유예를 받은 경우 공무원직에서 당연퇴직하도록 규정하고 있는 구 「경찰공무원법」 조항은 자격정지 이상의 선고유예 판결을 받은 모든 범죄를 포괄하여 규정하고 있을 뿐만 아니라 심지어 오늘날 누구에게나 위험이 상존하는 교통사고 관련범죄 등 과실범의 경우마저 당연퇴직의 사유에서 제외하지 않고 있으므로 최소침해성의 원칙에 반한다.

② 헌법 제7조가 정하고 있는 직업공무원제도는 공무원이 집권세력의 논공행상의 제물이 되는 엽관제도를 지양하며 정권교체에 따른 국가작용의 중단과 혼란을 예방하고 일관성 있는 공무수행의 독자성을 유지하기 위하여 헌법과 법률에 의하여 공무원의 신분이 보장되도록 하는 공직구조에 관한 제도로 공무원의 정치적 중립과 신분보장을 그 중추적 요소로 한다.

③ 공무원이거나 공무원이었던 사람이 재직 중의 사유로 금고 이상의 형을 받거나 형이 확정된 경우 퇴직급여 및 퇴직수당의 일부를 감액하여 지급함에 있어 그 이후 형의 선고의 효력을 상실하게 하는 특별사면 및 복권을 받은 경우를 달리 취급하는 규정을 두지 아니한 구 「공무원연금법」 규정은 합리적인 이유가 없다고 할 것이므로 청구인의 재산권 및 인간다운 생활을 할 권리를 침해한다.

④ 형사사건으로 기소된 국가공무원을 직위해제할 수 있도록 규정한 구 「국가공무원법」의 규정에 의한 공무담임권의 제한은 잠정적이고 그 경우에도 공무원의 신분은 유지되고 있다는 점에서 공무원에게 가해지는 신분상 불이익과 보호하려는 공익을 비교할 때 공무집행의 공정성과 그에 대한 국민의 신뢰를 유지하고자 하는 공익이 더욱 크므로 이 사건 법률조항은 공무담임권을 침해하지 않는다.

30

재판을 받을 권리에 관한 설명 중 가장 적절하지 않은 것은? (다툼이 있는 경우 판례에 의함)

① 행정심판절차의 구체적 형성에 관한 입법자의 입법형성의 한계를 고려할 때, 어떤 행정심판이 필요적 전심절차로 규정되어 있는 경우 사법절차가 준용되어야 한다.

② 상속재산분할에 관한 사건은 상속재산의 범위 등 실체법상 권리관계의 확정을 전제로 하므로 가사소송절차에 따라야 함에도 불구하고 이를 가사비송사건으로 분류하고 있는 「가사소송법」의 규정은 입법재량의 한계를 일탈하여 상속재산분할에 관한 사건을 제기하고자 하는 자의 공정한 재판을 받을 권리를 침해한다.

③ 검사의 기소유예처분에 대하여 피의자가 불복하여 법원의 재판을 받을 수 있는 절차를 국가가 법률로 마련해야 할 헌법적 의무는 존재하지 않는다.

④ 교원징계재심위원회의 재심결정에 대하여 교원에게만 행정소송을 제기할 수 있도록 하고 학교법인을 제외한 것은 학교법인의 재판청구권을 침해한다.

31

범죄피해자구조청구권에 관한 설명 중 가장 적절하지 않은 것은? (다툼이 있는 경우 판례에 의함)

① 타인의 범죄행위로 인하여 생명·신체에 대한 피해를 받은 국민은 법률이 정하는 바에 의하여 국가로부터 구조를 받을 수 있다.

② 「범죄피해자보호법」 제17조 제2항의 유족구조금은 사람의 생명 또는 신체를 해치는 죄에 해당하는 행위로 인하여 사망한 피해자 또는 그 유족들에 대한 손해배상을 목적으로 하는 것으로서, 위 범죄행위로 인한 손해를 전보하기 위하여 지급된다는 점에서 불법행위로 인한 적극적 손해의 배상과 같은 종류의 금원이라고 봄이 타당하다.

③ 「범죄피해자보호법」에 따르면 구조금의 지급신청은 해당 구조 대상 범죄피해의 발생을 안 날부터 3년이 지나거나 해당 구조 대상 범죄피해가 발생한 날부터 10년이 지나면 할 수 없다.

④ 「범죄피해자보호법」에 따르면 국가는 구조피해자나 유족이 해당 구조대상 범죄피해를 원인으로 하여 손해배상을 받았으면 그 범위에서 구조금을 지급하지 아니한다.

32

사회적 기본권에 관한 설명 중 가장 적절하지 않은 것은? (다툼이 있는 경우 판례에 의함)

① 「형의 집행 및 수용자의 처우에 관한 법률」 및 「치료감호법」에 의한 구치소 치료감호시설에 수용 중인 자는 당해 법률에 의하여 생계유지의 보호와 의료적 처우를 받고 있으므로 이러한 자에 대하여 「국민기초생활 보장법」에 의한 중복적인 보장을 피하기 위하여 개별가구에서 제외하기로 한 입법자의 판단이 헌법상 용인될 수 있는 재량의 범위를 일탈하여 인간다운 생활을 할 권리를 침해한다고 볼 수 없다.

② 인간다운 생활을 할 권리로부터 인간의 존엄에 상응하는 '최소한의 물질적인 생활'의 유지에 필요한 급부를 요구할 수 있는 구체적인 권리가 상황에 따라서는 직접 도출될 수 있다고 할 수는 있어도, 직접 그 이상의 급부를 내용으로 하는 구체적인 권리를 발생케 한다고 볼 수는 없다.

③ 근로자가 사업주의 지배관리 아래 출퇴근하던 중 발생한 사고로 부상 등이 발생한 경우에만 업무상 재해로 인정하는 「산업재해보상보험법」 규정은 도보나 자기 소유 교통수단 또는 대중교통수단 등을 이용하여 출퇴근하는 산업재해보상보험 가입 근로자를 합리적 이유 없이 자의적으로 차별하는 것이 아니므로 헌법상 평등원칙에 위배되지 않는다.

④ 지방자치단체장은 특정 정당을 정치적 기반으로 하여 선거에 입후보할 수 있고 선거에 의하여 선출되는 공무원이라는 점에서 헌법 제7조 제2항에 따라 신분보장이 필요하고 정치적 중립성이 요구되는 공무원에 해당한다고 보기 어려우므로 헌법 제7조의 해석상 지방자치단체장을 위한 퇴직급여제도를 마련하여야 할 입법적 의무가 도출된다고 볼 수 없다.

33

교육을 받을 권리에 관한 설명 중 가장 적절하지 않은 것은? (다툼이 있는 경우 판례에 의함)

① 서울대학교 재학생이 재학 중인 학교의 법적 형태를 법인이 아닌 공법상 영조물인 국립대학으로 유지하여 줄 것을 요구할 권리는 학생의 교육받을 권리에 포함되지 아니한다.

② 헌법 제31조 제1항에 따라 국가에게 능력에 따라 균등한 교육 기회를 보장할 의무가 부여되어 있다 하더라도, 군인이 자기계발을 위하여 해외 유학하는 경우의 교육비를 청구할 수 있는 권리가 도출된다고 할 수는 없다.

③ 국·공립대학 도서관장이 승인하지 아니하여 대학구성원이 아닌 자가 대학도서관에서 도서를 대출할 수 없거나 열람실을 이용할 수 없게 되었다고 하여 그의 교육을 받을 권리가 침해된다고 볼 수는 없다.

④ 헌법 제31조 제1항에 따라 모든 국민은 능력에 따라 균등하게 교육을 받을 권리를 가지는바, 교육을 받을 권리는 국가에 대하여 특정한 교육제도나 시설의 제공을 요구할 수 있는 권리까지 내포하고 있다.

34

조세법률주의에 관한 설명 중 가장 적절하지 않은 것은? (다툼이 있는 경우 판례에 의함)

① 조세법률주의는 조세평등주의와 함께 조세법의 기본원칙으로서, 법률의 근거 없이 국가는 조세를 부과·징수할 수 없고, 국민은 조세의 납부를 요구받지 않는다는 원칙이다.

② 조세법률주의의 이념은 과세요건을 법률로 규정하여 국민의 재산권을 보장하고, 과세요건을 명확하게 규정하여 국민생활의 법적 안정성과 예측가능성을 보장함에 있다.

③ 조세는 국가 또는 지방자치단체가 재정수요를 충족시키거나 경제적·사회적 특수정책의 실현을 위하여 국민 또는 주민에 대하여 아무런 특별한 반대급부 없이 강제적으로 부과징수하는 과징금을 의미한다.

④ 과세대상인 자본이득의 범위에 실현된 소득뿐만 아니라 미실현 이득까지 포함시키는 것은 과세목적, 과세소득의 특성, 과세기술상의 문제 등을 고려할 때 헌법상의 조세 개념에 저촉되거나 그와 양립할 수 없는 모순이 발생하여 위헌이다.

35

포괄위임입법금지원칙에 대한 설명으로 가장 적절하지 않은 것은? (다툼이 있는 경우 판례에 의함)

① 헌법 제75조와 제95조가 정하는 포괄적인 위임입법의 금지는 그 문리해석상 정관에 위임한 경우까지 그 적용 대상으로 하고 있으므로 법률이 정관에 자치법적 사항을 위임한 경우에도 적용된다.

② '식품접객영업자 등 대통령령으로 정하는 영업자'는 '영업의 위생관리와 질서유지, 국민의 보건위생 증진을 위하여 총리령으로 정하는 사항'을 지켜야 한다고 규정한 구 「식품위생법」 조항은 수범자와 준수사항을 모두 하위법령에 위임하면서도 위임될 내용에 대해 구체화하고 있지 아니하여 그 내용들을 전혀 예측할 수 없게 하고 있으므로, 포괄위임금지원칙에 위반된다.

③ 운전면허를 받은 사람이 자동차등을 이용하여 살인 또는 강간 등 행정안전부령이 정하는 범죄행위를 한 때 운전면허를 취소하도록 하는 구 「도로교통법」 조항은 포괄위임금지원칙에 위배되지 아니한다.

④ 의료인이 의약품 제조자 등으로부터 판매촉진을 목적으로 제공되는 금전 등 경제적 이익을 받는 행위를 처벌하는 「의료법」 조항이 예외적 허용사유의 구체적 범위를 하위법령에 위임한 것은 포괄위임금지원칙에 위배되지 않는다.

36

대통령에 관한 설명 중 가장 적절하지 않은 것은? (다툼이 있는 경우 판례에 의함)

① 대통령권한대행이 대통령지정 기록물의 보호기간을 지정하는 행위 자체는 국가기관 사이의 행위로서 국민을 상대로 행하는 직접적 공권력작용에 해당한다고 보기는 어렵다.

② 대통령도 국민의 한사람으로서 제한적으로나마 기본권의 주체가 될 수 있는바, 대통령은 소속 정당을 위하여 정당활동을 할 수 있는 사인으로서의 지위와 국민 모두에 대한 봉사자로서 공익실현의 의무가 있는 헌법기관으로서의 지위를 동시에 갖는데 최소한 전자의 지위와 관련하여는 기본권 주체성을 갖는다고 할 수 있다.

③ 대통령령으로 규정한 내용이 헌법에 위반될 경우라도 그 대통령령의 규정이 위헌으로 되는 것은 별론으로 하고 그로 인하여 정당하고 적법하게 입법권을 위임한 수권법률 조항까지 위헌으로 되는 것은 아니다.

④ 대통령으로 선거될 수 있는 자는 국회의원의 피선거권이 있고 선거기간 개시일 현재 40세에 달하여야 한다.

37

위헌결정의 효력에 관한 다음 사례의 설명 중 가장 적절하지 않은 것은?

> 대한민국 국회는 1953년 9월 18일 A법률을 제정하였고, 이 법률은 1953년 10월 3일부터 시행되었다. 헌법재판소는 2015년 2월 26일 A법률의 B조항을 위헌으로 결정하였다.

① B조항의 위헌결정은 법원과 그 밖의 국가기관 및 지방자치단체를 기속(羈束)한다.

② B조항이 형벌에 관한 법률의 조항이 아닌 경우 2015년 2월 26일부터 효력을 상실한다.

③ B조항이 형벌에 관한 법률의 조항인 경우 B조항에 대하여 2008년 10월 30일에 합헌으로 결정한 사건이 있는 경우에는 2008년 10월 30일로 소급하여 효력을 상실한다.

④ B조항이 형벌에 관한 법률의 조항인 경우 B조항에 근거한 유죄의 확정판결에 대하여는 재심을 청구할 수 있다.

38

위헌법률심판의 적법요건에 관한 설명 중 가장 적절하지 않은 것은? (다툼이 있는 경우 판례에 의함)

① 「헌법재판소법」 제41조 제1항에 규정된 법률의 위헌 여부에 대한 재판의 전제성이라 함은 구체적인 사건이 법원에 현재 계속 중이어야 하고, 위헌 여부가 문제되는 법률 또는 법률조항이 당해 소송사건의 재판과 관련하여 적용되는 것이어야 하며, 그 법률이 헌법에 위반되는지 여부에 따라 당해 사건을 담당한 법원이 다른 내용의 재판을 하게 되는 경우를 말한다.

② 당해 사건을 담당하는 법원이 당해 법률의 위헌 여부와 관계없이 각하하여야 할 사건이라면 당해 법률이 헌법에 위반되는지 여부에 따라 법원이 다른 내용의 재판을 하게 되는 경우라고 할 수 없으므로 재판의 전제성이 인정되지 않는다.

③ 「헌법재판소법」 제41조 제1항의 재판에는 종국판결뿐만 아니라 「형사소송법」 제201조에 의한 지방법원판사의 영장발부에 관한 재판도 포함된다고 해석되므로 지방법원판사가 구속영장발부단계에서 한 위헌여부심판제청은 적법하다.

④ 법원이 행하는 구속기간갱신결정은 당해 사건을 종국적으로 종결시키는 재판이 아니어서, 그 자체가 소송절차에 관한 재판에 해당하는 법원의 의사결정으로서 「헌법재판소법」 제41조 제1항에 규정된 재판에 해당되지 않는다.

39

헌법재판소 결정의 효력에 관한 설명 중 가장 적절하지 않은 것은? (다툼이 있는 경우 헌법재판소 판례에 의함)

① 헌법재판소는 헌법재판소가 선고하는 위헌결정에는 단순위헌결정은 물론, 한정합헌, 한정위헌결정과 헌법불합치결정도 포함되고, 이들은 모두 기속력을 가진다고 본다.

② 헌법재판소에서 이미 위헌결정이 선고된 법률조항에 대한 위헌법률심판제청은 부적법하다.

③ 개별 공권력의 작용에 대한 권리구제형 헌법소원심판의 경우 「민사소송법」을 준용하여 재심을 허용함이 상당하다.

④ 「헌법재판소법」 제68조 제2항에 의한 헌법소원에 있어서 이미 헌법재판소의 심판을 거친 종전 사건과 당사자와 심판대상이 동일하다면 당해 사건이 다른 경우에도 동일한 사건에 해당하므로 일사부재리원칙이 적용된다.

40

권한쟁의심판에 관한 설명 중 가장 적절한 것은? (다툼이 있는 경우 판례에 의함)

① 국가기관 상호간의 권한쟁의심판을 '국회, 정부, 법원 및 중앙선거관리위원회 상호간의 권한쟁의심판'이라고 규정하고 있는 「헌법재판소법」 제62조 제1항 제1호는 열거조항으로 해석된다.

② 국회의장이 특정 국회의원을 그 의사에 반하여 국회 보건복지위원회에서 사임시키고 환경노동위원회로 보임한 행위(사·보임행위)는 권한쟁의심판의 대상이 되는 처분에 해당한다.

③ 헌법재판소의 다른 심판청구와 달리 권한쟁의심판청구의 경우에는 피청구인의 처분의 효력을 정지하는 가처분결정을 할 수 없다.

④ 일반 정당과 달리 국회 내에서 교섭단체를 구성하고 있는 정당은 헌법 제111조 제1항 제4호 및 「헌법재판소법」 제62조 제1항 제1호의 국가기관에 해당한다고 볼 수 있으므로, 권한쟁의심판의 당사자능력이 인정된다.

01

헌법상 기본원리에 관한 설명 중 옳은 것을 모두 고른 것은? (다툼이 있는 경우 판례에 의함)

> ㄱ. 오늘날 문화국가에서의 문화정책은 그 초점이 문화 그 자체에 있는 것이 아니라 문화가 생겨날 수 있는 문화 풍토를 조성하는 데 두어야 하므로 국가는 엘리트문화 뿐만 아니라 서민문화, 대중문화도 그 가치를 인정하고 정책적인 배려의 대상으로 하여야 한다.
>
> ㄴ. 국회·대통령과 같은 정치적 권력기관은 헌법 규정에 따라 국민으로부터 직선되나, 지방자치기관은 지방자치제의 권력분립적 속성상 중앙정치기관의 구성과는 다소 상이한 방법으로 국민주권·민주주의원리가 구현될 수 있다.
>
> ㄷ. 체계정당성의 원리는 국가권력에 대한 통제와 이를 통한 국민의 자유와 권리의 보장을 이념으로 하는 법치주의 원리로부터 도출되는데, 이러한 체계정당성 위반은 비례의 원칙이나 평등의 원칙 등 일정한 헌법의 규정이나 원칙을 위반하여야만 비로소 위헌이 된다.
>
> ㄹ. 자기책임의 원리는 인간의 자유와 유책성, 그리고 인간의 존엄성을 진지하게 반영한 원리로서 헌법 제10조의 취지로부터 도출되는 것이지, 법치주의에 내재하는 원리는 아니다.
>
> ㅁ. 정당이 자유민주적 기본질서를 부정하고 이를 적극적으로 제거하려는 경우 중앙선거관리위원회는 그 정당의 등록을 취소할 수 있다.

① ㄱ, ㄷ   ② ㄴ, ㄹ
③ ㄱ, ㄴ, ㄷ   ④ ㄴ, ㄹ, ㅁ
⑤ ㄷ, ㄹ, ㅁ

02

국적에 관한 설명 중 옳지 않은 것은? (다툼이 있는 경우 판례에 의함)

① 외국인인 개인이 특정한 국가의 국적을 선택할 권리가 자연권으로서 또는 우리 헌법상 당연히 인정된다고 할 수 없다.

② 병역준비역에 편입된 사람이 그 이후 국적이탈이라는 방법을 통해서 병역의무에서 벗어날 수 없도록 국적이탈이 가능한 기간을 제한하는 것은 병역의무 이행의 공평성 확보라는 목적을 달성하는 데 적합한 수단이다.

③ 국적을 이탈하거나 변경하는 것은 헌법 제14조가 보장하는 거주·이전의 자유에 포함된다.

④ 복수국적자에 대하여 병역준비역에 편입된 날부터 3개월 이내에 대한민국 국적을 이탈하지 않으면 병역의무를 해소한 후에야 이를 가능하도록 한 「국적법」 조항은 국적선택제도를 통하여 병역의무를 면탈하지 못하게 하려는 것으로 복수국적자의 국적이탈의 자유를 침해한다고 볼 수 없다.

⑤ 외국인이 귀화허가를 받기 위해서는 '품행이 단정할 것'의 요건을 갖추도록 규정한 것은 명확성원칙에 위배되지 않는다.

03

헌법개정에 관한 설명 중 옳은 것(○)과 옳지 않은 것(×)을 올바르게 조합한 것은? (다툼이 있는 경우 판례에 의함)

ㄱ. 국회는 헌법개정안이 공고된 날로부터 60일 이내에 의결하여야 하며, 국회의 의결은 국회재적의원 300명 중 200명 이상의 찬성을 얻어야 한다.

ㄴ. 헌법상 헌법개정안은 국회가 의결한 후 30일 이내에 국민투표에 붙여 국회의원선거권자 과반수의 투표와 투표자 과반수의 찬성을 얻어야 한다.

ㄷ. 헌법개정은 국회재적의원 300명 중 150명 이상의 발의로 제안될 수 있다.

ㄹ. 성문헌법의 개정은 헌법의 조문이나 문구의 명시적이고 직접적인 변경을 내용으로 하는 헌법개정안의 제출에 의하여야 하고, 하위규범인 법률의 형식으로, 일반적인 입법절차에 의하여 개정될 수 없다.

① ㄱ(○), ㄴ(○), ㄷ(○), ㄹ(×)

② ㄱ(○), ㄴ(○), ㄷ(×), ㄹ(○)

③ ㄱ(○), ㄴ(×), ㄷ(×), ㄹ(○)

④ ㄱ(×), ㄴ(○), ㄷ(×), ㄹ(○)

⑤ ㄱ(×), ㄴ(×), ㄷ(○), ㄹ(×)

04

헌법전문(前文)에 관한 설명 중 옳은 것(○)과 옳지 않은 것(×)을 올바르게 조합한 것은? (다툼이 있는 경우 판례에 의함)

ㄱ. 태평양전쟁 전후 일제에 의한 강제동원으로 피해를 입은 자에 대한 위로금 지급에 있어 대한민국 국적을 갖고 있지 않은 유족을 위로금 지급대상에서 제외하는 것은 정의·인도와 동포애로써 민족의 단결을 공고히 할 것을 규정한 헌법 전문에 비추어 헌법에 위반된다.

ㄴ. 헌법전문이 규정하는 대한민국임시정부의 법통 계승은 선언적·추상적 의미에 불과하므로, 우리 헌법이 제정되기 전에 발생한 일제강점기 피해자들의 훼손된 인간의 존엄과 가치를 회복시켜야 할 의무는 지금의 정부가 국민에 대하여 부담하는 근본적 보호의무에 속한다고 볼 수 없다.

ㄷ. 헌법전문에 기재된 3·1 정신은 우리나라 헌법의 연혁적·이념적 기초로서 헌법이나 법률해석에서의 해석기준으로 작용할 수 있지만, 그에 기하여 곧바로 국민의 개별적 기본권성을 도출해낼 수는 없다.

ㄹ. 국가가 일제로부터 조국의 자주독립을 위하여 공헌한 독립유공자와 그 유족에 대하여는 응분의 예우를 하여야 할 헌법적 의무를 헌법전문으로부터 도출할 수 있다.

① ㄱ(○), ㄴ(○), ㄷ(○), ㄹ(×)

② ㄱ(○), ㄴ(×), ㄷ(×), ㄹ(×)

③ ㄱ(×), ㄴ(○), ㄷ(○), ㄹ(×)

④ ㄱ(×), ㄴ(×), ㄷ(○), ㄹ(○)

⑤ ㄱ(×), ㄴ(×), ㄷ(×), ㄹ(○)

05

기본권보호의무에 관한 설명 중 옳은 것을 모두 고른 것은? (다툼이 있는 경우 판례에 의함)

ㄱ. 국가가 국민의 생명·신체의 안전에 대한 보호의무를 다하지 않았는지 여부를 헌법재판소가 심사할 때에는 '과소보호금지원칙'의 위반 여부를 기준으로 삼아, 국민의 생명·신체의 안전을 보호하기 위한 조치가 필요한 상황인데도 국가가 아무런 보호조치를 취하지 않았든지 아니면 취한 조치가 법익을 보호하기에 전적으로 부적합하거나 매우 불충분한 것임이 명백한 경우에 한하여 국가의 보호의무 위반을 확인하여야 한다.

ㄴ. 개인의 생명·신체의 안전에 관한 기본권보호의무 위배 여부를 과소보호금지원칙을 기준으로 심사한 결과 동 원칙 위반이 아닌 경우에도 다른 기본권에 대한 과잉금지원칙 위반을 이유로 기본권 침해를 인정하는 것은 가능하다.

ㄷ. 헌법 제35조 제1항은 국가와 국민에게 환경보전을 위하여 노력하여야 할 의무를 부여하고 있고, 환경침해는 사인에 의해서도 빈번하게 유발되고 있으며 생명·신체와 같은 중요한 기본권의 법익 침해로 이어질 수 있다는 점에서 국가는 사인인 제3자에 의한 환경권 침해에 대해서도 기본권 보호조치를 취할 의무를 진다.

ㄹ. 국민의 민주적 의사를 최대한 표출하도록 해야 할 시·도지사선거에서 확성장치를 사용하는 선거운동으로부터 발생하는 불편은 어느 정도 감수해야 하므로, 국가가 「공직선거법」상 확성장치의 최고출력 내지 소음에 관한 규제기준을 마련하지 않았더라도 이것이 국가의 기본권보호의무를 불이행한 것이라고 보기는 어렵다.

① ㄱ, ㄴ
② ㄷ, ㄹ
③ ㄱ, ㄴ, ㄷ
④ ㄴ, ㄷ, ㄹ
⑤ ㄱ, ㄴ, ㄷ, ㄹ

06

권력분립원칙에 관한 설명 중 옳지 않은 것은? (다툼이 있는 경우 판례에 의함)

① 특정한 국가기관을 구성함에 있어 입법부, 행정부, 사법부가 그 권한을 나누어 가지거나 기능적인 분담을 하는 것은 권력분립의 원칙에 반하는 것이 아니라 권력분립의 원칙을 실현하는 것으로 볼 수 있다.

② 지방의회 사무직원의 임용권을 지방자치단체의 장에게 부여하도록 규정한 것은 지방의회와 지방자치단체의 장 사이의 상호견제와 균형의 원리에 비추어 헌법상 권력분립원칙에 위반된다.

③ 정치적 사건을 담당하게 될 특별검사의 임명에 대법원장을 관여시키는 것이 헌법상 권력분립의 원칙에 어긋난다거나 입법재량의 범위에 속하지 않는다고는 할 수 없다.

④ 권력분립원칙이란 국가권력의 기계적 분립과 엄격한 절연을 의미하는 것이 아니라 권력상호간의 견제와 균형을 통한 국가권력의 통제를 의미한다.

⑤ 고위공직자범죄수사처를 독립된 형태로 설치하도록 규정한 것은 고위공직자범죄수사처가 행정부 소속의 중앙행정기관으로서 여러 기관에 의한 통제가 충실히 이루어질 수 있으므로 권력분립의 원칙에 위배되지 않는다.

07

대통령의 긴급재정경제명령권에 관한 설명 중 옳은 것(○)과 옳지 않은 것(×)을 올바르게 조합한 것은? (다툼이 있는 경우 판례에 의함)

> ㄱ. 긴급재정경제명령은 내우·외환·천재지변 또는 중대한 재정·경제상의 위기가 현실적으로 발생한 경우뿐만 아니라 그러한 위기가 발생할 우려가 있는 경우 사전적·예방적으로 발할 수 있다.
>
> ㄴ. 대통령은 긴급재정경제명령을 한 때에는 지체 없이 국회에 보고하여 승인을 얻어야 하며, 승인을 얻지 못한 때에는 그 명령은 그때부터 효력을 상실한다.
>
> ㄷ. 긴급재정경제명령이 헌법상 소정의 요건과 한계에 부합하는 것이라면 그 자체로 목적의 정당성, 수단의 적정성, 피해의 최소성, 법익의 균형성이라는 기본권제한의 한계로서의 과잉금지원칙을 준수하는 것이 된다.
>
> ㄹ. 긴급재정경제명령은 국가의 안전보장이나 공공의 안녕질서라는 소극적 목적뿐만 아니라 공공복지의 증진과 같은 적극적 목적을 위해서도 발할 수 있다.

① ㄱ(○), ㄴ(×), ㄷ(○), ㄹ(○)
② ㄱ(○), ㄴ(×), ㄷ(×), ㄹ(×)
③ ㄱ(×), ㄴ(○), ㄷ(○), ㄹ(×)
④ ㄱ(×), ㄴ(○), ㄷ(×), ㄹ(×)
⑤ ㄱ(×), ㄴ(×), ㄷ(×), ㄹ(○)

08

평등권 또는 평등원칙에 관한 설명 중 옳은 것은? (다툼이 있는 경우 판례에 의함)

① 국민참여재판 배심원의 자격을 만 20세 이상으로 규정한 것은 국민참여재판제도의 취지와 배심원의 권한 및 의무 등 여러 사정을 종합적으로 고려하여 만 20세에 이르기까지 교육 및 경험을 쌓은 자로 하여금 배심원의 책무를 담당하도록 한 것이므로 만 20세 미만의 자를 자의적으로 차별한 것은 아니다.

② 대한민국 국민인 남자에 한하여 병역의무를 부과하는 「병역법」 조항은 우리 헌법이 특별히 명시적으로 차별을 금지하는 사유인 '성별'을 기준으로 병역의무를 부과하므로 이 조항이 평등권을 침해하는지 여부에 대해서는 자의금지원칙이 아닌 비례성원칙에 따른 심사를 하여야 한다.

③ 광역자치단체장선거의 예비후보자를 후원회지정권자에서 제외하여, 국회의원선거의 예비후보자에게 후원금을 기부하고자 하는 자와 광역자치단체장선거의 예비후보자에게 후원금을 기부하고자 하는 자를 달리 취급하는 것은 합리적 차별에 해당하고 입법재량의 한계를 일탈한 것은 아니다.

④ 평등원칙은 법 적용상의 평등을 의미하여 행정권과 사법권만을 구속할 뿐이므로, 평등원칙이 입법권까지 구속하는 것은 아니다.

⑤ 헌법 제11조 제1항에서의 사회적 신분이란 사회에서 장기간 점하는 지위로서 일정한 사회적 평가를 수반하는 것을 의미하므로 전과자도 사회적 신분에 해당되고, 따라서 누범을 가중처벌하는 것은 전과자라는 사회적 신분을 이유로 차별대우를 하는 것이어서 평등원칙에 위배된다.

09

甲은 ○○새마을금고 이사장 선거에 출마한 자로서 「새마을금고법」 제22조 제3항 제1호 내지 제3호 위반을 이유로 기소되었다. 이에 甲은 위 조항이 자신의 기본권을 침해한다고 주장한다. 이에 관한 설명 중 옳은 것은? (다툼이 있는 경우 판례에 의함)

> 새마을금고법 제22조 【임원의 선거운동 제한】 ③ 누구든지 임원 선거와 관련하여 다음 각 호의 방법 외의 선거운동을 할 수 없다.
> 1. 금고에서 발행하는 선거공보 제작 및 배부
> 2. 금고에서 개최하는 합동연설회에서의 지지 호소
> 3. 전화(문자메시지를 포함한다) 및 컴퓨터통신(전자우편을 포함한다)을 이용한 지지 호소

① 위 「새마을금고법」 조항은 甲 자신이 원하는 방법으로 자신의 선거공약 등을 자유롭게 표현할 자유를 제한한다.

② 위 「새마을금고법」 조항은 甲의 결사의 자유를 제한하는 것은 아니다.

③ 결사의 자유에 포함되는 단체활동의 자유는 단체 외부에 대한 활동만을 포함하고, 단체의 조직, 의사형성의 절차 등 단체의 내부적 생활을 스스로 결정하고 형성할 권리인 단체 내부 활동의 자유는 포함하지 않는다.

④ 새마을금고 임원 선거에서 선거운동을 하는 것은 헌법에 의하여 보호되는 선거권의 범위에 포함된다.

⑤ 공적인 역할을 수행하는 결사 또는 그 구성원들이 결사의 자유의 침해를 주장하는 경우, 과잉금지원칙 위반 여부를 판단함에 있어 순수한 사적인 임의결사의 결사의 자유가 제한되는 경우와 동일한 기준을 적용하여야 한다.

10

헌법 제10조에 관한 설명 중 옳은 것은? (다툼이 있는 경우 판례에 의함)

① 헌법 제10조로부터 도출되는 일반적 인격권에는 개인의 명예에 관한 권리도 포함되며, 여기서 말하는 '명예'는 사람이나 그 인격에 대한 '사회적 평가', 즉 객관적·외부적 가치평가뿐만 아니라 단순히 주관적·내면적인 명예감정까지 포함한다.

② 자동차 운전 중 휴대용 전화를 사용하는 것을 금지하고, 이를 위반시 처벌하도록 규정한 것은 운전자의 일반적 행동자유권을 침해하는 것이다.

③ 버스전용차로로 통행할 수 있는 차가 아닌 차의 버스전용차로 통행을 원칙적으로 금지하고 대통령령으로 정하는 예외적인 경우에만 이를 허용하도록 규정한 것은 일반승용차 소유자의 일반적 행동자유권의 일환인 통행의 자유를 침해한다.

④ 거짓이나 그 밖의 부정한 수단으로 운전면허를 받은 경우 모든 범위의 운전면허를 필요적으로 취소하도록 규정하여 부정 취득하지 않은 운전면허까지 필요적으로 취소하도록 한 것은 운전면허 소유자의 일반적 행동의 자유를 침해한다.

⑤ 일반적 행동자유권은 개인에게 가치있는 행동을 그 보호영역으로 하는 것이므로, 여기에는 위험한 스포츠를 즐길 권리와 같이 위험한 생활방식으로 살아갈 권리가 포함되지 않는다.

11

영장주의에 관한 설명 중 옳지 않은 것은? (다툼이 있는 경우 판례에 의함)

① 관계행정청이 등급분류를 받지 아니하거나 등급분류를 받은 게임물과 다른 내용의 게임물을 발견한 경우 관계공무원으로 하여금 이를 수거·폐기하게 할 수 있도록 한 것은, 급박한 상황에 대처하기 위한 것으로서 그 불가피성과 정당성이 충분히 인정되는 경우이므로, 영장 없는 수거를 인정한다고 하더라도 영장주의에 위배되는 것으로 볼 수 없다.

② 각급선거관리위원회 위원·직원의 선거범죄 조사에 있어서 피조사자에게 자료제출의무를 부과한 「공직선거법」 조항에 따른 자료제출요구는, 행정조사의 성격을 가지는 것으로 수사기관의 수사와 근본적으로 그 성격을 달리하며, 그 상대방에 대하여 직접적으로 어떠한 물리적 강제력을 행사하는 강제처분을 수반하는 것이 아니므로 영장주의의 적용대상이 아니다.

③ 체포영장을 발부받아 피의자를 체포하는 경우에, 필요한 때에는 영장 없이 타인의 주거 등 내에서 피의자 수색을 할 수 있도록 규정한 것은 수색에 앞서 영장을 발부받기 어려운 긴급한 사정이 인정되지 않는 경우에도 영장 없이 피의자 수색을 할 수 있다는 것이므로 영장주의에 위반된다.

④ 범죄피의자로 입건된 사람에게 검사의 신문을 받으면서 자신의 신원을 밝히지 않고 지문채취에 불응하는 경우 형사처벌을 통하여 지문채취를 강제하더라도 이를 영장주의에 의하여야 할 강제처분이라고 할 수 없다.

⑤ 기지국 수사를 허용하는 통신사실 확인자료 제공요청은 「통신비밀보호법」이 규정하는 강제처분에 해당하므로, 법관이 발부한 영장에 의하지 않고 관할 지방법원 또는 지원의 허가만 받으면 이를 가능하게 한 것은 영장주의에 위반된다.

12

헌법 제72조의 국민투표부의권에 관한 설명 중 옳지 않은 것은? (다툼이 있는 경우 판례에 의함)

① 헌법상 국민에게 특정 국가정책에 관하여 국민투표에 회부할 것을 요구할 권리가 인정된다고 할 수 없다.

② 대통령이 자신에 대한 재신임 국민투표를 국민들에게 제안한 것은 그 자체로서 헌법 제72조에 반하는 것으로 헌법을 실현하고 수호하여야 할 대통령의 의무를 위반한 것이다.

③ 특정 정책을 국민투표에 부치면서 자신의 신임을 결부시키는 대통령의 행위는 헌법에 위반되지 않는다.

④ 국민투표의 가능성은 국민주권주의나 민주주의원칙과 같은 일반적인 헌법원칙에 근거하여 인정될 수 없으며, 헌법에 명문으로 규정되지 않는 한 허용되지 않는다.

⑤ 대통령의 국민투표부의권은 대통령에 의한 국민투표의 정치적 남용을 방지할 수 있도록 엄격하고 축소적으로 해석되어야 한다.

13

교육을 받을 권리에 관한 설명 중 옳지 않은 것은? (다툼이 있는 경우 판례에 의함)

① 대학 입학전형자료의 하나인 수능시험은 고등학교 교육과정에 대한 최종적이고 종합적인 평가로서 학교교육 제도와 밀접한 관계가 있기 때문에, 수능시험의 출제 방향이나 원칙을 어떻게 정할 것인지에 대하여 국가는 폭넓은 재량권을 갖는다.

② 의무교육 무상의 원칙은 의무교육을 위탁받은 사립학교를 설치·운영하는 학교법인이 관련 법령에 의하여 이미 부담하도록 규정되어 있는 경비까지 종국적으로 국가나 지방자치단체의 부담으로 한다는 취지는 아니다.

③ 국민의 수학권과 교사의 수업의 자유는 다 같이 보호되어야 하겠지만, 그 중에서도 국민의 수학권이 더 우선적으로 보호되어야 한다.

④ 헌법은 국가의 교육권한과 부모의 교육권의 범주 내에서 학생에게도 자신의 교육에 관하여 스스로 결정할 권리, 즉 자유롭게 교육을 받을 권리를 부여하고, 학생은 국가의 간섭을 받지 아니하고 자신의 능력과 개성, 적성에 맞는 학교를 자유롭게 선택할 권리를 가진다.

⑤ 검정고시로 고등학교 졸업학력을 취득한 사람들에게는 정규 고등학교 학교생활기록부가 없어 초등교사로서의 품성과 자질 등을 다방면으로 평가할 자료가 부족하므로, 국립 교육대학교 수시모집요강에서 이들에게 수시모집에 응시할 수 있는 기회를 부여하지 않았더라도 검정고시로 고등학교 졸업학력을 취득한 사람들의 교육을 받을 권리를 침해한 것은 아니다.

14

지방자치단체 구역에 관한 설명 중 옳은 것(○)과 옳지 않은 것(×)을 올바르게 조합한 것은? (다툼이 있는 경우 판례에 의함)

> ㄱ. 공유수면에 대한 명시적인 법령상의 규정이나 불문법상 해상경계선이 존재하지 않는다면, 주민·구역·자치권을 구성요소로 하는 지방자치단체의 본질에 비추어 지방자치단체의 관할구역에 경계가 없는 부분이 있다는 것은 상정할 수 없으므로, 헌법재판소가 권한쟁의 심판을 통하여 형평의 원칙에 따라 합리적이고 공평하게 해상경계선을 획정하여야 한다.
>
> ㄴ. 공유수면의 관할 귀속과 매립지의 관할 귀속은 그 성질상 달리 보아야 하므로 매립공사를 거쳐 종전에 존재하지 않았던 토지가 새로이 생겨난 경우, 공유수면의 관할권을 가지고 있던 지방자치단체이든 그 외의 경쟁 지방자치단체이든 새로 생긴 매립지에 대하여는 중립적이고 동등한 지위에 있다.
>
> ㄷ. 관할 행정청이 국가기본도에 표시된 해상경계선을 기준으로 하여 과거부터 현재에 이르기까지 반복적으로 처분을 내리고, 지방자치단체가 허가, 면허 및 단속 등의 업무를 지속적으로 수행하여 왔다고 하더라도 국가기본도상의 해상경계선은 지방자치단체 관할 경계에 관하여 불문법으로서 그 기준이 될 수 없다.
>
> ㄹ. 지방자치단체의 자치권이 미치는 관할구역의 범위에는 육지는 물론 바다도 포함되므로, 공유수면에 대해서도 지방자치단체의 자치권한이 존재한다고 보아야 한다.

① ㄱ(○), ㄴ(○), ㄷ(×), ㄹ(○)
② ㄱ(○), ㄴ(×), ㄷ(○), ㄹ(○)
③ ㄱ(○), ㄴ(×), ㄷ(○), ㄹ(×)
④ ㄱ(×), ㄴ(○), ㄷ(○), ㄹ(×)
⑤ ㄱ(×), ㄴ(○), ㄷ(×), ㄹ(×)

15

헌법재판소 위헌결정의 효력 등에 관한 설명 중 옳은 것을 모두 고른 것은? (다툼이 있는 경우 판례에 의함)

ㄱ. 형사재판 유죄확정판결이 있은 후 당해 처벌 근거조항에 대해 위헌결정이 내려진 경우 유죄판결을 받은 자는 재심청구를 통하여 유죄의 확정판결을 다툴 수 있다.

ㄴ. 헌법재판소가 「공직선거법」의 국회의원 지역선거구 구역표에 대하여 계속적용 헌법불합치 결정을 하면서 입법개선시한을 부여한 경우, 그 시한까지 국회가 아무런 조치를 취하지 않으면 헌법불합치 선언된 위 선거구 구역표의 효력은 상실되고, 입법자가 국회의원선거에 관한 사항을 법률로 규정함에 있어서 폭넓은 입법형성의 자유를 가진다고 하여도 선거구에 관한 입법을 할 것인지 여부에 대해서는 입법자에게 어떤 형성의 자유가 존재한다고 할 수 없다.

ㄷ. 설령 헌법재판소 위헌결정의 결정이유에까지 기속력을 인정한다고 하더라도, 결정이유의 기속력을 인정하기 위해서는 결정주문을 뒷받침하는 결정이유에 대하여 적어도 위헌결정의 정족수인 재판관 6인 이상의 찬성이 있어야 할 것이고, 이에 미달할 경우에는 결정이유에 대하여 기속력을 인정할 여지가 없다.

ㄹ. 「헌법재판소법」은 법률의 위헌결정, 권한쟁의심판의 결정, 헌법소원의 인용결정에 대한 기속력을 명문으로 규정하고 있다.

① ㄱ

② ㄱ, ㄹ

③ ㄴ, ㄷ

④ ㄴ, ㄷ, ㄹ

⑤ ㄱ, ㄴ, ㄷ, ㄹ

16

「헌법재판소법」 제68조 제1항에 의한 헌법소원심판청구의 적법요건에 관한 설명 중 옳지 않은 것은? (다툼이 있는 경우 판례에 의함)

① 심판청구를 교환적으로 변경하였다면 변경에 의한 신청구는 원칙적으로 그 청구변경서를 제출한 때에 제기한 것이라 볼 것이고, 이 시점을 기준으로 하여 청구기간의 준수 여부를 가려야 한다.

② 법학전문대학원의 총 입학정원이 한정되어 있는 상태에서 여성만이 진학할 수 있는 법학전문대학원의 설치를 인가한 것은 남성들이 진학할 수 있는 법학전문대학원의 정원에 영향을 미치므로, 법학전문대학원 입학을 준비 중인 남성들은, 교육부장관이 여성만이 진학할 수 있는 대학에 법학전문대학원 설치를 인가한 처분의 직접적인 상대방이 아니더라도 기본권침해의 자기관련성이 인정된다.

③ 아직 기본권의 침해는 없으나 장래에 확실히 기본권침해가 예측되는 경우에는 미리 헌법소원심판청구가 가능하고, 이때 별도로 청구기간 도과에 관한 문제는 발생하지 않는다.

④ 구성요건조항과 구성요건조항 위반에 대한 벌칙·과태료 조항이 별도로 규정되어 있는 경우, 청구인이 벌칙·과태료 조항에 대하여 그 법정형이나 액수가 과다하여 그 자체가 위헌임을 주장하였더라도 그 벌칙·과태료 조항에 대해서는 기본권침해의 직접성을 인정할 수 없다.

⑤ 헌법소원심판청구 후 심판대상이 되었던 법령조항이 개정되어 더 이상 청구인에게 적용될 여지가 없게 된 경우에는 심판대상인 구법 조항에 대하여 위헌결정을 받을 주관적 권리보호이익이 소멸된다.

17

헌법 제75조와 제95조에 따른 위임입법과 「헌법재판소법」 제68조 제1항에 의한 헌법소원심판에 관한 설명 중 옳지 않은 것은? (다툼이 있는 경우 판례에 의함)

① 법률이 행정청에 일정한 사항을 위임하였는데, 행정청이 그 위임에 따른 행정입법을 하지 아니하는 경우 그 부작위도 헌법소원의 대상이 된다.

② 상위법령에서 하위 행정입법의 제정을 예정하고 있더라도 하위 행정입법의 제정 없이 상위법령의 규정만으로도 집행이 이루어질 수 있는 경우에는 하위 행정입법을 하여야 할 헌법적 작위의무는 인정되지 아니한다.

③ 행정부에서 제정한 명령·규칙도 그것이 별도의 집행을 기다리지 않고 직접 기본권을 침해하는 것일 때에는 헌법소원의 대상이 된다.

④ 행정규칙이 아닌 시행령은 법률에 의한 위임이 없더라도 법률이 규정한 개인의 권리·의무에 관한 내용을 보충하거나 법률에 규정되지 아니한 새로운 추가적 내용을 규정할 수 있다.

⑤ '고시'는 행정규칙으로서 일반적으로 대외적 구속력을 갖는 것이 아니어서 원칙적으로 헌법소원의 대상이 아니나, 다만 법령의 규정에 의하여 행정관청에 법령의 구체적 내용을 보충할 권한을 부여한 경우, 그것이 상위법령의 위임한계를 벗어나지 않는 한, 상위법령과 결합하여 대외적으로 구속력을 갖는 법규명령으로 기능하여 헌법소원의 대상이 된다.

18

국회의 법률제정절차에 관한 설명 중 옳은 것은? (다툼이 있는 경우 판례에 의함)

① 국회 본회의에서 A법률안을 표결에 부친 결과 재적 300명, 출석 280명, 찬성 140명, 반대 130명, 무효 10명으로 나타난 경우, 이 법률안은 가결된다.

② 국회에서 의결되어 정부에 이송된 B법률안 중 제3조에 대해 위헌 논란이 있어 대통령이 국회에 재의를 요구하는 경우, 제3조를 수정하여 재의를 요구할 수 있다.

③ 제21대국회(2020~2024)의 제388회국회(임시회: 2021. 6.4.~2021.7.3.)에서 의결되어 2021.6.27. 정부에 이송된 C법률안에 대해 대통령은 국회가 폐회 중인 2021.7.4. 국회에 재의를 요구할 수 있다.

④ 제20대국회(2016~2020)의 마지막 회기에서 처리되지 못한 D법률안은 제21대국회의 첫 회기에서 자동으로 상정되어 심의된다.

⑤ 정부에 이송된 E법률안에 대해 대통령이 재의를 요구하는 경우, 국회가 재적의원 3분의 2 이상의 찬성으로 전과 같은 의결을 하면 대통령은 더 이상 재의를 요구할 수 없고 지체 없이 공포하여야 하며, 대통령이 공포함으로써 E법률안은 법률로서 확정된다.

19

탄핵심판에 관한 설명 중 옳은 것(○)과 옳지 않은 것(×)을 올바르게 조합한 것은? (다툼이 있는 경우 판례에 의함)

ㄱ. 탄핵심판은 고위공직자가 권한을 남용하여 헌법이나 법률을 위반하는 경우 그 권한을 박탈함으로써 헌법질서를 지키는 헌법재판이고, 탄핵결정은 대상자를 공직으로부터 파면함에 그치고 형사상 책임을 면제하지 아니한다는 점에서 탄핵심판절차는 형사절차나 일반 징계절차와는 성격을 달리한다.

ㄴ. 「국회법」에 탄핵소추안에 대하여 표결 전에 반드시 토론을 거쳐야 한다는 명문 규정이 있다.

ㄷ. 탄핵심판절차에서는 법적인 관점에서 탄핵사유의 존부만을 판단하는 것이므로, 직책수행의 성실성 여부는 그 자체로서 소추사유가 될 수 없어 탄핵심판절차의 판단대상이 되지 아니한다.

ㄹ. 탄핵소추의결서에서 그 위반을 주장하는 '법규정의 판단'에 관하여 헌법재판소는 원칙적으로 구속을 받지 않으므로, 청구인이 그 위반을 주장하는 법규정 외에 다른 관련 법규정에 근거하여 탄핵의 원인이 된 사실관계를 판단할 수 있다.

ㅁ. 헌법재판소는 탄핵소추의결서에 기재되지 아니한 소추사유도 판단의 대상으로 삼을 수 있다.

---

① ㄱ(○), ㄴ(○), ㄷ(×), ㄹ(○), ㅁ(○)
② ㄱ(○), ㄴ(×), ㄷ(○), ㄹ(○), ㅁ(×)
③ ㄱ(○), ㄴ(×), ㄷ(×), ㄹ(×), ㅁ(×)
④ ㄱ(×), ㄴ(○), ㄷ(×), ㄹ(○), ㅁ(○)
⑤ ㄱ(×), ㄴ(×), ㄷ(○), ㄹ(×), ㅁ(×)

20

甲이 청구한 「헌법재판소법」 제68조 제2항에 의한 헌법소원심판에 관한 설명 중 옳지 않은 것은? (다툼이 있는 경우 판례에 의함)

• 甲은 건강기능식품인 '△△' 등을 TV 홈쇼핑 채널에서 판매하면서 건강기능식품의 기능에 관하여 심의받은 내용과 다른 내용의 표시·광고를 금지하는 「건강기능식품에 관한 법률」 제18조 제1항 제6호를 위반하였다는 이유로 2016. 11. 8. 서울시 ㅁㅁ구청장으로부터 같은 법 제32조 제1항 제3호에 의하여 영업정지 2개월의 처분을 받았다.

• 甲은 서울행정법원에 위 처분의 취소를 구하는 소를 제기하고, 소송 계속 중 「건강기능식품에 관한 법률」 제18조 제1항 제6호가 헌법에 위반된다고 주장하며 위헌법률심판제청을 신청하였으나, 위 법원이 2017. 10. 26. 甲이 불출석한 가운데 위 행정처분 취소청구를 기각하면서 위 위헌법률심판제청신청을 기각하였고, 위 판결문과 위헌제청신청 기각결정문이 2017. 10. 30. 甲에게 송달되었다.

• 甲은 「건강기능식품에 관한 법률」 제18조 제1항 제6호에 대하여 2017. 11. 28. 「헌법재판소법」 제68조 제2항에 의한 헌법소원심판을 청구하였다. 甲은 제1심 판결에 불복하여 항소하였고, 현재 항소심 재판이 계속 중이다.

---

① 甲이 청구한 위 헌법소원심판은 청구기간을 준수하였다.

② 만약 당해사건 법원이 甲의 위헌법률심판제청신청에 대하여 각하결정을 하였다 하더라도, 헌법재판소는 위 심판청구의 적법성을 직권으로 심사하여 청구의 적법성이 인정되면 재판의 전제성 등 적법요건을 갖춘 것으로 보고 본안판단으로 나아간다.

③ 만약 甲이 청구한 위 헌법소원심판에서 「건강기능식품에 관한 법률」 제18조 제1항 제6호에 대하여 위헌결정이 선고되었다 하더라도 甲에 대한 위 행정처분은 특별한 사정이 없는 한 당연무효는 아니다.

④ 만약 甲이 청구한 위 헌법소원심판 계속 중 甲이 항소심에서 승소판결을 받고 상고기각되어 그 판결이 확정된 경우, 위 심판청구는 재판의 전제성이 인정되지 아니한다.

⑤ 甲은 항소심 재판에서 동일한 사유를 이유로 다시 위헌법률심판제청신청을 할 수 있다.

01

정당제도에 대한 설명으로 옳지 않은 것은? (다툼이 있는 경우 판례에 의함)

① 정당의 자유는 국민이 개인적으로 갖는 기본권일 뿐만 아니라, 단체로서의 정당이 가지는 기본권이기도 하다.

② 「공직선거법」상 법원의 판결에 의하여 선거일 현재 선거권이 정지된 18세 국민이라도 「정당법」에 따른 정당의 발기인은 될 수 있다.

③ 정당설립의 자유는 개인이 정당 일반 또는 특정 정당에 가입하지 아니할 자유, 가입했던 정당으로부터 탈퇴할 자유 등 소극적 자유도 포함한다.

④ 정당이 최근 4년간 임기만료에 의한 국회의원선거 또는 임기만료에 의한 지방자치단체의 장선거나 시·도의회의원선거에 참여하지 아니한 때에는 당해 선거관리위원회는 그 등록을 취소한다.

02

대한민국 헌정사에 대한 설명으로 옳은 것은?

① 1960년 제3차 개정헌법은 대법원장과 대법관의 선거제를 처음 채택하였다.

② 1972년 제7차 개정헌법은 중앙선거관리위원회를 헌법기관으로 처음 도입하였다.

③ 1980년 제8차 개정헌법은 인간의 존엄과 가치를 최초로 규정하였다.

④ 1987년 제9차 개정헌법은 국가의 적정임금보장을 최초로 규정하였다.

03

공무원제도에 대한 설명으로 옳지 않은 것은? (다툼이 있는 경우 판례에 의함)

① '공무원이 선거운동의 기획에 참여하거나 그 기획의 실시에 관여하는 행위'를 금지하는 「공직선거법」 조항은 '공무원의 지위를 이용하지 아니한 행위'에까지 적용하는 한 헌법에 위반한다.

② 정당의 공직선거 후보자 선출은 자발적 조직 내부의 의사결정에 지나지 아니하므로, 정당의 내부경선에 참여할 권리는 헌법이 보장하는 공무담임권의 내용에 포함된다고 보기 어렵다.

③ 선거에서의 중립의무가 부과되어야 하는 모든 공무원은 구체적으로 '자유선거원칙'과 '선거에서의 정당의 기회균등'을 위협할 수 있는 모든 공무원을 의미하므로, 여기에는 대통령, 국무총리, 국무위원, 도지사, 시장, 군수, 구청장 등 지방자치단체의 장은 물론 국회의원과 지방의회의원도 포함된다.

④ 공적 관심의 정도가 약한 4급 이상의 공무원들까지 대상으로 삼아 모든 질병명을 아무런 예외 없이 공개토록 한 것은 입법목적 실현에 치중한 나머지 사생활 보호의 헌법적 요청을 현저히 무시한 것으로 해당 공무원들의 사생활의 비밀과 자유를 침해하는 것이다.

04

직업의 자유에 대한 설명으로 옳은 것은? (다툼이 있는 경우 판례에 의함)

① '거짓이나 그 밖의 부정한 수단으로 운전면허를 받은 행위'에 대한 불이익 처분으로 '부정 취득한 해당 운전면허와 함께 해당 운전자가 보유하고 있는 나머지 운전면허'도 필요적으로 취소하도록 규정한 「도로교통법」 조항은 일반적 행동의 자유 또는 직업의 자유를 침해하지 않는다.

② 소송사건의 대리인인 변호사가 수형자를 접견하고자 하는 경우 소송계속 사실을 소명할 수 있는 자료를 제출하도록 규정하고 있는 「형의 집행 및 수용자의 처우에 관한 법률 시행규칙」 중 '수형자 접견'에 관한 부분은 변호사의 직업수행의 자유를 침해하지 않는다.

③ 「학원의 설립·운영 및 과외교습에 관한 법률」에 따라 설립된 학원 및 「체육시설의 설치·이용에 관한 법률」에 따라 설립된 체육시설에서 어린이통학버스를 운영함에 있어서 어린이 등과 함께 보호자를 의무적으로 동승하여 운행하도록 하는 「도로교통법」 조항은 학원 및 체육시설 운영자의 직업수행의 자유를 침해한다.

④ "약사 또는 한약사가 아니면 약국을 개설할 수 없다."고 규정한 「약사법」 조항은 법인을 구성하여 약국을 개설·운영하려고 하는 약사들 및 이들로 구성된 법인의 직업선택(직업수행)의 자유와 결사의 자유를 침해한다.

05

근로의 권리에 대한 설명으로 옳은 것은? (다툼이 있는 경우 판례에 의함)

① 고용 허가를 받아 국내에 입국한 외국인근로자의 출국만기보험금을 출국 후 14일 이내에 지급하도록 한 「외국인근로자의 고용 등에 관한 법률」 조항 중 '피보험자등이 출국한 때부터 14일 이내' 부분은 해당 외국인근로자의 근로의 권리를 침해한다.

② 근로의 권리는 사회적 기본권으로서, 고용증진을 위한 사회적·경제적 정책을 요구할 수 있는 권리뿐만 아니라, 국가에 대하여 직접 일자리(직장)를 청구하거나 일자리에 갈음하는 생계비의 지급청구권을 의미한다.

③ 해고예고제도의 적용제외사유 중 하나로 일용근로자로서 3개월을 계속 근무하지 아니한 자를 규정하고 있는 「근로기준법」 조항은 해당 일용근로자의 근로의 권리를 침해한다.

④ 사용자로 하여금 2년을 초과하여 기간제근로자를 사용할 수 없도록 한 「기간제 및 단시간근로자 보호 등에 관한 법률」 조항은 해당 기간제근로자의 계약의 자유를 침해하지 않는다.

06

평등권에 대한 설명으로 옳은 것은? (다툼이 있는 경우 판례에 의함)

① 초·중등학교 교원에 대하여는 정당가입을 금지하면서 대학교원에게는 허용하는 것은 기초적인 지식전달, 연구기능 등 직무의 본질이 서로 다른 점을 고려한 합리적 차별이므로 평등원칙에 반하지 아니한다.

② 국민참여재판 배심원의 자격을 만 20세 이상으로 정한 것은 「민법」상 성년연령이 만 19세로 개정된 점이나 선거권 연령이 만 18세로 개정된 점을 고려해 볼 때, 만 19세 및 만 18세의 국민을 합리적인 이유 없이 차별취급 하는 것이다.

③ 형벌체계에 있어서 법정형의 균형은 한치의 오차도 없이 반드시 실현되어야 하는 헌법상 절대원칙이므로, 특정한 범죄에 대한 형벌이 그 자체로서의 책임과 형벌의 비례원칙에 위반되지 않더라도 보호법익과 죄질이 유사한 범죄에 대한 형벌과 비교할 때 형벌체계상의 균형을 상실할 우려가 있는 경우에는 평등원칙에 반한다고 할 수 있다.

④ 근로자의 날을 법정유급휴일로 할 것인지에 있어서 공무원과 일반근로자를 다르게 취급할 이유가 없으므로 근로자의 날을 공무원의 법정유급휴일로 정하지 않은 것은 공무원과 일반근로자를 자의적으로 차별하는 것에 해당하여 평등권을 침해한다.

07

자기결정권에 대한 설명으로 옳지 않은 것은? (다툼이 있는 경우 판례에 의함)

① 「형법」상 자기낙태죄 조항은 입법목적을 달성하기 위하여 필요한 최소한의 정도를 넘어 임신한 여성의 자기결정권을 제한하고 있어 침해의 최소성을 갖추지 못하였고, 태아의 생명 보호라는 공익에 대하여만 일방적이고 절대적인 우위를 부여함으로써 법익균형성의 원칙도 위반하였으므로 과잉금지원칙을 위반하여 임신한 여성의 자기결정권을 침해한다.

② 「성폭력범죄의 처벌 등에 관한 특례법」상 정신적인 장애로 항거불능 또는 항거곤란 상태에 있음을 이용하여 사람을 간음한 사람을 무기징역 또는 7년 이상의 징역에 처하도록 규정한 것은 정신적 장애인의 성적 자기결정권을 침해한다.

③ 전동킥보드의 최고속도를 25km/h 이내로 제한하는 것은 소비자가 그보다 빠른 제품을 구매하지 못하여 겪는 자기결정권 및 일반적 행동자유권의 제약에 비하여, 소비자의 생명·신체에 대한 위해 및 도로교통상의 위험을 방지하고 향후 자전거도로 통행이 가능해질 경우를 대비하여 소비자의 편의를 도모한다는 공익이 중대하므로 과잉금지원칙에 위반되지 않는다.

④ 본인이 해부용 시체로 제공되는 것에 대해 반대하는 의사표시를 명시적으로 표시할 수 있는 절차도 마련하지 않고 본인의 의사와는 무관하게 인수자가 없는 시체를 해부용으로 제공될 수 있도록 규정하고 있는 「시체 해부 및 보존에 관한 법률」 조항은 사실상 연고가 없는 청구인의 시체 처분에 대한 자기결정권을 침해한다.

08

집회의 자유에 대한 설명으로 옳지 않은 것은? (다툼이 있는 경우 판례에 의함)

① 「집회 및 시위에 관한 법률」상의 '시위'는 반드시 '일반인 이 자유로이 통행할 수 있는 장소'에서 이루어져야 한다 거나 '행진' 등 장소 이동을 동반해야만 성립하는 것은 아 니다.

② 집회의 자유는 민주국가에서 사회·정치현상에 대한 불만 과 비판을 공개적으로 표출케 함으로써 정치적 불만이 있 는 자를 사회에 통합하고 정치적 안정에 기여하는 기능을 하는 중요한 수단이기 때문에, 평화적 수단을 이용한 의 견의 표명뿐만 아니라 폭력을 사용한 의견의 강요 역시 헌법적으로 보호된다.

③ 집회는 특별한 상징적 의미나 집회와 특별한 연관성을 갖 는 장소에서 이루어져야 의견표명이 효과적으로 이루어질 수 있으므로 집회 장소를 선택할 자유는 집회의 자유의 실질적 부분을 형성한다.

④ 「집회 및 시위에 관한 법률」상 미신고 옥외집회 또는 시 위를 해산명령 대상으로 하면서 별도의 해산 요건을 정하 고 있지 않더라도, 그 옥외집회 또는 시위로 인하여 타인 의 법익이나 공공의 안녕질서에 대한 직접적인 위험이 명 백하게 초래된 경우에 한하여 해산을 명할 수 있다.

09

사생활의 비밀과 자유에 대한 설명으로 옳지 않은 것은? (다툼 이 있는 경우 판례에 의함)

① 사생활의 비밀은 국가가 사생활영역을 들여다보는 것에 대한 보호를 제공하는 기본권이며, 사생활의 자유는 국가 가 사생활의 자유로운 형성을 방해하거나 금지하는 것에 대한 보호를 의미한다.

② 인터넷회선 감청은 타인과의 관계를 전제로 하는 개인의 사적 영역을 보호하려는 헌법 제18조의 통신의 비밀과 자 유 외에 헌법 제17조 사생활의 비밀과 자유도 제한한다.

③ 공직자의 자질·도덕성·청렴성에 관한 사실이 개인적인 사생활에 관한 것이라면, 순수한 사생활의 영역에 있다고 보아야 할 것이므로 공적인 관심 사안에 해당할 수 없다.

④ 자동차를 도로에서 운전하는 중에 좌석안전띠를 착용할 것인가 여부의 생활관계가 개인의 전체적 인격과 생존에 관계되는 '사생활의 기본조건'이라거나 자기결정의 핵심 적 영역 또는 인격적 핵심과 관련된다고 보기 어려워, 운 전할 때 운전자가 좌석안전띠를 착용할 의무는 운전자의 사생활의 비밀과 자유를 침해하는 것이라 할 수 없다.

10

사회적 기본권에 대한 설명으로 옳지 않은 것은? (다툼이 있는 경우 판례에 의함)

① 「국민기초생활 보장법 시행령」상 '대학원에 재학 중인 사람'과 '부모에게 버림받아 부모를 알 수 없는 사람'을 조건 부과 유예의 대상자에 포함시키지 않았다는 사정만으로 국가가 인간다운 생활을 보장하기 위한 조치를 취함에 있어서 실현해야 할 객관적 내용의 최소한도 보장에 이르지 못하였다거나 헌법상 용인될 수 있는 재량의 범위를 명백히 일탈하였다고는 보기 어렵다.

② 지뢰피해자 및 그 유족에 대한 위로금 산정시 사망 또는 상이를 입을 당시의 월평균임금을 기준으로 하고, 그 기준으로 산정한 위로금이 2천만 원에 이르지 아니할 경우 2천만 원을 초과하지 아니하는 범위에서 조정·지급할 수 있도록 한 「지뢰피해자 지원에 관한 특별법」 조항은 인간다운 생활을 할 권리를 침해한다고 볼 수 없다.

③ 구 「공무원연금법」상 유족급여수급권이 헌법상 보장되는 재산권에 포함되기 때문에 대통령령이 정하는 정도의 장애 상태에 있지 아니한 19세 이상의 자녀를 유족의 범위에서 제외한 것은 유족급여수급권의 본질적 내용을 침해하여 입법형성권의 범위를 벗어난 것이다.

④ 산재피해 근로자에게 인정되는 산재보험수급권은 입법재량권의 행사에 의하여 제정된 「산업재해보상보험법」에 의하여 비로소 구체화되는 '법률상의 권리'이며, 개인에게 국가에 대한 사회보장·사회복지 또는 재해예방 등과 관련된 적극적 급부청구권이 인정되는 것은 아니다.

11

기본권 제한 및 한계에 대한 설명으로 옳지 않은 것은? (다툼이 있는 경우 판례에 의함)

① 금치처분을 받은 수형자에 대하여 집필의 목적과 내용 등을 묻지 아니하고 일체의 집필행위를 금지하는 것은 입법목적 달성을 위한 필요최소한의 제한이라는 한계를 벗어난 것으로서 과잉금지의 원칙에 위반된다.

② 방송사업자가 구 「방송법」상 심의규정을 위반한 경우 방송통신위원회로 하여금 전문성과 독립성을 갖춘 방송통신심의위원회의 심의를 거쳐 '시청자에 대한 사과'를 명할 수 있도록 규정한 것은 침해의 최소성원칙에 위배되지 않는다.

③ 정부에 대한 반대 견해나 비판에 대하여 합리적인 홍보와 설득으로 대처하는 것이 아니라 비판적 견해를 가졌다는 이유만으로 국가의 지원에서 일방적으로 배제함으로써 정치적 표현의 자유를 제재하는 공권력의 행사는 헌법의 근본원리인 국민주권주의와 자유민주적 기본질서에 반하는 것으로 그 목적의 정당성을 인정할 수 없다.

④ 육군3사관학교 사관생도는 군 장교를 배출하기 위하여 국가가 모든 재정을 부담하는 특수교육기관인 육군3사관학교의 구성원이므로 그 존립 목적을 달성하기 위하여 필요한 한도 내에서 일반 국민보다 상대적으로 기본권이 더 제한될 수 있으나, 그러한 경우에도 법률유보원칙, 과잉금지원칙 등 기본권 제한의 헌법상 원칙들을 지켜야 한다.

12

행정입법에 대한 설명으로 옳지 않은 것은? (다툼이 있는 경우 판례에 의함)

① 법령의 규정이 특정 행정기관에게 법령 내용의 구체적 사항을 정할 수 있는 권한을 부여하면서 권한행사의 절차나 방법을 특정하지 아니한 경우에는 수임 행정기관은 행정규칙이나 규정 형식으로 법령 내용이 될 사항을 구체적으로 정할 수 있다.

② 헌법 제75조는 위임입법의 근거를 마련함과 동시에, 위임은 구체적으로 범위를 정하여 하도록 하여 그 한계를 제시하며 행정부에 입법을 위임하는 수권법률의 명확성 원칙에 관한 것으로서, 법률의 명확성 원칙이 행정입법에 관하여 구체화된 특별규정이라고 할 수 있다.

③ 행정규칙이 행정기관에 법령의 구체적 내용을 보충할 권한을 부여한 법령 규정의 효력에 근거하여 예외적으로 대외적 구속력이 인정되는 경우에도 행정규칙이나 규정의 '내용'이 상위법령의 위임범위를 벗어난 경우뿐만 아니라 상위법령의 위임규정에서 특정하여 정한 권한 행사의 '절차'나 '방식'에 위배되는 경우에는 대외적 구속력을 가지는 법규명령으로서 효력이 인정될 수 없다.

④ 행정규칙은 법규명령과 같은 엄격한 제정 및 개정절차를 필요로 하지 아니하므로, 기본권을 제한하는 내용의 입법을 위임할 때에는 법규명령에 위임하는 것이 원칙이고, 고시와 같은 형식으로 입법위임을 할 때에는 법령이 전문적·기술적 사항이나 경미한 사항으로서 업무의 성질상 위임이 불가피한 사항에 한정되나, 이때 법률의 위임은 반드시 구체적·개별적으로 한정된 사항에 대해 행하여져야 하는 것은 아니다.

13

문화국가원리에 대한 설명으로 옳지 않은 것은? (다툼이 있는 경우 판례에 의함)

① 우리 헌법상 문화국가원리는 견해와 사상의 다양성을 그 본질로 하며, 이를 실현하는 국가의 문화정책은 불편부당의 원칙에 따라야 하는바, 모든 국민은 정치적 견해 등에 관계없이 문화 표현과 활동에서 차별을 받지 않아야 한다.

② 국가의 문화육성의 대상에는 원칙적으로 모든 사람에게 문화창조의 기회를 부여한다는 의미에서 모든 문화가 포함되므로 엘리트문화뿐만 아니라 서민문화, 대중문화도 그 가치를 인정하고 정책적인 배려의 대상으로 하여야 한다.

③ 헌법은 문화국가를 실현하기 위하여 보장되어야 할 정신적 기본권으로 양심과 사상의 자유, 종교의 자유, 언론·출판의 자유, 학문과 예술의 자유 등을 규정하고 있는바, 이들 기본권은 견해와 사상의 다양성을 그 본질로 하는 문화국가원리의 불가결의 조건이라고 할 것이다.

④ 오늘날 문화국가에서의 문화정책은 문화가 생겨날 수 있는 문화풍토를 조성하는 것이 아니라 문화 그 자체에 초점을 두어야 한다.

14

대통령의 권한에 대한 설명으로 옳은 것은?

① 대통령이 국회의 임시회의 집회를 요구할 때에는 기간과 집회요구의 이유를 명시하여야 한다.

② 대통령은 법률이 정하는 바에 의하여 사면·감형 또는 복권을 명할 수 있고, 특별사면의 경우 이를 명하려면 국회의 동의를 얻어야 한다.

③ 계엄을 선포할 때에는 대통령은 지체없이 국회에 보고하고 승인을 얻어야 한다.

④ 국회의 요구가 있을 때에는 대통령은 출석·답변하여야 하며, 대통령이 출석요구를 받은 때에는 국무총리 또는 국무위원으로 하여금 출석·답변하게 할 수 있다.

15

감사원에 대한 설명으로 옳은 것은? (다툼이 있는 경우 판례에 의함)

① 감사원장 및 감사위원은 국회의 동의를 얻어 대통령이 임명한다.

② 감사원이 지방자치단체의 자치사무에 대하여 합목적성 감사까지 한다면 지방자치제도의 본질적 내용을 침해하는 것이다.

③ 감사원은 원장을 포함한 5인 이상 11인 이하의 감사위원으로 구성한다.

④ 감사원장은 중임할 수 없으나, 감사위원은 1차에 한하여 중임할 수 있다.

16

국무총리 및 국무위원에 대한 설명으로 옳은 것은?

① 국무위원이 그 직무집행에 있어서 헌법이나 법률을 위배한 때에는 국회는 탄핵의 소추를 의결할 수 있다.

② 국무총리가 대통령에게 국무위원의 해임을 건의하는 경우 국회의 동의를 얻어야 한다.

③ 국무위원은 소관사무에 관하여 대통령령이나 총리령의 위임 또는 직권으로 부령을 발할 수 있다.

④ 국무위원은 행정각부의 장 중에서 국무총리의 제청으로 대통령이 임명한다.

17

국회의 권한에 대한 설명으로 옳은 것만을 모두 고른 것은?

ㄱ. 새로운 회계연도가 개시될 때까지 예산안이 의결되지 못한 때에는 정부는 국회에서 예산안이 의결될 때까지 헌법이나 법률에 의하여 설치된 기관 또는 시설의 유지·운영을 위한 경비를 전년도 예산에 준하여 집행할 수 있다.

ㄴ. 예비비는 총액으로 국회의 의결을 얻어야 하며, 예비비의 지출은 차기 국회의 승인을 얻어야 한다.

ㄷ. 국채를 모집하거나 예산외에 국가의 부담이 될 계약을 체결하려 할 때에는 정부는 미리 국회의 의결을 얻어야 한다.

ㄹ. 국회는 선전포고, 국군의 외국에의 파견 또는 외국군대의 대한민국 영역 안에서의 주류에 대한 동의권을 가진다.

① ㄱ, ㄴ   ② ㄱ, ㄷ, ㄹ

③ ㄴ, ㄷ, ㄹ   ④ ㄱ, ㄴ, ㄷ, ㄹ

18

국회의 조직 및 운영에 대한 설명으로 옳지 않은 것은? (다툼이 있는 경우 판례에 의함)

① 국회의원 총선거 후 처음 선출된 의장과 부의장의 임기는 그 선출된 날부터 개시하여 의원의 임기 개시 후 2년이 되는 날까지로 한다.

② 헌법 제50조 제1항의 의사공개원칙은 모든 국회의 회의를 항상 공개하여야 하는 것은 아니나 이를 공개하지 아니할 경우에는 헌법에서 정하고 있는 일정한 요건을 갖추어야 함을 의미하는 것이며, 헌법 제50조 제1항 단서가 정하고 있는 회의의 비공개를 위한 절차나 사유는 그 문언이 매우 구체적이므로 예외적인 비공개 사유는 문언에 따라 엄격하게 해석되어야 한다.

③ 의장이 심신상실 등 부득이한 사유로 의사표시를 할 수 없게 되어 직무대리자를 지정할 수 없을 때에는 임시의장을 선출하여 의장의 직무를 대행하게 한다.

④ 국회에 제출된 법률안 기타의 의안은 회기 중에 의결되지 못한 이유로 폐기되지 아니하나, 국회의원의 임기가 만료된 때에는 그러하지 아니하다.

19

국회의원에 대한 설명으로 옳은 것만을 모두 고른 것은? (다툼이 있는 경우 판례에 의함)

> ㄱ. 국회의원이 당선 전부터 영리업무에 종사하였다면 당선인으로 결정된 날부터 1년 이내에 그 영리업무를 휴업한 후 이를 지체없이 의장에게 서면으로 신고하여야 한다.
>
> ㄴ. 국회의원은 그 지위를 남용하여 국가·공공단체 또는 기업체와의 계약이나 그 처분에 의하여 재산상의 권리·이익 또는 직위를 취득하거나 타인을 위하여 그 취득을 알선할 수 없다.
>
> ㄷ. 국회의원이 회기 전에 체포 또는 구금된 때에는 현행범인이 아닌 한 국회의 요구가 있으면 회기중 석방된다.
>
> ㄹ. 국회의원의 원내활동을 기본적으로 각자에 맡기는 자유위임은 의회내에서의 정치의사형성에 정당의 협력을 배척하는 것이 아니나, 의원이 정당과 교섭단체의 지시에 기속되는 것을 배제하는 근거가 된다.

① ㄱ, ㄷ   ② ㄱ, ㄹ
③ ㄴ, ㄷ   ④ ㄴ, ㄹ

20

국회의 회의 및 의사운영에 대한 설명으로 옳지 않은 것은?

① 정기회의 회기는 100일을, 임시회의 회기는 30일을 초과할 수 없으며, 임시회는 대통령 또는 국회재적의원 4분의 1 이상의 요구에 의하여 집회된다.

② 본회의는 재적의원 5분의 1 이상의 출석으로 개의하고, 의사는 헌법이나 「국회법」에 특별한 규정이 없으면 재적의원 과반수의 출석과 출석의원 과반수의 찬성으로 의결한다.

③ 국회가 행정각부의 장을 탄핵소추하기 위해서는 국회재적의원 3분의 1 이상의 발의가 있어야 하며 그 의결은 국회재적의원 과반수의 찬성이 있어야 한다.

④ 의장은 임시회의 집회 요구가 있는 경우 집회기일 2일 전에 공고하며, 이 경우 둘 이상의 집회 요구가 있을 때에는 그 요구서가 먼저 제출된 것을 공고한다.

21

헌법재판에 대한 설명으로 옳지 않은 것은? (다툼이 있는 경우 판례에 의함)

① 유예기간을 두고 있는 법령의 경우, 헌법소원심판 청구기간의 기산점은 그 법령의 시행일이 아니라 유예기간 경과일이다.

② 헌법소원제도는 개인의 주관적인 권리구제뿐만 아니라 헌법질서를 보장하는 기능도 있으므로 주관적 권리보호이익은 소멸하였다고 하더라도, 그러한 침해행위가 앞으로도 반복될 위험이 있거나 당해 분쟁의 해결이 헌법질서의 수호·유지를 위하여 긴요한 사항이어서 헌법적으로 그 해명이 중대한 의미를 지니는 경우에는 심판청구의 이익을 인정할 수 있다.

③ 헌법재판소에서 법률의 위헌결정, 탄핵의 결정, 권한쟁의에 관한 인용결정 또는 헌법소원에 관한 인용결정을 할 때에는 재판관 6인 이상의 찬성이 있어야 한다.

④ 공권력의 불행사로 인한 기본권침해는 그 불행사가 계속되는 한 기본권침해의 부작위가 계속된다 할 것이므로, 공권력의 불행사에 대한 헌법소원심판은 그 불행사가 계속되는 한 기간의 제약없이 적법하게 청구할 수 있다.

22

권한쟁의심판에 대한 설명으로 옳지 않은 것은? (다툼이 있는 경우 판례에 의함)

① 지방자치단체가 기관위임사무를 처리할 권한이 침해되었다고 주장하면서 권한쟁의심판을 청구하는 것은 부적법하다.

② 권한쟁의심판을 청구하려면 청구인과 피청구인 상호간에 헌법 또는 법률에 의하여 부여받은 권한의 존부 또는 범위에 관하여 다툼이 있어야 하고, 피청구인의 처분 또는 부작위가 헌법 또는 법률에 의하여 부여받은 청구인의 권한을 침해하였거나 침해할 현저한 위험이 있는 경우이어야 한다.

③ 국민 개인이 대법원장을 상대로 제기한 국가기관 간의 권한쟁의심판에서 '국민'인 청구인은 그 자체로는 헌법에 의하여 설치되고 헌법과 법률에 의하여 독자적인 권한을 부여받은 기관이라고 할 수 없으므로, '국민'인 청구인은 권한쟁의심판의 당사자가 되는 '국가기관'이 아니다.

④ 지방자치단체의 의결기관인 지방의회와 지방자치단체의 집행기관인 지방자치단체장 간의 내부적 분쟁도 「헌법재판소법」에 의하여 헌법재판소가 관장하는 지방자치단체 상호간의 권한쟁의심판에 해당한다고 볼 수 있다.

23

법관에 대한 설명으로 옳은 것은?

① 법관으로서 퇴직 후 3년이 지나지 아니한 사람은 대통령비서실의 직위에 임용될 수 없다.

② 대법관회의는 대법관 전원의 3분의 2 이상의 출석과 출석인원 과반수의 찬성으로 의결한다.

③ 법관은 탄핵 또는 벌금 이상의 형의 선고에 의하지 아니하고는 파면되지 아니하며, 징계처분에 의하지 아니하고는 정직·감봉 기타 불리한 처분을 받지 아니한다.

④ 법관이 중대한 신체상 또는 정신상의 장해로 직무를 수행할 수 없을 때에는, 대법관인 경우에는 법원행정처장의 제청으로 대법원장이 퇴직을 명할 수 있고, 판사인 경우에는 인사위원회의 심의를 거쳐 판사가 소속된 법원의 법원장이 퇴직을 명할 수 있다.

24

선거관리에 대한 설명으로 옳지 않은 것은? (다툼이 있는 경우 판례에 의함)

① 정당의 후보자 추천에 관한 단순한 지지·반대의 의견개진 및 의사표시라 하더라도 「공직선거법」상 선거운동에 해당한다.

② 선거일전 180일부터 선거일까지 인터넷상 선거와 관련한 정치적 표현 및 선거운동을 금지하고 처벌하는 것은 후보자 간 경제력 차이에 따른 불균형 및 흑색선전을 통한 부당한 경쟁을 막고, 선거의 평온과 공정을 해하는 결과를 방지한다는 입법목적 달성을 위하여 적합한 수단이라고 할 수 없다.

③ 선거공영제의 내용은 우리의 선거문화와 풍토, 정치문화 및 국가의 재정상황과 국민의 법감정 등 여러 가지 요소를 종합적으로 고려하여 입법자가 정책적으로 결정할 사항으로서 넓은 입법형성권이 인정되는 영역이라고 할 것이다.

④ 중앙선거관리위원회는 법령의 범위 안에서 선거관리·국민투표관리 또는 정당사무에 관한 규칙을 제정할 수 있으며, 법률에 저촉되지 아니하는 범위 안에서 내부규율에 관한 규칙을 제정할 수 있다.

25

조례에 대한 설명으로 옳지 않은 것은? (다툼이 있는 경우 판례에 의함)

① 지방자치단체는 법령의 범위에서 그 사무에 관하여 조례를 제정할 수 있다. 다만, 주민의 권리 제한 또는 의무 부과에 관한 사항이나 벌칙을 정할 때에는 법률의 위임이 있어야 한다.

② 조례는 특별한 규정이 없으면 공포한 날부터 20일이 지나면 효력을 발생한다.

③ 지방자치단체는 그 고유사무인 자치사무와 법령에 따라 지방자치단체에 속하는 사무에 관하여 법령에 위반되지 않는 범위 안에서 스스로 조례를 제정할 수 있지만, 국가사무인 기관위임사무에 관하여는 개별 법령에서 일정한 사항을 조례로 정하도록 위임하고 있더라도 조례를 제정할 수 없다.

④ 지방자치단체는 헌법상 자치입법권이 인정되고, 법령의 범위 안에서 그 권한에 속하는 모든 사무에 관하여 조례를 제정할 수 있다는 점과 조례는 선거를 통하여 선출된 그 지역의 지방의원으로 구성된 주민의 대표기관인 지방의회에서 제정되므로 지역적인 민주적 정당성까지 갖고 있다는 점을 고려하면, 조례에 위임할 사항은 헌법 제75조 소정의 행정입법에 위임할 사항보다 더 포괄적이어도 헌법에 반하지 않는다.

01

헌법개정에 관한 설명 중 가장 적절하지 않은 것은? (다툼이 있는 경우 판례에 의함)

① 헌법개정은 국회재적의원 과반수 또는 대통령의 발의로 제안되며, 제안된 헌법개정안은 대통령이 20일 이상의 기간 이를 공고하여야 한다.

② 우리 헌법의 각 개별규정 가운데 무엇이 헌법제정규정이고 무엇이 헌법개정규정인지를 구분하는 것이 가능하지 아니할 뿐 아니라, 각 개별규정에 그 효력상의 차이를 인정하여야 할 형식적인 이유를 찾을 수 없다.

③ 제7차 헌법개정에서는 대통령이 제안한 헌법개정안은 국민투표로 확정되며, 국회의원이 제안한 헌법개정안은 국회의 의결을 거쳐 통일주체국민회의의 의결로 확정되도록 하였다.

④ 헌법개정안이 국회에서 의결된 후 60일 이내에 국민투표에 붙여 국회의원선거권자 과반수의 투표와 투표자 과반수의 찬성을 얻으면 헌법개정은 확정되며, 국회의장은 즉시 이를 공포하여야 한다.

02

민주적 기본질서에 관한 설명 중 가장 적절하지 않은 것은? (다툼이 있는 경우 판례에 의함)

① 현행 헌법에서 직접 '자유민주적 기본질서'를 명시하고 있는 것은 헌법전문(前文)과 제4조의 통일조항이다.

② 정당의 목적이나 활동이 민주적 기본질서에 위배될 때에는 정부는 헌법재판소에 그 해산을 제소할 수 있고, 정당은 헌법재판소의 심판에 의하여 해산된다.

③ 정당해산 사유로서의 '민주적 기본질서의 위배'란, 민주적 기본질서에 대한 단순한 위반이나 저촉만으로도 족하며, 반드시 민주사회의 불가결한 요소인 정당의 존립을 제약해야 할 만큼 그 정당의 목적이나 활동이 민주적 기본질서에 대하여 실질적인 해악을 끼칠 수 있는 구체적 위험성을 초래하는 경우까지 포함하는 것은 아니다.

④ 헌법에서 채택하고 있는 사회국가의 원리는 자유민주적 기본질서의 범위내에서 이루어져야 하고, 국민 개인의 자유와 창의를 보완하는 범위내에서 이루어지는 내재적 한계를 지니고 있다.

03

법치주의에 관한 설명 중 가장 적절하지 않은 것은? (다툼이 있는 경우 판례에 의함)

① 실종기간이 구법 시행기간 중에 만료되는 때에도 그 실종이 개정 「민법」 시행일 후에 선고된 때에는 상속에 관하여 개정 「민법」의 규정을 적용하도록 한 민법 부칙의 조항은 재산권 보장에 관한 신뢰보호원칙에 위배된다고 볼 수 없다.

② 공소시효제도가 헌법 제12조 제1항 및 제13조 제1항에 정한 죄형법정주의의 보호범위에 바로 속하지 않는다면, 소급입법의 헌법적 한계는 법적 안정성과 신뢰보호원칙을 포함하는 법치주의의 원칙에 따른 기준으로 판단하여야 한다.

③ 신뢰보호원칙은 객관적 요소로서 법질서의 신뢰성 항구성 법적 투명성과 법적 평화를 의미하고, 이와 내적인 상호 연관 관계에 있는 법적 안정성은 한번 제정된 법규범은 원칙적으로 존속력을 갖고 자신의 행위기준으로 작용하리라는 개인의 주관적 기대이다.

④ 임차인의 계약갱신요구권 행사 기간을 10년으로 규정한 「상가건물 임대차보호법」의 개정법 조항을 개정법 시행 후 갱신되는 임대차에 대하여도 적용하도록 규정한 동법 부칙의 규정은 신뢰보호원칙에 위배되어 임대인의 재산권을 침해한다고 볼 수 없다.

04

선거제도에 관한 설명 중 가장 적절하지 않은 것은? (다툼이 있는 경우 판례에 의함)

① 대통령선거에서 대통령후보자가 1인일 때에는 그 득표수가 선거권자 총수의 3분의 1 이상이 아니면 대통령으로 당선될 수 없다.

② 「공직선거법」상 선거일 현재 1년 이상의 징역 또는 금고의 형의 선고를 받고 그 집행이 종료되지 아니하거나 그 집행을 받지 아니하기로 확정되지 아니한 사람 및 그 형의 집행유예를 선고받고 유예기간 중에 있는 사람은 선거권이 없다.

③ 지방자치단체의 장 선거권을 지방의회의원 선거권, 나아가 국회의원 선거권 및 대통령 선거권과 구별하여 하나는 법률상의 권리로, 나머지는 헌법상의 권리로 이원화하는 것은 허용될 수 없으므로 지방자치단체의 장 선거권 역시 다른 선거권과 마찬가지로 헌법 제24조에 의해 보호되는 기본권으로 인정하여야 한다.

④ 방송광고, 후보자 등의 방송연설, 방송시설주관 후보자연설의 방송, 선거방송토론위원회 주관 대담·토론회의 방송에서 한국수화언어 또는 자막의 방영을 재량사항으로 규정한 「공직선거법」 조항이 자의적으로 비청각장애인과 청각장애인인 청구인을 달리 취급하여 청구인의 평등권을 침해한다고 보기는 어렵다.

05

기본권의 주체에 관한 설명 중 가장 적절하지 않은 것은?
(다툼이 있는 경우 판례에 의함)

① 불법체류 중인 외국인들이라 하더라도, 불법체류라는 것은 관련 법령에 의하여 체류자격이 인정되지 않는다는 것일 뿐이므로, '인간의 권리'로서 외국인에게도 주체성이 인정되는 일정한 기본권에 관하여 불법체류 여부에 따라 그 인정 여부가 달라지는 것은 아니다.

② 근로의 권리의 구체적인 내용에 따라, 국가에 대하여 고용증진을 위한 사회적·경제적 정책을 요구할 수 있는 권리는 사회권적 기본권으로서 국민에 대하여만 인정해야 하지만, 자본주의 경제질서하에서 근로자가 기본적 생활수단을 확보하고 인간의 존엄성을 보장받기 위하여 최소한의 근로조건을 요구할 수 있는 권리는 자유권적 기본권의 성격도 아울러 가지므로 이러한 경우 외국인 근로자에게도 그 기본권 주체성을 인정함이 타당하다.

③ 청구인은 공법상 재단법인인 방송문화진흥회가 최다출자자인 방송사업자로서 「방송법」 등 관련 규정에 의하여 공법상의 의무를 부담하고 있으므로, 그 설립목적이 언론의 자유의 핵심 영역인 방송 사업이라고 하더라도 이러한 업무수행과 관련해서는 기본권 주체가 될 수 없다.

④ 대통령도 국민의 한사람으로서 제한적으로나마 기본권의 주체가 될 수 있는바, 대통령은 소속 정당을 위하여 정당활동을 할 수 있는 사인으로서의 지위와 국민 모두에 대한 봉사자로서 공익 실현의 의무가 있는 헌법기관으로서의 지위를 동시에 갖는데 최소한 전자의 지위와 관련하여는 기본권 주체성을 갖는다고 할 수 있다.

06

기본권의 제한에 관한 설명 중 가장 적절하지 않은 것은?
(다툼이 있는 경우 판례에 의함)

① 「형법」 제304조 중 "혼인을 빙자하여 음행의 상습없는 부녀를 기망하여 간음한 자" 부분은 형벌규정을 통하여 추구하고자 하는 목적 자체가 헌법에 의하여 허용되지 않는 것으로서 그 정당성이 인정되지 않는다.

② 배우자 있는 자의 간통행위 및 그와의 상간행위를 2년 이하의 징역에 처하도록 규정한 「형법」 제241조는 선량한 성풍속 및 일부일처제에 기초한 혼인제도를 보호하고 부부간 정조의무를 지키게 하기 위한 것으로 그 입법목적의 정당성은 인정된다.

③ 운전면허를 받은 사람이 다른 사람의 자동차등을 훔친 경우에는 운전면허를 필요적으로 취소하도록 한 구 「도로교통법」 조항 중 '다른 사람의 자동차등을 훔친 경우' 부분은 다른 사람의 자동차 등을 훔친 범죄행위에 대한 행정적 제재를 강화하여 자동차등의 운행과정에서 야기될 수 있는 교통상의 위험과 장해를 방지함으로써 안전하고 원활한 교통을 확보하고자 하는 것으로서 그 입법목적이 정당하다.

④ 「형법」 제269조 제1항의 자기낙태죄 조항은 태아의 생명을 보호하기 위한 것으로서 그 입법목적은 정당하지만, 낙태를 방지하기 위하여 임신한 여성의 낙태를 형사처벌하는 것은 이러한 입법목적을 달성하는 데 적절하고 실효성 있는 수단이라고 할 수 없다.

07

인간의 존엄과 가치에 관한 설명 중 가장 적절하지 않은 것은? (다툼이 있는 경우 판례에 의함)

① 친생부인의 소의 제척기간을 규정한 「민법」 규정 중 "부(夫)가 그 사유가 있음을 안 날부터 2년내" 부분은 부(夫)가 가정생활과 신분관계에서 누려야 할 인격권을 침해한다.

② 수용자를 교정시설에 수용할 때마다 전자영상 검사기를 이용하여 수용자의 항문 부위에 대한 신체검사를 하는 것이 수용자의 인격권을 침해하는 것은 아니다.

③ 외부 민사재판에 출정할 때 운동화를 착용하게 해달라는 수형자인 청구인의 신청에 대하여 이를 불허한 피청구인 교도소장의 행위는 청구인의 인격권을 침해한다고 볼 수 없다.

④ 선거기사심의위원회가 불공정한 선거기사를 보도하였다고 인정한 언론사에 대하여 언론중재위원회를 통하여 사과문을 게재할 것을 명하도록 하는 「공직선거법」 조항 중 '사과문 게재' 부분과, 해당 언론사가 사과문 게재 명령을 지체 없이 이행하지 않을 경우 형사처벌하는 구 「공직선거법」 규정 중 해당 부분은 언론사의 인격권을 침해한다.

08

일반적 행동자유권에 관한 설명 중 옳은 것을 모두 고른 것은? (다툼이 있는 경우 판례에 의함)

㉠ 헌법 제10조 전문의 행복추구권에는 일반적 행동자유권이 포함되는바, 이는 적극적으로 자유롭게 행동을 하는 것은 물론 소극적으로 행동을 하지 않을 자유도 포함하는 권리로 포괄적인 의미의 자유권이다.

㉡ 육군 장교가 민간법원에서 약식명령을 받아 확정되면 자진 신고할 의무를 규정한, '2020년도 장교 진급 지시'의 해당 부분 중 '민간법원에서 약식명령을 받아 확정된 사실이 있는 자'에 관한 부분은 청구인인 육군 장교의 일반적 행동의 자유를 침해한다.

㉢ 일반적 행동자유권의 보호영역에는 가치 있는 행동뿐만 아니라 개인의 생활방식과 취미에 관한 사항도 포함되며, 여기에는 위험한 스포츠를 즐길 권리와 같은 위험한 생활방식으로 살아갈 권리도 포함된다. 따라서 운전 중 휴대용 전화를 사용할 자유는 헌법 제10조의 행복추구권에서 나오는 일반적 행동자유권의 보호영역에 속한다.

㉣ 의료분쟁 조정신청의 대상인 의료사고가 사망에 해당하는 경우 한국의료분쟁조정중재원의 원장은 지체 없이 조정절차를 개시해야 한다고 규정한 「의료사고 피해구제 및 의료분쟁조정 등에 관한 법률」 제27조 제9항 전문 중 '사망'에 관한 부분이 청구인의 일반적 행동의 자유를 침해한다고 할 수 없다.

---

① ㉠, ㉡

② ㉠, ㉢, ㉣

③ ㉡, ㉢, ㉣

④ ㉠, ㉡, ㉢, ㉣

09

표현의 자유에 관한 설명 중 가장 적절한 것은? (다툼이 있는 경우 판례에 의함)

① '익명표현'은 표현의 자유를 행사하는 하나의 방법으로서 그 자체로 규제되어야 하는 것은 아니고, 부정적 효과가 발생하는 것이 예상되는 경우에 한하여 규제될 필요가 있다.

② 헌법 제21조 제4항 전문은 "언론·출판은 타인의 명예나 권리 또는 공중도덕이나 사회윤리를 침해하여서는 아니된다."라고 규정하고 있는바, 이는 헌법상 표현의 자유의 보호영역에 대한 한계를 설정한 것이라고 보아야 한다.

③ '음란표현'은 헌법상 언론·출판의 자유의 보호영역 밖에 있다고 보아야 한다.

④ 인터넷언론사에 대하여 선거일 전 90일부터 선거일까지 후보자 명의의 칼럼이나 저술을 게재하는 보도를 제한하는 구 「인터넷 선거보도 심의기준 등에 관한 규정」은 인터넷 선거보도의 공정성과 선거의 공정성을 확보하려는 것이므로 후보자인 청구인의 표현의 자유를 침해하지 않는다.

10

헌법상 신체의 자유에 관한 규정 중 가장 적절하지 않은 것은?

① 누구든지 체포 또는 구속의 이유와 변호인의 조력을 받을 권리가 있음을 고지받지 아니하고는 체포 또는 구속을 당하지 아니한다. 체포 또는 구속을 당한 자의 가족 등 법률이 정하는 자에게는 그 이유와 일시·장소가 지체없이 통지되어야 한다.

② 체포·구속·압수 또는 수색을 할 때에는 적법한 절차에 따라 검사의 신청에 의하여 법관이 발부한 영장을 제시하여야 한다. 다만, 현행범인인 경우와 장기 3년 이상의 형에 해당하는 죄를 범하고 도피 또는 증거인멸의 염려가 있을 때에는 사후에 영장을 청구할 수 있다.

③ 모든 국민은 신체의 자유를 가진다. 누구든지 법률과 적법절차에 의하지 아니하고는 체포·구속·압수·수색을 받지 아니하며, 법률에 의하지 아니하고는 심문·처벌·보안처분 또는 강제노역을 받지 아니한다.

④ 피고인의 자백이 고문·폭행·협박·구속의 부당한 장기화 또는 기망 기타의 방법에 의하여 자의로 진술된 것이 아니라고 인정될 때 또는 정식재판에 있어서 피고인의 자백이 그에게 불리한 유일한 증거일 때에는 이를 유죄의 증거로 삼거나 이를 이유로 처벌할 수 없다.

11

개인정보자기결정권에 관한 설명 중 가장 적절하지 않은 것은? (다툼이 있는 경우 판례에 의함)

① 아동·청소년 성매수죄로 유죄가 확정된 자는 신상정보 등록대상자가 되도록 규정한 「성폭력범죄의 처벌 등에 관한 특례법」 제42조 제1항 중 "구「아동·청소년의 성보호에 관한 법률」 제2조 제2호 가운데 제10조 제1항의 범죄로 유죄판결이 확정된 자는 신상정보 등록대상자가 된다."는 부분은 청구인의 개인정보자기결정권을 침해하지 않는다.

② 성적목적공공장소침입죄로 형을 선고받아 유죄판결이 확정된 자는 신상정보 등록대상자가 된다고 규정한 「성폭력범죄의 처벌 등에 관한 특례법」 제42조 제1항 중 "제12조의 범죄로 유죄판결이 확정된 자"에 관한 부분은 청구인의 개인정보자기결정권을 침해하지 않는다.

③ 통신매체이용음란죄로 유죄판결이 확정된 자는 신상정보 등록 대상자가 된다고 규정한 「성폭력범죄의 처벌 등에 관한 특례법」 제42조 제1항 중 "제13조의 범죄로 유죄판결이 확정된 자는 신상정보 등록대상자가 된다."는 부분은 청구인의 개인정보자기결정권을 침해한다.

④ 가상의 아동·청소년이용음란물배포죄로 유죄판결이 확정된 자는 신상정보 등록대상자가 되도록 규정한 「성폭력범죄의 처벌 등에 관한 특례법」 제42조 제1항 중 구「아동·청소년의 성보호에 관한 법률」 제8조 제4항의 아동·청소년이용음란물 가운데 "아동·청소년으로 인식될 수 있는 사람이나 표현물이 등장하는 것"에 관한 부분으로 유죄판결이 확정된 자에 관한 부분은 청구인의 개인정보자기결정권을 침해한다.

12

대학의 자치에 관한 설명 중 가장 적절하지 않은 것은? (다툼이 있는 경우 판례에 의함)

① 대학 본연의 기능인 학술의 연구나 교수, 학생선발·지도 등과 관련된 교무·학사행정의 영역에서는 대학구성원의 결정이 우선한다고 볼 수 있으나, 대학의 재정, 시설 및 인사 등의 영역에서는 학교법인이 기본적인 윤곽을 결정하게 되므로, 대학구성원에게는 이러한 영역에 대한 참여권이 인정될 여지가 없다.

② 헌법 제31조 제4항이 규정하는 교육의 자주성 및 대학의 자율성은 헌법 제22조 제1항이 보장하는 학문의 자유의 확실한 보장을 위해 꼭 필요한 것으로서 대학에 부여된 헌법상 기본권인 대학의 자율권이므로, 국립대학인 청구인도 이러한 대학의 자율권의 주체로서 헌법소원심판의 청구인능력이 인정된다.

③ 대학의 자율성 즉, 대학의 자치란 대학이 그 본연의 임무인 연구와 교수를 외부의 간섭 없이 수행하기 위하여 인사·학사·시설·재정 등의 사항을 자주적으로 결정하여 운영하는 것을 말한다. 따라서 연구 교수활동의 담당자인 교수가 그 핵심주체라 할 것이나, 연구·교수활동의 범위를 좁게 한정할 이유가 없으므로 학생, 직원 등도 포함될 수 있다.

④ 이사회와 재경위원회에 일정 비율 이상의 외부인사를 포함하는 내용 등을 담고 있는 구「국립대학법인 서울대학교 설립·운영에 관한 법률」 규정의 이른바 '외부인사 참여 조항'이 대학의 자율의 본질적인 부분을 침해하였다고 볼 수 없다.

13

다음 사례에 관한 설명 중 가장 적절한 것은? (다툼이 있는 경우 판례에 의함)

청구인 A는 경장으로 근무 중인 사람으로서 「공무원보수규정」의 해당 부분이 「경찰공무원 임용령 시행규칙」상의 '계급환산기준표' 및 '호봉획정을 위한 공무원경력의 상당 계급기준표'에 따라 경찰 공무원인 자신의 1호봉 봉급월액을 청구인의 계급에 상당하는 군인 계급인 중사의 1호봉 봉급월액에 비해 낮게 규정함으로써 자신의 기본권을 침해한다고 주장하면서 2007년 4월 16일 그 위헌확인을 구하는 헌법소원심판을 청구하였다.

① 청구인 A는 「공무원보수규정」의 해당 부분이 자신의 평등권, 재산권, 직업선택의 자유 및 행복추구권 등을 침해한다고 주장하는바, 이는 기본권 충돌에 해당한다.

② 경찰공무원과 군인은 「공무원보수규정」상의 봉급표에 있어서 본질적으로 동일·유사한 지위에 있다고 볼 수 없으므로 청구인 A의 평등권 침해는 문제되지 않는다.

③ 직업의 자유에 '해당 직업에 합당한 보수를 받을 권리'까지 포함되어 있다고 보아야 하므로, 경장의 1호봉 봉급월액을 중사의 1호봉 봉급월액보다 적게 규정한 것은 청구인 A의 직업수행의 자유를 침해한 것이다.

④ 공무원의 보수청구권은, 법률 및 법률의 위임을 받은 하위법령에 의해 그 구체적 내용이 형성되면 재산적 가치가 있는 공법상의 권리가 되어 재산권의 내용에 포함되지만, 법령에 의하여 구체적 내용이 형성되기 전의 권리, 즉 공무원이 국가 또는 지방자치단체에 대하여 어느 수준의 보수를 청구할 수 있는 권리는 단순한 기대이익에 불과하여 재산권의 내용에 포함된다고 볼 수 없으므로 「공무원보수규정」의 해당 부분은 청구인 A의 재산권을 침해하지 않는다.

14

통신의 자유에 관한 설명 중 가장 적절하지 않은 것은? (다툼이 있는 경우 판례에 의함)

① 「통신비밀보호법」상 '통신'이라 함은 우편물 및 전기통신을 말한다.

② 전기통신역무제공에 관한 계약을 체결하는 경우 전기통신사업자로 하여금 가입자에게 본인임을 확인할 수 있는 증서 등을 제시하도록 요구하고 부정가입방지시스템 등을 이용하여 본인인지 여부를 확인하도록 한 「전기통신사업법」 조항 및 「전기통신사업법 시행령」 조항은 이동통신서비스에 가입하려는 청구인들의 통신의 비밀을 제한한다.

③ 「통신비밀보호법」 조항 중 '인터넷회선을 통하여 송·수신하는 전기통신'에 관한 부분은 인터넷회선 감청의 특성을 고려하여 그 집행 단계나 집행 이후에 수사기관의 권한 남용을 통제하고 관련 기본권의 침해를 최소화하기 위한 제도적 조치가 제대로 마련되어 있지 않은 상태에서, 범죄수사 목적을 이유로 인터넷 회선 감청을 통신제한조치 허가 대상 중 하나로 정하고 있으므로 청구인의 기본권을 침해한다.

④ 미결수용자가 교정시설 내에서 규율위반행위 등을 이유로 금치처분을 받은 경우 금치기간 중 서신수수, 접견, 전화통화를 제한하는 「형의 집행 및 수용자의 처우에 관한 법률 조항」 중 미결수용자에게 적용되는 부분은 미결수용자인 청구인의 통신의 자유를 침해하지 않는다.

15

인간다운 생활을 할 권리에 관한 설명 중 가장 적절하지 않은 것은? (다툼이 있는 경우 판례에 의함)

① 국가가 인간다운 생활을 보장하기 위한 헌법적 의무를 다하였는지의 여부가 사법적 심사의 대상이 된 경우에는, 국가가 최저생활보장에 관한 입법을 전혀 하지 아니하였다든가 그 내용이 현저히 불합리하여 헌법상 용인될 수 있는 재량의 범위를 명백히 일탈한 경우에 한하여 헌법에 위반된다.

② 65세 미만의 일정한 노인성 질병이 있는 사람의 장애인 활동 지원급여 신청자격을 제한하는 「장애인활동 지원에 관한 법률」 제5조 제2호 본문 중 ''「노인장기요양보험법」 제2조 제1호에 따른 노인 등' 가운데 '65세 미만의 자로서 치매·뇌혈관성질환 등 대통령령으로 정하는 노인성 질병을 가진 자'에 관한 부분은 합리적 이유가 있다고 할 것이므로 평등원칙에 위반되지 않는다.

③ 업무상 질병으로 인한 업무상 재해에 있어 업무와 재해 사이의 상당인과관계에 대한 입증책임을 이를 주장하는 근로자나 그 유족에게 부담시키는 「산업재해보상보험법」 규정이 근로자나 그 유족의 사회보장수급권을 침해한다고 볼 수 없다.

④ 「공무원연금법」에 따른 퇴직연금일시금을 지급받은 사람 및 그 배우자를 기초연금 수급권자의 범위에서 제외하는 것은 한정된 재원으로 노인의 생활안정과 복리향상이라는 「기초연금법」의 목적을 달성하기 위한 것으로서 합리성이 인정되므로 인간다운 생활을 할 권리를 침해한다고 볼 수 없다.

16

근로의 권리에 관한 설명 중 가장 적절하지 않은 것은? (다툼이 있는 경우 판례에 의함)

① 근로의 권리는 국가의 개입·간섭을 받지 않고 자유로이 근로를 할 자유와, 국가에 대하여 근로의 기회를 제공하는 정책을 수립해 줄 것을 요구할 수 있는 권리 등을 기본적인 내용으로 하고 있고, 이 때 근로의 권리는 근로자를 개인의 차원에서 보호하기 위한 권리로서 개인인 근로자가 근로의 권리의 주체가 되는 것이고, 노동조합은 그 주체가 될 수 없다.

② 일용근로자로서 3개월을 계속 근무하지 아니한 자를 해고 예고제도의 적용제외사유로 규정하고 있는 「근로기준법」 규정은 일용근로자인 청구인의 근로의 권리를 침해하지 않는다.

③ 청원경찰의 복무에 관하여 「국가공무원법」의 해당 조항을 준용함으로써 노동운동을 금지하는 「청원경찰법」의 해당 조항 중 「국가공무원법」의 해당 조항 가운데 '노동운동' 부분을 준용하는 부분은 국가기관이나 지방자치단체 이외의 곳에서 근무하는 청원경찰인 청구인들의 근로3권을 침해한다.

④ 공항·항만 등 국가중요시설의 경비업무를 담당하는 특수경비원에게 경비업무의 정상적인 운영을 저해하는 일체의 쟁의행위를 금지하는 「경비업법」의 해당 조항은 특수경비원의 단체행동권을 박탈하여 근로3권을 규정하고 있는 헌법 제33조 제1항에 위배된다.

17

환경권에 관한 설명 중 가장 적절하지 않은 것은? (다툼이 있는 경우 판례에 의함)

① 「공직선거법」이 정온한 생활환경이 보장되어야 할 주거지역에서 출근 또는 등교 이전 및 퇴근 또는 하교 이후 시간대에 확성장치의 최고출력 내지 소음을 제한하는 등 사용시간과 사용지역에 따른 수인한도 내에서 확성장치의 최고출력 내지 소음 규제기준에 관한 규정을 두지 아니한 것은 청구인의 건강하고 쾌적한 환경에서 생활할 권리를 침해한다.

② 독서실과 같이 정온을 요하는 사업장의 실내소음 규제기준을 만들어야 할 입법의무가 헌법의 해석상 곧바로 도출된다고 보기는 어렵다.

③ 환경권의 내용과 행사는 법률에 의해 구체적으로 정해지는 것이기는 하나(헌법 제35조 제2항), 이 헌법조항의 취지는 특별히 명문으로 헌법에서 정한 환경권을 입법자가 그 취지에 부합하도록 법률로써 내용을 구체화하도록 한 것이지 환경권이 완전히 무의미하게 되는데도 그에 대한 입법을 전혀 하지 아니하거나, 어떠한 내용이든 법률로써 정하기만 하면 된다는 것은 아니다.

④ 국가가 국민의 건강하고 쾌적한 환경에서 생활할 권리에 대한 보호의무를 다하지 않았는지 여부를 헌법재판소가 심사할 때에는 국가가 이를 보호하기 위하여 적어도 적절하고 효율적인 최소한의 보호조치를 취하였는가 하는 이른바 '과잉입법금지원칙' 내지 '비례의 원칙'의 위반 여부를 기준으로 삼아야 한다.

18

재판청구권에 관한 설명 중 가장 적절하지 않은 것은? (다툼이 있는 경우 판례에 의함)

① 헌법은 "군인 또는 군무원이 아닌 국민은 대한민국의 영역안에서는 중대한 군사상 기밀·초병·초소·유독음식물공급·포로·군용물에 관한 죄중 법률이 정한 경우와 비상계엄이 선포된 경우를 제외하고는 군사법원의 재판을 받지 아니한다."고 규정하고 있다.

② 소환된 증인 또는 그 친족 등이 보복을 당할 우려가 있는 경우, 재판장은 피고인을 퇴정시키고 증인신문을 행할 수 있도록 규정한 「특정범죄신고자 등 보호법 조항」은 피고인의 「형사소송법」상의 반대신문권을 제한하고 있어 피고인의 공정한 재판을 받을 권리를 침해한다.

③ 법관기피신청이 소송의 지연을 목적으로 함이 명백한 경우에 신청을 받은 법원 또는 법관은 결정으로 이를 기각할 수 있도록 규정한 「형사소송법」 제20조 제1항이 헌법상 보장되는 공정한 재판을 받을 권리를 침해하는 것은 아니다.

④ 형사재판에 계속 중인 사람에 대하여 출국을 금지할 수 있다고 규정한 「출입국관리법」 제4조 제1항 제1호는 유죄를 근거로 형사재판에 계속 중인 사람에게 사회적 비난 내지 응보적 의미의 제재를 가하려는 것이라고 보기 어려우므로 무죄추정의 원칙에 위배된다고 볼 수 없다.

19

형사보상에 관한 설명 중 가장 적절하지 않은 것은? (다툼이 있는 경우 판례에 의함)

① 형사보상의 청구에 대한 보상의 결정에 대하여는 불복을 신청할 수 없도록 단심재판으로 규정한 「형사보상법」 조항은 형사보상인용결정의 안정성을 유지하고, 신속한 형사보상절차의 확립을 통해 형사보상에 관한 국가예산 수립의 안정성을 확보하며, 나아가 상급법원의 부담을 경감하고자 하는 데 그 목적이 있으므로 청구인들의 형사보상청구권을 침해하지 않는다.

② 형사보상의 청구를 무죄재판이 확정된 때로부터 1년 이내에 하도록 규정하고 있는 「형사보상법」 조항은 입법재량의 한계를 일탈하여 청구인의 형사보상청구권을 침해한다.

③ 「형사보상 및 명예회복에 관한 법률」에 따르면 본인이 수사 또는 심판을 그르칠 목적으로 거짓 자백을 하거나 다른 유죄의 증거를 만듦으로써 기소, 미결구금 또는 유죄재판을 받게 된 것으로 인정된 경우에는 법원은 재량으로 보상청구의 전부 또는 일부를 기각할 수 있다.

④ 국가의 형사사법행위가 고의·과실로 인한 것으로 인정되는 경우에는 국가배상청구 등 별개의 절차에 의하여 인과관계 있는 모든 손해를 배상받을 수 있으므로, 형사보상절차로써 인과관계있는 모든 손해를 보상하지 않는다고 하여 반드시 부당하다고 할 수는 없다.

20

공무담임권에 관한 설명 중 가장 적절하지 않은 것은? (다툼이 있는 경우 판례에 의함)

① 공무담임권은 국가 등에게 능력주의를 존중하는 공정한 공직자 선발을 요구할 수 있는 권리라는 점에서 직업선택의 자유보다는 그 기본권의 효과가 현실적·구체적이므로, 공직을 직업으로 선택하는 경우에 있어서 직업선택의 자유는 공무담임권을 통해서 그 기본권보호를 받게 된다고 할 수 있으므로 공무담임권을 침해하는지 여부를 심사하는 이상 이와 별도로 직업선택의 자유 침해 여부를 심사할 필요는 없다.

② 공무담임권의 보호영역에는 일반적으로 공직취임의 기회보장, 신분박탈, 직무의 정지가 포함될 뿐이고 '승진시험의 응시제한'이나 이를 통한 승진기회의 보장 문제는 공직신분의 유지나 업무수행에는 영향을 주지 않는 단순한 내부 승진인사에 관한 문제에 불과하여 공무담임권의 보호영역에 포함된다고 보기 어렵다.

③ 서울교통공사는 공익적인 업무를 수행하기 위한 지방공사이나 서울특별시와 독립적인 공법인으로서 경영의 자율성이 보장되고, 서울교통공사의 직원의 신분도 「지방공무원법」이 아닌 「지방공기업법」과 정관에서 정한 바에 따르는 등, 서울교통공사의 직원이라는 직위가 헌법 제25조가 보장하는 공무담임권의 보호영역인 '공무'의 범위에는 해당하지 않는다.

④ 금고 이상의 형의 선고유예를 받고 그 기간 중에 있는 자를 임용결격사유로 삼고, 위 사유에 해당하는 자가 임용되더라도 이를 당연무효로 하는 구 「국가공무원법」 조항은 입법자의 재량을 일탈하여 청구인의 공무담임권을 침해한다.

2023
윤우혁 헌법 최신기출문제집

2023
윤우혁 헌법 최신기출문제집

Answer & Explanation

01	③	02	③	03	③	04	③	05	④
06	②	07	③	08	④	09	④	10	①
11	②	12	③	13	④	14	②	15	④
16	①	17	①	18	④	19	②	20	①
21	②	22	①	23	③	24	④	25	②

01
정답 ③

① (O)

② (O) "헌법전문에 기재된 3·1정신"은 우리나라 헌법의 연혁적·이념적 기초로서 헌법이나 법률해석에서의 해석기준으로 작용한다고 할 수 있지만, 그에 기하여 곧바로 국민의 개별적 기본권성을 도출해 낼 수는 없다고 할 것이므로, 헌법소원의 대상인 "헌법상 보장된 기본권"에 해당하지 아니한다.(헌재 2001.3.21. 99헌마139)

③ (X) 헌법은 전문(前文)에서 "3·1운동으로 건립된 대한민국임시정부의 법통을 계승"한다고 선언하고 있다. 이는 대한민국이 일제에 항거한 독립운동가의 공헌과 희생을 바탕으로 이룩된 것임을 선언한 것이고, 그렇다면 국가는 일제로부터 조국의 자주독립을 위하여 공헌한 독립유공자와 그 유족에 대하여는 응분의 예우를 하여야 할 헌법적 의무를 지닌다고 보아야 할 것이다.(헌재 2005.6.30. 2004헌마859)

④ (O) 헌재 2011.8.30. 2006헌마788.

02
정답 ③

① (O) ② (O) ③ (X) ④ (O)

헌법 제123조
① 국가는 농업 및 어업을 보호·육성하기 위하여 농·어촌종합개발과 그 지원등 필요한 계획을 수립·시행하여야 한다.
② 국가는 지역 간의 균형 있는 발전을 위하여 지역경제를 육성할 의무를 진다.
③ 국가는 중소기업을 보호·육성하여야 한다.
④ 국가는 농수산물의 수급균형과 유통구조의 개선에 노력하여 가격안정을 도모함으로써 농·어민의 이익을 보호한다.
⑤ 국가는 농·어민과 중소기업의 자조조직을 육성하여야 하며, 그 자율적 활동과 발전을 보장한다.

03
정답 ③

① (X)

형사보상 및 명예회복에 관한 법률 제7조(관할법원)
보상청구는 무죄재판을 한 법원에 대하여 하여야 한다.

② (X)

형사보상 및 명예회복에 관한 법률 제6조(손해배상과의 관계)
① 이 법은 보상을 받을 자가 다른 법률에 따라 손해배상을 청구하는 것을 금지하지 아니한다.
③ 다른 법률에 따라 손해배상을 받을 자가 같은 원인에 대하여 이 법에 따른 보상을 받았을 때에는 그 보상금의 액수를 빼고 손해배상의 액수를 정하여야 한다.

③ (O)

형사보상 및 명예회복에 관한 법률 제8조(보상청구의 기간)
보상청구는 무죄재판이 확정된 사실을 안 날부터 3년, 무죄재판이 확정된 때부터 5년 이내에 하여야 한다.

④ (X)

형사보상 및 명예회복에 관한 법률 제13조(대리인에 의한 보상청구)
보상청구는 대리인을 통하여서도 할 수 있다.

04
정답 ③

① (O) ④ (O) 법인도 사단법인·재단법인 또는 영리법인·비영리법인을 가리지 아니하고 위 한계 내에서는 헌법상 보장된 기본권이 침해되었음을 이유로 헌법소원심판을 청구할 수 있다. 또한, 법인 아닌 사단·재단이라고 하더라도 대표자의 정함이 있고 독립된 사회적 조직체로서 활동하는 때에는 성질상 법인이 누릴 수 있는 기본권을 침해당하게 되면 그의 이름으로 헌법소원심판을 청구할 수 있다.(헌재 1991.6.3. 90헌마56)

② (O)

③ (X) 교육의 자주성이나 대학의 자율성은 헌법 제22조 제12항이 보장하고 있는 학문의 자유의 확실한 보장수단으로 꼭 필요한 것으로서 이는 대학에게 부여된 헌법상의 기본권이다. 따라서 국립대학인 서울대학교는 다른 국가기관 내지 행정기관과는 달리 공권력의 행사자의 지위와 함께 기본권의 주체라는 점도 중요하게 다루어져야 한다. 여기서 대학의 자율은 대학시설의 관리·운영만이 아니라 학사관리 등 전반적인 것이라야 하므로 연구와 교육의 내용, 그 방법과 그 대상, 교과과정의 편성, 학생의 선발, 학생의 전형도 자율의 범위에 속해야 하고 따라서 입학시험제도도 자주적으로 마련될 수 있어야 한다.(헌재 1992.10.1. 92헌마68)

05
정답 ④

ㄱ. (O) 등급분류는 검열이 아니지만, 등급분류보류는 보류가 강제수단으로 사용되기 때문에 검열에 해당한다.(헌재 2001.8.30. 2000헌가9)

ㄴ. (O) ㄷ. (O) 행정기관인지는 형식이 아니라 실질에 따라 판단한다. 영상물등급위원회처럼 형식적으로 민간심의기구라 하더라도 행정권이 개입하여 그 사전심의에 자율성이 보장되지 않는다면 이 역시 행정기관의 사전검열에 해당하게 될 것이다.(헌재 2015.12.23. 2015헌바75)

ㄹ. (O) 검열은 절대적으로 금지된다.

06 정답 ②

① (O) 피의자신문에 참여한 변호인이 피의자 옆에 앉는다고 하여 피의자 뒤에 앉는 경우보다 수사를 방해할 가능성이 높아진다거나 수사기밀을 유출할 가능성이 높아진다고 볼 수 없으므로, 이 사건 후방착석요구행위의 목적의 정당성과 수단의 적절성을 인정할 수 없다. … 이 사건 후방착석요구행위는 변호인인 청구인의 변호권을 침해한다.(헌재 2017.11.30. 2016헌마503)

② (X) 이중처벌은 아니지만 신체의 자유를 침해한다.
[판례] 이 사건 법률조항과 같이 우리 형법에 의한 처벌 시 외국에서 받은 형의 집행을 전혀 반영하지 아니할 수도 있도록 한 것은 과잉금지원칙에 위배되어 신체의 자유를 침해한다.(헌재 2015.5.28. 2013헌바129)

③ (O)

헌법 제12조
③ 체포·구속·압수 또는 수색을 할 때에는 적법한 절차에 따라 검사의 신청에 의하여 법관이 발부한 영장을 제시하여야 한다. 다만, 현행범인인 경우와 장기 3년 이상의 형에 해당하는 죄를 범하고 도피 또는 증거인멸의 염려가 있을 때에는 사후에 영장을 청구할 수 있다.

④ (O) 변호인의 조력을 받을 권리는 형사사건에만 인정하였으나, 지금은 행정절차에서 구금된 경우에도 인정하고 있다.

07 정답 ③

① (O) 기본권 보호의무는 가해자인 사인과 피해자인 사인의 관계에서 국가가 기본권을 보호하는 것을 말한다.
[판례] 국가의 기본권 보호의무란 기본권적 법익을 기본권 주체인 사인에 의한 위법한 침해 또는 침해의 위험으로부터 보호하여야 하는 국가의 의무를 말하며, 주로 사인인 제3자에 의한 개인의 생명이나 신체의 훼손에서 문제되는 것이므로, 제3자에 의한 개인의 생명이나 신체의 훼손이 문제되는 사안이 아닌 이 사건에서는 이에 대해 판단할 필요가 없다.(헌재 2015.12.23. 2011헌바139)

② (O) 국가가 기본권 보호의무를 이행함에 있어서는 그 행위의 형식에 관하여도 폭넓은 형성의 자유가 인정되고, 반드시 법령에 의하여 이행하여야 하는 것은 아니므로, 국가의 보호조치가 침해되는 기본권을 보호하는 데 적절한지 여부를 판단함에 있어서는 이 사건 결정선고 시까지 취해진 국가행위를 전체적으로 고려하여 판단하여야 한다.(헌재 2016.10.27. 2012헌마121)

③ (X) 심판대상조항이 선거운동의 자유를 감안하여 선거운동을 위한 확성장치를 허용할 공익적 필요성이 인정된다고 하더라도 정온한 생활환경이 보장되어야 할 주거지역에서 출근 또는 등교 이전 및 퇴근 또는 하교 이후 시간대에 확성장치의 최고출력 내지 소음을 제한하는 등 사용시간과 사용지역에 따른 수인한도 내에서 확성장치의 최고출력 내지 소음규제기준에 관

한 규정을 두지 아니한 것은, 국민이 건강하고 쾌적하게 생활할 수 있는 양호한 주거환경을 위하여 노력하여야 할 국가의 의무를 부과한 헌법 제35조 제3항에 비추어 보면, 적절하고 효율적인 최소한의 보호조치를 취하지 아니하여 국가의 기본권 보호의무를 과소하게 이행한 것이다. 따라서, 심판대상조항은 국가의 기본권 보호의무를 과소하게 이행한 것으로서, 청구인의 건강하고 쾌적한 환경에서 생활할 권리를 침해한다.(헌재 2019.12.27. 2018헌마730)

④ (O) 기본권 보호의무에 대한 헌법재판소의 심사기준이다.

08 정답 ④

① (O)

헌법 제36조
③ 모든 국민은 보건에 관하여 국가의 보호를 받는다.

② (O) 국가는 국민의 생명·신체의 안전이 위협받거나 받게 될 우려가 있는 경우 국민의 생명·신체의 안전을 보호하기에 필요한 적절하고 효율적인 조치를 취하여 그 침해의 위험을 방지하고 이를 유지할 포괄적 의무를 진다. 국가가 위와 같은 조치를 취하지 못하였다면 이는 국가가 국민의 생명·신체 보호의무를 위반하여 국민의 생명·신체의 안전에 관한 기본권 내지 보건권을 침해할 가능성이 있는 경우에 해당한다.(헌재 2019.6.28. 2017헌마1309)

③ (O)

④ (X) 헌법 제36조 제3항이 규정하고 있는 국민의 보건에 관한 권리는 국민이 자신의 건강을 유지하는 데 필요한 국가적 급부와 배려를 요구할 수 있는 권리를 말하는 것으로서, 국가는 국민의 건강을 소극적으로 침해하여서는 아니 될 의무를 부담하는 것에서 한 걸음 더 나아가 적극적으로 국민의 보건을 위한 정책을 수립하고 시행하여야 할 의무를 부담한다는 것을 의미한다.(헌재 2012.2.23. 2011헌마123) 다만, 구체적인 내용을 요구할 권리는 아니다.

09 정답 ④

① (O) 수사기관의 통신사실 확인자료 제공요청에 대해 법원의 허가를 거치도록 규정하고 있으나 수사의 필요성만을 그 요건으로 하고 있어 제대로 된 통제가 이루어지기 어려운 점, 기지국수사의 허용과 관련하여서는 유괴·납치·성폭력범죄 등 강력범죄나 국가안보를 위협하는 각종 범죄와 같이 피의자나 피해자의 통신사실 확인자료가 반드시 필요한 범죄로 그 대상을 한정하는 방안 또는 다른 방법으로는 범죄수사가 어려운 경우(보충성)를 요건으로 추가하는 방안 등을 검토함으로써 수사에 지장을 초래하지 않으면서도 불특정 다수의 기본권을 덜 침해하는 수단이 존재하는 점을 고려할 때, 이 사건 요청조항은 과잉금지원칙에 반하여 청구인의 개인정보자기결정권과 통신의 자유를 침해한다.(헌재 2018.6.28. 2012헌마538)

② (O) 국회의원인 甲 등이 '각급학교 교원의 교원단체 및 교원 노조 가입현황 실명자료'를 인터넷을 통하여 공개한 사안에서, 위 정보는 개인정보자기결정권의 보호대상이 되는 개인정보에 해당하므로 이를 일반 대중에게 공개하는 행위는 해당 교원들의 개인정보자기결정권과 전국교직원노동조합의 존속, 유지, 발전에 관한 권리를 침해하는 것이고, 甲 등이 위 정보를 공개한 표현행위로 인하여 얻을 수 있는 법적 이익이 이를 공개하지 않음으로써 보호받을 수 있는 해당 교원 등의 법적 이익에 비하여 우월하다고 할 수 없으므로, 甲 등의 정보공개행위는 위법하다.(대판 2014.7.24. 2012다49933)

③ (O) 개인정보자기결정권의 개념이다.

④ (X) 디엔에이신원확인정보를 범죄수사 등에 이용함으로써 달성할 수 있는 공익의 중요성에 비하여 청구인의 불이익이 크다고 보기 어려워 법익균형성도 갖추었다. 따라서 이 사건 삭제조항이 과도하게 개인정보자기결정권을 침해한다고 볼 수 없다. (헌재 2014.8.28. 2011헌마28)

10 [정답] ①

① (X) 헌법 제72조의 국민투표는 국회의결을 거치지 않고 한다. 한편 제2차 개헌 때의 국민투표는 국회의결 후 국민투표를 하였다.

헌법 제72조
대통령은 필요하다고 인정할 때에는 외교·국방·통일 기타 국가안위에 관한 중요정책을 국민투표에 붙일 수 있다.

② (O)

전직대통령 예우에 관한 법률 제7조(권리의 정지 및 제외 등)
② 전직대통령이 다음 각 호의 어느 하나에 해당하는 경우에는 제6조 제4항 제1호에 따른 예우(필요한 기간의 경호 및 경비)를 제외하고는 이 법에 따른 전직대통령으로서의 예우를 하지 아니한다.
  1. 재직 중 탄핵결정을 받아 퇴임한 경우
  2. 금고 이상의 형이 확정된 경우
  3. 형사처분을 회피할 목적으로 외국정부에 도피처 또는 보호를 요청한 경우
  4. 대한민국의 국적을 상실한 경우

③ (O) 선전포고와 강화는 국무회의를 거치고 국회의 동의를 받아야 하지만, 외교사절의 신임·접수는 그렇지 않다.

헌법 제73조
대통령은 조약을 체결·비준하고, 외교사절을 신임·접수 또는 파견하며, 선전포고와 강화를 한다.

④ (O)

헌법 제66조
③ 대통령은 조국의 평화적 통일을 위한 성실한 의무를 진다.

제69조
대통령은 취임에 즈음하여 다음의 선서를 한다.
"나는 헌법을 준수하고 국가를 보위하며 조국의 평화적 통일과 국민의 자유와 복리의 증진 및 민족문화의 창달에 노력하여 대통령으로서의 직책을 성실히 수행할 것을 국민 앞에 엄숙히 선서합니다."

11 [정답] ②

① (O)

헌법 제98조
① 감사원은 원장을 포함한 5인 이상 11인 이하의 감사위원으로 구성한다.
② 원장은 국회의 동의를 얻어 대통령이 임명하고, 그 임기는 4년으로 하며, 1차에 한하여 중임할 수 있다.
③ 감사위원은 원장의 제청으로 대통령이 임명하고, 그 임기는 4년으로 하며, 1차에 한하여 중임할 수 있다.

② (X) 성질상 정부의 구성단위인 중앙행정기관이라 할지라도, 법률상 그 기관의 장(長)이 국무위원이 아니라든가 또는 국무위원이라 하더라도 그 소관사무에 관하여 부령을 발할 권한이 없는 경우에는, 그 기관은 우리 헌법이 규정하는 실정법적 의미의 행정각부로는 볼 수 없다는 헌법상의 간접적인 개념제한이 있음을 알 수 있다. 따라서 정부의 구성단위로서 그 권한에 속하는 사항을 집행하는 모든 중앙행정기관이 곧 헌법 제86조 제2항 소정의 행정각부는 아니라 할 것이다.(헌재 1994.4.28. 89헌마221)

③ (O) 국가안전보장회의는 헌법상 필수기구이다.

④ (O) 국무총리도 현역을 면해야 한다. 다만, 대통령의 경우에는 그러한 조문이 없다.

12 [정답] ③

① (O)

헌법 제88조
③ 대통령은 국무회의의 의장이 되고, 국무총리는 부의장이 된다.

② (O) 탄핵은 징계벌이기 때문이다.

③ (X)

정부조직법 제18조(국무총리의 행정감독권)
② 국무총리는 중앙행정기관의 장의 명령이나 처분이 위법 또는 부당하다고 인정될 경우에는 대통령의 승인을 받아 이를 중지 또는 취소할 수 있다.

④ (O)

13 [정답] ④

① (O)

② (O) 재심을 청구하면 무죄가 된다.

③ (O) 당사자에게 가장 유리한 위헌 3인에 그 다음으로 유리한 헌법불합치 4인을 더하면 위헌정족수 6인을 만족하게 되므로, 헌법불합치가 된다.

④ (X) 헌법재판소가 종전에 그 형벌조항에 대해 합헌으로 결정한 사건이 있는 경우에는, 그 결정이 있는 날의 다음 날로 소급하여 효력을 상실한다. 따라서 제정된 때가 아닌 종전에 합헌이 있는 날인 2001.10.25.의 다음 날인 10.26.로 소급하여 효력을 상실하게 된다.

14 정답 ②

① (O) ② (X)

정부조직법 제12조(국무회의)
② 의장이 사고로 직무를 수행할 수 없는 경우에는 부의장인 국무총리가 그 직무를 대행하고, 의장과 부의장이 모두 사고로 직무를 수행할 수 없는 경우에는 기획재정부장관이 겸임하는 부총리, 교육부장관이 겸임하는 부총리 및 제26조 제1항에 규정된 순서에 따라 국무위원이 그 직무를 대행한다.
③ 국무위원은 정무직으로 하며 의장에게 의안을 제출하고 국무회의의 소집을 요구할 수 있다.

③ (O) 다만, 대통령과 국무총리는 국무위원이 아니므로, 국무회의의 구성원은 17인 이상 32인까지 가능하다.

④ (O)

헌법 제89조
다음 사항은 국무회의의 심의를 거쳐야 한다.
1. 국정의 기본계획과 정부의 일반정책
2. 선전·강화 기타 중요한 대외정책
3. 헌법개정안·국민투표안·조약안·법률안 및 대통령령안
4. 예산안·결산·국유재산처분의 기본계획·국가의 부담이 될 계약 기타 재정에 관한 중요사항
5. 대통령의 긴급명령·긴급재정경제처분 및 명령 또는 계엄과 그 해제
6. 군사에 관한 중요사항
7. 국회의 임시회 집회의 요구
8. 영전수여
9. 사면·감형과 복권
10. 행정각부 간의 권한의 획정
11. 정부안의 권한의 위임 또는 배정에 관한 기본계획
12. 국정처리상황의 평가·분석
13. 행정각부의 중요한 정책의 수립과 조정
14. 정당해산의 제소
15. 정부에 제출 또는 회부된 정부의 정책에 관계되는 청원의 심사
16. 검찰총장·합동참모의장·각군참모총장·국립대학교총장·대사 기타 법률이 정한 공무원과 국영기업체관리자의 임명
17. 기타 대통령·국무총리 또는 국무위원이 제출한 사항

15 정답 ④

① (X) 위 규정은 예시적이므로 국회의 부분기관인 국회의원과 국회의장 간의 권한쟁의도 가능하다. 다만, 헌법에 의해 설치된 기관이어야 한다.

② (X) ③ (X) 정당은 국민의 자발적 조직으로, 그 법적 성격은 일반적으로 사적·정치적 결사 내지는 법인격 없는 사단으로서 공권력의 행사주체로서 국가기관의 지위를 갖는다고 볼 수 없다. 정당이 국회 내에서 교섭단체를 구성하고 있다고 하더라도, 헌법은 권한쟁의심판청구의 당사자로서 국회의원들의 모임인 교섭단체에 대해서 규정하고 있지 않고, 교섭단체의 권한침해는 교섭단체에 속한 국회의원 개개인의 심의·표결권 등 권한침해로 이어질 가능성이 높아 그 분쟁을 해결할 적당한 기관이나 방법이 없다고 할 수 없다. 따라서 정당은 헌법 제111조 제1항 제4호 및 헌법재판소법 제62조 제1항 제1호의 '국가기관'에 해당한다고 볼 수 없으므로, 권한쟁의심판의 당사자능력이 인정되지 아니한다.(헌재 2020.5.27. 2019헌라6)

④ (O)

16 정답 ①

① (X) 심리는 비공개로 할 수 있지만, 판결은 반드시 공개해야 한다.

헌법 제109조
재판의 심리와 판결은 공개한다. 다만, 심리는 국가의 안전보장 또는 안녕질서를 방해하거나 선량한 풍속을 해할 염려가 있을 때에는 법원의 결정으로 공개하지 아니할 수 있다.

② (O) 헌법 제106조의 내용이다. 구체적으로 대법관은 대법원장의 제청으로 대통령이, 판사는 인사위원회의 의결을 거쳐 대법원장이 행한다.

③ (O) 군사법원은 보통군사법원 → 고등군사법원 → 대법원으로 이어진다.

헌법 제110조
② 군사법원의 상고심은 대법원에서 관할한다.

④ (O) 헌법 제104조 제3항의 내용이다. 다만, 법원조직법에 의하면 인사위원회의 의결도 거치도록 하고 있다. 연임발령도 마찬가지이다.

17 정답 ①

① (X) 중앙선거관리위원회 위원의 임기에 관한 규정은 있지만, 연임·중임에 대해서는 아무런 규정이 없다.

헌법 제114조
③ 위원의 임기는 6년으로 한다.

② (O) 임면도 따로 한다. 즉, 대통령이 임명하는 것이 아니다.
③ (O)

헌법 제114조
④ 위원은 정당에 가입하거나 정치에 관여할 수 없다.

④ (O) 선거공영제라고 한다.

> 헌법 제116조
> ② 선거에 관한 경비는 법률이 정하는 경우를 제외하고는 .정당 또는 후보자에게 부담시킬 수 없다.

18 정답 ④

① (X) 무기명으로 표결한다.

> 국회법 제85조의2(안건의 신속처리)
> ① 위원회에 회부된 안건(체계·자구심사를 위하여 법제사법위원회에 회부된 안건을 포함한다)을 제2항에 따른 신속처리대상안건으로 지정하려는 경우 의원은 재적의원 과반수가 서명한 신속처리대상안건 지정요구 동의(動議)를 의장에게 제출하고, 안건의 소관 위원회 소속위원은 소관 위원회 재적위원 과반수가 서명한 신속처리안건 지정동의를 소관 위원회 위원장에게 제출하여야 한다. 이 경우 의장 또는 안건의 소관 위원회 위원장은 지체 없이 신속처리안건 지정동의를 무기명투표로 표결하되, 재적의원 5분의 3 이상 또는 안건의 소관 위원회 재적위원 5분의 3 이상의 찬성으로 의결한다.

② (X) 180일 내에 해야 한다.

> 국회법 제85조의2(안건의 신속처리)
> ③ 위원회는 신속처리대상안건에 대한 심사를 그 지정일부터 180일 이내에 마쳐야 한다. 다만, 법제사법위원회는 신속처리대상안건에 대한 체계·자구심사를 그 지정일, 제4항에 따라 회부된 것으로 보는 날 또는 제86조 제1항에 따라 회부된 날부터 90일 이내에 마쳐야 한다.

③ (X) 90일이다.

> 국회법 제85조의2(안건의 신속처리)
> ⑤ 법제사법위원회가 신속처리대상안건(체계·자구심사를 위하여 법제사법위원회에 회부되었거나 제4항 본문에 따라 회부된 것으로 보는 신속처리대상안건을 포함한다)에 대하여 제3항 단서에 따른 기간(90일) 내에 심사를 마치지 아니하였을 때에는 그 기간이 끝난 다음 날에 법제사법위원회에서 심사를 마치고 바로 본회의에 부의된 것으로 본다.

④ (O)

> 국회법 제57조의2(안건조정위원회)
> ⑨ 제85조의2(안건의 신속처리) 제2항에 따른 신속처리대상안건을 심사하는 조정위원회는 그 안건이 같은 조 제4항 또는 제5항에 따라 법제사법위원회에 회부되거나 바로 본회의에 부의된 것으로 보는 경우에는 제2항에 따른 활동기한이 남았더라도 그 활동을 종료한다.

19 정답 ②

① (O) 국회가 예산을 삭감할 때에는 정부의 동의 없이 할 수 있다.

② (X) 국회의원의 자격심사청구는 의원 30명 이상의 찬성이 있어야 한다.

> 국회법 제138조(자격심사의 청구)
> 의원이 다른 의원의 자격에 대하여 이의가 있을 때에는 30명 이상의 연서로 의장에게 자격심사를 청구할 수 있다.

> 제95조(수정동의)
> ① 의안에 대한 수정동의(修正動議)는 그 안을 갖추고 이유를 붙여 30명 이상의 찬성의원과 연서하여 미리 의장에게 제출하여야 한다. 다만, 예산안에 대한 수정동의는 의원 50명 이상의 찬성이 있어야 한다.

③ (O) 3분의 1 이상이 요청하면 별도의 의결 없이 무제한 토론을 한다.

> 국회법 제106조의2(무제한 토론의 실시 등)
> ① 의원이 본회의에 부의된 안건에 대하여 이 법의 다른 규정에도 불구하고 시간의 제한을 받지 아니하는 토론(이하 이 조에서 "무제한 토론"이라 한다)을 하려는 경우에는 재적의원 3분의 1 이상이 서명한 요구서를 의장에게 제출하여야 한다. 이 경우 의장은 해당 안건에 대하여 무제한토론을 실시하여야 한다.

④ (O)

> 국회법 제144조(경위와 경찰관)
> ③ 경위와 파견된 국가경찰공무원은 의장의 지휘를 받아 경위는 회의장건물안에서, 국가경찰공무원은 회의장건물밖에서 경호한다.

20 정답 ①

① (O)

> 국회법 제48조(위원의 선임 및 개선)
> ③ 정보위원회의 위원은 의장이 각 교섭단체대표의원으로부터 당해교섭단체소속의원중에서 후보를 추천받아 부의장 및 각 교섭단체대표의원과 협의하여 선임 또는 개선한다. 다만, 각 교섭단체대표의원은 정보위원회의 위원이 된다.

② (X) 예산결산특별위원회는 상설 특별위원회이다. 윤리특별위원회는 활동기간을 정해서 그 기한의 종료 시까지만 존속하는 비상설 특별위원회이다.

③ (X) 대통령비서실의 소관사항은 국회운영위원회가 관장한다.

④ (X)

> 국회법 제57조(소위원회)
> ⑥ 소위원회는 폐회 중에도 활동할 수 있으며, 법률안을 심사하는 소위원회는 매월 3회 이상 개회한다. 다만, 국회운영위원회, 정보위원회 및 여성가족위원회의 법률안을 심사하는 소위원회의 경우에는 소위원장이 개회횟수를 달리 정할 수 있다.

21 정답 ②

① (O)

> 공직선거법 제24조(국회의원선거구획정위원회)
> ③ 국회의원선거구획정위원회는 중앙선거관리위원회위원장이 위촉하는 9명의 위원으로 구성하되, 위원장은 위원 중에서 호선한다.

② (X)

① 국회는 국회의원지역구를 선거일 전 1년까지 확정하여야 한다.

③ (O) 다만, 보궐선거에 의한 대통령의 임기는 새로 시작한다.

④ (O)

공직선거법 제19조(피선거권이 없는 자)
선거일 현재 다음 각 호의 어느 하나에 해당하는 자는 피선거권이 없다.
1. 제18조(선거권이 없는 자) 제1항 제1호·제3호 또는 제4호에 해당하는 자
2. 금고 이상의 형의 선고를 받고 그 형이 실효되지 아니한 자
3. 법원의 판결 또는 다른 법률에 의하여 피선거권이 정지되거나 상실된 자
4. 「국회법」 제166조(국회회의방해죄)의 죄를 범한 자로서 다음 각 목의 어느 하나에 해당하는 자(형이 실효된 자를 포함한다)
   가. 500만원 이상의 벌금형의 선고를 받고 그 형이 확정된 후 5년이 경과되지 아니한 자
   나. 형의 집행유예의 선고를 받고 그 형이 확정된 후 10년이 경과되지 아니한 자
   다. 징역형의 선고를 받고 그 집행을 받지 아니하기로 확정된 후 또는 그 형의 집행이 종료되거나 면제된 후 10년이 경과되지 아니한 자
5. 제230조 제6항의 죄를 범한 자로서 벌금형의 선고를 받고 그 형이 확정된 후 10년을 경과하지 아니한 자(형이 실효된 자도 포함한다)

22 정답 ①

① (O) 지문은 헌법이 정한 탄핵대상자이고, 그 외 법률이 정한 탄핵대상자는 검사, 경찰청장, 검찰총장, 방송통신위원장, 원자력위원장 및 각급 선관위원 등이다.

② (X)

헌법 제65조
② 제1항의 탄핵소추는 국회재적의원 3분의 1 이상의 발의가 있어야 하며, 그 의결은 국회재적의원 과반수의 찬성이 있어야 한다. 다만, 대통령에 대한 탄핵소추는 국회재적의원 과반수의 발의와 국회재적의원 3분의 2 이상의 찬성이 있어야 한다.

③ (X) 탄핵의 경우에는 권한행사를 정지하는 가처분이 인정되지 않는다.

헌법 제65조
③ 탄핵소추의 의결을 받은 자는 탄핵심판이 있을 때까지 그 권한행사가 정지된다.

④ (X) 탄핵은 건국헌법 때부터 인정되었다. 다만, 탄핵기관과 절차는 헌법마다 다르다.

23 정답 ③

① (O) 다만, 명령·규칙 또는 처분이 헌법이나 법률에 위반되는지 여부에 대하여 재판의 전제성이 인정되지 않는다면, 헌법재판소가 최종적인 심사권을 가진다.

② (O)

국정감사 및 조사에 관한 법률 제8조(감사 또는 조사의 한계)
감사 또는 조사는 개인의 사생활을 침해하거나 계속 중인 재판 또는 수사 중인 사건의 소추(訴追)에 관여할 목적으로 행사되어서는 아니된다.

③ (X) 동의가 있어야 한다.

법원조직법 제50조(파견근무)
대법원장은 다른 국가기관으로부터 법관의 파견근무 요청을 받은 경우에 업무의 성질상 법관을 파견하는 것이 타당하다고 인정되고 해당 법관이 파견근무에 동의하는 경우에는 그 기간을 정하여 이를 허가할 수 있다.

④ (O) 형사재판에 있어서 사법권 독립은 심판기관인 법원과 소추기관인 검찰청의 분리를 요구함과 동시에 법관이 실제 재판에 있어서 소송당사자인 검사와 피고인으로부터 부당한 간섭을 받지 않은 채 독립하여야 할 것을 요구한다.(헌재 1995.11.30. 92헌마44)

24 정답 ④

① (O) 헌법 제117조 제1항 – '복리에 관한 사무 부분'은 자치사무에 대한 헌법적 근거가 있다고 해석한다. 위임사무에 대해서는 헌법에 근거가 없다.

② (O) 헌법 제117조와 제118조에 의하여 제도적으로 보장되는 지방자치는 국민주권의 기본원리에서 출발하여 주권의 지역적 주체로서의 주민에 의한 자기통치의 실현으로 요약할 수 있고, 이러한 지방자치의 본질적 내용인 핵심영역은 어떠한 경우라도 입법 기타 중앙정부의 침해로부터 보호되어야 한다는 것을 의미한다.(헌재 2014.6.26. 2013헌바122)

③ (O)

④ (X) 영토고권은 국가만 가지지만, 관할권은 지방자치단체도 가진다.
[판례] 지방자치법 제4조 제1항에 규정된 지방자치단체의 구역은 주민·자치권과 함께 지방자치단체의 구성요소로서 자치권을 행사할 수 있는 장소적 범위를 말하며, 자치권이 미치는 관할구역의 범위에는 육지는 물론 바다도 포함되므로, 공유수면에 대한 지방자치단체의 자치권한이 존재한다.(헌재 2006.8.31. 2003헌라1)

25 정답 ②

① (X) 상임위원은 강제로 사임 및 보임이 가능하다.
[판례] 국회의원의 국민대표성을 중시하는 입장에서도 특정 정당에 소속된 국회의원이 정당기속 내지는 교섭단체의 결정(소위 '당론')에 위반하는 정치활동을 한 이유로 제재를 받는 경우, 국회의원 신분을 상실하게 할 수는 없으나 "정당 내부의 사실상의 강제" 또는 소속 "정당으로부터의 제명"은 가능하다고 보고 있다. 그렇다면, 당론과 다른 견해를 가진

소속 국회의원을 당해 교섭단체의 필요에 따라 다른 상임위원회로 전임(사·보임)하는 조치는 특별한 사정이 없는 한 헌법상 용인될 수 있는 "정당 내부의 사실상 강제"의 범위 내에 해당한다고 할 것이다.(헌재 2003.10.30. 2002헌라1)

② (O) 국회구성권은 인정되지 않는다.

[판례] 대의제 민주주의하에서 국민의 국회의원선거권이란 국회의원을 보통·평등·직접·비밀선거에 의하여 국민의 대표자로 선출하는 권리에 그치며, 국민과 국회의원은 명령적 위임관계에 있는 것이 아니라 자유위임관계에 있으므로, 유권자가 설정한 국회의석분포에 국회의원들을 기속시키고자 하는 내용의 "국회구성권"이라는 기본권은 오늘날 이해되고 있는 대의제도의 본질에 반하는 것이어서 헌법상 인정될 여지가 없고, 청구인들 주장과 같은 대통령에 의한 여야 의석분포의 인위적 조작행위로 국민주권주의라든지 복수정당제도가 훼손될 수 있는지의 여부는 별론으로 하고 그로 인하여 바로 헌법상 보장된 청구인들의 구체적 기본권이 침해당하는 것은 아니다.(헌재 1998.10.29. 96헌마186)

③ (X) 국민소환제는 규정한 바 없으나, 국민발안제는 제2차 개헌에서 규정하여 제6차 개헌까지 존속하였다.

④ (X) 국민과 국회의원은 자유위임관계이다.

01	①	02	③	03	④	04	②	05	⑤
06	②	07	⑤	08	①	09	②	10	⑤
11	②	12	①	13	③	14	③	15	③
16	②	17	③	18	③	19	⑤	20	④
21	①	22	⑤	23	④	24	④	25	①

01

정답 ①

① (X) 헌법 제119조는 헌법상 경제질서에 관한 일반조항으로서 국가의 경제정책에 대한 하나의 헌법적 지침으로서 위헌심사의 기준이 되고, 기본권을 제한하는 정책의 정당화사유이지만, 기본권은 아니다.

② (O)

③ (O)

④ (O)

⑤ (O) 경제에 관한 국가의 제한을 정당화하는 기준들이다.

02

정답 ③

① (O) 교섭단체, 노동위원회 등은 기본권의 주체가 아니다.

② (O) 헌법재판소는 경우에 따라 대학 전구성원이 자율성을 갖는 경우도 있다고 보아 교수에 한정하지 않는다.(헌재 2006.4.27. 2005헌마1047)

③ (X) 외국인은 외국인에게 인정되는 기본권에 있어서 평등권의 주체가 되지만, 기본권 자체가 외국인에게 인정되지 않으면 평등권도 인정되지 않는다.

[판례] 의료인의 면허된 의료행위 이외의 의료행위를 금지하고 처벌하는 의료법 규정에 관한 부분에 대한 심판청구에 대하여 외국인인 청구인의 직업의 자유 및 평등권에 관한 기본권 주체성은 인정되지 않는다.(헌재 2014.8.28. 2013헌마359)

[1] 심판대상조항이 제한하고 있는 직업의 자유는 국가자격제도정책과 국가의 경제상황에 따라 법률에 의하여 제한할 수 있는 국민의 권리에 해당한다. 국가정책에 따라 정부의 허가를 받은 외국인은 정부가 허가한 범위 내에서 소득활동을 할 수 있는 것이므로, 외국인이 국내에서 누리는 직업의 자유는 법률에 따른 정부의 허가에 의해 비로소 발생하는 권리이다. 따라서 외국인인 청구인에게는 그 기본권 주체성이 인정되지 아니하며, 자격제도 자체를 다툴 수 있는 기본권 주체성이 인정되지 아니하는 이상 국가자격제도에 관련된 평등권에 관하여 따로 기본권 주체성을 인정할 수 없다.

[2] 의료인을 수범자로 한 심판대상조항에 대한 심판청구에 대해 의료소비자인 청구인은 자기관련성이 인정되지 않는다.

④ (O) 일할 환경에 관한 권리는 인간의 권리로서 외국인에게도 인정된다.

⑤ (O) 대통령의 지위에서는 기본권 주체가 아니지만, 개인의 지위에서는 기본권의 주체이다.

03

정답 ④

① (O) 정당도 결사의 일종이기는 하지만 특별결사로서 헌법 제8조의 적용을 받는다.

② (O)

③ (O) 임기만료에 의한 국회의원선거에 참여하여 의석을 얻지 못하고 유효투표총수의 100분의 2 이상을 득표하지 못한 때 정당등록을 취소하는 것은 헌법에 위반된다. 그리고 그러한 정당의 명칭을 일정기간 사용하지 못하게 하는 것도 헌법에 위반된다.(헌재 2014.1.28. 2012헌마431 등)

[1] 정당설립의 자유는 당연히 정당존속의 자유와 정당활동의 자유를 포함하는 것이다. 한편, 정당의 명칭은 그 정당의 정책과 정치적 신념을 나타내는 대표적인 표지에 해당하므로, 정당설립의 자유는 자신들이 원하는 명칭을 사용하여 정당을 설립하거나 정당활동을 할 자유도 포함한다.

[2] 입법자는 정당설립의 자유를 최대한 보장하는 방향으로 입법하여야 하고, 헌법재판소는 정당설립의 자유를 제한하는 법률의 합헌성을 심사할 때에 헌법 제37조 제2항에 따라 엄격한 비례심사를 하여야 한다.

④ (X) 정당에 대한 재정적 후원을 금지하고 위반 시 형사처벌하는 구 정치자금법 제6조, 정치자금법 제6조 및 정치자금법 제45조 제1항 본문의 '이 법에 정하지 아니한 방법' 중 제6조에 관한 부분은 정당의 정당활동의 자유와 국민의 정치적 표현의 자유를 침해한다.(헌재 2015.12.23. 2013헌바168)

⑤ (O) 정당의 당원협의회 사무소 설치를 금지하고 위반시 처벌하는 내용의 정당법 제37조 제3항 단서 및 제59조 제1항 3호는 헌법에 위반되지 아니한다.(헌재 2016.3.31. 2013헌가22)

04

정답 ②

① (O) 헌재 2012.3.29. 2011헌바53.

② (X) 교원노조법의 적용대상을 초·중등교육법 제19조 제1항의 교원이라고 규정함으로써 고등교육법에서 규율하는 대학 교원의 단결권을 일체 인정하지 않는 '교원의 노동조합 설립 및 운영 등에 관한 법률' 제2조 본문이 대학 교원들의 단결권을 침해한다.(헌재 2018.8.30. 2015헌가38) [예상판례]

[1] 교육공무원 아닌 대학 교원의 단결권 침해 여부
심판대상조항은 과잉금지원칙에 위배되어 공무원 아닌 대학 교원의 단결권을 침해한다.

[2] 교육공무원인 대학 교원의 단결권 침해 여부
공무원인 대학 교원의 단결권을 전면적으로 부정하고 있는 심판대상조항은 입법형성의 범위를 벗어난 입법이다.

③ (O) 헌재 2007.8.30. 2003헌바51.

④ (O) 이 사건 노조법 조항들은 노조전임자에 대한 비용을 원칙적으로 노동조합 스스로 부담하도록 함으로써 노동조합의 자

주성 및 독립성 확보에 기여하는 한편, 사업장 내에서의 노동조합 활동을 일정 수준 계속 보호·지원하기 위한 것이다. 따라서 이 사건 노조법 조항들이 과잉금지원칙에 위반되어 노사자치의 원칙 또는 청구인들의 단체교섭권 및 단체행동권을 침해한다고 볼 수 없다.(헌재 2014.5.29. 2010헌마606)

⑤ (O) 청원경찰에 대하여 직접행동을 수반하지 않는 단결권과 단체교섭권을 인정하더라도 시설의 안전 유지에 지장이 된다고 단정할 수 없다. 헌법은 주요방위산업체 근로자들의 경우에도 단체행동권만을 제한하고 있고, 경비업법은 무기를 휴대하고 국가중요시설의 경비 업무를 수행하는 특수경비원의 경우에도 쟁의행위를 금지할 뿐이다. 청원경찰은 특정 경비구역에서 근무하며 그 구역의 경비에 필요한 한정된 권한만을 행사하므로, 청원경찰의 업무가 가지는 공공성이나 사회적 파급력은 군인이나 경찰의 그것과는 비교하여 견주기 어렵다. 그럼에도 심판대상조항은 군인이나 경찰과 마찬가지로 모든 청원경찰의 근로3권을 획일적으로 제한하고 있다. 이상을 종합하여 보면, 심판대상조항이 모든 청원경찰의 근로3권을 전면적으로 제한하는 것은 과잉금지원칙을 위반하여 청구인들의 근로3권을 침해하는 것이다.(헌재 2017.9.28. 2015헌마653)

05 [정답] ⑤

① (O)

② (O) 다만 헌법재판소가 실시되지는 못했다.

③ (O) 대법원은 위헌법률심판과 정당해산심판을 했고 탄핵심판위원회는 별도로 있었다.

④ (O)

⑤ (X) 환경권은 제8차 개헌이고, 최저임금은 제9차 개헌이다. 적정임금은 제8차 개헌이다.

06 [정답] ②

① (O) 디엔에이(DNA) 검사 보관은 형벌이 아니라 보안처분의 일종이다.

② (X) 국선변호인의 조력을 받을 권리는 피고인에게는 기본권이지만, 피의자에게는 기본권이 아니고 법률상의 권리이다.

③ (O) 체포영장을 집행하는 경우 필요한 때에는 타인의 주거 등 내에서 피의자 수색을 할 수 있도록 한 형사소송법 제216조 제1항 제1호 중 제200조의2에 관한 부분은 헌법에 합치되지 않는다.(헌재 2018.4.26. 2015헌바370) [헌법불합치]

[1] 명확성원칙 위반은 아니다.

[2] 영장주의에 위반된다.

체포영장이 발부된 피의자가 타인의 주거 등에 소재할 개연성은 인정되나, 수색에 앞서 영장을 발부받기 어려운 긴급한 사정이 인정되지 않는 경우에도 영장 없이 피의자 수색을 할 수 있다는 것이므로, 위에서 본 헌법 제16조의 영장주의 예외 요건을 벗어난다.

④ (O) 외국에서 형의 전부 또는 일부의 집행을 받은 자에 대하

여 형을 감경 또는 면제할 수 있도록 규정한 형법 제7조는 이중처벌금지원칙에 위배되지 않지만, 신체의 자유를 침해한다.(헌재 2015.5.28. 2013헌바129)

⑤ (O) 무죄추정원칙은 형사사건에 한정되지 않고 형사사건이 아닌 경우에도 적용된다.

07 [정답] ⑤

① (O) 헌법재판소법 제69조

② (O) 법원의 재판이 헌법소원의 대상이 되는 유일한 예외이다.

③ (O) 위헌법률심판의 경우에는 당해사건이 정지된다. 그러나 위헌심사형 헌법소원의 경우에는 당해사건이 정지되지 않으므로 헌재의 위헌결정 이후에 재심이 가능하다.

④ (O) 헌법재판소법 제45조

⑤ (X) 변호사 등록제도는 그 연혁이나 법적 성질에 비추어 보건대, 원래 국가의 공행정의 일부라 할 수 있으나, 국가가 행정상 필요로 인해 대한변호사협회에 관련 권한을 이관한 것이다. 따라서 변협은 변호사 등록에 관한 한 공법인으로서 공권력 행사의 주체이다. 또한 변호사법의 관련 규정, 변호사 등록의 법적 성질, 변호사 등록을 하려는 자와 변협 사이의 법적 관계 등을 고려했을 때 변호사 등록에 관한 한 공법인 성격을 가지는 변협이 등록사무의 수행과 관련하여 정립한 규범을 단순히 내부 기준이라거나 사법적인 성질을 지니는 것이라 볼 수는 없고, 변호사 등록을 하려는 자와의 관계에서 대외적 구속력을 가지는 공권력 행사에 해당한다고 할 것이다. 따라서 변협이 변호사 등록사무의 수행과 관련하여 정립한 규범인 심판대상조항들은 헌법소원 대상인 공권력의 행사에 해당한다.(헌재 2019.11.28. 2017헌마759)

08 [정답] ①

① (X) 해당 학교의 입시를 준비 중인 자는 지금 당장은 아니라도 결국 해당 입시전형의 적용을 받게 되므로 기본권 침해의 자기관련성이 인정된다.

② (O) 대학구성원이 아닌 청구인의 대학도서관에서의 도서 대출 또는 열람실 이용을 승인하지 않는 내용의 회신은 청구인의 알 권리를 침해하지 않는다.

[판례] 관장의 승인에 의해 비로소 도서관 이용이 가능해지기 때문이다.

[판례] 대학구성원이 아닌 사람의 도서관 이용에 관하여 대학도서관의 관장이 승인 또는 허가할 수 있도록 규정한 '서울교육대학교 도서관 규정' 제9조, 제13조, 구 '서울시립대학교 중앙도서관 규정' 등은 기본권 침해의 직접성이 인정되지 않는다.(헌재 2016.11.24. 2014헌마977)

③ (O) 복수면허 의사에 대한 하나의 의료기관 개설(헌재 2007.12.27. 2004헌마1021) [헌법불합치]

복수면허 의료인들에게 단수면허 의료인과 같이 하나의 의료기관만을 개설할 수 있다고 한 이 사건 법률조항은 '다른 것을

같게' 대우하는 것으로 합리적인 이유를 찾기 어렵다. 이 사건 심판대상 법률조항은 복수면허 의료인인 청구인들의 직업의 자유, 평등권을 침해한다.

④ (O) 선거가 앞으로 확실하게 예상되기 때문이다.

⑤ (O) 아직 개인택시면허를 취득하지 아니한 청구인들도 장래 면허의 취득이 예정되어 있다는 이유로 헌법소원심판을 청구하였다. 그러나 개인택시면허를 받으려는 사람은 운전 경력, 무사고 운전, 거주지 등의 요건을 갖추어야 하고, 관할관청이 지역실정을 고려하여 따로 정하는 면허기준이 있는 경우에는 그 요건도 충족시켜야 하는바, 이러한 점에 비추어 보면 개인택시면허를 취득하지 아니한 청구인들은 기본권 침해의 현재성을 구비하였다고 할 수 없다.

[판례] 법률조항 자체가 헌법소원의 대상이 될 수 있으려면 그 법률조항이 직접 청구인들의 기본권을 침해하여야 하므로, 법률규정이 그 규정의 구체화를 위하여 하위규범의 시행을 예정하고 있는 경우에는 당해 법률의 직접성은 원칙적으로 부인된다.(헌재 2012.3.29. 2010헌마443)

09　　　　　　　　　　　　　정답 ②

① (O) 그 외 출국의 자유, 공정한 재판을 받을 권리를 침해하지 않는다.(헌재 2015.9.24. 2012헌바302)

② (X) 교도소에 수용되면 그 기간동안 보험료를 납부하지 않고, 기본적인 치료를 받을 수 있으므로 위헌이 아니다.(헌재 2005.2.24. 2003헌마31)

③ (O) 그 외 일반적행동자유권, 진술거부권 등을 침해하지만, 양심의 자유를 침해한 것은 아니다.

④ (O) 미결구금일수 전부를 본형에 산입하지 않은 것은 무죄추정원칙에 위반된다.

⑤ (O) 이와 별도로 지방자치단체의 장이 금고이상의 형을 선고받고 확정되지 않은 상태에서 부단체장이 권한을 대행하는 것은 무죄추정원칙에 위반된다.

10　　　　　　　　　　　　　정답 ⑤

① (X) 대한민국 국적을 가지고 있는 영유아 중에서도 재외국민인 영유아를 보육료·양육수당 지원대상에서 제외하는 보건복지부지침은 국내에 거주하면서 재외국민인 영유아를 양육하는 부모인 청구인들의 평등권을 침해하므로 헌법에 위반된다.(헌재 2018.1.28. 2015헌마1047)

② (X) 심판대상조항은 병역의무로 인하여 본인의 의사와 관계없이 징집·소집되어 적정한 보수를 받지 못하고 공무수행으로 복무한 기간을 공무원 초임호봉에 반영함으로써, 상대적으로 열악한 환경에서 병역의무를 이행한 공로를 금전적으로 보상하고자 함에 그 취지가 있다. 그런데 사회복무요원은 공익 수행을 목적으로 한 제도로, 그 직무가 공무수행으로 인정되고, 본인의사에 관계없이 소집되며, 현역병에 준하는 최소한의 보수만 지급됨에 반하여, 산업기능요원은 국가산업 육성을 목적

으로 한 제도로, 그 직무가 공무수행으로 인정되지 아니하고, 본인의사에 따라 편입 가능하며, 근로기준법 및 최저임금법의 적용을 받는다. 심판대상조항은 이와 같은 실질적 차이를 고려하여 상대적으로 열악한 환경에서 병역의무를 이행한 것으로 평가되는 현역병 및 사회복무요원의 공로를 보상하도록 한 것으로 산업기능요원과의 차별취급에 합리적 이유가 있으므로, 청구인의 평등권을 침해하지 아니한다.(헌재 2016.6.30. 2014헌마192)

③ (X) 노력 여하에 따라서는 가산점의 불이익을 감수하고라도 수도권 지역에 합격할 길이 열려 있는 점 등에 비추어, 이 사건 지역가산점규정이 과잉금지원칙에 위배되어 다른 지역 교대 출신 응시자들의 공무담임권, 평등권을 침해한다고 볼 수 없다.(헌재 2014.4.24. 2010헌마747)

④ (X) 누범자에 대한 가중처벌은 … 평등원칙에 위반되지 않는다.(헌재 2011.5.26. 2009헌바63 등)

누범은 전범에 대한 형벌의 경고적 기능을 무시하고 다시 범죄를 저질렀다는 점에서 사회적 비난가능성이 높고, 이러한 누범이 증가하고 있는 추세를 감안하여 범죄예방 및 사회방위의 형사정책적 고려에 기인하여 이를 가중처벌하는 것이어서 합리적 근거 있는 차별이라 볼 것이므로 이 사건 법률조항이 평등원칙에 위배된다고 할 수 없다.

⑤ (O) ○○교육대학교 등 11개 대학교의 '2017학년도 신입생 수시모집 입시요강'이 검정고시로 고등학교 졸업학력을 취득한 사람들의 수시모집 지원을 제한하는 것은 교육을 받을 권리를 침해한다.(헌재 2017.12.28. 2016헌마649)

11　　　　　　　　　　　　　정답 ②

① (O) 가정폭력 가해자에 대한 별도의 제한 없이 직계혈족이기만 하면 사실상 자유롭게 그 자녀의 가족관계증명서와 기본증명서의 교부를 청구하여 발급받을 수 있도록 함으로써, 그로 인하여 가정폭력 피해자인 청구인의 개인정보가 가정폭력 가해자인 전 배우자에게 무단으로 유출될 수 있는 가능성을 열어 놓고 있다. 따라서 과잉금지원칙에 위배되어 청구인의 개인정보자기결정권을 침해한다.(헌재 2020.8.28. 2018헌마927)

② (X) 변호사시험 합격자 전체 명단을 매회 공고하여 누구나 이를 열람할 수 있도록 하면 시험 관리 당국이 더 엄정한 기준과 절차를 통하여 합격자를 선정할 것이 기대된다. 따라서 심판대상조항은 시험 관리 업무의 투명성 강화에 기여하며, 합격자 선정과 관련한 부당한 특혜 시비의 발생 가능성을 낮출 수 있다. 또한, 시험 관리 당국의 합격자 중복 선정 등 오류를 방지하는 데 도움이 될 수 있다. 이상을 종합하면, 입법목적을 달성하는 데 덜 침해적인 수단이 발견되지 아니하며, 청구인들의 침해되는 사익보다 달성되는 공익이 더 크다고 할 수 있다. 따라서 심판대상조항은 침해의 최소성과 법익의 균형성 요건도 충족한다.(헌재 2020.4.6. 2018헌마77)

③ (O) 임신한 여성의 자기낙태를 처벌하는 형법 제269조 제1항, 의사가 임신한 여성의 촉탁 또는 승낙을 받아 낙태하게 한 경

우를 처벌하는 형법 제270조 제1항 중 '의사'에 관한 부분은 모두 헌법에 합치되지 아니하며, 위 조항들은 2020.12.31.을 시한으로 입법자가 개정할 때까지 계속 적용된다.(헌재 2019.4.11. 2017헌바127) [헌법불합치]

[1] 자기낙태죄 조항의 존재와 역할을 간과한 채 임신한 여성의 자기결정권과 태아의 생명권의 직접적인 충돌을 해결해야 하는 사안으로 보는 것은 적절하지 않다.
→ 제한되는 기본권
→ 임신한 여성의 자기결정권을 제한하고 있다.

[2] 임신한 여성의 자기결정권 침해 여부
(1) 입법목적의 정당성 및 수단의 적합성
자기낙태죄 조항은 태아의 생명을 보호하기 위한 것으로서 그 입법목적이 정당하고, 낙태를 방지하기 위하여 임신한 여성의 낙태를 형사처벌하는 것은 이러한 입법목적을 달성하는 데 적합한 수단이다.
(2) 침해의 최소성 및 법익의 균형성
국가가 생명을 보호하는 입법적 조치를 취함에 있어 인간생명의 발달단계에 따라 그 보호정도나 보호수단을 달리하는 것은 불가능하지 않다. 산부인과 학계에 의하면 현 시점에서 최선의 의료기술과 의료 인력이 뒷받침될 경우 태아는 마지막 생리기간의 첫날부터 기산하여 22주(이하 "임신 22주"라 한다) 내외부터 독자적인 생존이 가능하다고 한다. 이처럼 태아가 모체를 떠난 상태에서 독자적인 생존을 할 수 있는 경우에는, 그렇지 않은 경우와 비교할 때 훨씬 인간에 근접한 상태에 도달하였다고 볼 수 있다.
이러한 점들을 고려하면, 태아가 모체를 떠난 상태에서 독자적으로 생존할 수 있는 시점인 임신 22주 내외에 도달하기 전이면서 동시에 임신 유지와 출산 여부에 관한 자기결정권을 행사하기에 충분한 시간이 보장되는 시기(이하 착상 시부터 이 시기까지를 '결정가능기간'이라 한다)까지의 낙태에 대해서는 국가가 생명보호의 수단 및 정도를 달리 정할 수 있다고 봄이 타당하다.
따라서, 자기낙태죄 조항은 입법목적을 달성하기 위하여 필요한 최소한의 정도를 넘어 임신한 여성의 자기결정권을 제한하고 있어 침해의 최소성을 갖추지 못하였고, 과잉금지원칙을 위반하여 임신한 여성의 자기결정권을 침해하는 위헌적인 규정이다.

[3] 의사낙태죄 조항에 대한 판단
동일한 목표를 실현하기 위하여 임신한 여성의 촉탁 또는 승낙을 받아 낙태하게 한 의사를 처벌하는 의사낙태죄 조항도 같은 이유에서 위헌이라고 보아야 한다.

④ (O) 인수자가 없는 시체를 생전의 본인의 의사와는 무관하게 해부용 시체로 제공될 수 있도록 규정하는 '시체 해부 및 보존에 관한 법률' 규정은 청구인의 시체의 처분에 대한 자기결정권을 침해한다.(헌재 2015.11.26. 2012헌마940)

⑤ (O) 신상정보등록은 대부분 합헌인데, 지문과 같은 예외가 있다.

12 〔정답〕 ①

① (X) 국민의 주권행사와 관계되므로 비례원칙에 따른 심사를 해야 한다.
[판례] 이 사건 조항은 모사전송 시스템 등 전자통신 기술을 이용한 선상투표와 같은 기술적인 대체수단이 있음에도 불구하고 선거권을 과도하게 제한하고 있으므로 '피해의 최소성' 원칙에 위배되고, 원양의 해상업무에 종사하는 선원들은 아무런 귀책사유도 없이 헌법상의 선거권을 행사할 수 없게 되는 반면, 이와 관련하여 추구되는 공익은 불분명한 것이어서, '법익의 균형성' 원칙에도 위배된다. 그러므로 이 사건 조항은 과잉금지의 원칙에 위배하여 청구인들의 선거권을 침해하는 것이다.

② (O) 자유선거의 내용이다.

③ (O) 선거권제한에 대한 위헌심사의 기준은 엄격한 기준이 적용된다.

④ (O) 선거구 획정시 고려해야 할 요소이다.

⑤ (O) 비례대표제와 1인 1표제(헌재 2001.7.19. 2000헌마91) [위헌]
공선법에서 1인 1표제를 채택하여 정당에 대한 별도의 투표없이 개인에 대한 투표를 정당에 대한 투표로 의제하는 것은 위헌이다.
[1] 민주주의 원리에 부합하지 않는다.
[2] 평등선거 원칙에 위배된다.
[3] 직접선거 원칙에 위배된다.

13 〔정답〕 ③

ㄱ. (X) 헌법의 기본원리에서 기본권을 도출하지 못한다.

ㄴ. (O) 합헌적 법률해석의 한계이다. 헌법적 법률해석의 한계는 문의적 한계, 법목적적 한계, 헌법수용적 한계가 있다.

ㄷ. (O) 합헌적 법률해석의 논거이다.

ㄹ. (X) 헌법은 전문과 단순한 개별조항의 상호관련성이 없는 집합에 지나지 않는 것이 아니고 하나의 통일된 가치체계를 이루고 있으며 헌법의 제 규정 가운데는 헌법의 근본가치를 보다 추상적으로 선언한 것도 있고 이를 보다 구체적으로 표현한 것도 있으므로, 이념적·논리적으로 헌법규범상호간의 가치의 우열을 인정할 수 있을 것이다. 그러나 이때 인정되는 헌법규범상호간의 우열은 추상적 가치규범의 구체화에 따른 것으로서 헌법의 통일적 해석을 위하여 유용한 정도를 넘어 헌법의 어느 특정규정이 다른 규정의 효력을 전면 부인할 수 있는 정도의 효력 상의 차등을 의미하는 것이라고는 볼 수 없다.
(헌재 1996.6.13. 94헌바20)

14

① (O) 헌재 2013.9.26. 2012헌마365.
② (O) 도로교통법 제53조 제3항 전단 중 '학원의 설립·운영 및 과외교습에 관한 법률'에 따라 설립된 학원 및 '체육시설의 설치·이용에 관한 법률'에 따라 설립된 체육시설에서 어린이통학버스를 운영하는 자에 관한 부분(이하 '이 사건 보호자동승조항'이라 한다)은 청구인들의 직업수행의 자유를 침해하지 않는다.(헌재 2020.4.23. 2017헌마479)

[유예기간을 두고 있는 법령의 경우, 헌법소원심판의 청구기간 기산점을 그 법령의 시행일이 아니라 유예기간 경과일이라고 본 사례]

유예기간을 경과하기 전까지 청구인들은 이 사건 보호자동승조항에 의한 보호자동승의무를 부담하지 않는다. 이 사건 보호자동승조항이 구체적이고 현실적으로 청구인들에게 적용된 것은 유예기간을 경과한 때부터라 할 것이므로, 이때부터 청구기간을 기산함이 상당하다. 종래 이와 견해를 달리하여, 법령의 시행일 이후 일정한 유예기간을 둔 경우 이에 대한 헌법소원심판 청구기간의 기산점을 법령의 시행일이라고 판시한 우리 재판소 결정들은, 이 결정의 취지와 저촉되는 범위 안에서 변경한다.

③ (X) 10년간 일률적으로 취업을 금지하는 것은 직업의 자유를 침해한다.(헌재 2018.6.28. 2017헌마130)
④ (O) 직업의 개념이다. 다만, 직업의 개념에 공공무해성이 요구되지는 않으므로 게임물환전업, 성매매도 직업에 포함된다.
⑤ (O) 세무사 자격 보유 변호사로 하여금 세무사의 명칭을 사용하지 못하게 하는 것은 헌법에 위반되지 않지만, 지문과 같이 세무업무를 하지 못하게 하는 것은 헌법에 위반된다.

[판례] 세무사 자격 보유 변호사로 하여금 세무사로서 세무사의 업무를 할 수 없도록 규정한 세무사법 제6조 제1항 및 세무사법 제20조 제1항 본문 중 변호사에 관한 부분과 세무조정업무를 할 수 없도록 규정한 법인세법 제60조 제9항 제3호 및 소득세법 제70조 제6항 제3호는 헌법에 합치되지 아니한다. (헌재 2018.4.26. 2015헌가19) [잠정적용 헌법불합치]

[1] 법무법인은 심판대상조항에 의해 세무조정업무를 수행할 수 없는 것이 아니라, 법무법인의 구성원 등이 심판대상조항에 의해 세무조정업무를 수행할 수 없는 경우 결과적으로 세무조정업무를 수행할 수 없게 되는 것에 불과하므로, 청구인 법무법인 OO은 기본권 침해의 자기관련성이 인정되지 않는다.

[2] 세무대리의 전문성을 확보하고 부실 세무대리를 방지함으로써 납세자의 권익을 보호하고 세무행정의 원활한 수행 및 납세의무의 적정한 이행을 도모하려는 심판대상조항의 입법목적은 일응 수긍할 수 있다.

[3] 세법 및 관련 법령에 대한 해석·적용에 있어서는 일반 세무사나 공인회계사보다 법률사무 전반을 취급·처리하는 법률 전문직인 변호사에게 오히려 그 전문성과 능력이 인

정된다. 그럼에도 불구하고 심판대상조항은 세무사 자격 보유 변호사로 하여금 세무대리를 일체 할 수 없도록 전면적으로 금지하고 있으므로, 수단의 적합성을 인정할 수 없다. 그렇다면, 심판대상조항은 과잉금지원칙을 위반하여 세무사 자격 보유 변호사의 직업선택의 자유를 침해하므로 헌법에 위반된다.

15

① (O) 청중이나 관중으로부터 당해 공연에 대한 반대급부를 받지 아니하는 경우에는 상업용 목적으로 공표된 음반 또는 상업용 목적으로 공표된 영상저작물을 재생하여 공중에게 공연할 수 있다고 규정한 저작권법 제29조 제2항 본문 및 저작인접권의 목적이 되는 실연·음반 및 방송에 관하여 공연권제한조항을 준용하는 저작권법 제87조 제1항 중 '제29조 제2항 본문' 부분은 저작재산권자 및 저작인접권자의 재산권을 침해하지 아니한다.(헌재 2019.11.28. 2016헌마115)
② (O) 금고 이상의 형을 선고받아 처벌받은 사립학교 교원에 대하여 당연퇴직을 하는 것은 합헌이지만, 직무 관련 범죄 여부, 고의 또는 과실범 여부 등을 묻지 않고 퇴직급여와 퇴직수당을 일률적으로 감액하는 것은 재산권을 침해한다.
③ (X) 지방의회의원으로서 받게 되는 보수가 연금에 미치지 못하는 경우에도 연금 전액의 지급을 정지하는 것이 재산권을 과도하게 제한하여 헌법에 위반된다.(헌재 2022.1.27. 2019헌바161) [헌법불합치]

기본권을 덜 제한하면서 입법목적을 달성할 수 있는 다양한 방법이 있으므로 이 사건 구법 조항은 침해의 최소성 요건을 충족하지 못하고, 법익의 균형성도 충족하지 못한다. 이 사건 구법 조항은 과잉금지원칙에 위배되어 청구인들의 재산권을 침해하므로 헌법에 위반된다. – 원래 문제는 구 판례에 따라 맞는 지문이지만 최근 판례에 따라 수정하였다.

④ (O) 일종의 토지공개념이다.
⑤ (O) 사안에 따라 어느 한쪽에 더 많은 제한이 가능하다.

16

① (O) 학교선택권은 기본권의 일종이다.
② (X) 교육받을 권리에 기초하여 교육기회 보장을 위한 국가의 적극적 행위를 요구할 수 있다고 하더라도, 이는 학교교육을 받을 권리로서 그에 필요한 교육시설 및 제도 마련을 요구할 권리이지 특정한 교육제도나 교육과정을 요구할 권리는 아니며, 학교교육이라는 국가의 공교육 2급부의 형성과정에 균등하게 참여할 권리로서의 참여권이 내포되어 있다고 할 수 없다. (헌재 2019.11.28. 2018헌마1153)
③ (O) 재정적인 문제가 있기 때문이다.
④ (O) 어느 기본권이 더 우월한지 판단이 어렵기 때문이다.
⑤ (O) 교육제도 법정주의의 내용이다.

17 〔정답〕③

① (O) 사면은 대통령의 국가원수로서 지위에서 인정되는 특권이기 때문이다.

② (O) 국가긴급권은 헌법수호의 한 방법으로 소극적인 목적인 경우에 한하여 인정된다.

③ (X) 헌법 제72조의 국민투표권의 성격(헌재 2005.11.24. 2005헌마579) 헌법 제72조는 국민투표에 부쳐질 중요정책인지 여부를 대통령이 재량에 의하여 결정하도록 명문으로 규정하고 있고 헌법재판소 역시 위 규정은 대통령에게 국민투표의 실시 여부, 시기, 구체적 부의사항, 설문내용 등을 결정할 수 있는 임의적인 국민투표발의권을 독점적으로 부여하였다고 하여 이를 확인하고 있다. 따라서 특정의 국가정책에 대하여 <u>다수의 국민들이 국민투표를 원하고 있음에도 불구하고 대통령이 이러한 희망과는 달리 국민투표에 회부하지 아니한다고 하여도 이를 헌법에 위반된다고 할 수 없고 국민에게 특정의 국가정책에 관하여 국민투표에 회부할 것을 요구할 권리가 인정된다고 할 수도 없다.</u>

④ (O) 한미연합 군사훈련은 사법심사의 대상이다.

⑤ (O) 계엄은 국회의 승인을 받을 필요는 없다.

18 〔정답〕③

① (O) 부의장은 당적을 가질 수 있다.

국회법 제20조의2(의장의 당적 보유 금지)
① 의원이 의장으로 당선된 때에는 당선된 다음 날부터 의장으로 재직하는 동안은 당적(黨籍)을 가질 수 없다. 다만, 국회의원 총선거에서 「공직선거법」 제47조에 따른 정당추천후보자로 추천을 받으려는 경우에는 의원 임기만료일 90일 전부터 당적을 가질 수 있다.
② 제1항 본문에 따라 당적을 이탈한 의장의 임기가 만료된 때에는 당적을 이탈할 당시의 소속 정당으로 복귀한다.

② (O) 전원위원회는 필수적 절차는 아니다.

③ (X)

국회법 제82조(특별위원회 회부)
① 의장은 특히 필요하다고 인정하는 안건에 대해서는 본회의의 의결을 거쳐 이를 특별위원회에 회부한다.

④ (O)

국회법 제48조(위원의 선임 및 개선)
① 상임위원은 교섭단체 소속 의원 수의 비율에 따라 각 교섭단체 대표의원의 요청으로 의장이 선임하거나 개선한다. 이 경우 각 교섭단체 대표의원은 국회의원 총선거 후 첫 임시회의 집회일부터 2일 이내에 의장에게 상임위원 선임을 요청하여야 하고, 처음 선임된 상임위원의 임기가 만료되는 경우에는 그 임기만료일 3일 전까지 의장에게 상임위원 선임을 요청하여야 하며, 이 기한까지 요청이 없을 때에는 의장이 상임위원을 선임할 수 있다.
② 어느 교섭단체에도 속하지 아니하는 의원의 상임위원 선임은 의장이 한다.

③ 정보위원회의 위원은 의장이 각 교섭단체 대표의원으로부터 해당 교섭단체 소속 의원 중에서 후보를 추천받아 부의장 및 각 교섭단체 대표의원과 협의하여 선임하거나 개선한다. 다만, 각 교섭단체 대표의원은 정보위원회의 위원이 된다.
④ 특별위원회의 위원은 제1항과 제2항에 따라 의장이 상임위원 중에서 선임한다. 이 경우 그 선임은 특별위원회 구성결의안이 본회의에서 의결된 날부터 5일 이내에 하여야 한다.
⑤ <u>위원을 선임한 후 교섭단체 소속 의원 수가 변동되었을 때에는 의장은 위원회의 교섭단체별 할당 수를 변경하여 위원을 개선할 수 있다.</u>
⑥ 제1항부터 제4항까지에 따라 위원을 개선할 때 임시회의 경우에는 회기 중에 개선될 수 없고, 정기회의 경우에는 선임 또는 개선 후 30일 이내에는 개선될 수 없다. 다만, 위원이 질병 등 부득이한 사유로 의장의 허가를 받은 경우에는 그러하지 아니하다.

⑤ (O) 교섭단체대표의원은 자동으로 국회운영위원회 및 정보위원회의 위원이 된다.

19 〔정답〕⑤

① (O) 면책특권의 한 내용이다.

② (O) "국회의원의 국민대표성을 중시하는 입장에서도 특정 정당에 소속된 국회의원이 정당기속 내지는 교섭단체의 결정(소위 「당론」)에 위반하는 정치활동을 한 이유로 제재를 받는 경우, 국회의원 신분을 상실하게 할 수는 없으나 「정당내부의 사실상의 강제」 또는 소속 「정당으로부터의 제명」은 가능하다고 보고 있다. 그렇다면, 당론과 다른 견해를 가진 소속 국회위원을 당해 교섭단체의 필요에 따라 다른 상임위원회로 전임(사ㆍ보임)하는 조치는 특별한 사정이 없는 한 헌법상 용인될 수 있는 「정당내부의 사실상 강제」의 범위내에 해당한다고 할 것이다"고 하여 정당국가적 현실에 기초한 정당기속을 어느 정도 인정하고 있다.(헌재 2003.10.30. 2002헌라1)

③ (O)

④ (O)

국회법 제26조(체포동의 요청의 절차)
① 의원을 체포하거나 구금하기 위하여 국회의 동의를 받으려고 할 때에는 관할법원의 판사는 영장을 발부하기 전에 체포동의 요구서를 정부에 제출하여야 하며, 정부는 이를 수리(受理)한 후 지체 없이 그 사본을 첨부하여 국회에 체포동의를 요청하여야 한다.
② 의장은 제1항에 따른 체포동의를 요청받은 후 처음 개의하는 본회의에 이를 보고하고, 본회의에 보고된 때부터 24시간 이후 72시간 이내에 표결한다. 다만, 체포동의안이 72시간 이내에 표결되지 아니하는 경우에는 그 이후에 최초로 개의하는 본회의에 상정하여 표결한다.

⑤ (X) 윤리특별위원회의 심사를 거치지 아니하고 징계할 수 있는 경우는 '의장석 또는 위원장석을 점거하고 점거 해제를 위한 제145조에 따른 의장 또는 위원장의 조치에 따르지 아니하였을 때'만 가능하다.

20 　　　　　　　　　　　　　　　　　正答 ④

① (O) 국회의원의 제3자 소송담당(헌재 2008.1.17. 2005헌라10)

　[1] 권한쟁의심판의 청구인은 청구인의 권한침해만을 주장할 수 있도록 하고 있을 뿐, 국가기관의 부분기관이 자신의 이름으로 소속기관의 권한을 주장할 수 있는 '제3자 소송담당'의 가능성을 명시적으로 규정하고 있지 않은 현행법체계에서 국회의 구성원인 청구인들은 국회의 '예산 외에 국가의 부담이 될 계약'의 체결에 있어 동의권의 침해를 주장하는 권한쟁의심판을 청구할 수 없다.

　[2] 국회의 동의권이 침해되었다고 하여 동시에 국회의원의 심의·표결권이 침해된다고 할 수 없고, 또 국회의원의 심의·표결권은 국회의 대내적인 관계에서 행사되고 침해될 수 있을 뿐 다른 국가기관과의 대외적인 관계에서는 침해될 수 없는 것이므로, 국회의원들 상호간 또는 국회의원과 국회의장 사이와 같이 국회 내부적으로만 직접적인 법적 연관성을 발생시킬 수 있을 뿐이고 대통령 등 국회 이외의 국가기관과 사이에서는 권한침해의 직접적인 법적 효과를 발생시키지 아니한다. 그렇다면 정부가 국회의 동의 없이 예산 외에 국가의 부담이 될 계약을 체결하였다 하더라도 국회의 동의권이 침해될 수는 있어도 국회의원인 청구인들 자신의 심의·표결권이 침해될 가능성은 없다.

② (O) 권한쟁의심판의 요건중 하나이다.

③ (O) 자치사무에 대한 권한쟁의는 지방자치단체 자체가 당사자가 되지만, 위임사무의 경우는 지방자치단체가 당사자가 될 수 없고, 단체장이 국가기관의 지위에서 당사자가 될 수 있다.

④ (X) 각급 구·시·군 선거관리위원회도 헌법에 의해 명문의 규정으로 설치된 기관이므로 권한쟁의심판청구의 당사자가 될 수 있다.

⑤ (O)

헌법재판소법 제67조(결정의 효력)
① 헌법재판소의 권한쟁의심판의 결정은 모든 국가기관과 지방자치단체를 기속한다.
② 국가기관 또는 지방자치단체의 처분을 취소하는 결정은 그 처분의 상대방에 대하여 이미 생긴 효력에 영향을 미치지 아니한다.

21 　　　　　　　　　　　　　　　　　正答 ①

① (X) 형식적 의미의 법률이 아니라도 법률과 동일한 효력을 가지는 조약, 긴급명령, 관습법 등은 위헌법률심판의 대상이 된다.

② (O) 권리구제형 헌법소원의 경우 행정청이 할 수 없지만, 위헌심사형 헌법소원의 경우에는 당해사건의 피고인 행정청도 법원에 위헌제청신청을 하고 그 신청이 기각이나 각하되면 헌법소원이 가능하다.

③ (O) 보조참가인은 비록 자기의 이름과 계산으로 직접 소송에 참가하여 당사자가 할 수 있는 일체의 소송행위를 할 수 있다는 점에서 피참가인의 단순한 대리인이 아니고 당사자에 준하

는 지위에 있기는 하지만, 어디까지나 피참가인의 승소를 위하여 필요한 소송행위를 할 수 있는 보조자에 불과하고, 소송상 피참가인의 상대방에 대하여 자기의 청구를 가지고 소송에 참가하는 것이 아니어서 자신의 이름으로 판결을 받지도 아니하므로 진정한 의미의 소송당사자라고 할 수 없다고 할 것이다. 따라서 보조참가인에게는 피참가인과 그 소송상대방간의 판결의 기판력이 미치는 것이 아니라 보조참가인으로 하여금 그가 보조참가한 소송의 패소판결이 부당하다고 피참가인에게 주장할 수 없도록 구속받게 하는 의미의 참가적 효력만이 미칠 뿐이어서 피참가인과 보조참가인이 서로 저촉되는 소송행위를 한 경우에 그 소송의 진정한 소송당사자로서 그 판결의 기판력을 직접 받는 피참가인의 의사를 존중하여 그의 소송행위의 효력을 인정하는 것이 보조참가제도의 본질에 비추어 보아 당연하다고 하겠다.(헌재 2001.11.29. 2001헌바46)

④ (O) 법원에 항고할 수 없고 기각결정을 받은 날로부터 30일 내에 변호사를 선임하여 헌법재판소에 위헌심사형 헌법소원을 할 수 있다.

⑤ (O) 재판의 전제성에 대한 예외이다.

22 　　　　　　　　　　　　　　　　　正答 ⑤

① (O) 헌법에 헌법재판소의 관할이 별도로 규정되어 있으므로 헌법재판소가 심판할 수 있는 것이다라는 의미이다.

② (O) 행정심판 이후에 법원에 의한 사실심과 법률심의 기회가 주어져야 한다는 의미이다.

③ (O) 법관에 대한 징계처분 취소청구소송을 대법원의 단심재판에 의하도록 한 구 법관징계법 제27조가 헌법에 위반되지 않는다.(헌재 2012.2.23. 2009헌바34) [합헌]

④ (O) 모든 사건에 대해 대법원의 재판을 받을 권리가 인정되는 않는다는 것이다.

⑤ (X) 필요적 행정심판에는 사법절차가 준용되지 않으면 위헌이다. 임의적 행정심판에는 사법절차가 준용되지 않아도 된다.

23 　　　　　　　　　　　　　　　　　正答 ④

• 법률은 특별한 규정이 없는 한 공포한 날로부터 (20)일을 경과함으로써 효력을 발생한다.

• 대법원장과 대법관이 아닌 법관의 임기는 (10)년으로 하며, 법률이 정하는 바에 의하여 연임할 수 있다.

• 정보위원회의 위원 정수는 (12)명으로 한다.

• 의원이 징계대상자에 대한 징계를 요구하려는 경우에는 의원 (20)명 이상의 찬성으로 그 사유를 적은 요구서를 의장에게 제출하여야 한다.

• 대통령이 궐위된 때 또는 대통령 당선자가 사망하거나 판결 기타의 사유로 그 자격을 상실한 때에는 (60)일 이내에 후임자를 선거한다.

24 [정답] ④

① (O) 따라서 예산에 대해서는 헌법소원이 되지 않는다.

② (O) 총액이 아니라 항목별로 국회의 의결을 받아야 한다.

① 한 회계연도를 넘어 계속하여 지출할 필요가 있을 때에는 정부는 연한을 정하여 계속비로서 국회의 의결을 얻어야 한다.
② 예비비는 총액으로 국회의 의결을 얻어야 한다. 예비비의 지출은 차기국회의 승인을 얻어야 한다.

③ (O)

국회법 제84조(예산안·결산의 회부 및 심사)
① 예산안과 결산은 소관 상임위원회에 회부하고, 소관 상임위원회는 예비심사를 하여 그 결과를 의장에게 보고한다. 이 경우 예산안에 대해서는 본회의에서 정부의 시정연설을 듣는다.
② 의장은 예산안과 결산에 제1항의 보고서를 첨부하여 이를 예산결산특별위원회에 회부하고 그 심사가 끝난 후 본회의에 부의한다. 결산의 심사 결과 위법하거나 부당한 사항이 있는 경우에 국회는 본회의 의결 후 정부 또는 해당 기관에 변상 및 징계조치 등 그 시정을 요구하고, 정부 또는 해당 기관은 시정 요구를 받은 사항을 지체 없이 처리하여 그 결과를 국회에 보고하여야 한다.
③ 예산결산특별위원회의 예산안 및 결산 심사는 제안설명과 전문위원의 검토보고를 듣고 종합정책질의, 부별 심사 또는 분과위원회 심사 및 찬반토론을 거쳐 표결한다. 이 경우 위원장은 종합정책질의를 할 때 간사와 협의하여 각 교섭단체별 대표질의 또는 교섭단체별 질의시간 할당 등의 방법으로 그 기간을 정한다.
④ 정보위원회는 제1항과 제2항에도 불구하고 국가정보원 소관 예산안과 결산, 「국가정보원법」 제4조 제1항 제5호에 따른 정보 및 보안 업무의 기획·조정 대상 부처 소관의 정보 예산안과 결산에 대한 심사를 하여 그 결과를 해당 부처별 총액으로 하여 의장에게 보고하고, 의장은 정보위원회에서 심사한 예산안과 결산에 대하여 총액으로 예산결산특별위원회에 통보한다. 이 경우 정보위원회의 심사는 예산결산특별위원회의 심사로 본다.
⑤ 예산결산특별위원회는 소관 상임위원회의 예비심사 내용을 존중하여야 하며, 소관 상임위원회에서 삭감한 세출예산 각 항의 금액을 증가하게 하거나 새 비목(費目)을 설치할 경우에는 소관 상임위원회의 동의를 받아야 한다. 다만, 새 비목의 설치에 대한 동의 요청이 소관 상임위원회에 회부되어 회부된 때부터 72시간 이내에 동의 여부가 예산결산특별위원회에 통지되지 아니한 경우에는 소관 상임위원회의 동의가 있는 것으로 본다.
⑥ 의장은 예산안과 결산을 소관 상임위원회에 회부할 때에는 심사기간을 정할 수 있으며, 상임위원회가 이유 없이 그 기간 내에 심사를 마치지 아니한 때에는 이를 바로 예산결산특별위원회에 회부할 수 있다.
⑦ 위원회는 세목 또는 세율과 관계있는 법률의 제정 또는 개정을 전제로 하여 미리 제출된 세입예산안은 이를 심사할 수 없다.

④ (X) 정부는 회계연도마다 예산안을 편성하여 회계연도 개시 90일 전까지 국회에 제출하고, 국회는 회계연도 개시 30일 전까지 이를 의결하여야 한다.

⑤ (O) 국회법 제85조의3

25 [정답] ①

ㄱ. (X)

① 국회에서 의결된 법률안은 정부에 이송되어 15일 이내에 대통령이 공포한다.
② 법률안에 이의가 있을 때에는 대통령은 제1항의 기간내에 이의서를 붙여 국회로 환부하고, 그 재의를 요구할 수 있다. 국회의 폐회 중에도 또한 같다.
③ 대통령은 법률안의 일부에 대하여 또는 법률안을 수정하여 재의를 요구할 수 없다.
④ 재의의 요구가 있을 때에는 국회는 재의에 붙이고, 재적의원과반수의 출석과 출석의원 3분의 2 이상의 찬성으로 전과 같은 의결을 하면 그 법률안은 법률로서 확정된다.
⑤ 대통령이 제1항의 기간내에 공포나 재의의 요구를 하지 아니한 때에도 그 법률안은 법률로서 확정된다.
⑥ 대통령은 제4항과 제5항의 규정에 의하여 확정된 법률을 지체없이 공포하여야 한다. 제5항에 의하여 법률이 확정된 후 또는 제4항에 의한 확정법률이 정부에 이송된 후 5일 이내에 대통령이 공포하지 아니할 때에는 국회의장이 이를 공포한다.
⑦ 법률은 특별한 규정이 없는 한 공포한 날로부터 20일을 경과함으로써 효력을 발생한다.

ㄴ. (X) 상임위원회는 축조심사를 생략할 수 있지만, 제정법률이나 전부개정법률의 경우에는 축조심사를 생략하지 못한다. 소위원회는 축조심사를 생략하지 못한다.

ㄷ. (O) 무기명으로 하되 재적과반수의 출석과 출석 3분의 2 이상의 동의를 받아야 한다.

ㄹ. (O) 국회법 제106조의2 제8항은 무제한토론의 대상이 다음 회기에서 표결될 수 있는 안건임을 전제하고 있다. 그런데 '회기결정의 건'은 해당 회기가 종료된 후 소집된 다음 회기에서 표결될 수 없으므로, '회기결정의 건'이 무제한토론의 대상이 된다고 해석하는 것은 국회법 제106조의2 제8항에도 반한다. 그렇다면, '회기결정의 건'은 그 본질상 국회법 제106조의2에 따른 무제한토론의 대상이 되지 않는다고 보는 것이 타당하다. (헌재 2020.5.27. 2019헌라6)

01	④	02	④	03	④	04	②	05	①
06	⑤	07	②	08	③	09	①	10	⑤
11	③	12	⑤	13	③	14	①	15	②
16	①	17	⑤	18	⑤	19	③	20	②
21	②	22	④	23	⑤	24	④	25	③

01

정답 ④

① (O) 공무원이 '직무와 관련 없는 과실로 인한 경우' 및 '소속 상관의 정당한 직무상의 명령에 따르다가 과실로 인한 경우'를 제외하고 재직 중의 사유로 금고 이상의 형을 받은 경우, 퇴직급여 등을 감액하도록 규정한 공무원연금법 제64조 제1항 제1호는 헌법불합치결정의 기속력에 반하지 않는다.(헌재 2013.8.29. 2012헌바48등)

② (O)

③ (O)

④ (X) 이중처벌 금지에서 말하는 처벌은 형벌만을 의미하므로, 퇴직급여를 감액하는 것은 이중처벌이 아니다. 다만, 범죄의 종류와 관계없이 퇴직금을 감액하는 것은 재산권 침해이다.

⑤ (O) 연금은 중복해서 지급하지 않는 것이 원칙이다.

02

정답 ④

ㄱ. (X) 선거권 자체는 헌법에 의해 인정되고 구체적인 내용은 법률로 정해진다. 따라서 포괄적인 입법권의 유보가 아니다.

ㄴ. (O) 보통선거의 내용이다.

ㄷ. (X)

공직선거법 제196조(선거의 연기)
① 천재·지변 기타 부득이한 사유로 인하여 선거를 실시할 수 없거나 실시하지 못한 때에는 대통령선거와 국회의원선거에 있어서는 대통령이, 지방의회의원 및 지방자치단체의 장의 선거에 있어서는 관할선거구선거관리위원회 위원장이 당해 지방자치단체의 장(직무대행자를 포함한다)과 협의하여 선거를 연기하여야 한다.

ㄹ. (O) 선거구 획정에서 가장 중요한 기준은 인구이지만, 인구만으로 선거구를 획정하는 것은 아니고, 교통·지세·문화 등을 고려한다.

ㅁ. (O) 비례대표제와 1인 1표제(헌재 2001.7.19. 2000헌마91) [위헌]
공선법에서 1인 1표제를 채택하여 정당에 대한 별도의 투표 없이 개인에 대한 투표를 정당에 대한 투표로 의제하는 것은 위헌이다.
[1] 민주주의원리에 부합하지 않는다.
[2] 평등선거원칙에 위배된다.
[3] 직접선거원칙에 위배된다.

03

정답 ④

① (O) 제1차 개헌에서 직선으로 개정되었다.

② (O)

③ (O)

④ (X) 1972년 헌법은 통일주체국민회의에서 대통령을 간선하였다. 선거인단에서 간선한 것은 제8차 개헌이다.

⑤ (O)

04

정답 ②

① (O)

정당법 제44조(등록의 취소)
① 정당이 다음 각 호의 어느 하나에 해당하는 때에는 당해 선거관리위원회는 그 등록을 취소한다.
   1. 제17조(법정시·도당수) 및 제18조(시·도당의 법정당원수)의 요건을 구비하지 못하게 된 때. 다만, 요건의 흠결이 공직선거의 선거일 전 3월 이내에 생긴 때에는 선거일 후 3월까지, 그 외의 경우에는 요건흠결 시부터 3월까지 그 취소를 유예한다.
   2. 최근 4년간 임기만료에 의한 국회의원선거 또는 임기만료에 의한 지방자치단체의 장 선거나 시·도의회의원선거에 참여하지 아니한 때
   3. 임기만료에 의한 국회의원선거에 참여하여 의석을 얻지 못하고 유효투표 총수의 100분의 2 이상을 득표하지 못한 때

② (X) 초·중등학교의 교육공무원이 정당의 발기인 및 당원이 될 수 없도록 규정한 정당법 제22조 제1항 단서 제1호 본문 중 국가공무원법 제2조 제2항 제2호의 교육공무원 가운데 초·중등교육법 제19조 제1항의 교원에 관한 부분 및 초·중등학교의 교육공무원이 정당의 결성에 관여하거나 이에 가입하는 행위를 금지한 국가공무원법 제65조 제1항 중 '국가공무원법 제2조 제2항 제2호의 교육공무원 가운데 초·중등교육법 제19조 제1항의 교원은 정당의 결성에 관여하거나 이에 가입할 수 없다.' 부분은 청구인들의 정당가입의 자유 등을 침해하지 않는다.

[판례] 초·중등학교의 교육공무원이 정치단체의 결성에 관여하거나 이에 가입하는 행위를 금지한 국가공무원법 제65조 제1항 중 '국가공무원법 제2조 제2항 제2호의 교육공무원 가운데 초·중등교육법 제19조 제1항의 교원은 그 밖의 정치단체의 결성에 관여하거나 이에 가입할 수 없다.' 부분은 청구인들의 정치적 표현의 자유 및 결사의 자유를 침해한다. (헌재 2020.4.23. 2018헌마551)

③ (O)

④ (O)

⑤ (O)

05

정답 ①

① (O) 동시에 공법인의 성격 때문에 기본권의 보호 정도는 약화된다.

② (X) 인격권은 성명권·초상권·명예권이므로, 법인도 주체가 된다.

③ (X) 외국인에게도 기본적으로 직업의 권리가 인정되지만, 국민과 동일한 수준으로 인정되지는 않는다.

[판례] 의료인의 면허된 의료행위 이외의 의료행위를 금지하고 처벌하는 의료법 규정에 관한 부분에 대한 심판청구에 대하여 외국인인 청구인의 직업의 자유 및 평등권에 관한 기본권 주체성은 인정되지 않는다.(헌재 2014.8.28. 2013헌마359)

[1] 심판대상조항이 제한하고 있는 직업의 자유는 국가자격제도정책과 국가의 경제상황에 따라 법률에 의하여 제한할 수 있는 국민의 권리에 해당한다. 국가정책에 따라 정부의 허가를 받은 외국인은 정부가 허가한 범위 내에서 소득활동을 할 수 있는 것이므로, 외국인이 국내에서 누리는 직업의 자유는 법률에 따른 정부의 허가에 의해 비로소 발생하는 권리이다. 따라서 외국인인 청구인에게는 그 기본권 주체성이 인정되지 아니하며, 자격제도 자체를 다툴 수 있는 기본권주체성이 인정되지 아니하는 이상 국가자격제도에 관련된 평등권에 관하여 따로 기본권주체성을 인정할 수 없다.

[2] 의료인을 수범자로 한 심판대상조항에 대한 심판청구에 대해 의료소비자인 청구인은 자기관련성이 인정되지 않는다.

④ (X) 국회의원은 국회 구성원의 지위에서는 기본권의 주체가 아니다. 또한, 질의권·토론권·표결권 등은 기본권이 아니라 국회의원의 권한이다.

⑤ (X) 대통령은 개인의 지위에서는 기본권의 주체가 될 수 있지만, 국민에 대한 봉사자의 지위에서 헌법기관으로서는 기본권의 주체가 될 수 없다.

06 　　　　　　　　　　　　　　[정답] ⑤

① (O) 국선변호의 조력을 받을 권리는 피고인에게 헌법상 기본권이고, 피의자에게는 법률상 권리이다.

헌법 제12조
④ 누구든지 체포 또는 구속을 당한 때에는 즉시 변호인의 조력을 받을 권리를 가진다. 다만, 형사피고인이 스스로 변호인을 구할 수 없을 때에는 법률이 정하는 바에 의하여 국가가 변호인을 붙인다.

② (O) ③ (O) ④ (O)

헌법 제12조
① 모든 국민은 신체의 자유를 가진다. 누구든지 법률에 의하지 아니하고는 체포·구속·압수·수색 또는 심문을 받지 아니하며, 법률과 적법한 절차에 의하지 아니하고는 처벌·보안처분 또는 강제노역을 받지 아니한다.
② 모든 국민은 고문을 받지 아니하며, 형사상 자기에게 불리한 진술을 강요당하지 아니한다.
③ 체포·구속·압수 또는 수색을 할 때에는 적법한 절차에 따라 검사의 신청에 의하여 법관이 발부한 영장을 제시하여야 한다. 다만, 현행범인인 경우와 장기 3년 이상의 형에 해당하는 죄를 범하고 도피 또는 증거인멸의 염려가 있을 때에는 사후에 영장을 청구할 수 있다.

④ 누구든지 체포 또는 구속을 당한 때에는 즉시 변호인의 조력을 받을 권리를 가진다. 다만, 형사피고인이 스스로 변호인을 구할 수 없을 때에는 법률이 정하는 바에 의하여 국가가 변호인을 붙인다.
⑤ 누구든지 체포 또는 구속의 이유와 변호인의 조력을 받을 권리가 있음을 고지받지 아니하고는 체포 또는 구속을 당하지 아니한다. 체포 또는 구속을 당한 자의 가족등 법률이 정하는 자에게는 그 이유와 일시·장소가 지체 없이 통지되어야 한다.
⑥ 누구든지 체포 또는 구속을 당한 때에는 적부의 심사를 법원에 청구할 권리를 가진다.
⑦ 피고인의 자백이 고문·폭행·협박·구속의 부당한 장기화 또는 기망 기타의 방법에 의하여 자의로 진술된 것이 아니라고 인정될 때 또는 정식재판에 있어서 피고인의 자백이 그에게 불리한 유일한 증거일 때에는 이를 유죄의 증거로 삼거나 이를 이유로 처벌할 수 없다.

⑤ (X) 병에 대한 징계처분으로 일정 기간 부대나 함정 내의 영창, 그 밖의 구금장소에 감금하는 영창처분이 가능하도록 규정한 구 군인사법 제57조 제2항 중 '영창'에 관한 부분은 헌법에 위반된다.(헌재 2020.9.24. 2017헌바157) [위헌]

심판대상조항은 병의 복무규율 준수를 강화하고, 복무기강을 엄정히 하기 위하여 제정된 것으로, 군의 지휘명령체계의 확립과 전투력 제고를 목적으로 하는바, 그 입법목적은 정당하고, 심판대상조항은 병에 대하여 강력한 위하력을 발휘하는바, 수단의 적합성도 인정된다.

따라서 심판대상조항은 침해의 최소성원칙에 어긋난다. 이와 같은 점을 종합할 때, 심판대상조항은 과잉금지원칙에 위배된다.

07 　　　　　　　　　　　　　　[정답] ②

ㄱ. (위헌) 회원제로 운영하는 골프장 시설의 입장료에 대한 부가금을 국민체육진흥기금의 재원으로 규정한 구 국민체육진흥법 제20조 제1항 제3호 및 위 부가금을 국민체육진흥계정의 재원으로 규정한 국민체육진흥법 제20조 제1항 제3호는 모두 헌법에 위반된다.(헌재 2019.12.27. 2017헌가21) [위헌]

재정조달 목적 부담금에 해당한다.

'국민체육의 진흥'은 국민체육진흥법이 담고 있는 체육정책 전반에 관한 여러 규율사항을 상당히 폭넓게 아우르는 것으로서 이를 특별한 공적 과제로 보기에는 무리가 있다.

골프장 부가금 납부의무자와 '국민체육의 진흥'이라는 골프장 부가금의 부과목적 사이에는 특별히 객관적으로 밀접한 관련성이 인정되지 않는다.

심판대상조항이 규정하고 있는 골프장 부가금은 일반 국민에 비해 특별히 객관적으로 밀접한 관련성을 가진다고 볼 수 없는 골프장 부가금 징수대상시설 이용자들을 대상으로 하는 것으로서 합리적 이유가 없는 차별을 초래하므로, 헌법상 평등원칙에 위배된다.

ㄴ. (합헌) 공중보건의사에 편입되어 군사교육에 소집된 사람을 군인보수법의 적용대상에서 제외하여 군사교육 소집기간 동안의 보수를 지급하지 않도록 한 군인보수법 제2조 제1항 중

'군사교육 소집된 자' 가운데 '병역법 제5조 제1항 제3호 나목 4) 공중보건의사'에 관한 부분이 헌법에 위반되지 않는다.(헌재 2020.9.24. 2017헌마643) [기각]

병역의무 이행자들에 대한 보수는 병역의무 이행과 교환적 대가관계에 있는 것이 아니라 병역의무 이행의 원활한 수행을 장려하고 병역의무 이행자들의 처우를 개선하여 병역의무 이행에 전념하게 하려는 정책적 목적으로 지급되는 수혜적인 성격의 보상이므로, 병역의무 이행자들에게 어느 정도의 보상을 지급할 것인지는 입법자에게 상당한 재량이 인정된다.

ㄷ. (위헌) 독립유공자의 손자녀 중 1명에게만 보상금을 지급하도록 하면서, 독립유공자의 선순위 자녀의 자녀에 해당하는 손자녀가 2명 이상인 경우에 나이가 많은 손자녀를 우선하도록 규정한 독립유공자예우에 관한 법률 제12조 제2항 중 '손자녀 1명에 한정하여 보상금을 지급하는 부분' 및 제4항 제1호 본문 중 '나이가 많은 손자녀를 우선하는 부분'은 청구인의 평등권을 침해한다.(헌재 2013.10.24. 2011헌마724)

ㄹ. (합헌) 임원의 선거운동기간 및 선거운동에 필요한 사항을 정관에서 정할 수 있도록 규정한 신용협동조합법 제27조의2 제2항 내지 제4항은 헌법에 위반된다. [위헌] 자격정지 이상의 형을 받은 전과가 있는 자에 대하여 선고유예를 할 수 없도록 규정한 형법 제59조 제1항 단서는 헌법에 위반되지 않는다.(헌재 2020.6.25. 2018헌바278) [합헌]

08 (정답) ③

ㄱ. (X)

ㄴ. (O) ㄹ. (O) '법위반사실의 공표명령'은 무죄추정원칙, 진술거부권, 일반적 행동자유권(인격권의 일종)을 침해한다. 다만, 양심의 자유를 침해하는 것은 아니다.

ㄷ. (X) 무죄추정원칙은 형사사건에만 적용되는 원칙이 아니라, 지문과 같은 행정사건에도 적용된다.

09 (정답) ①

① (X) 디엔에이감식시료채취영장 발부 과정에서 채취대상자가 자신의 의견을 진술하거나 영장발부에 대하여 불복하는 등의 절차를 두지 아니한 '디엔에이신원확인정보의 이용 및 보호에 관한 법률' 제8조는 과잉금지원칙을 위반하여 청구인들의 재판청구권을 침해한다.(헌재 2018.8.30. 2016헌마344) [잠정적용 헌법불합치] [예상판례]

[이 사건 영장절차 조항의 재판청구권 침해 여부(적극)]
목적의 정당성 및 수단의 적합성은 인정된다. 디엔에이감식시료채취영장에 따른 디엔에이감식시료 채취 및 등록 과정에서 채취대상자는 신체의 자유, 개인정보자기결정권 등 기본권을 제한받게 된다. 그럼에도 불구하고 이 사건 영장절차 조항이 디엔에이감식시료채취영장 발부 과정에서 자신의 의견을 진술할 기회를 절차적으로 보장하고 있지 않을 뿐만 아니라, 발부 후 그 영장 발부에 대하여 불복할 수 있는 기회를 주거나 채취

행위의 위법성 확인을 청구할 수 있도록 하는 구제절차를 마련하고 있지 않음으로써, 채취대상자의 재판청구권은 형해화되고 채취대상자는 범죄수사 내지 예방의 객체로만 취급받게 된다. 이상의 사정들을 종합하면, 이 사건 영장절차 조항은 채취대상자인 청구인들의 재판청구권을 과도하게 제한하므로, 침해의 최소성 원칙에 위반된다.

② (O) ③ (O) ④ (O) ⑤ (O) 모두 헌법에 위반되지 아니한다.

10 (정답) ⑤

① (O)

② (O) 국적이탈의 자유, 해외여행의 자유, 입국의 자유 등이 거주이전의 자유의 내용이다.

③ (O) 사안의 경우에는 입국의 자유에 대한 제한은 있지만 침해라고 볼 수 없다.

④ (O) 복수국적자가 병역준비역에 편입된 때부터 3개월이 지난 경우 병역의무 해소 전에는 대한민국 국적에서 이탈할 수 없도록 제한하는 국적법 제12조 제2항 본문 및 제14조 제1항 단서 중 제12조 제2항 본문에 관한 부분이 헌법에 합치되지 아니하고, 이들 법률조항은 2022.9.30.을 시한으로 개정될 때까지 계속 적용된다.(헌재 2020.9.24. 2016헌마889) [헌법불합치]
과잉금지원칙에 위배되어 국적이탈의 자유를 침해한다.

⑤ (X) 거주·이전의 자유가 아니라 일반적 행동자유권을 침해한다.

11 (정답) ③

① (X) 모욕죄는 표현의 자유를 침해하지 않는다.

② (X) 반론보도청구권은 보도의 진실여부와는 관계가 없다. 지문은 정정보도청구권에 관한 내용이다.

③ (O) 인터넷게시판을 설치·운영하는 정보통신서비스 제공자에게 본인확인조치의무를 부과하여 게시판 이용자로 하여금 본인확인절차를 거쳐야만 게시판을 이용할 수 있도록 하는 본인확인제를 규정한 '정보통신망 이용촉진 및 정보보호 등에 관한 법률' 제44조의5 제1항 제2호, 같은 법 시행령 제29조, 제30조 제1항은 과잉금지원칙에 위배하여 인터넷게시판 이용자의 표현의 자유, 개인정보자기결정권 및 인터넷게시판을 운영하는 정보통신서비스 제공자의 언론의 자유를 침해한다.(헌재 2012.8.23. 2010헌마47)

④ (X) 상업광고도 표현의 자유의 보호대상이므로 상업광고에 대한 검열은 금지된다.

⑤ (X) 명예훼손죄는 헌법에 위반되지 않는다.

12 (정답) ⑤

① (O) 사회국가원리의 한계이다.

② (O) 사회국가의 개념이다.

③ (O) 우리나라의 경제체제이다.

④ (O) 사회보험을 정당화하는 근거는 사회연대성 원리이다.

⑤ (X) 경제민주화의 이념은 경제영역에서 정의로운 사회질서를 형성하기 위하여 추구할 수 있는 국가목표로서 개인의 기본권을 제한하는 국가행위를 정당화하는 헌법규범이다.(헌재 2003.11.27. 2001헌바35)

13 정답 ③

① (X) 기본적인 사항을 법률로 정하면 세부적인 내용은 하위법규에 위임할 수 있다.

② (X)

③ (O)

④ (X)

⑤ (X) 자사고 지원자에게 평준화지역 후기학교의 중복지원을 금지한 초·중등교육법 시행령 제81조 제5항 중 '제91조의3에 따른 자율형 사립고등학교는 제외한다' 부분은 청구인 학생 및 학부모의 평등권을 침해하여 헌법에 위반된다. – 재판관 4(합헌):5(위헌)의 의견으로 자사고를 후기학교로 규정한 초·중등교육법 시행령 제80조 제1항은 청구인 학교법인의 사학운영의 자유 및 평등권을 침해하지 아니하여 헌법에 위반되지 아니한다.(헌재 2019.4.11. 2018헌마221) [위헌, 기각]

14 정답 ①

ㄱ. (O) 과소보호금지의 원칙이다.

ㄴ. (O)

ㄷ. (X)

ㄹ. (O) 전국동시지방선거의 선거운동 과정에서 후보자들이 확성장치를 사용할 수 있도록 허용하면서도 그로 인한 소음의 규제기준을 정하지 아니한 공직선거법 제79조 제3항 제2호 중 '시·도지사 선거' 부분, 같은 항 제3호 및 공직선거법 제216조 제1항은 헌법에 합치되지 아니한다.(헌재 2019.12.27. 2018헌마730) [헌법불합치]

공직선거법에는 주거지역과 같이 정온한 생활환경을 유지할 필요성이 높은 지역에 대한 규제기준이 마련되어 있지 아니하다. 예컨대 소음·진동관리법, '집회 및 시위에 관한 법률' 등에서 대상지역 및 시간대별로 구체적인 소음기준을 정한 것과 같이, 공직선거법에서도 이에 준하는 규정을 둘 수 있다. 심판대상조항이 선거운동의 자유를 감안하여 선거운동을 위한 확성장치를 허용할 공익적 필요성이 인정된다고 하더라도 정온한 생활환경이 보장되어야 할 주거지역에서 출근 또는 등교 이전 및 퇴근 또는 하교 이후 시간대에 확성장치의 최고출력 내지 소음을 제한하는 등 사용시간과 사용지역에 따른 수인한도 내에서 확성장치의 최고출력 내지 소음 규제기준에 관한 규정을 두지 아니한 것은, 국민이 건강하고 쾌적하게 생활할 수 있는 양호한 주거환경을 위하여 노력하여야 할 국가의 의무를 부과한 헌법 제35조 제3항에 비추어 보면, 적절하고 효율적인 최소한의 보호조치를 취하지 아니하여 국가의 기본권 보호의무를 과소하게 이행한 것이다. 따라서, <u>심판대상조항은</u>

<u>국가의 기본권 보호의무를 과소하게 이행한 것으로서, 청구인의 건강하고 쾌적한 환경에서 생활할 권리를 침해한다.</u>

ㅁ. (X)

15 정답 ②

① (O)

② (X) 거짓이나 그 밖의 부정한 수단으로 운전면허를 받은 경우 모든 범위의 운전면허를 필요적으로 취소하도록 한 구 도로교통법 제93조 제1항 단서, 구 도로교통법 제93조 제1항 단서, 도로교통법 제93조 제1항 단서 중 각 제8호의 '거짓이나 그 밖의 부정한 수단으로 운전면허를 받은 경우'에 관한 부분 가운데, 각 '거짓이나 그 밖의 부정한 수단으로 받은 운전면허를 제외한 운전면허'를 필요적으로 취소하도록 한 부분은 모두 헌법에 위반된다.(헌재 2020.6.25. 2019헌가9) [위헌]

심판대상조항이 '부정 취득한 운전면허'를 필요적으로 취소하도록 한 것은, 피해의 최소성과 법익의 균형성 원칙에 위배되지 않는다.

반면, 심판대상조항이 '부정 취득하지 않은 운전면허'까지 필요적으로 취소하도록 한 것은, 다음과 같은 이유에서 피해의 최소성과 법익의 균형성 원칙에 위배된다.

③ (O)

④ (O)

⑤ (O) 객관적 사유에 의한 직업선택의 자유를 제한하는 법률에 대한 심사기준은 엄격한 기준에 의한다.

16 정답 ①

ㄱ. (O) 긴급명령의 요건이다.

ㄴ. (X) 대법원장은 국회의 동의를 얻어 대통령이 임명하고, 대법관은 대법원장의 제청으로 국회의 동의를 얻어 대통령이 임명한다. 일반 법관은 대법관회의의 동의를 얻어 대법원장이 임명한다.

ㄷ. (O)

ㄹ. (X) 외교사절을 신임·접수 또는 파견하는 데 국회의 동의는 필요 없다. 외교사절의 신임·접수는 국무회의의 심의대상도 아니다. 다만 대사의 임명은 국무회의의 심의대상이다.

ㅁ. (X)

헌법 제68조
① 대통령의 임기가 만료되는 때에는 임기만료 70일 내지 40일 전에 후임자를 선거한다.
② 대통령이 궐위된 때 또는 대통령 당선자가 사망하거나 판결 기타의 사유로 그 자격을 상실한 때에는 60일 이내에 후임자를 선거한다.

17 정답 ⑤

① (O) 남북정상회담 자체는 사법심사의 대상이 아니지만, 지문의 경우는 심사의 대상이 된다.

② (O) 헌법 제108조의 내용으로 법원의 자율권의 한 내용이다.

③ (O) 시험의 실시를 대법원 규칙으로 정하는 것은 직업의 자유를 침해하는 것이다.

④ (O) 다만 훈시규정이어서 반드시 지키지는 않아도 된다.

⑤ (X) 판사의 근무성적평정에 관한 사항을 대법원규칙으로 정하도록 위임한 구 법원조직법 제44조의2 제2항은 포괄위임금지원칙에 위배되지 않는다.(헌재 2016.9.29. 2015헌바331)

[1] 청구인은 이 사건 근무평정조항이 근무성적평정의 내용 및 절차를 하위법규인 대법원규칙에 백지위임하고 있으므로 포괄위임금지원칙에 위반될 뿐만 아니라, <u>헌법상 재판의 독립과 법관의 신분보장 규정에도 반한다고 주장한다. 그런데 이 사건 근무평정조항은 판사의 근무성적평정에 관한 사항을 대법원규칙에 위임하는 수권조항으로, 법률조항 자체에서 근무성적평정의 내용이나 법관의 신분변동에 영향을 주는 사항을 직접 규정하지 않고 있으므로 사법의 독립이나 법관의 신분보장을 직접 제한하는 조항이라고 볼 수 없다.</u> 또한 백지위임에 해당하여 재판의 독립을 침해한다는 주장은 포괄위임금지원칙 위배 여부에서 함께 판단될 수 있다. 따라서 이 사건 근무평정조항이 포괄위임금지원칙에 위배되는지 여부를 중심으로 판단하기로 한다.

[2] 근무성적이 현저히 불량하여 판사로서 정상적인 직무를 수행할 수 없는 경우에 연임발령을 하지 않도록 규정한 구 법원조직법 제45조의2 제2항 제2호는 명확성원칙에 위배되지 않는다. – 이 사건 연임결격조항이 사법의 독립을 침해하지 않는다.

18

정답 ⑤

① (X) 일사부재의 원칙은 부결된 안을 같은 회기에서 다시 의결하지 못한다는 것이다. 지문의 2월 국회와 8월 국회는 회기가 다르므로 다시 의결할 수 있다.

② (X) 위원회와 소위원회도 공개가 원칙이다.

③ (X) 우리나라의 국회의장은 표결권이 있지만, 가부동수일 때 결정권은 없다. 영국의 의회의장은 표결권이 없고 가부동수일 때 결정권이 있다. 한편 대법관회의의 의장인 대법원장은 의결권과 가부동수일 때 결정권이 있다. 선관위 위원장도 의결권과 가부동수일 때 결정권이 있다.

④ (X) 확정은 되지만, 공포를 하지 않은 이상 효력이 발생하지는 않는다.

⑤ (O) 수정거부, 일부거부는 인정되지 않는다.

19

정답 ③

ㄱ. (X) 지방의회의원과 국회의원은 비교집단이 설정되지 않으므로 평등권 침해가 아니다.

ㄴ. (O) 국회의원은 국무총리 및 국무위원의 겸직이 가능하지만, 국회의장, 부의장은 국무총리 및 국무위원의 겸직이 되지 않는다.

ㄷ. (O)

ㄹ. (O)

ㅁ. (X) 면책특권의 대상이 되는 행위는 국회의 직무수행에 필수적인 행위만이 아니라 부수적인 행위도 대상이 된다.

20

정답 ②

① (O)

	1공 - 3공	4공	5공	현행헌법
국정감사	건국헌법의 국정감사가 일반감사는 국정감사로, 특정감사는 국정조사로 발전되었다.	국정감사 삭제	국정감사 삭제	헌법에 부활
국정조사	별도의 규정이 없음	국회법에 국정조사 규정 (헌법 아님)	헌법에 국정조사가 처음으로 규정	헌법에 규정

② (X)

국정감사 및 조사에 관한 법률 제2조(국정감사)
① 국회는 국정전반에 관하여 소관 상임위원회별로 매년 정기회 집회일 이전에 국정감사(이하 "감사"라 한다) 시작일부터 30일 이내의 기간을 정하여 감사를 실시한다. 다만, 본회의 의결로 정기회 기간 중에 감사를 실시할 수 있다.

③ (O) 어떤 범죄에 대해 어떤 형벌을 부과할 것인가는 입법재량의 영역이다.

④ (O) 자치사무에 대해서는 국정감사가 허용되지 않는다.

⑤ (O) 국정조사의 요건이다.

21

정답 ②

① (X) 형사사건이 아닌 경우에는 원칙적으로 위헌결정의 소급효가 아니라 장래효이지만, 예외가 있다.

사건의 종류	소급효
헌법재판소에 법률의 위헌결정을 위한 계기를 부여한 당해 사건	인정
위헌결정이 있기 전에 이와 동종의 위헌여부에 관하여 헌법재판소에 위헌제청을 하였거나 법원에 위헌제청신청을 한 경우의 당해 사건	인정
따로 위헌제청신청을 아니하였지만 당해 법률 또는 법률의 조항이 재판의 전제가 되어 법원에 계속 중인 병행사건	인정
위헌결정 이후 제소한 일반사건 중에서 당사자의 권리구제를 위한 구체적 타당성의 요청이 현저한 반면에, 소급효를 인정하여도 법적 안정성을 침해할 우려가 없는 사건	인정

② (O) 재심을 청구하면 무죄가 된다.

③ (X)

실체형벌조항	소급효는 실체적인 형벌조항에만 적용된다.
절차조항	형사소송절차에 관한 절차법에는 원칙적으로 소급효가 적용되지 않는다. 이 말은 보석허가에 대해 검사가 항고를 했을 때 계속 구속이 되도록 하는 조항이 위헌이지만 이를 소급하여 적용하는 것이 불가능하다는 말이다.
불처벌조항	소급효가 인정되지 않는다. 헌법재판소는 "교통사고처리특례법 상 불처벌의 특례 규정에 대한 위헌결정의 소급효를 인정할 경우 오히려 형사처벌을 받지 않았던 자들에게 형사상의 불이익이 미치게 되므로 이와 같은 경우까지 소급효를 적용범위에 포함시키는 것은 그 규정취지에 반하고, 따라서 위 법률조항이 헌법에 위반된다고 선고되더라도 형사처벌을 받지 않았던 자들을 소급하여 처벌할 수 없다"고 판시하였다.

④ (X)

헌법재판소법 제47조(위헌결정의 효력)
① 법률의 위헌결정은 법원과 그 밖의 국가기관 및 지방자치단체를 기속(羈束)한다.
② 위헌으로 결정된 법률 또는 법률의 조항은 그 결정이 있는 날부터 효력을 상실한다.
③ 제2항에도 불구하고 형벌에 관한 법률 또는 법률의 조항은 소급하여 그 효력을 상실한다. 다만, 해당 법률 또는 법률의 조항에 대하여 종전에 합헌으로 결정한 사건이 있는 경우에는 그 결정이 있는 날의 다음 날로 소급하여 효력을 상실한다.

⑤ (X) 동일한 사정 하에서 동일한 이유에 근거한 동일한 내용의 법률을 다시 제정하는 것은 위헌결정의 기속력에 반한다.

22　　　　　　　　　　　　　　정답 ④

① (X) 헌법소원의 대상이 되는 집행행위는 원칙적으로 입법, 행정, 사법이 다 포함된다. 다만 법원의 재판은 헌법재판소법에 의해 헌법소원이 대상이 아니다.

② (X) 행정기관인 방송통신심의위원회의 시정요구는 정보통신서비스제공자 등에게 조치결과 통지의무를 부과하고 있고, 정보통신서비스제공자 등이 이에 따르지 않는 경우 방송통신위원회의 해당 정보의 취급거부·정지 또는 제한명령이라는 법적 조치가 예정되어 있으며, 행정기관인 방송통신심의위원회가 표현의 자유를 제한하게 되는 결과의 발생을 의도하거나 또는 적어도 예상하였다 할 것이므로, 이는 단순한 행정지도로서의 한계를 넘어 규제적·구속적 성격을 갖는 것으로서 헌법소원 또는 항고소송의 대상이 되는 공권력의 행사라고 봄이 상당하다. (헌재 2012.2.23. 2011헌가13) – 헌법소원의 대상이 아니라 일반행정소송에서 헌법재판소에 위헌제청을 하였고 재판의 전제성이 인정된 사례이다.

③ (X) 도로교통법 제53조 제3항 전단 중 '학원의 설립·운영 및 과외교습에 관한 법률'에 따라 설립된 학원 및 '체육시설의 설치·이용에 관한 법률'에 따라 설립된 체육시설에서 어린이통학버스를 운영하는 자에 관한 부분(이하 '이 사건 보호자동승조항'이라 한다)은 청구인들의 직업수행의 자유를 침해하지 않는다.(헌재 2020.4.23. 2017헌마479)

[유예기간을 두고 있는 법령의 경우, 헌법소원심판의 청구기간 기산점을 그 법령의 시행일이 아니라 유예기간 경과일이라고 본 사례]
유예기간을 경과하기 전까지 청구인들은 이 사건 보호자동승조항에 의한 보호자동승의무를 부담하지 않는다. 이 사건 보호자동승조항이 구체적이고 현실적으로 청구인들에게 적용된 것은 유예기간을 경과한 때부터라 할 것이므로, 이때부터 청구기간을 기산함이 상당하다. 종래 이와 견해를 달리하여, 법령의 시행일 이후 일정한 유예기간을 둔 경우 이에 대한 헌법소원심판 청구기간의 기산점을 법령의 시행일이라고 판시한 우리 재판소 결정들은, 이 결정의 취지와 저촉되는 범위 안에서 변경한다.

④ (O)

⑤ (X) 법률안은 국회에서 통과되기 전까지는 법적으로 중요성을 가진다고 할 수 없어 헌법소원의 대상이 아니다.

23　　　　　　　　　　　　　　정답 ⑤

① (X)

헌법재판소법 제61조(청구 사유)
① 국가기관 상호간, 국가기관과 지방자치단체 간 및 지방자치단체 상호간에 권한의 유무 또는 범위에 관하여 다툼이 있을 때에는 해당 국가기관 또는 지방자치단체는 헌법재판소에 권한쟁의심판을 청구할 수 있다.

② (X) 권한쟁의와 위헌정당해산심판은 가처분이 명문의 규정으로 인정된다.

③ (X) 권한쟁의심판에서 청구를 인용하는 결정을 하기 위해서는 헌법재판관 과반수의 찬성이 있어야 한다.

④ (X)

헌법재판소법 제61조(청구 사유)
② 제1항의 심판청구는 피청구인의 처분 또는 부작위(不作爲)가 헌법 또는 법률에 의하여 부여받은 청구인의 권한을 침해하였거나 침해할 현저한 위험이 있는 경우에만 할 수 있다.

⑤ (O) 동의권은 국회의 권한이므로 국회의원이 권한쟁의를 할 수는 없다.

24　　　　　　　　　　　　　　정답 ④

ㄱ. (X) 헌법재판소 전원재판부는 7명 이상의 출석으로 사건을 심리하며, 당사자는 동일한 사건에 대하여 2명 이상의 재판관을 기피할 수 없다. 즉 1명만 기피할 수 있다.

ㄴ. (O)

헌법재판소법 제33조(심판의 장소)
심판의 변론과 종국결정의 선고는 심판정에서 한다. 다만, 헌법재판소장이 필요하다고 인정하는 경우에는 심판정 외의 장소에서 변론 또는 종국결정의 선고를 할 수 있다.

ㄷ. (X) 탄핵심판, 정당해산의 심판 및 권한쟁의의 심판은 구두변론을 거쳐야 한다.

ㄹ. (O) 재판관회의는 재판관 7명 이상의 출석과 출석인원 과반수의 찬성으로 의결한다.

ㅁ. (O)

헌법재판소법 제70조(국선대리인)
① 헌법소원심판을 청구하려는 자가 변호사를 대리인으로 선임할 자력(資力)이 없는 경우에는 헌법재판소에 국선대리인을 선임하여 줄 것을 신청할 수 있다. 이 경우 제69조에 따른 청구기간은 국선대리인의 선임신청이 있는 날을 기준으로 정한다.
② 제1항에도 불구하고 헌법재판소가 공익상 필요하다고 인정할 때에는 국선대리인을 선임할 수 있다.
③ 헌법재판소는 제1항의 신청이 있는 경우 또는 제2항의 경우에는 헌법재판소규칙으로 정하는 바에 따라 변호사 중에서 국선대리인을 선정한다. 다만, 그 심판청구가 명백히 부적법하거나 이유 없는 경우 또는 권리의 남용이라고 인정되는 경우에는 국선대리인을 선정하지 아니할 수 있다.
④ 헌법재판소가 국선대리인을 선정하지 아니한다는 결정을 한 때에는 지체 없이 그 사실을 신청인에게 통지하여야 한다. 이 경우 신청인이 선임신청을 한 날부터 그 통지를 받은 날까지의 기간은 제69조의 청구기간에 산입하지 아니한다.
⑤ 제3항에 따라 선정된 국선대리인은 선정된 날부터 60일 이내에 제71조에 규정된 사항을 적은 심판청구서를 헌법재판소에 제출하여야 한다.

25   정답 ③

① (O)

법원조직법 제50조의2(법관의 파견 금지 등)
① 법관은 대통령비서실에 파견되거나 대통령비서실의 직위를 겸임할 수 없다.
② 법관으로서 퇴직 후 2년이 지나지 아니한 사람은 대통령비서실의 직위에 임용될 수 없다.

② (O)

법원조직법 제53조(법원직원)
법관 외의 법원공무원은 대법원장이 임명하며, 그 수는 대법원규칙으로 정한다.

③ (X) 대법원장은 국회의 동의를 받아 대통령이 임명하지만 대법관 중에서 임명하는 것은 아니다. 다만 대법원장도 임명이 되면 대법관의 지위를 겸한다.

④ (O)

법원조직법 제50조(파견근무)
대법원장은 다른 국가기관으로부터 법관의 파견근무 요청을 받은 경우에 업무의 성질상 법관을 파견하는 것이 타당하다고 인정되고 해당 법관이 파견근무에 동의하는 경우에는 그 기간을 정하여 이를 허가할 수 있다.

⑤ (O)

01	⑤	02	⑤	03	④	04	②	05	④
06	⑤	07	⑤	08	③	09	①	10	④
11	⑤	12	④	13	①	14	③	15	③
16	③	17	②	18	⑤	19	①	20	③

01
정답 ⑤

① (O) 단순한 재산상 이익에 대한 기대는 헌법이 보호하는 재산권의 영역에 포함되지 아니한다.(헌재 2008.9.25. 2007헌가9)

② (O) 헌재 2013.10.24. 2012헌마906.

③ (O) 헌재 2010.12.28. 2009헌바20.

④ (O) 정당보상은 완전보상으로 시가보상을 의미한다. 다만, 공시지가보상도 정당보상으로 인정된다.

⑤ (X) 개발이익은 정당보상의 범위를 넘어선다.

[판례] 개발이익은 공공사업의 시행에 의하여 비로소 발생하는 것이므로 그것이 피수용토지가 수용 당시 갖는 객관적 가치에 포함된다고 볼 수도 없다. 따라서 개발이익은 그 성질상 완전보상의 범위에 포함되는 피수용자의 손실이라고는 볼 수 없으므로, 개발이익을 배제하고 손실보상액을 산정한다 하여 헌법이 규정한 정당보상의 원리에 어긋나는 것이라고는 판단되지 않는다.(헌재 1990.6.25. 89헌마107)

02
정답 ⑤

① (O) 정당도 결사의 일종이지만 특별결사로 헌법 제8조의 적용을 받는다.

② (O) 정당의 자유는 국민 개개인에게 인정되는 기본권이기도 하지만, 정당자신이 누리는 기본권이기도 하다.

③ (O) 우리 헌법이 정당의 설립과 활동의 자유를 보장하고 있는 것은 선거제도의 민주화와 국민주권을 실질적으로 현실화하고 정치적으로 자유민주주의 구현에 기여하는 데 그 목적이 있는 것이지 정치의 독점이나 무소속후보자의 진출을 봉쇄하는 정당의 특권을 설정할 수 있는 것을 의미하는 것이 아니기 때문에 정당만이 의석을 독점할 수 있도록 선거운동에 있어서 입후보자의 기회균등을 부정하는 선거법을 협상하고 비민주적인 선거제도를 만드는 것은 헌법상의 기본골격인 자유민주국가의 기본원리에 합당하지 않고 법치주의의 구현이나 공명선거의 시행을 염원하는 민의(民意)의 참뜻을 잘못 이해하고 있는 데에서 비롯되는 것이라 아니할 수 없다.(헌재 1992.3.13. 92헌마37)

④ (O) 어떤 정당이 민주적 기본질서를 부정하고 이를 적극적으로 공격하는 것으로 보인다 하더라도 국민의 정치적 의사형성에 참여하는 정당으로서 존재하는 한 우리 헌법에 의해 최대한 두텁게 보호되므로, 단순히 행정부의 통상적인 처분에 의해서는 해산될 수 없고, 오직 헌법재판소가 그 정당의 위헌성을 확인하고 해산의 필요성을 인정한 경우에만 정당정치의 영역에서 배제된다는 것이다.(헌재 2014.12.19. 2013헌다1)

⑤ (X) '헌법재판의 성질에 반하지 아니하는 한도'에서 민사소송에 관한 법령을 준용하도록 규정하여 정당해산심판의 고유한 성질에 반하지 않도록 적용범위를 한정하고 있는바, 여기서 '헌법재판의 성질에 반하지 않는' 경우란, 다른 절차법의 준용이 헌법재판의 고유한 성질을 훼손하지 않는 경우로 해석할 수 있고, 이는 헌법재판소가 당해 헌법재판이 갖는 고유의 성질·헌법재판과 일반재판의 목적 및 성격의 차이·준용 절차와 대상의 성격 등을 종합적으로 고려하여 구체적·개별적으로 판단할 수 있다. 따라서 준용조항은 청구인의 공정한 재판을 받을 권리를 침해한다고 볼 수 없다.(헌재 2014.2.27. 2014헌마7)

03
정답 ④

① (O)

② (O) 헌재 2018.8.30. 2014헌마368.

③ (O) 이 사건 법률조항은 가정폭력 가해자에 대한 별도의 제한 없이 직계혈족이기만 하면 사실상 자유롭게 그 자녀의 가족관계증명서와 기본증명서의 교부를 청구하여 발급받을 수 있도록 함으로써, 그로 인하여 가정폭력 피해자인 청구인의 개인정보가 가정폭력 가해자인 전 배우자에게 무단으로 유출될 수 있는 가능성을 열어놓고 있다. 따라서 과잉금지원칙에 위배되어 청구인의 개인정보자기결정권을 침해한다.(헌재 2020.8.28. 2018헌마927)

④ (X) 정보주체가 직접 또는 제3자를 통하여 이미 공개한 개인정보는 공개 당시 정보주체가 자신의 개인정보에 대한 수집이나 제3자 제공 등의 처리에 대하여 일정한 범위 내에서 동의를 하였다고 할 것이다. 따라서 이미 공개된 개인정보를 정보주체의 동의가 있었다고 객관적으로 인정되는 범위 내에서 수집·이용·제공 등 처리를 할 때는 정보주체의 별도의 동의는 불필요하다고 보아야 하고, 별도의 동의를 받지 아니하였다고 하여 개인정보 보호법 제15조나 제17조를 위반한 것으로 볼 수 없다.(대판 2016.8.17. 2014다235080)

⑤ (O) 대판 2016.8.17. 2014다235080 – 법률소비자의 선택의 자료를 제공하기 위한 공익을 고려한 판례로 보인다(사견).

04
정답 ②

① (O)

② (X) 근로자가 퇴직급여를 청구할 수 있는 권리도 헌법상 바로 도출되는 것이 아니라 퇴직급여법 등 관련 법률이 구체적으로 정하는 바에 따라 비로소 인정될 수 있는 것이므로 계속근로기간 1년 미만인 근로자가 퇴직급여를 청구할 수 있는 권리가 헌법 제32조 제1항에 의하여 보장된다고 보기는 어렵다.(헌재 2011.7.28. 2009헌마408)

③ (O) 헌법 제32조 제1항 후단은 "국가는 사회적·경제적 방법으로 근로자의 고용의 증진과 적정임금의 보장에 노력하여야 하며, 법률이 정하는 바에 의하여 최저임금제를 시행하여야 한다."라고 규정하고 있어서 근로자가 최저임금을 청구할 수 있

는 권리도 헌법상 바로 도출되는 것이 아니라 최저임금법 등 관련 법률이 구체적으로 정하는 바에 따라 비로소 인정될 수 있다.(헌재 2012.10.25. 2011헌마307)

④ (O) 헌재 2009.2.26. 2007헌바27.

⑤ (O)

헌법 제32조
⑤ 연소자의 근로는 특별한 보호를 받는다.

05 정답 ④

① (X) 집행명령은 법률의 위임없이 가능하지만, 국민의 권리·의무에 관한 사항은 법률의 위임이 있어야 한다.

② (X) 기본권 실현과 관련된 영역에 있어서 본질적인 사항에 대하여 국회가 스스로 정한 다음에 위임할 수 있다.

③ (X) 의회유보(중요사항유보설)는 법률유보의 범위를 결정하는 학설의 하나이다.

④ (O) 조례와 정관에 대해서는 포괄적 위임이 가능하다.

⑤ (X) 입법자가 형식적 법률로 스스로 규율하여야 하는 사항이 어떤 것인가는 일률적으로 획정할 수 없고 구체적인 사례에서 관련된 이익 내지 가치의 중요성, 규제 내지 침해의 정도와 방법 등을 고려하여 개별적으로 결정할 수 있을 뿐이나 적어도 헌법상 보장된 국민의 자유나 권리를 제한한 때에는 그 제한의 본질적인 사항에 관한 한 입법자가 법률로써 스스로 규율하여야 할 것이다.(헌재 2009.10.29. 2007헌바63)

06 정답 ⑤

① (O) 자유민주주의의 개념이다.(헌재 2001.9.27. 2000헌마238)

② (O) 우리헌법상 경제질서에 대한 개념이다.(헌재 2000.6.1. 99헌마553)

③ (O) 헌법전문의 '국민생활의 균등한 향상', 사회적 기본권, 경제에 대한 국가의 규제와 조정 등이 사회국가원리이다.

④ (O) 사회국가의 개념이다.

⑤ (X) 복수정당제는 제5차개헌에서 도입된 후 명문의 규정으로 인정된다.
[판례] 헌법 제8조는 제1항에서 "정당의 설립은 자유이며, 복수정당제는 보장된다."고 규정하여 국민 누구나가 원칙적으로 국가의 간섭을 받지 아니하고 정당을 설립할 권리를 국민의 기본권으로서 보장하면서, 아울러 정당설립의 자유를 보장한 것의 당연한 법적 산물인 복수정당제를 제도적으로 보장하고 있다.(헌재 1999.12.23. 99헌마135)

07 정답 ⑤

① (O)

헌법 제39조
① 국방의 의무는 법률이 정하는 바에 따라 부담한다.

② (O) 국가의 존립이 없으면 기본권 보장의 토대가 무너지기 때문이다. 국방의 의무가 구체화된 병역의무는 성실하게 이행하여야 하고 병무행정 역시 공정하고 엄정하게 집행하여야 한다. 헌법이 양심의 자유를 보장하고 있다고 해서 위와 같은 가치를 소홀히 해서는 안 된다. 따라서 양심적 병역거부의 허용 여부는 헌법 제19조 양심의 자유 등 기본권 규범과 헌법 제39조 국방의 의무 규범 사이의 충돌·조정 문제가 된다.(대판 2018.11.1. 2016도10912)

③ (O) 양심적 병역거부는 부작위에 의한 양심실현의 자유, 즉 소극적 부작위에 의한 양심실현에 해당한다.

④ (O) 양심적 병역거부자에게 병역의무의 이행을 일률적으로 강제하고 그 불이행에 대하여 형사처벌 등 제재를 하는 것은 양심의 자유를 비롯한 헌법상 기본권 보장체계와 전체 법질서에 비추어 타당하지 않을 뿐만 아니라 소수자에 대한 관용과 포용이라는 자유민주주의 정신에도 위배된다. 따라서 진정한 양심에 따른 병역거부라면, 이는 병역법 제88조 제1항의 '정당한 사유'에 해당한다.(대판 2018.11.1. 2016도10912)

⑤ (X) 신념이 확고하다는 것은 그것이 유동적이거나 가변적이지 않다는 것을 뜻한다. 반드시 고정불변이어야 하는 것은 아니지만, 그 신념은 분명한 실체를 가진 것으로서 좀처럼 쉽게 바뀌지 않는 것이어야 한다. 신념이 진실하다는 것은 거짓이 없고, 상황에 따라 타협적이거나 전략적이지 않다는 것을 뜻한다. 설령 병역거부자가 깊고 확고한 신념을 가지고 있더라도 그 신념과 관련한 문제에서 상황에 따라 다른 행동을 한다면 그러한 신념은 진실하다고 보기 어렵다.(대판 2018.11.1. 2016도10912)

08 정답 ③

① (O) 어떠한 정당을 엄격한 요건 아래 위헌정당으로 판단하여 해산을 명하는 것은 헌법을 수호한다는 방어적 민주주의 관점에서 비롯되는 것이고, 이러한 비상상황에서는 국회의원의 국민 대표성은 부득이 희생될 수밖에 없다.(헌재 2014.12.19. 2013헌다1)

② (O)

헌법 제8조
④ 정당의 목적이나 활동이 민주적 기본질서에 위배될 때에는 정부는 헌법재판소에 그 해산을 제소할 수 있고, 정당은 헌법재판소의 심판에 의하여 해산된다.

③ (X) 정당에 대한 해산결정은 민주주의 원리와 정당의 존립과 활동에 대한 중대한 제약이라는 점에서, 정당의 목적과 활동에 관련된 모든 사소한 위헌성까지도 문제 삼아 정당을 해산하는 것은 적절하지 않다.(헌재 2014.12.19. 2013헌다1)

④ (O) 정당대표나 주요 관계자의 행위라 하더라도 개인적 차원의 행위에 불과한 것이라면 이러한 행위에 대해서까지 정당해산심판의 심판대상이 되는 활동으로 보기는 어렵다.(헌재 2014.12.19. 2013헌다1)

⑤ (O) 정당해산심판제도가 비록 정당을 보호하기 위한 취지에서 도입된 것이라 하더라도 다른 한편 이는 정당의 강제적 해산가능성을 헌법상 인정하는 것이므로, 그 자체가 민주주의에 대한 제약이자 위협이 될 수 있음을 또한 깊이 주의해야 한다. 정당해산심판제도는 운영 여하에 따라 그 자체가 민주주의에 대한 해악이 될 수 있으므로 일종의 극약처방인 셈이다. 따라서 정치적 비판자들을 탄압하기 위한 용도로 남용되는 일이 생기지 않도록 정당해산심판제도는 매우 엄격하고 제한적으로 운용되어야 한다.(헌재 2014.12.19. 2013헌다1)

09
정답 ①

① (X) 해킹된 경우에도 주민번호 변경을 허용하지 않으면 개인정보자기결정권을 침해한다.(헌재 2015.12.23. 2013헌바68)
② (O) 표현의 자유 영역이다.
[판례] 인터넷언론사의 공개된 게시판·대화방에서 스스로의 의사에 의하여 정당·후보자에 대한 지지·반대의 글을 게시하는 행위는 정당·후보자에 대한 단순한 의견 등의 표현행위에 불과하여 양심의 자유나 사생활 비밀의 자유에 의하여 보호되는 영역이라고 할 수 없으므로, 그 과정에서 실명확인 절차의 부담을 진다고 하더라도 이를 두고 양심의 자유나 사생활 비밀의 자유를 제한받는 것이라고 볼 수 없어 그 침해 여부에 관하여 더 나아가 판단하지 아니한다.(헌재 2010.2.25. 2008헌마324)
③ (O) 헌재 2003.12.18. 2002헌바49.
④ (O) 대판 2007.4.26. 2006다87903.
⑤ (O) 상당한 자기기여가 있으면 공법상의 권리도 재산권으로 인정된다.

10
정답 ④

① (O) 헌재 2003.9.25. 2002헌마519.
② (O) 이 사건 법률조항이 성범죄 전력만으로 그가 장래에 동일한 유형의 범죄를 다시 저지를 것을 당연시하고, 형의 집행이 종료된 때부터 10년이 경과하기 전에는 결코 재범의 위험성이 소멸하지 않는다고 보며, 각 행위의 죄질에 따른 상이한 제재의 필요성을 간과함으로써, 성범죄 전력자 중 재범의 위험성이 없는 자, 성범죄 전력이 있지만 10년의 기간 안에 재범의 위험성이 해소될 수 있는 자, 범행의 정도가 가볍고 재범의 위험성이 상대적으로 크지 않은 자에게까지 10년 동안 일률적인 취업제한을 부과하고 있는 것은 침해의 최소성 원칙과 법익의 균형성 원칙에 위배된다. 따라서 이 사건 법률조항은 청구인들의 직업선택의 자유를 침해한다.(헌재 2016.3.31. 2013헌마585)
③ (O) 구체적으로는 직업선택의 자유와 직업수행의 자유는 기본권 주체에 대한 그 제한의 효과가 다르기 때문에 제한에 있어서 적용되는 기준도 다르며, 특히 직업수행의 자유에 대한 제한의 경우 인격발현에 대한 침해의 효과가 일반적으로 직업선택 그 자체에 대한 제한에 비하여 작기 때문에 그에 대한 제한은 보다 폭넓게 허용된다.(헌재 2009.9.24. 2006헌마1264)

④ (X) 직업의 자유에 '해당 직업에 합당한 보수를 받을 권리'까지 포함되어 있다고 보기 어려우므로 청구인들의 직업선택이나 직업수행의 자유가 침해되었다고 할 수 없다.(헌재 2004.2.26. 2001헌마718)
⑤ (O) 헌재 2008.11.27. 2007헌바51.

11
정답 ⑤

① (O) 환매권의 발생기간을 제한하고 있는 '공익사업을 위한 토지 등의 취득 및 보상에 관한 법률' 제91조 제1항 중 '토지의 협의취득일 또는 수용의 개시일부터 10년 이내에' 부분은 재산권을 침해한다.(헌재 2020.11.26. 2019헌바131)
[1] 토지수용 등 절차를 종료하였다고 하더라도 공익사업에 해당 토지가 필요 없게 된 경우에는 토지수용 등의 헌법상 정당성이 장래를 향하여 소멸한 것이므로, 이러한 경우 종전 토지소유자가 소유권을 회복할 수 있는 권리인 환매권은 헌법이 보장하는 재산권의 내용에 포함되는 권리이다. 환매권의 발생기간을 제한한 것은 사업시행자의 지위나 이해관계인들의 토지이용에 관한 법률관계 안정, 토지의 사회경제적 이용 효율 제고, 사회일반에 돌아가야 할 개발이익이 원소유자에게 귀속되는 불합리 방지 등을 위한 것인데, 그 입법목적은 정당하고 이와 같은 제한은 입법목적 달성을 위한 유효적절한 방법이라 할 수 있다. … 다른 나라의 입법례에 비추어 보아도 발생기간을 제한하지 않거나 더 길게 규정하면서 행사기간 제한 또는 토지에 현저한 변경이 있을 때 환매거절권을 부여하는 등 보다 덜 침해적인 방법으로 입법목적을 달성하고 있다. 이 사건 법률조항은 침해의 최소성 원칙에 어긋난다.
[2] 이 사건의 쟁점은 이 사건 법률조항이 환매권 발생기간을 '취득일로부터 10년 이내'로 제한하여 청구인들의 헌법상 재산권을 침해하는지 여부이다. 청구인들은 평등권 침해 주장도 하고 있으나 이는 청구인들의 재산권이 다른 경우에 비하여 과도하게 제한된다는 것이어서 재산권 침해 여부를 심사하는 과정에서 함께 판단되므로 별도로 판단하지 않는다.
② (O) 대표자의 행위는 곧 법인의 행위로 볼 수 있기 때문이다.
③ (O) 의료급여수급권은 재산권이 아니다.
④ (O) 헌재 2004.3.25. 2001헌마710.
⑤ (X) '공무 외의 일을 위한 집단행위'라고 다소 포괄적이고 광범위하게 규정하고 있다 하더라도, 이는 공무가 아닌 어떤 일을 위하여 공무원들이 하는 모든 집단행위를 의미하는 것이 아니라, … '공익에 반하는 목적을 위한 행위로서 직무전념의무를 해태하는 등의 영향을 가져오는 집단적 행위'라고 해석된다. 위 규정을 위와 같이 해석한다면 수범자인 공무원이 구체적으로 어떠한 행위가 여기에 해당하는지를 충분히 예측할 수 없을 정도로 적용 범위가 모호하다거나 불분명하다고 할 수 없으므로 위 규정이 명확성의 원칙에 반한다고 볼 수 없고, 또한 위 규정이 적용 범위가 지나치게 광범위하거나 포괄적이어서 공무원의 표현의 자유를 과도하게 제한한다고 볼 수 없으므로, 과잉금지의 원칙에 반한다고 볼 수도 없다.(대판 2017.4.13. 2014두8469)

12 〔정답〕 ④

① (O) 자유선거는 헌법에 명시되어 있지는 않지만, 당연히 인정된다.

② (O) 예비선거기간 동안 제한된 범위에서 선거운동이 가능하다.

③ (O) 헌재 2020.11.26. 2018헌마260.

④ (X) 문자메시지를 전송하는 방법이나 인터넷 홈페이지 또는 그 게시판·대화방 등에 글이나 동영상 등을 게시하거나 전자우편을 전송하는 방법으로 선거운동을 하는 것은 선거운동기간 전이라도 허용된다.

공직선거법 제59조(선거운동기간)

선거운동은 선거기간 개시일부터 선거일 전일까지에 한하여 할 수 있다. 다만, 다음 각 호의 어느 하나에 해당하는 경우에는 그러하지 아니하다.

1. 제60조의3(예비후보자 등의 선거운동) 제1항 및 제2항의 규정에 따라 예비후보자 등이 선거운동을 하는 경우

2. 문자메시지를 전송하는 방법으로 선거운동을 하는 경우. 이 경우 자동 동보통신의 방법(동시 수신대상자가 20명을 초과하거나 그 대상자가 20명 이하인 경우에도 프로그램을 이용하여 수신자를 자동으로 선택하여 전송하는 방식을 말한다. 이하 같다)으로 전송할 수 있는 자는 후보자와 예비후보자에 한하되, 그 횟수는 8회(후보자의 경우 예비후보자로서 전송한 횟수를 포함한다)를 넘을 수 없으며, 중앙선거관리위원회규칙에 따라 신고한 1개의 전화번호만을 사용하여야 한다.

3. 인터넷 홈페이지 또는 그 게시판·대화방 등에 글이나 동영상 등을 게시하거나 전자우편(컴퓨터 이용자끼리 네트워크를 통하여 문자·음성·화상 또는 동영상 등의 정보를 주고받는 통신시스템을 말한다. 이하 같다)을 전송하는 방법으로 선거운동을 하는 경우. 이 경우 전자우편 전송대행업체에 위탁하여 전자우편을 전송할 수 있는 사람은 후보자와 예비후보자에 한한다.

4. 선거일이 아닌 때에 전화(송·수화자 간 직접 통화하는 방식에 한정하며, 컴퓨터를 이용한 자동 송신장치를 설치한 전화는 제외한다)를 이용하거나 말(확성장치를 사용하거나 옥외집회에서 다중을 대상으로 하는 경우를 제외한다)로 선거운동을 하는 경우

5. 후보자가 되려는 사람이 선거일 전 180일(대통령선거의 경우 선거일 전 240일을 말한다)부터 해당 선거의 예비후보자등록신청 전까지 제60조의3 제1항 제2호의 방법(같은 호 단서를 포함한다)으로 자신의 명함을 직접 주는 경우

⑤ (O) 군은 주로 농촌 지역에 위치하고 있어 도시 지역인 자치구·시보다 대체로 인구가 적다. 또한, 군의 평균 선거인수는 자치구·시의 평균 선거인수에 비하여 적다. 심판대상조항은 이러한 차이를 고려하여 자치구·시의 장의 선거에서보다 군의 장의 선거에서 예비후보자의 선거운동기간을 단기간으로 정한 것인바, 이러한 차별취급은 자의적인 것이라 할 수 없다. 따라서 이 조항은 청구인의 평등권을 침해하지 않는다.(헌재 2020.11.26. 2018헌마260)

13 〔정답〕 ①

㉠ (O) 대판 2018.11.29. 2016도11841.

㉡ (X) 양심실현의 자유도 양심의 자유에 포함된다.

㉢ (X) 취업규칙에서 사용자가 사고나 비위행위 등을 저지른 근로자에게 시말서를 제출하도록 명령할 수 있다고 규정하는 경우, 그 시말서가 단순히 사건의 경위를 보고하는 데 그치지 않고 더 나아가 근로관계에서 발생한 사고 등에 관하여 '자신의 잘못을 반성하고 사죄한다는 내용'이 포함된 사죄문 또는 반성문을 의미하는 것이라면, 이는 헌법이 보장하는 내심의 윤리적 판단에 대한 강제로서 양심의 자유를 침해하는 것이므로, 그러한 취업규칙 규정은 헌법에 위배되어 근로기준법 제96조 제1항에 따라 효력이 없고, 그에 근거한 사용자의 시말서 제출명령은 업무상 정당한 명령으로 볼 수 없다.(대판 2010.1.14. 2009두6605)

㉣ (X) 진정한 양심에 따른 병역거부라면, 이는 병역법 제88조 제1항의 '정당한 사유'에 해당하여 처벌할 수 없다고 보아야 한다. 정당한 사유로 인정할 수 있는 양심적 병역거부에서 말하는 양심은 신념이 깊고, 확고하며, 진실하여야 한다.

㉤ (X) 내용상 단순히 국법질서나 헌법체제를 준수하겠다는 취지의 서약을 할 것을 요구하는 이 사건 준법서약은 국민이 부담하는 일반적 의무를 장래를 향하여 확인하는 것에 불과하며, 어떠한 가정적 혹은 실제적 상황하에서 특정의 사유(思惟)를 하거나 특별한 행동을 할 것을 새로이 요구하는 것이 아니다. 따라서 이 사건 준법서약은 어떤 구체적이거나 적극적인 내용을 담지 않은 채 단순한 헌법적 의무의 확인·서약에 불과하다 할 것이어서 양심의 영역을 건드리는 것이 아니다.(헌재 2002.4.25. 98헌마425)

14 〔정답〕 ③

① (O) 국회의장은 임시회를 요구하지 못한다. 의장은 상임위 개회를 요구할 수 있으며 휴회중에 국회의 속개를 요구할 수는 있다.

② (O)

헌법 제50조

① 국회의 회의는 공개한다. 다만, 출석의원 과반수의 찬성이 있거나 의장이 국가의 안전보장을 위하여 필요하다고 인정할 때에는 공개하지 아니할 수 있다.

③ (X)

헌법 제51조

국회에 제출된 법률안 기타의 의안은 회기중에 의결되지 못한 이유로 폐기되지 아니한다. 다만, 국회의원의 임기가 만료된 때에는 그러하지 아니하다.

④ (O) 우리나라는 환부거부만 인정된다.

헌법 제53조

① 국회에서 의결된 법률안은 정부에 이송되어 15일 이내에 대통령이 공포한다.

② 법률안에 이의가 있을 때에는 대통령은 제1항의 기간내에 이의서를 붙여 국회로 환부하고, 그 재의를 요구할 수 있다. 국회의 폐회 중에도 또한 같다.

⑤ (O)

헌법 제53조
④ 재의의 요구가 있을 때에는 국회는 재의에 붙이고, 재적의원과반수
의 출석과 출석의원 3분의 2 이상의 찬성으로 전과 같은 의결을
하면 그 법률안은 법률로서 확정된다.

15
정답 ③

① (O)

헌법 제105조
② 대법관의 임기는 6년으로 하며, 법률이 정하는 바에 의하여 연임할
수 있다.

② (O)

헌법 제106조
① 법관은 탄핵 또는 금고 이상의 형의 선고에 의하지 아니하고는 파
면되지 아니하며, 징계처분에 의하지 아니하고는 정직·감봉 기타
불리한 처분을 받지 아니한다.

③ (X) 법관에 대한 대법원장의 징계처분 취소청구소송을 대법원
에 의한 단심재판에 의하도록 규정하고 있는 바, 이는 독립적
으로 사법권을 행사하는 법관이라는 지위의 특수성과 법관에
대한 징계절차의 특수성을 감안하여 재판의 신속을 도모하기
위한 것으로 그 합리성을 인정할 수 있고, 대법원이 법관에 대
한 징계처분 취소청구소송을 단심으로 재판하는 경우에는 사
실확정도 대법원의 권한에 속하여 법관에 의한 사실확정의 기
회가 박탈되었다고 볼 수 없으므로, 헌법 제27조 제1항의 재판
청구권을 침해하지 아니한다.(헌재 2012.2.23. 2009헌바34)

④ (O)

헌법 제104조
③ 대법원장과 대법관이 아닌 법관은 대법관회의의 동의를 얻어 대법
원장이 임명한다.

⑤ (O)

헌법 제110조
② 군사법원의 상고심은 대법원에서 관할한다.

16
정답 ③

① (O) 권력적 사실행위는 헌법소원의 대상이 되는 공권력의 행
사에 해당하고 비권력적 사실행위는 공권력의 행사에 해당하
지 아니한다.(헌재 2012.11.6. 2012헌마828)

② (O) 헌재 1994.8.31. 92헌마174.

③ (X) 명령·규칙이 집행절차를 매개하지 아니하고 그 자체에 의
하여 직접·현재 국민의 기본권을 침해하는 경우에는 헌법소원
의 대상이 된다.

④ (O) 예산은 일종의 법규범이고 법률과 마찬가지로 국회의 의
결을 거쳐 제정되지만 법률과 달리 국가기관만을 구속할 뿐 일
반국민을 구속하지 않는다. 국회가 의결한 예산 또는 국회의
예산안 의결은 헌법재판소법 제68조 제1항 소정의 '공권력의
행사'에 해당하지 않고 따라서 헌법소원의 대상이 되지 아니한
다.(헌재 2006.4.25. 2006헌마409)

⑤ (O) 진정입법부작위는 헌법소원이 대상이 된다.

17
정답 ②

① (O)

헌법 제114조
① 선거와 국민투표의 공정한 관리 및 정당에 관한 사무를 처리하기
위하여 선거관리위원회를 둔다.

② (X) 중앙선관위원 중 3명은 대통령이 임명하지만 3명은 국회
가, 3명은 대법원장이 임명한다.

헌법 제114조
② 중앙선거관리위원회는 대통령이 임명하는 3인, 국회에서 선출하는
3인과 대법원장이 지명하는 3인의 위원으로 구성한다. 위원장은
위원 중에서 호선한다.

③ (O)

헌법 제114조
③ 위원의 임기는 6년으로 한다.

④ (O)

헌법 제115조
① 각급 선거관리위원회는 선거인명부의 작성등 선거사무와 국민투표
사무에 관하여 관계 행정기관에 필요한 지시를 할 수 있다.

⑤ (O)

헌법 제116조
② 선거에 관한 경비는 법률이 정하는 경우를 제외하고는 정당 또는
후보자에게 부담시킬 수 없다.

18
정답 ⑤

① (O)

헌법 제111조
② 헌법재판소는 법관의 자격을 가진 9인의 재판관으로 구성하며, 재
판관은 대통령이 임명한다.

② (O) 헌재 2013.3.21. 2010헌바132.

③ (O) 여기서 "재판"이라 함은 원칙적으로 그 형식 여하와, 본안
에 관한 재판이거나 소송절차에 관한 것이거나를 불문하며, 판결
과 결정 그리고 명령이 여기에 포함된다.(헌재 1994.2.24. 91헌가3)

④ (O) 법률의 위헌여부 심판의 제청신청을 하여 그 신청이 기각 또는 각하되면, 그 결정을 통지 받는 날로부처 30일 내에 변호사를 선임하여 청구할 수 있다.

⑤ (X) 재판소원을 금지하는 헌법재판소법 제68조 제1항의 취지에 비추어, 개별·구체적 사건에서 단순히 법률조항의 포섭이나 적용의 문제를 다투거나, 의미있는 헌법문제에 대한 주장없이 단지 재판결과를 다투는 헌법소원 심판청구는 여전히 허용되지 않는다.(헌재 2012.12.27. 2011헌바117)

19 정답 ①

① (X) 헌법 제117조 제2항은 지방자치단체의 종류를 법률로 정하도록 규정하고 있을 뿐 지방자치단체의 종류 및 구조를 명시하고 있지 않으므로 이에 관한 사항은 기본적으로 입법자에게 위임된 것으로 볼 수 있다. 따라서 헌법상 지방자치제도의 보장은 특정 지방자치단체의 존속을 보장하는 것이 아니며 지방자치단체의 폐치·분합은 헌법적으로 허용될 수 있다.(헌재 2006.4.27. 2005헌마1190)

② (O) 지방자차단체 간의 권한쟁의는 가능하다. 이때 청구인과 피청구인은 지방자치단체이다.

③ (O) 헌법 제118조는 지방의회를 반드시 두도록 규정하고 있다.

헌법 제118조
① 지방자치단체에 의회를 둔다.

④ (O)

헌법 제117조
① 지방자치단체는 주민의 복리에 관한 사무를 처리하고 재산을 관리하며, 법령의 범위안에서 자치에 관한 규정을 제정할 수 있다.

자치사무에 관한 헌법적 근거이다. 위임사무에 대한 헌법적 근거는 없다.

⑤ (O) 지방자치법 제15조 본문은 "지방자치단체는 법령의 범위 안에서 그 사무에 관하여 조례를 제정할 수 있다."고 규정하는 바, 여기서 말하는 '법령의 범위 안에서'란 '법령에 위반되지 않는 범위 내에서'를 가리키므로 지방자치단체가 제정한 조례가 법령에 위반되는 경우에는 효력이 없다.(대판 2002.4.26. 2002추23)

20 정답 ③

① (O)

헌법 제79조
① 대통령은 법률이 정하는 바에 의하여 사면·감형 또는 복권을 명할 수 있다.

② (O)

헌법 제74조
① 대통령은 헌법과 법률이 정하는 바에 의하여 국군을 통수한다.

③ (X) 계엄은 국회의 승인이 필요없다. 다만 국회가 재적과반수로 해제를 요구하면 해제하여야 한다.

④ (O) 국회가 대통령에게 출석을 요구하지는 못한다.

⑤ (O) 영전수여는 국무회의 심의대상이다.

01	④	02	③	03	③	04	①	05	④
06	③	07	①	08	③	09	③	10	①
11	②	12	②	13	①	14	④	15	②
16	④	17	④	18	③	19	②	20	①
21	②	22	④	23	①	24	④	25	④

01

정답 ④

① (O) 북한도 대한민국의 영토이지만 현실적으로 통치권이 미치지는 않는다.

② (O) 남북합의서는 조약이 아니라 지문과 같은 성격을 가진다.

③ (O) 우리 헌법이 "대한민국의 영토는 한반도와 그 부속도서로 한다"는 영토조항(제3조)을 두고 있는 이상 대한민국의 헌법은 북한지역을 포함한 한반도 전체에 그 효력이 미치고 따라서 북한지역은 당연히 대한민국의 영토가 되므로, 북한을 법 소정의 "외국"으로, 북한의 주민 또는 법인 등을 "비거주자"로 바로 인정하기는 어렵지만, 개별 법률의 적용 내지 준용에 있어서는 남북한의 특수관계적 성격을 고려하여 북한지역을 외국에 준하는 지역으로, 북한주민 등을 외국인에 준하는 지위에 있는 자로 규정할 수 있다고 할 것이다.(헌재 2005.6.30. 2003헌바114)

④ (X) 평화통일조항에서 기본권을 도출할 수 없다.

[판례] 헌법상의 여러 통일관련 조항들은 국가의 통일의무를 선언한 것이기는 하지만, 그로부터 국민 개개인의 통일에 대한 기본권, 특히 국가기관에 대하여 통일과 관련된 구체적인 행동을 요구하거나 일정한 행동을 할 수 있는 권리가 도출된다고 볼 수 없다.(헌재 2000.7.20. 98헌바63)

02

정답 ③

① (O) 체계정당성의 개념이다.

② (O) ③ (X) ④ (O) '체계정당성'(Systemgerechtigkeit)의 원리라는 것은 동일 규범 내에서 또는 상이한 규범간에 (수평적 관계이건 수직적 관계이건) 그 규범의 구조나 내용 또는 규범의 근거가 되는 원칙면에서 상호 배치되거나 모순되어서는 안 된다는 하나의 헌법적 요청(Verfassung – spostulat)이다. 즉 이는 규범 상호간의 구조와 내용 등이 모순됨이 없이 체계와 균형을 유지하도록 입법자를 기속하는 헌법적 원리라고 볼 수 있다. 이처럼 규범 상호간의 체계정당성을 요구하는 이유는 입법자의 자의를 금지하여 규범의 명확성, 예측가능성 및 규범에 대한 신뢰와 법적 안정성을 확보하기 위한 것이고 이는 국가공권력에 대한 통제와 이를 통한 국민의 자유와 권리의 보장을 이념으로 하는 법치주의원리로부터 도출되는 것이라고 할 수 있다. 그러나 일반적으로 일정한 공권력작용이 체계정당성에 위반한다고 해서 곧 위헌이 되는 것은 아니다.(헌재 2004.11.25. 2002헌바66)

03

정답 ③

ㄱ. (X) ㄷ. (X) ㄹ. (O)

헌법 제130조

① 국회는 헌법개정안이 공고된 날로부터 60일 이내에 의결하여야 하며, 국회의 의결은 재적의원 3분의 2 이상의 찬성을 얻어야 한다.

② 헌법개정안은 국회가 의결한 후 30일 이내에 국민투표에 붙여 국회의원선거권자 과반수의 투표와 투표자 과반수의 찬성을 얻어야 한다.

③ 헌법개정안이 제2항의 찬성을 얻은 때에는 헌법개정은 확정되며, 대통령은 즉시 이를 공포하여야 한다.

ㄴ. (O) 헌법개정안은 기명으로 투표한다.

04

정답 ①

① (X) 군사법원은 군판사와 법률에 소양을 가진 일반장교가 재판함으로서 법관 아닌 자의 관여가 가능하다. 군사법원은 헌법 조문상 특별법원으로 되어 있지만, 해석상 예외법원(법관 아닌 자가 재판에 관여)으로 본다.

② (O) 병에 대한 징계처분으로 일정기간 부대나 함정 내의 영창, 그 밖의 구금장소에 감금하는 영창처분이 가능하도록 규정한 구 군인사법 제57조 제2항 중 '영창'에 관한 부분은 헌법에 위반된다.(헌재 2020.9.24. 2017헌바157) [위헌]

심판대상조항은 병의 복무규율 준수를 강화하고, 복무기강을 엄정히 하기 위하여 제정된 것으로, 군의 지휘명령체계의 확립과 전투력 제고를 목적으로 하는바, 그 입법목적은 정당하고, 심판대상조항은 병에 대하여 강력한 위하력을 발휘하는바, 수단의 적합성도 인정된다.

병의 복무규율준수를 강화하고, 복무기강을 엄정히 하는 것은 인신구금과 같이 징계를 중하게 하는 것으로 달성되는 데 한계가 있고, 병의 비위행위를 개선하고 행동을 교정할 수 있도록 적절한 교육과 훈련을 제공하는 것 등으로 가능할 것이다. 이와 같은 점은 일본, 독일, 미국 등 외국의 입법례를 살펴보더라도 그러하다. 따라서 심판대상조항은 침해의 최소성 원칙에 어긋난다.

③ (O) 사관생도의 모든 사적 생활에서까지 예외 없이 금주의무를 이행할 것을 요구하는 것은 사관생도의 일반적 행동자유권은 물론 사생활의 비밀과 자유를 지나치게 제한하는 것이고, 둘째 구 예규 및 예규 제12조에서 사관생도의 모든 사적 생활에서까지 예외 없이 금주의무를 이행할 것을 요구하면서 제61조에서 사관생도의 음주가 교육 및 훈련 중에 이루어졌는지 여부나 음주량, 음주 장소, 음주 행위에 이르게 된 경위 등을 묻지 않고 일률적으로 2회 위반 시 원칙으로 퇴학 조치하도록 정한 것은 사관학교가 금주제도를 시행하는 취지에 비추어 보더라도 사관생도의 기본권을 지나치게 침해하는 것이므로, 위 금주조항은 사관생도의 일반적 행동자유권, 사생활의 비밀과 자유 등 기본권을 과도하게 제한하는 것으로서 무효인데도 위 금주조항을 적용하여 내린 퇴학처분이 적법하다고 본 원심판결

에 법리를 오해한 잘못이 있다고 한 사례.(대판 2018.8.30. 2016두60591)

④ (O) 우리나라는 군정·군령 병합주의이다.

05
정답 ④

① (O) 재판청구권에는 공정한 헌법재판을 받을 권리도 포함된다.
[판례] 국회가 선출하여 임명된 헌법재판소 재판관 중 공석이 발생한 경우, 국회는 공석인 재판관의 후임자를 선출하여야 할 헌법상 작위의무가 있다.
헌법 제27조가 보장하는 재판청구권에는 공정한 헌법재판을 받을 권리도 포함되고, 헌법 제111조 제2항은 헌법재판소가 9인의 재판관으로 구성된다고 명시하여 다양한 가치관과 헌법관을 가진 9인의 재판관으로 구성된 합의체가 헌법재판을 담당하도록 하고 있으며, 같은 조 제3항은 재판관 중 3인은 국회에서 선출하는 자를 임명한다고 규정하고 있다. 그렇다면 헌법 제27조, 제111조 제2항 및 제3항의 해석상, 피청구인이 선출하여 임명된 재판관 중 공석이 발생한 경우, 국회는 공정한 헌법재판을 받을 권리의 보장을 위하여 공석인 재판관의 후임자를 선출하여야 할 구체적 작위의무를 부담한다고 할 것이다.(헌재 2014.4.24. 2012헌마2)

② (O) 우리 헌법상 헌법과 법률이 정한 법관에 의한 재판을 받을 권리는 직업법관에 의한 재판을 주된 내용으로 하는 것이므로 국민참여재판을 받을 권리가 헌법 제27조 제1항에서 규정한 재판을 받을 권리의 보호범위에 속한다고 볼 수 없다.(헌재 2009.11.26. 2008헌바12)

③ (O) 재판을 받을 권리의 내용이다.

④ (X) 형사피해자에게 약식명령을 고지하지 않고, 정식재판청구권도 인정하지 않는 형사소송법 제452조 및 제453조 제1항은 모두 헌법에 위반되지 않는다.(헌재 2019.9.26. 2018헌마1015) [합헌]
형사피해자가 약식명령을 고지받지 못한다고 하여 형사재판절차에서의 참여기회가 완전히 봉쇄되어 있다고 볼 수 없다. 따라서 이 사건 고지조항은 형사피해자의 재판절차진술권을 침해하지 않는다.

06
정답 ③

① (O) 후방착석요구는 권력적 사실행위로서 헌법소원의 대상이고 변호인의 변호권을 침해한다. 목적의 정당성이 인정되지 않은 경우이다.

② (O) 피고인 등과 증인 사이에 차폐시설을 설치한 경우에도 피고인 및 변호인에게는 여전히 반대신문권이 보장되고, 증인신문과정에서 증언의 신빙성에 대한 최종 판단 권한을 가진 재판부가 증인의 진술태도를 충분히 관찰할 수 있으며, 형사소송법은 차폐시설을 설치하고 증인신문절차를 진행할 경우 피고인으로부터 의견을 듣도록 하는 등 피고인이 받을 수 있는 불이익을 최소화하기 위한 장치를 마련하고 있다. 따라서 심판대상조항은 과잉금지원칙에 위배되어 청구인의 공정한 재판을 받

을 권리 및 변호인의 조력을 받을 권리를 침해한다고 할 수 없다.(헌재 2016.12.29. 2015헌바221)

③ (X) 인천공항출입국·외국인청장이 인천국제공항 송환대기실에 수용된 난민에 대한 변호인 접견신청을 거부한 행위는 청구인의 변호인의 조력을 받을 권리를 침해한 것이므로 헌법에 위반된다.(헌재 2018.5.31. 2014헌마346) 헌법 제12조 제4항 본문에 규정된 변호인의 조력을 받을 권리가 행정절차에서 구속된 사람에게도 즉시 보장된다.
종래 이와 견해를 달리하여 헌법 제12조 제4항 본문에 규정된 변호인의 조력을 받을 권리는 형사절차에서 피의자 또는 피고인의 방어권을 보장하기 위한 것으로서 출입국관리법상 보호 또는 강제퇴거의 절차에도 적용된다고 보기 어렵다고 판시한 우리 재판소 결정(헌재 2012. 8. 23. 2008헌마430)은, 이 결정 취지와 저촉되는 범위 안에서 변경한다.

④ (O) 변호인의 변호권의 한 내용이다.

07
정답 ①

① (O) 헌법에 위반되지 않는다.

② (X) 좌석안전띠는 일반적 행동자유권의 범위이고 사생활과는 관계가 없다.

③ (X) 개인정보자기결정권의 보호대상은 개인의 내밀한 영역에 국한되지 않고 공적 생활에서 형성되었거나 이미 공개된 개인정보까지 포함한다.(헌재 2005.5.26. 99헌마513)

④ (X) 지문은 보호대상정보에는 해당하나, 주민등록발급을 위해 수집된 지문을 경찰청장이 보관하여 범죄수사목적에 이용하는 것은 개인정보자기결정권을 침해하는 것이 아니다.(헌재 2005.5.26. 99헌마513)

08
정답 ③

① (O) 다만 침해는 아니다.

② (O) 실명확인 조항을 비롯하여, 행정안전부장관 및 신용정보업자는 실명인증자료를 관리하고 중앙선거관리위원회가 요구하는 경우 지체 없이 그 자료를 제출해야 하며, 실명확인을 위한 기술적 조치를 하지 아니하거나 실명인증의 표시가 없는 정보를 삭제하지 않는 경우 과태료를 부과하도록 정한 공직선거법 조항은 게시판 등 이용자의 익명표현의 자유 및 개인정보자기결정권과 인터넷언론사의 언론의 자유를 침해한다.(헌재 2021. 1.28. 2018헌마456)

③ (X) 피청구인 대통령의 지시로 피청구인 대통령 비서실장, 정무수석비서관, 교육문화수석비서관, 문화체육관광부장관이 야당 소속 후보를 지지하였거나 정부에 비판적 활동을 한 문화예술인이나 단체를 정부의 문화예술 지원사업에서 배제할 목적으로, 문화예술인 지원사업에서 배제하도록 한 일련의 지시 행위는 위헌임을 확인한다.(헌재 2020.12.23. 2017헌마416) [위헌 확인]
[1] 이 사건 정보수집 등 행위에 대한 판단 (위헌 확인)
이 사건 정보수집 등 행위는 청구인 윤◆◆, 정◆◆이 과

거 야당 후보를 지지하거나 세월호 참사에 대한 정부의 대응을 비판한 의사표시에 관한 정보를 대상으로 한다. 이러한 정치적 견해는 개인의 인격주체성을 특징짓는 개인정보에 해당하고, 그것이 지지 선언 등의 형식으로 공개적으로 이루어진 것이라고 하더라도 여전히 개인정보자기결정권의 보호 범위 내에 속한다.

국가가 개인의 정치적 견해에 관한 정보를 수집·보유·이용하는 등의 행위는 개인정보자기결정권에 대한 중대한 제한이 되므로 이를 위해서는 법령상의 명확한 근거가 필요하다. 그런데 정부가 문화예술 지원사업에서 배제할 목적으로 문화예술인들의 정치적 견해에 관한 정보를 처리할 수 있도록 수권하는 법령상 근거가 존재하지 않으므로 이 사건 정보수집 등 행위는 법률유보원칙에 위반된다.

[2] 이 사건 지원배제 지시에 대한 판단(위헌 확인)

집권세력의 정책 등에 대하여 정치적인 반대의사를 표시하는 것은 헌법이 보장하는 정치적 자유의 가장 핵심적인 부분이며, 화자의 특정 견해, 이념, 관점에 근거한 제한은 표현의 자유에 대한 제한 중에서도 가장 심각하고 해로운 제한이다. 그런데 이 사건 지원배제 지시는 법적 근거가 없으며, 그 목적 또한 정부에 대한 비판적 견해를 가진 청구인들을 제재하기 위한 것으로 헌법의 근본원리인 국민주권주의와 자유민주적 기본질서에 반하므로, 청구인들의 표현의 자유를 침해한다.

[3] 평등권 침해

헌법상 문화국가원리에 따라, 정부는 문화의 다양성·자율성·창조성이 조화롭게 실현될 수 있도록 중립성을 지키면서 문화를 육성하여야 함에도, 청구인들의 정치적 견해를 기준으로 이들을 문화예술계 지원사업에서 배제되도록 한 것은 자의적인 차별행위로서 청구인들의 평등권을 침해한다.

④ (O) 개인정보자기결정권을 침해하지만 영장주의 위반은 아니다.

09 정답 ③

① (O) 관광진흥개발기금 관리·운용업무에 종사토록 하기 위해 문화체육관광부 장관에 의해 채용된 민간 전문가에 대해 형법상 뇌물죄의 적용에 있어서 공무원으로 의제하는 관광진흥개발기금법 제13조는 신체의 자유 등을 과도하게 제한하지 않는다. (헌재 2014.7.24. 2012헌바188)

② (O) 음란성은 명확성 원칙에 위반되지 않지만, 저속성 잔인성 범죄의 충동은 명확성 원칙에 위반된다.

③ (X) 유사군복을 판매 목적으로 소지하는 행위에 대하여 1년 이하의 징역 또는 1천만원 이하의 벌금에 처하도록 규정한 '군복 및 군용장구의 단속에 관한 법률' 제8조 제2항 중 '판매목적 소지'에 관한 부분, 제13조 제1항 제2호 중 제8조 제2항의 '판매목적 소지'에 관한 부분은 헌법에 위반되지 않는다. (헌재 2019.4.11. 2018헌가14) [합헌]

④ (O) 보호감호와 소급금지 정리

형벌	과거의 범죄에 대한 책임. 소급금지의 원칙 적용	
보안처분 (장래의 범죄예방)	보호감호(보호감호소에 수용하므로 징역과 유사하다)	실질적으로 형벌과 유사하므로 소급금지원칙이 적용된다. 다만 형벌과 병과해도 이중처벌은 아니며, 이미 선고한 보호감호는 사회보호법이 폐지되어도 집행가능하다.
	신상정보등록	침해가 경미하므로 소급적용이 가능하다. 병과해도 이중처벌이 아니다.
	보안관찰	
	전자장치	
	디엔에이 검사 보관	

10 정답 ①

① (X) '법위반사실공표명령' 부분은 헌법상 일반적 행동의 자유, 명예권, 무죄추정원칙을 침해하지만 양심의 자유를 침해하는 것은 아니다.

② (O) 표준어를 '교양 있는 사람들이 두루 쓰는 현대 서울말로 정함을 원칙'으로 하고 있는 표준어 규정과 공공기관의 공문서를 표준어 규정에 맞추어 작성하도록 하는 구 국어기본법 제14조 제1항 및 초·중등교육법상 교과용 도서를 편찬하거나 검정 또는 인정하는 경우 표준어 규정을 준수하도록 하고 있는 제18조 규정은 청구인들의 행복추구권을 침해하지 않는다. (헌재 2009. 5.28. 2006헌마618) [기각]

부모는 어떠한 방향으로 자녀의 인격이 형성되어야 하는가에 관하여 목표를 정하고, 자녀의 개인적 성향, 능력 등을 고려하여 교육목적을 달성하기에 적합한 수단을 선택할 권리를 가진다 할 것이며, 그러한 인격의 형성과 긴밀한 관련을 가지는 국어교육에 있어 지역 공동체의 정서와 문화가 배어있는 방언에 <u>기초한 교육을 할 것인가, 표준어에 기초한 교육을 할 것인가를 결정할 수 있는 것으로서, 이는 자녀 교육권의 한 내용이라 할 수 있다.</u> … 부모의 자녀교육권을 침해하는 것이라 보기 어렵다.

③ (O) 수상레저안전법상 조종면허를 받은 사람이 동력수상레저기구를 이용하여 범죄행위를 하는 경우에 조종면허를 필요적으로 취소하도록 규정한 구 수상레저안전법 제13조 제1항 제3호는 직업의 자유 내지 일반적 행동의 자유를 침해한다. (헌재 2015.7.30. 2014헌가13)

④ (O) 정당행위가 되면 범죄가 성립하지 않는데 기소유예를 한 것은 헌법에 위반된다.

11 정답 ②

① (O) 법률이 교사의 학생교육권(수업권)을 인정하고 보장하는 것은 헌법상 당연히 허용된다 할 것이나, 초·중등학교에서의 학생교육은 교사 자신의 인격의 발현 또는 학문과 연구의 자유를 위한 것이라기보다는 교사의 직무에 기초하여 초·중등학교의 교육목표를 실현하기 위한 것이므로, 교사인 청구인들이 이

사건 교육과정에 따라 학생들을 가르치고 평가하여야 하는 법
적인 부담이나 제한을 받는다고 하더라도 이는 헌법상 보장된
기본권에 대한 제한이라고 보기 어려워 기본권침해가능성이
인정되지 아니한다.(헌재 2021.5.27. 2018헌마1108)

② (X) 헌법 제31조 제3항에 규정된 의무교육의 무상원칙에 있어
서 의무교육 무상의 범위는 원칙적으로 헌법상 교육의 기회균
등을 실현하기 위해 필수불가결한 비용, 즉 모든 학생이 의무
교육을 받음에 있어서 경제적인 차별 없이 수학하는 데 반드시
필요한 비용에 한한다. … 이 사건 법률조항들은 비록 중학생
의 학부모들에게 급식관련 비용의 일부를 부담하도록 하고 있
지만, 학부모에게 급식에 필요한 경비의 일부를 부담시키는 경
우에 있어서도 학교급식 실시의 기본적 인프라가 되는 부분은
배제하고 있으며, 국가나 지방자치단체의 지원으로 학부모의
급식비 부담을 경감하는 조항이 마련되어 있고, 특히 저소득층
학생들을 위한 지원방안이 마련되어 있다는 점 등을 고려해 보
면, 이 사건 법률조항들이 입법형성권의 범위를 넘어 헌법상
의무교육의 무상원칙에 반하는 것으로 보기는 어렵다.

③ (O) 이 사건 도서관규정은 대학구성원이 아닌 사람에 대하여
도서 대출이나 열람실 이용을 확정적으로 제한하는 것이 아니
다. 청구인은 이 사건 도서관규정으로 인하여 도서 대출 및 열
람실 이용을 하지 못하는 것이 아니고 피청구인들의 승인거부
회신에 따라 비로소 이 사건 도서관 이용이 제한된 것이므로,
이 사건 도서관 규정은 기본권 침해의 직접성이 인정되지 아니
한다.
교육을 받을 권리가 국가에 대하여 특정한 교육제도나 시설의
제공을 요구할 수 있는 권리를 뜻하는 것은 아니므로, 청구인
이 이 사건 도서관에서 도서를 대출할 수 없거나 열람실을 이
용할 수 없더라도 청구인의 교육을 받을 권리가 침해된다고 볼
수 없다.(헌재 2016.11.24. 2014헌마977)

④ (O)

12
정답 ②

① (O)
② (X) 정당해산심판과 권한쟁의심판의 경우에는 명문의 규정으
로 가처분이 인정된다. 탄핵의 경우에는 권한행사가 정지되니
까 가처분이 인정되지 않고 그 외의 경우는 사건마다 다르다.
③ (O) 헌법재판소의 해산결정은 창설적 효력이다. 다만 중앙선
관위의 집행은 확인적이다.
④ (O) 국회의원의 국민대표성을 희생시켜 의원직 상실결정을 하
였다. 다만, 지방의원의 의원직에 대해서는 판단하지 않았다.

13
정답 ①

① (O) 헌법상 문화국가원리에 따라, 정부는 문화의 다양성·자율
성·창조성이 조화롭게 실현될 수 있도록 중립성을 지키면서
문화를 육성하여야 함에도, 청구인들의 정치적 견해를 기준으
로 이들을 문화예술계 지원사업에서 배제되도록 한 것은 자의적

인 차별행위로서 청구인들의 평등권을 침해한다.(헌재 2020.12.23.
2017헌마416)

② (X) 문화국가원리는 건국헌법 때부터 규정되었다.
③ (X) 모든 문화가 대상이 된다.
④ (X) 불편부당의 원칙을 따라야 한다.

14
정답 ④

ㄱ. (X) 계엄은 국가비상사태에 당하여 병력으로써 국가의 안전과
공공의 안녕질서를 유지할 필요가 있을 때에 선포되고 평상상
태로 회복되었을 때에 해제하는 것으로서 계엄령의 해제는 사
태의 호전에 따른 조치이고 계엄령은 부당하다는 반성적 고찰
에서 나온 조치는 아니므로 계엄이 해제되었다고 하여 계엄하
에서 행해진 위반행위의 가벌성이 소멸된다고는 볼 수 없는
것으로서 계엄기간 중의 계엄포고위반의 죄는 계엄해제 후에
도 행위 당시의 법령에 따라 처벌되어야 하고 계엄의 해제를
범죄후 법령의 개폐로 형이 폐지된 경우와 같이 볼 수 없다.
(대판 1985.5.28. 81도1045전합)
ㄴ. (X) 해제도 국무회의 심의를 거쳐야 한다.
ㄷ. (O) 계엄은 국회의 승인을 받지 않지만 국회가 재적의원 과반
수의 찬성으로 계엄의 해제를 요구한 때에는 대통령은 이를
해제하여야 한다.
ㄹ. (O) 비상계엄 때는 지문과 같은 제한이 가능하지만 경비계엄
에서는 되지 않는다.

15
정답 ②

① (X) 교육의원후보자가 되려는 사람은 5년 이상의 교육경력 또
는 교육행정경력을 갖추도록 규정하고 있는 '제주특별자치도 설
치 및 국제자유도시 조성을 위한 특별법' 제66조 제2항은 그 합
리성이 결여되어 있다거나 필요한 정도를 넘어 청구인들의 공무
담임권을 침해하는 것이라 볼 수 없다.(헌재 2020.9.24. 2018헌마444)
② (O) 그 외 승진에 있어서 기회균등도 공무담임권의 내용이다.
③ (X) 피청구인이 행정5급 일반임기제공무원에 관한 경력경쟁채
용시험에서 '변호사 자격 등록'을 응시자격요건으로 하는 것은
국가공무원법령 등에 의하여 이미 구체적으로 확정된 것이 아
니고, 피청구인이 이 사건 공고를 함으로써 비로소 구체적으로
확정되므로, 이 사건 공고는 헌법소원의 대상이 되는 공권력의
행사에 해당한다.(헌재 2019.8.29. 2019헌마616)
이 사건 공고가 더 이상 효력이 존속하지 않으므로, 헌법재판
소가 이 사건 공고에 대한 심판청구를 인용한다고 하더라도 이
로써 청구인들이 권리구제를 받을 수는 없다. 그러나 공무담임
권 침해 여부가 문제되는 이 사건 공고와 같은 내용의 공권력
의 행사는 반복될 수 있고, 또한 이 사건 심판청구와 동일 또
는 유사한 사안에 관하여 헌법적 해명이 아직까지 이루어진 바
없으므로, 이 사건 공고에 대한 심판청구는 예외적으로 심판이
익이 인정된다.
인사권자인 피청구인은 경력경쟁채용시험을 실시하면서 응시

자격요건을 구체적으로 어떻게 정할 것인지를 판단하고 결정하는 데 재량이 인정되는데, 이 사건 공고가 그 재량권을 현저히 일탈하였다고 볼 수 없다. 이 사건 공고는 청구인들의 공무담임권을 침해하지 않는다.

④ (X) 교육공무법 제10조의4 중 미성년자에 대하여 성범죄를 범하여 형을 선고받아 확정된 자와 성인에 대한 성폭력범죄를 범하여 벌금 100만 원 이상의 형을 선고받아 확정된 자는 초·중등교육법상의 교원에 임용될 수 없도록 한 부분은 청구인의 공무담임권을 침해하지 않는다.(헌재 2019.7.25. 2016헌마754) [기각]
현재 사범대학에 재학 중인 학생에 불과한 청구인에 대해서는 이 사건 부칙조항이 적용될 여지가 없으므로 이 사건 부칙조항에 대한 심판청구는 청구인과의 법적관련성이 없어 부적법하다.

16
(정답) ④
① (O)
② (O)
③ (O)
④ (X) 국가에 의해 유인된 신뢰는 국가의 법률개정이익에 우선된다고 볼 여지가 있다. 다만, 언제나 보호되는 것은 아니다.

17
(정답) ④
ㄱ. (X)

국회법 제121조(국무위원 등의 출석 요구)
① 본회의는 의결로 국무총리, 국무위원 또는 정부위원의 출석을 요구할 수 있다. 이 경우 그 발의는 의원 20명 이상이 이유를 구체적으로 밝힌 서면으로 하여야 한다.

ㄴ. (X) 발의된 때부터가 아니라 국회에서 탄핵이 의결된 때부터 헌법재판소의 결정시까지 권한이 정지된다.

ㄷ. (O)

국회법 제98조의2(대통령령 등의 제출 등)
① 중앙행정기관의 장은 법률에서 위임한 사항이나 법률을 집행하기 위하여 필요한 사항을 규정한 대통령령·총리령·부령·훈령·예규·고시 등이 제정·개정 또는 폐지되었을 때에는 10일 이내에 이를 국회 소관 상임위원회에 제출하여야 한다. 다만, 대통령령의 경우에는 입법예고를 할 때(입법예고를 생략하는 경우에는 법제처장에게 심사를 요청할 때를 말한다)에도 그 입법예고안을 10일 이내에 제출하여야 한다.
② 중앙행정기관의 장은 제1항의 기간 이내에 제출하지 못한 경우에는 그 이유를 소관 상임위원회에 통지하여야 한다.
③ 상임위원회는 위원회 또는 상설소위원회를 정기적으로 개회하여 그 소관 중앙행정기관이 제출한 대통령령·총리령 및 부령(이하 이 조에서 "대통령령등"이라 한다)의 법률 위반 여부 등을 검토하여야 한다.
④ 상임위원회는 제3항에 따른 검토 결과 대통령령 또는 총리령이 법률의 취지 또는 내용에 합치되지 아니한다고 판단되는 경우에는 검토의 경과와 처리 의견 등을 기재한 검토결과보고서를 의장에게 제출하여야 한다.

⑤ 의장은 제4항에 따라 제출된 검토결과보고서를 본회의에 보고하고, 국회는 본회의 의결로 이를 처리하고 정부에 송부한다.
⑥ 정부는 제5항에 따라 송부받은 검토결과에 대한 처리 여부를 검토하고 그 처리결과(송부받은 검토결과에 따르지 못하는 경우 그 사유를 포함한다)를 국회에 제출하여야 한다.
⑦ 상임위원회는 제3항에 따른 검토 결과 부령이 법률의 취지 또는 내용에 합치되지 아니한다고 판단되는 경우에는 소관 중앙행정기관의 장에게 그 내용을 통보할 수 있다.
⑧ 제7항에 따라 검토내용을 통보받은 중앙행정기관의 장은 통보받은 내용에 대한 처리 계획과 그 결과를 지체 없이 소관 상임위원회에 보고하여야 한다.

ㄹ. (O)

18
(정답) ③
① (O) 법률이 행정규칙에 위임할 때의 기준이다.
② (O) 아파트 입주자대표회의의 구성에 관한 사항을 대통령령에 위임하도록 한 구 주택법 제43조 제7항 제2호 중 '입주자대표회의의 구성' 부분은 법률유보원칙, 포괄위임입법금지원칙에 위반되지 아니한다.(헌재 2016.7.28. 2014헌바158)
입주자대표회의는 공법상의 단체가 아닌 사법상의 단체로서, 이러한 특정 단체의 구성원이 될 수 있는 자격을 제한하는 것이 재산권 혹은 참정권 등과 비교해 볼 때 국가적 차원에서 형식적 법률로 규율되어야 할 본질적 사항이라고 보기 어렵다. 또한, 입주자대표회의의 구성에 있어서 본질적인 부분은 입주자들이 국가나 사업주체의 관여 없이 자치활동의 일환으로 입주자대표회의를 구성할 수 있다는 것인데, 구 주택법 제43조 제3항은 입주자가 입주자대표회의를 구성할 수 있다고 규정하고 있어 이미 본질적인 부분이 입법되어 있으므로 입주자대표회의의 구성원인 동별 대표자가 될 수 있는 자격이 반드시 법률로 규율하여야 하는 사항이라고 볼 수 없다. 따라서 법률유보원칙에 위반되지 아니한다.
③ (X)
④ (O)

정부조직법 제18조(국무총리의 행정감독권)
① 국무총리는 대통령의 명을 받아 각 중앙행정기관의 장을 지휘·감독한다.
② 국무총리는 중앙행정기관의 장의 명령이나 처분이 위법 또는 부당하다고 인정될 경우에는 대통령의 승인을 받아 이를 중지 또는 취소할 수 있다.

19
(정답) ②
① (O) 40세 이상의 요건은 헌법규정이고, 5년 이상 국내거주 요건은 공선법 규정이다.
② (X) 대통령 선거에 있어서 최고득표자가 2인 이상인 때에는 국회의 공개회의에서 재적의원 과반수의 출석과 출석의원 다수표의 찬성을 얻은 자를 당선자로 한다.

③ (O) 대통령 취임식은 임기 개시의 요건이 아니다.

④ (O) 다만 제안만으로는 헌법소원의 대상인 공권력의 행사는 아니다.

20 [정답] ①

① (O)

② (X) 대법원은 대법원장을 포함하여 14명의 대법관으로 구성한다. 다만 헌법이 아니라 법원조직법 규정이다.

③ (X) 판결은 언제나 공개해야 하고 심리는 비공개가 가능하다.

④ (X) 선임대법관이 권한을 대행한다.

21 [정답] ②

① (O) 정당은 현대의 대의제 민주주의에 없어서는 안 될 중요한 공적 기능을 수행하고 있으나, 정당은 국민의 자발적 조직으로, 그 법적 성격은 일반적으로 사적·정치적 결사 내지는 법인격 없는 사단인바, 공권력의 행사 주체로서 국가기관의 지위를 갖는 것은 아니다. 따라서 정당은 특별한 사정이 없는 한 권한쟁의심판절차의 당사자가 될 수는 없다.(헌재 2020.5.27. 2019헌라6) 국회법 제33조 제1항 본문은 정당이 교섭단체가 될 수 있다고 규정하고 있다. 그러나 헌법은 권한쟁의심판청구의 당사자로 국회의원들의 모임인 교섭단체에 대해서 규정하고 있지 않다. 또한 교섭단체의 권한 침해는 교섭단체에 속한 국회의원 개개인의 심의·표결권 등 권한 침해로 이어질 가능성이 높은바, 교섭단체와 국회의장 등 사이에 쟁의가 발생하더라도 국회의원과 국회의장 등 사이의 권한쟁의심판으로 해결할 수 있어, 위와 같은 쟁의를 해결할 적당한 기관이나 방법이 없다고 할 수 없다. 이러한 점을 종합하면, 교섭단체는 그 권한침해를 이유로 권한쟁의심판을 청구할 수 없다. 그렇다면, 정당은 헌법 제111조 제1항 제4호 및 헌법재판소법 제62조 제1항 제1호의 '국가기관'에 해당한다고 볼 수 없으므로, 권한쟁의심판의 당사자능력이 인정되지 아니한다. 결국 청구인 자유한국당의 승계인 미래통합당의 심판청구는 청구인능력이 없는 자가 제기한 것으로서 모두 부적법하다.

② (X) 법률안은 국회에서 의결되기 전까지는 법률적으로 중요성이 인정되지 않으므로 권한쟁의심판의 대상이 아니다.

③ (O) 부작위에 대한 권한쟁의의 요건이다.

④ (O) 권한쟁의심판 중 청구인이 사망하거나 의원의 신분을 잃는 경우, 취하하는 경우에는 절차가 종료된다.

22 [정답] ④

① (X) 국회의 국정감사 또는 조사와 관련된 국회의원의 권한으로는, '국정감사 및 조사에 관한 법률'이 규정하고 있는, 재적 국회의원 4분의 1 이상에 의한 국정조사요구권(제3조), 감사 또는 조사를 행하는 위원회에 속한 국회의원의 3분의 1 이상의 요구에 의한 서류제출요구권(제10조 제1항), 본회의 의결권 (제16조)을 비롯한 각 위원회와 본회의에서의 감사 또는 조사

결과에 대한 심의·의결권 등을 상정할 수 있으나, 이 사건 가처분재판과 이 사건 간접강제재판은 위와 같은 국회의원의 권한에 대해서는 아무런 제한을 가하고 있지 않으므로, 이 사건 가처분재판과 이 사건 간접강제재판으로 인해 국회의 국정감사 또는 조사와 관련된 청구인의 국회의원으로서의 권한이 침해될 가능성 또한 없다.(헌재 2010.7.29. 2010헌라1)

② (X)

국정감사 및 조사에 관한 법률 제9조(조사위원회의 활동기간)
① 조시위원회의 활동기간 연장은 본회의 의결로 할 수 있다.
② 본회의는 조사위원회의 중간보고를 받고 조사를 장기간 계속할 필요가 없다고 인정되는 경우에는 의결로 조사위원회의 활동기간을 단축할 수 있다.
③ 조사계획서에 조사위원회의 활동기간이 확정되지 아니한 경우에는 그 활동기간은 조사위원회의 조사 결과가 본회의에서 의결될 때까지로 한다.

③ (X) 국정조사는 소관 상임위원회 또는 특별위원회가 할 수 있으나, 국정감사는 상임위원회별로 한다.

④ (O)

국정감사 및 조사에 관한 법률 제4조(조사위원회)
① 제3조 제3항의 특별위원회는 교섭단체 의원 수의 비율에 따라 구성하여야 한다. 다만, 조사에 참여하기를 거부하는 교섭단체의 의원은 제외할 수 있다.
② 제1항의 특별위원회는 위원장 1명과 각 교섭단체별로 간사 1명을 호선하고 본회의에 보고한다.
③ 조사위원회의 위원장이 사고가 있거나 그 직무를 수행하기를 거부 또는 기피하여 조사위원회가 활동하기 어려운 때에는 위원장이 소속하지 아니하는 교섭단체 소속의 간사 중에서 소속 의원 수가 많은 교섭단체 소속인 간사의 순으로 위원장의 직무를 대행한다.
④ 조사위원회는 의결로써 국회의 폐회 중에도 활동할 수 있고 조사와 관련한 보고 또는 서류 및 해당 기관이 보유한 사진·영상물(이하 "서류등"이라 한다)의 제출을 요구하거나 조사를 위한 증인·감정인·참고인의 출석을 요구하는 경우에는 의장을 경유하지 아니할 수 있다.

23 [정답] ①

① (O) 국회의장의 의사정리권에 대한 내용이다.

② (X) 출석의원 과반수의 찬성이 있거나 의장이 국가의 안전보장을 위하여 필요하다고 인정할 때에는 공개하지 아니한다.

③ (X) 논란의 여지가 있는 지문이다.

④ (X) 일사부재의 원칙은 헌법이 아니라 국회법의 원칙이다.

24 [정답] ④

① (X) 국무총리·국무위원 해임 건의 발의, 법관에 대한 탄핵소추 발의는 재적 3분의 1 이상, 국회임시회 소집 요구는 재적 4분의 1 이상

② (X) 국회의원 제명, 대통령에 대한 탄핵소추 의결은 재적 3분의 2 이상, 법률안 재의결은 재적 과반수의 출석과 출석 3분의

2 이상

③ (X) 계엄해제 요구, 법관에 대한 탄핵소추 의결은 재적 과반수, 헌법개정안 의결은 재적 3분의 2 이상

④ (O) 모두 재적 과반수

25 　　　　　　　　　　　　　　　　　(정답) ④

① (X) 제3자의 경우에는 원칙적으로 자기관련성이 인정되지 않지만 지문과 같은 예외가 있다.

② (X) 장래의 기본권 침해는 원칙적으로 현재성이 없지만 지문과 같은 예외가 있다.

③ (X) 「헌법재판소법」 제68조 제1항 단서에서 말하는 다른 권리구제절차는 해당 공권력 행사를 직접 대상으로 하는 절차(형소법상 준항고)만을 의미하므로 사후적·보충적 구제수단인 손해배상청구나 손실보상청구 등은 거치지 않아도 된다.

④ (O)

제06회 / 2021 서울시 지방급 7급
p. 52 - 59

01	②	02	④	03	②	04	①	05	④
06	③	07	①	08	③	09	④	10	③
11	③	12	①	13	④	14	②	15	④
16	②	17	③	18	③	19	③	20	②

01
정답 ②

① (O) ④ (O) 국제법적으로, 조약은 국제법 주체들이 일정한 법률효과를 발생시키기 위하여 체결한 국제법의 규율을 받는 국제적 합의를 말하며 서면에 의한 경우가 대부분이지만 예외적으로 구두합의도 조약의 성격을 가질 수 있다.(헌재 2019.12.27. 2016헌마253)

국가는 경우에 따라 조약과는 달리 법적 효력 내지 구속력이 없는 합의도 하는데, 이러한 합의는 많은 경우 일정한 공동 목표의 확인이나 원칙의 선언과 같이 구속력을 부여하기에는 너무 추상적이거나 구체성이 없는 내용을 담고 있으며, 대체로 조약체결의 형식적 절차를 거치지 않는다. 이러한 합의도 합의 내용이 상호 준수되리라는 기대 하에 체결되므로 합의를 이행하지 않는 국가에 대해 항의나 비판의 근거가 될 수는 있으나, 이는 법적 구속력과는 구분된다.

조약과 비구속적 합의를 구분함에 있어서는 합의의 명칭, 합의가 서면으로 이루어졌는지 여부, 국내법상 요구되는 절차를 거쳤는지 여부와 같은 형식적 측면 외에도 합의의 과정과 내용·표현에 비추어 법적 구속력을 부여하려는 당사자의 의도가 인정되는지 여부, 법적 효력을 부여할 수 있는 구체적인 권리·의무를 창설하는지 여부 등 실체적 측면을 종합적으로 고려하여야 한다. 이에 따라 비구속적 합의로 인정되는 때에는 그로 인하여 국민의 법적 지위가 영향을 받지 않는다고 할 것이므로, 이를 대상으로 한 헌법소원 심판청구는 허용되지 않는다.

② (X) '시민적 및 정치적 권리에 관한 국제규약(이하 '자유권규약'이라 한다)의 조약상 기구인 자유권규약위원회의 견해는 규약을 해석함에 있어 중요한 참고기준이 되고, 규약 당사국은 그 견해를 존중하여야 한다. 특히 우리나라는 자유권규약을 비준함과 동시에, 자유권규약위원회의 개인통보 접수·심리 권한을 인정하는 내용의 선택의정서에 가입하였으므로, 대한민국 국민이 제기한 개인통보에 대한 자유권규약위원회의 견해(Views)를 존중하고, 그 이행을 위하여 가능한 범위에서 충분한 노력을 기울여야 한다. … 따라서 우리나라가 자유권규약의 당사국으로서 자유권규약위원회의 견해를 존중하고 고려하여야 한다는 점을 감안하더라도, 피청구인에게 이 사건 견해에 언급된 구제조치를 그대로 이행하는 법률을 제정할 구체적인 입법의무가 발생하였다고 보기는 어려우므로, 이 사건 심판청구는 헌법소원심판의 대상이 될 수 없는 입법부작위를 대상으로 한 것으로서 부적법하다.(헌재 2018.7.26. 2011헌마306)

③ (O)

헌법 제6조
① 헌법에 의하여 체결·공포된 조약과 일반적으로 승인된 국제법규는 국내법과 같은 효력을 가진다.

02
정답 ④

① (O) ② (O) 민주주의의 개념이다.

③ (O) 현대국가에서 정당의 중요성을 강조한 것이다.

④ (X) 정당해산심판제도는 정부의 일방적인 행정처분에 의해 진보적 야당이 등록취소되어 사라지고 말았던 우리 현대사에 대한 반성의 산물로서 제3차 헌법 개정을 통해 헌법에 도입된 것이다. 우리나라의 경우 이 제도는 발생사적 측면에서 정당을 보호하기 위한 절차로서의 성격이 부각된다. 따라서 모든 정당의 존립과 활동은 최대한 보장되며, 설령 어떤 정당이 민주적 기본질서를 부정하고 이를 적극적으로 공격하는 것으로 보인다 하더라도 국민의 정치적 의사형성에 참여하는 정당으로서 존재하는 한 헌법에 의해 최대한 두텁게 보호되므로, 단순히 행정부의 통상적인 처분에 의해서는 해산될 수 없고, 오직 헌법재판소가 그 정당의 위헌성을 확인하고 해산의 필요성을 인정한 경우에만 정당정치의 영역에서 배제된다. 그러나 한편 이 제도로 인해서, 정당활동의 자유가 인정된다 하더라도 민주적 기본질서를 침해해서는 안 된다는 헌법적 한계 역시 설정된다. (헌재 2014.12.19. 2013헌다1)

03
정답 ②

① (O) 헌법재판소는 헌법전문이나 헌법원리에서 기본권 도출을 인정하지 않는다.

② (X) 특정인을 독립유공자로 인정해야 하는 것은 아니다.

③ (O)

④ (O) 제7차 개헌의 내용이다. 한편 4·19 의거 및 5·16 혁명이 헌법에 처음 도입된 것은 제5차 개헌이다.

04
정답 ①

① (O) 대판 2015.1.29. 2012두7387.

② (X) 교육을 받을 권리는 국민이 국가에 대해 직접 특정한 교육제도나 학교시설을 요구할 수 있는 기본권은 아니며, 자신의 교육환경을 최상 혹은 최적으로 만들기 위해 타인의 교육시설 참여 기회를 제한할 것을 청구할 수 있는 기본권도 아니다.

③ (X) 수시모집에서 검정고시 출신자에게 수학능력이 있는지 여부를 평가받을 기회를 부여하지 아니하고 이를 박탈한다는 것은 수학능력에 따른 합리적인 차별이라고 보기 어렵다. 피청구인들은 정규 고등학교 학교생활기록부가 있는지 여부, 공교육 정상화, 비교내신 문제 등을 차별의 이유로 제시하고 있으나 이러한 사유가 차별취급에 대한 합리적인 이유가 된다고 보기 어렵다. 그렇다면 이 사건 수시모집요강은 검정고시 출신자인

청구인들을 합리적인 이유 없이 차별함으로써 청구인들의 균등하게 교육을 받을 권리를 침해한다.(헌재 2017.12.28. 2016헌마649)

④ (X) 헌법 제31조 제1항으로부터 국민이 직접 실질적 평등교육을 위한 교육비를 청구할 권리가 도출되는 것은 아니다.(헌재 2003.11.27. 2003헌바39)

05 [정답] ④

① (O) 개별사건법률이라는 이유만으로 헌법에 위반되는 것은 아니다.

② (O) 입법자구속설이라고도 한다.

③ (O) 어떤 범죄에 어떤 형벌을 부과할 것인가는 원칙적으로 입법재량의 영역이지만, 형벌체계상의 균형을 상실한 것이 명백한 경우에는 평등원칙에 반하여 위헌이라 할 수 있다.

④ (X) 특별한 사정이 없는 한 고등학교를 졸업한 경우는 그 수학기간이 3년이라고 쉽게 예측할 수 있는 반면 고등학교를 중퇴한 경우는 학교명과 중퇴라는 사실만으로는 그 사람이 중퇴한 학교에 다닌 이력을 정확히 알 수 없다. 따라서 고등학교를 졸업한 사람에 대해서는 수학기간의 기재를 요구하지 않으면서도 고등학교 졸업학력 검정고시에 합격한 사람이라고 하더라도 고등학교를 중퇴한 경력에 대해서 그 학력을 기재할 때 그 수학기간을 기재하도록 요구하는 것이 불합리한 차별이라고 볼 수는 없어 중퇴학력 표시규정이 평등원칙에 위배된다고 볼 수 없다.(헌재 2017.12.28. 2015헌바232)

06 [정답] ③

① (O) 국민참여재판을 받을 권리는 기본권이 아니다.

② (O) 이 사건 영장절차 조항은 이와 같이 신체의 자유를 제한하는 디엔에이감식시료 채취 과정에서 중립적인 법관이 구체적 판단을 거쳐 발부한 영장에 의하도록 함으로써 법관의 사법적 통제가 가능하도록 한 것이므로, 그 목적의 정당성 및 수단의 적합성은 인정된다. … 발부 후 그 영장 발부에 대하여 불복할 수 있는 기회를 주거나 채취행위의 위법성 확인을 청구할 수 있도록 하는 구제절차마저 마련하고 있지 않다. 위와 같은 입법상의 불비가 있는 이 사건 영장절차 조항은 채취대상자인 청구인들의 재판청구권을 과도하게 제한하므로, 침해의 최소성 원칙에 위반된다.(헌재 2018.8.30. 2016헌마344)

③ (X) 헌법 제27조가 보장하는 재판청구권에는 공정한 헌법재판을 받을 권리도 포함되고, 헌법 제111조 제2항은 헌법재판소가 9인의 재판관으로 구성된다고 명시하여 다양한 가치관과 헌법관을 가진 9인의 재판관으로 구성된 합의체가 헌법재판을 담당하도록 하고 있으며, 같은 조 제3항은 재판관 중 3인은 국회에서 선출하는 자를 임명한다고 규정하고 있다. 그렇다면 헌법 제27조, 제111조 제2항 및 제3항의 해석상, 피청구인이 선출하여 임명된 재판관 중 공석이 발생한 경우, 국회는 공정한 헌법재판을 받을 권리의 보장을 위하여 공석인 재판관의 후임자를 선출하여야 할 구체적 작위의무를 부담한다고 할 것이다.

(헌재 2014.4.24. 2012헌마2)

④ (O) 모든 사건에서 대법원의 재판을 받을 권리가 인정되는 것은 아니다.

07 [정답] ①

① (X)

청원법 제3조(청원대상기관)
이 법에 의하여 청원을 제출할 수 있는 기관은 다음 각 호와 같다.
1. 국가기관
2. 지방자치단체와 그 소속기관
3. 법령에 의하여 행정권한을 가지고 있거나 행정권한을 위임 또는 위탁받은 법인·단체 또는 그 기관이나 개인

② (O)

청원법 제4조(청원사항)
청원은 다음 각 호의 어느 하나에 해당하는 경우에 한하여 할 수 있다.
1. 피해의 구제
2. 공무원의 위법·부당한 행위에 대한 시정이나 징계의 요구
3. 법률·명령·조례·규칙 등의 제정·개정 또는 폐지
4. 공공의 제도 또는 시설의 운영
5. 그 밖에 국가기관 등의 권한에 속하는 사항

③ (O)

국회법 제124조(청원요지서의 작성과 회부)
① 의장은 청원을 접수하였을 때에는 청원요지서를 작성하여 인쇄하거나 전산망에 입력하는 방법으로 각 의원에게 배부하는 동시에 그 청원서를 소관 위원회에 회부하여 심사하게 한다.

④ (O)

국회법 제125조(청원 심사·보고 등)
① 위원회는 청원 심사를 위하여 청원심사소위원회를 둔다.
② 위원장은 폐회 중이거나 그 밖에 필요한 경우 청원을 바로 청원심사소위원회에 회부하여 심사보고하게 할 수 있다.
③ 청원을 소개한 의원은 소관 위원회 또는 청원심사소위원회의 요구가 있을 때에는 청원의 취지를 설명하여야 한다.

08 [정답] ③

① (X) 종교전파의 자유는 국민에게 그가 선택한 임의의 장소에서 이를 자유롭게 행사할 수 있는 권리까지 보장하는 것은 아니다.

② (X) 변호사의 업무와 관련된 수임사건의 건수 및 수임액이 변호사의 내밀한 개인적 영역에 속하는 것이라고 보기 어렵고, 따라서 이 사건 법률조항이 청구인들의 사생활의 비밀과 자유를 침해하는 것이라 할 수 없다.(헌재 2009.10.29. 2007헌마667)

③ (O)

④ (X) 공무담임권은 공직취임권, 신분보유권, 승진의 기회균등을 말하고, 공무원이 특정의 장소에서 근무하는 것 또는 특정의 보직을 받아 근무하는 것을 포함하지 않는다.

09

정답 ④

① (O) 실질적으로 토지의 사용·수익을 전혀 할 수 없는 경우란, 나대지를 말하는 것으로 이 경우에는 재산권 제한은 토지소유자가 수인해야 할 사회적 제약의 범주를 넘는 것으로서 손실을 완화하는 보상적 조치가 있어야 비례원칙에 부합한다.

② (O) 소액임차인을 보호하기 위한 입법이다.

③ (O) 기본권형성적 법률유보를 말한다.

④ (X) 토지재산권에 대하여는 강한 사회성 내지는 공공성으로 말미암아 다른 재산권에 비하여 너 강한 제한과 의무가 부과될 수 있으나, 그렇다고 하더라도 토지재산권에 대한 제한입법 역시 다른 기본권을 제한하는 입법과 마찬가지로 과잉금지의 원칙을 준수해야 하고, 재산권의 본질적 내용인 사용·수익권과 처분권을 부인해서는 아니 된다. 다만 농지의 경우 그 사회성과 공공성은 일반적인 토지의 경우보다 더 강하다고 할 수 있으므로, 농지 재산권을 제한하는 입법에 대한 헌법심사의 강도는 다른 토지 재산권을 제한하는 입법에 대한 것보다 낮다고 봄이 상당하다.(헌재 2010.2.25. 2008헌바80)

10

정답 ③

① (O) 검찰총장은 대통령에게 직접 상신할 수 없고, 법무부장관에게 상신하여 줄 것을 신청할 수 있다.

② (O) ④ (O) 특별사면의 내용이다. 특별사면은 형의 선고를 받은 사람에게만 가능하고 형선고 이전에는 할 수 없다. 일반사면은 형선고 전 또는 선고 후에 가능하다.

③ (X) 사면이 있다는 것은 장래에 더 이상 불이익을 주지 않는다는 것이지, 죄가 없다는 것은 아니다. 그렇다면 사면이 있어도 재심이 가능하다. 재심에서 무죄가 되면 사면보다 유리하기 때문이다.

11

정답 ③

① (O) 대통령에 대한 탄핵의 요건이다. 노무현 대통령은 법위반이 중대하지 않다는 이유로 기각하였고, 박근혜 대통령은 중대한 법위반이라는 이유로 탄핵을 인용하였다.

② (O)

③ (X) 긴급명령은 국회의 집회가 불가능할 때 하는 것이고, 긴급재정경제 처분 명령은 국회의 집회를 기다릴 여유가 없을 때 한다.

④ (O) 헌법조문은 위와 같지만, 공직선거법은 임기만료 전 70일 이후의 첫 번째 수요일에 하도록 되어 있다.

12

정답 ①

① (O) 재위임의 요건이다.

② (X) 법률에서 대통령, 국무총리, 장관, 국회, 대법원, 헌법재판소, 중앙선관위에 위임할 수 있다. 헌법에 규정은 없지만 법률에서 고시 등의 행정규칙으로 위임하는 것도 가능하다.

③ (X) 행정각부의 장은 국무위원 중에서 국무총리의 제청으로 대통령이 임명한다.

④ (X)

헌법 제87조
① 국무위원은 국무총리의 제청으로 대통령이 임명한다.
② 국무위원은 국정에 관하여 대통령을 보좌하며, 국무회의의 구성원으로서 국정을 심의한다.
③ 국무총리는 국무위원의 해임을 대통령에게 건의할 수 있다.
④ 군인은 현역을 면한 후가 아니면 국무위원으로 임명될 수 없다.

13

정답 ④

① (X) 법률안 제출은 아직 국회통과 전까는 법적으로 중요하지 않기 때문에 헌법소원의 대상이 아니다.

② (X) 상장폐지는 사법상 행위이므로 헌법소원의 대상이 아니다.

③ (X) 한국방송공사 직원의 근무관계는 사법관계이므로 헌법소원의 대상이 아니다.

④ (O) 법학전문대학원협의회의는 법무부가 관리하던 사법시험을 대신하는 간접적 국가작용을 하므로 공권력행사기관이다. 따라서 법학적성시험 시행계획 공고는 헌법소원의 대상이다.

14

정답 ②

① (O) 둘 다 국회재적 과반수의 찬성이 필요하다.

② (X) 국회의 임시회 집회 요구는 대통령 또는 국회재적 4분의 1 이상의 요구로 한다. 국무위원의 해임건의 발의는 국회재적 3분의 1 이상의 찬성이 있어야 한다.

③ (O) 둘 다 국회재적 과반수의 찬성이 필요하다.

④ (O) 둘 다 국회재적 3분의 2 이상의 찬성이 필요하다.

15

정답 ④

ㄱ. (X) 국회의원의 의안에 대한 심의·표결권은 국회의원 개인의 권한인 동시에 국회의 권한이므로, 국회의원의 개별적인 의사에 따라 포기할 수 있는 것이 아니다.

ㄴ. (O) ㄷ. (O) ㄹ. (O) 국회의원의 겸직이 가능한 경우이다.

16

정답 ②

① (O) 법관징계에 대해서는 전심절차를 거치지 않고 대법원의 단심으로 재판한다.

② (X) 헌법상 어떠한 행위가 범죄에 해당하고 이를 어떻게 처벌할 것인지 여부를 정할 권한은 국회에 부여되어 있고 그에 대하여는 광범위한 입법재량 내지 형성의 자유가 인정되고 있으므로 형벌에 대한 입법자의 입법정책적 결단은 기본적으로 존중되어야 한다. 따라서 형사법상 법관에게 주어진 양형권한도 입법자가 만든 법률에 규정되어 있는 내용과 방법에 따라 그 한도 내에서 재판을 통해 형벌을 구체화하는 것으로 볼 수 있다. 또한 검사의 약식명령청구사안이 적당하지 않다고 판단될

경우 법원은 직권으로 통상의 재판절차로 사건을 넘겨 재판절차를 진행시킬 수 있고 이 재판절차에서 법관이 자유롭게 형량을 결정할 수 있으므로 이러한 점들을 종합해보면 이 사건 법률조항에 의하여 법관의 양형결정권이 침해된다고 볼 수 없다. (헌재 2005.3.31. 2004헌가27)

③ (O)

④ (O) 모든 사건에 있어서 대법원의 재판을 받을 권리가 인정되는 것은 아니다.

17 정답 ③

ㄱ. (X) 법관의 정년은 법원조직법상 규정이기 때문에 헌법을 개정하지 않아도 된다. 대법원장과 대법관의 정년은 70세, 일반 법관의 정년은 65세이다.

ㄴ. (X) 대법원장의 임기는 6년으로 하며, 중임할 수 없다.

ㄷ. (X)

법원조직법 제49조(금지사항)
법관은 재직 중 다음 각 호의 행위를 할 수 없다.
1. 국회 또는 지방의회의 의원이 되는 일
2. 행정부서의 공무원이 되는 일
3. 정치운동에 관여하는 일
4. 대법원장의 허가 없이 보수를 받는 직무에 종사하는 일
5. 금전상의 이익을 목적으로 하는 업무에 종사하는 일
6. 대법원장의 허가를 받지 아니하고 보수의 유무에 상관없이 국가기관 외의 법인·단체 등의 고문, 임원, 직원 등의 직위에 취임하는 일
7. 그 밖에 대법원규칙으로 정하는 일

ㄹ. (O)

법원조직법 제43조(결격사유)
① 다음 각 호의 어느 하나에 해당하는 사람은 법관으로 임용할 수 없다.
1. 다른 법령에 따라 공무원으로 임용하지 못하는 사람
2. 금고 이상의 형을 선고받은 사람
3. 탄핵으로 파면된 후 5년이 지나지 아니한 사람
4. 대통령비서실 소속의 공무원으로서 퇴직 후 3년이 지나지 아니한 사람
5. 「정당법」 제22조에 따른 정당의 당원 또는 당원의 신분을 상실한 날부터 3년이 경과되지 아니한 사람
6. 「공직선거법」 제2조에 따른 선거에 후보자(예비후보자를 포함한다)로 등록한 날부터 5년이 경과되지 아니한 사람
7. 「공직선거법」 제2조에 따른 대통령선거에서 후보자의 당선을 위하여 자문이나 고문의 역할을 한 날부터 3년이 경과되지 아니한 사람

18 정답 ③

① (O) 법률규정이 그 규정의 구체화를 위하여 하위규범의 시행을 예정하고 있는 경우에는 하위규범이 헌법소원의 대상이 되고 원칙적으로 당해 법률의 직접성은 부인된다. 다만 하위규범이 있어도 기본권 침해가 직접 법률에서 발생하는 경우에는 법률이 헌법소원의 대상이 된다.

② (O) ④ (O) 이와 반대로 집행행위가 있어도 재량의 여지없이 적용되는 경우(생계보호기준)에는 법령이 헌법소원의 대상이 된다.

③ (X) 국방부장관 등의 '군내 불온서적 차단대책 강구 지시'는 그 지시를 받은 하급 부대장이 일반 장병을 대상으로 하여 그에 따른 구체적인 집행행위를 함으로써 비로소 청구인들을 비롯한 일반 장병의 기본권 제한의 효과가 발생한다 할 것이므로 직접적인 공권력 행사라고 볼 수 없다. 따라서 위 법률조항 및 지시는 기본권침해의 직접성이 인정되지 아니한다.(헌재 2010.10.28. 2008헌마638)

19 정답 ③

ㄱ. (X) 헌법 제117조 제2항은 지방자치단체의 종류를 법률로 정하도록 규정하고 있을 뿐 지방자치단체의 종류 및 구조를 명시하고 있지 않으므로 이에 관한 사항은 기본적으로 입법자에게 위임된 것으로 볼 수 있다. 헌법상 지방자치제도보장의 핵심영역 내지 본질적 부분이 특정 지방자치단체의 존속을 보장하는 것이 아니며 지방자치단체에 의한 자치행정을 일반적으로 보장하는 것이므로, 현행법에 따른 지방자치단체의 중층구조 또는 지방자치단체로서 특별시·광역시 및 도와 함께 시·군 및 구를 계속하여 존속하도록 할지 여부는 결국 입법자의 입법형성권의 범위에 들어가는 것으로 보아야 한다. 같은 이유로 일정구역에 한하여 당해 지역 내의 지방자치단체인 시·군을 모두 폐지하여 중층구조를 단층화하는 것 역시 입법자의 선택범위에 들어가는 것이다.(헌재 2006.4.27. 2005헌마1190)

ㄴ. (O)

헌법재판소법 제62조(권한쟁의심판의 종류)
② 권한쟁의가 「지방교육자치에 관한 법률」 제2조에 따른 교육·학예에 관한 지방자치단체의 사무에 관한 것인 경우에는 교육감이 제1항 제2호 및 제3호의 당사자가 된다.

ㄷ. (O)

ㄹ. (X)

주민투표법 제7조(주민투표의 대상)
① 주민에게 과도한 부담을 주거나 중대한 영향을 미치는 지방자치단체의 주요결정사항으로서 그 지방자치단체의 조례로 정하는 사항은 주민투표에 부칠 수 있다.
② 제1항의 규정에 불구하고 다음 각 호의 사항은 이를 주민투표에 부칠 수 없다.
1. 법령에 위반되거나 재판중인 사항
2. 국가 또는 다른 지방자치단체의 권한 또는 사무에 속하는 사항
3. 지방자치단체의 예산·회계·계약 및 재산관리에 관한 사항과 지방세·사용료·수수료·분담금 등 각종 공과금의 부과 또는 감면에 관한 사항
4. 행정기구의 설치·변경에 관한 사항과 공무원의 인사·정원 등 신분과 보수에 관한 사항

5. 다른 법률에 의하여 주민대표가 직접 의사결정주체로서 참여할 수 있는 공공시설의 설치에 관한 사항. 다만, 제9조 제5항의 규정에 의하여 지방의회가 주민투표의 실시를 청구하는 경우에는 그러하지 아니하다.
6. 동일한 사항(그 사항과 취지가 동일한 경우를 포함한다)에 대하여 주민투표가 실시된 후 2년이 경과되지 아니한 사항

20 정답 ②

① (O) 국회의장이 하는 직권상정의 성격이다.
② (X) 국회의 회의는 공개가 원칙이지만 정보위원회와 계수조정소위원회의 회의는 비공개로 한다.
③ (O) 국회의장의 의사정리권이라고 한다.
④ (O)

국회법 제93조(안건 심의)
본회의는 안건을 심의할 때 그 안건을 심사한 위원장의 심사보고를 듣고 질의·토론을 거쳐 표결한다. 다만, 위원회의 심사를 거치지 아니한 안건에 대해서는 제안자가 그 취지를 설명하여야 하고, 위원회의 심사를 거친 안건에 대해서는 의결로 질의와 토론을 모두 생략하거나 그 중 하나를 생략할 수 있다.

01	①	02	③	03	④	04	①	05	⑤
06	③	07	⑤	08	②	09	②	10	①
11	④	12	④	13	②	14	②	15	①
16	③	17	⑤	18	①	19	③	20	①
21	②	22	⑤	23	④	24	②	25	③

01
정답 ①

① (X) 1948년 7월 12일에 제정되고 8차에 걸쳐 개정된 헌법을 이제 국회의 의결을 거쳐 국민투표에 의하여 개정한다.
② (O)
③ (O)
④ (O)
⑤ (O)

02
정답 ③

① (O) ② (O) ③ (X) ④ (O) ⑤ (O)

헌법 제76조
① 대통령은 내우·외환·천재·지변 또는 중대한 재정·경제상의 위기에 있어서 국가의 안전보장 또는 공공의 안녕질서를 유지하기 위하여 긴급한 조치가 필요하고 국회의 집회를 기다릴 여유가 없을 때에 한하여 최소한으로 필요한 재정·경제상의 처분을 하거나 이에 관하여 법률의 효력을 가지는 명령을 발할 수 있다.
② 대통령은 국가의 안위에 관계되는 중대한 교전상태에 있어서 국가를 보위하기 위하여 긴급한 조치가 필요하고 국회의 집회가 불가능한 때에 한하여 법률의 효력을 가지는 명령을 발할 수 있다.
③ 대통령은 제1항과 제2항의 처분 또는 명령을 한 때에는 지체없이 국회에 보고하여 그 승인을 얻어야 한다.
④ 제3항의 승인을 얻지 못한 때에는 그 처분 또는 명령은 <u>그때부터 효력을 상실한다</u>. 이 경우 그 명령에 의하여 개정 또는 폐지되었던 법률은 그 명령이 승인을 얻지 못한 때부터 당연히 효력을 회복한다.

03
정답 ④

① (O) 신뢰보호원칙의 개념이다.
② (O) 민주주의의 원리이다.
③ (O)
④ (X) '책임없는 자에게 형벌을 부과할 수 없다'는 형벌에 관한 책임주의는 형사법의 기본원리로서, 헌법상 법치국가의 원리에 내재하는 원리인 동시에, 헌법 제10조의 취지로부터 도출되는 원리이다.(헌재 2009.7.30. 2008헌가10)
⑤ (O) 위임입법의 기준에 대한 내용이다.

04
정답 ①

① (X)

헌법 제41조
② 국회의원의 수는 법률로 정하되, 200인 이상으로 한다.

② (O)

헌법 제48조
국회는 의장 1인과 부의장 2인을 선출한다.

③ (O)

헌법 제67조
④ 대통령으로 선거될 수 있는 자는 국회의원의 피선거권이 있고 선거일 현재 40세에 달하여야 한다.

④ (O)

헌법 제98조
① 감사원은 원장을 포함한 5인 이상 11인 이하의 감사위원으로 구성한다.

⑤ (O)

헌법 제105조
① 대법원장의 임기는 6년으로 하며, 중임할 수 없다.
② 대법관의 임기는 6년으로 하며, 법률이 정하는 바에 의하여 연임할 수 있다.
③ 대법원장과 대법관이 아닌 법관의 임기는 10년으로 하며, 법률이 정하는 바에 의하여 연임할 수 있다.
④ 법관의 정년은 법률로 정한다.

05
정답 ⑤

① (O)
② (O) 헌재 2009.5.28. 2007헌마369.
③ (O)
④ (O) 대학의 자율은 인사·학사·관리 운영에 관한 내용을 포함한다.
⑤ (X) 이 사건 출국만기보험금은 퇴직금의 성질을 가지고 있어서 그 지급시기에 관한 것은 근로조건의 문제이므로 외국인인 청구인들에게도 기본권 주체성이 인정된다.(헌재 2016.3.31. 2014헌마367)

06
정답 ③

① (O) 법의 내용이 불평등할 경우 그 법을 아무리 평등하게 적용하더라도 그 결과는 불평등할 것이므로 법의 내용도 평등해야 한다. 사법과 행정뿐만 아니라 입법자도 구속한다(실질적 법치주의).
② (O)
③ (X) 합리적 이유가 있으면 평등권 침해가 아니다.
④ (O) 국가가 정책을 실현함에 있어 동시에 모든 집단에게 동일

한 혜택을 주지 못할 때 "평등의 원칙은 … 국가가 언제 어디에서 어떤 계층을 대상으로 하여 기본권에 관한 상황이나 제도의 개선을 시작할 것인지를 선택하는 것을 방해하지는 않는다. 즉, 국가는 합리적인 기준에 따라 능력이 허용되는 범위 내에서 법적 가치의 상향적 구현을 위한 제도의 단계적 개선을 추진할 수 있는 길을 선택할 수 있어야 한다."(헌재 1991.2.11. 90헌가27)

⑤ (O)

헌법 제11조
① 모든 국민은 법 앞에 평등하다. 누구든지 성별·종교 또는 사회적 신분에 의하여 정치적·경제적·사회적·문화적 생활의 모든 영역에 있어서 차별을 받지 아니한다.

07 정답 ⑤

① (O)

헌법 제12조
① 모든 국민은 신체의 자유를 가진다. 누구든지 법률에 의하지 아니하고는 체포·구속·압수·수색 또는 심문을 받지 아니하며, 법률과 적법한 절차에 의하지 아니하고는 처벌·보안처분 또는 강제노역을 받지 아니한다.

② (O)

헌법 제12조
③ 체포·구속·압수 또는 수색을 할 때에는 적법한 절차에 따라 검사의 신청에 의하여 법관이 발부한 영장을 제시하여야 한다. 다만, 현행범인인 경우와 장기 3년 이상의 형에 해당하는 죄를 범하고 도피 또는 증거인멸의 염려가 있을 때에는 사후에 영장을 청구할 수 있다.

③ (O) 비록 헌법에 명문의 근거를 두고 있지는 않으나, 신체를 훼손당하지 아니할 권리도 헌법적인 권리로 인정되고 있다. 헌법재판소는 신체의 자유(헌법 제12조)의 내용으로 파악하고 있다.

④ (O)

헌법 제12조
⑤ 누구든지 체포 또는 구속의 이유와 변호인의 조력을 받을 권리가 있음을 고지받지 아니하고는 체포 또는 구속을 당하지 아니한다. 체포 또는 구속을 당한 자의 가족등 법률이 정하는 자에게는 그 이유와 일시·장소가 지체없이 통지되어야 한다.

⑤ (X)

형사소송법 제70조(구속의 사유)
① 법원은 피고인이 죄를 범하였다고 의심할 만한 상당한 이유가 있고 다음 각 호의 1에 해당하는 사유가 있는 경우에는 피고인을 구속할 수 있다.
　1. 피고인이 일정한 주거가 없는 때
　2. 피고인이 증거를 인멸할 염려가 있는 때
　3. 피고인이 도망하거나 도망할 염려가 있는 때

② 법원은 제1항의 구속사유를 심사함에 있어서 범죄의 중대성, 재범의 위험성, 피해자 및 중요 참고인 등에 대한 위해우려 등을 고려하여야 한다.

08 정답 ②

① (O)

② (X) 이 사건 지원센터는 감염병 확산을 방지하고 시설을 차질 없이 운영하기 위하여 보건복지부 및 서울특별시의 협조 요청에 따라 시설 이용자들을 대상으로 코로나19 검사 결과를 확인하는 것이므로, 검사 결과 확인의 취지나 방법 등을 고려해 볼 때 이 사건 검사 결과 확인행위가 이 사건 지원센터가 우월적인 지위에서 일방적으로 강제하는 권력적 사실행위에 해당한다고 보기 어렵고, 직접적으로 청구인의 권리의무에 법률효과를 발생시킨다고 보기 어렵다. 따라서 이 사건 검사 결과 확인행위는 헌법소원의 심판대상이 될 수 있는 공권력의 행사에 해당하지 않으므로 이 부분에 대한 심판청구는 부적법하다. (헌재 2021.5.18. 2021헌마468)

③ (O) 헌재 2020.11.17. 2020헌마1505.

④ (O)

⑤ (O) 헌재 2021.5.18. 2021헌마468.

09 정답 ②

① (O) 헌재 2002.1.31. 2001헌바43.

② (X) 양심적 병역거부에 대한 처벌은 헌법에 위반되지 아니한다. (헌재 2004.8.26. 2002헌가1) [합헌]

[1] '양심의 자유'가 보장하고자 하는 '양심'은 민주적 다수의 사고나 가치관과 일치하는 것이 아니라, 개인적 현상으로서 지극히 주관적인 것이다. 양심은 그 대상이나 내용 또는 동기에 의하여 판단될 수 없으며, 특히 양심상의 결정이 이성적·합리적인가, 타당한가 또는 법질서나 사회규범, 도덕률과 일치하는가 하는 관점은 양심의 존재를 판단하는 기준이 될 수 없다.

[2] 일반적으로 민주적 다수는 법질서와 사회질서를 그의 정치적 의사와 도덕적 기준에 따라 형성하기 때문에, 그들이 국가의 법질서나 사회의 도덕률과 양심상의 갈등을 일으키는 것은 예외에 속한다. 양심의 자유에서 현실적으로 문제가 되는 것은 사회적 다수의 양심이 아니라, 국가의 법질서나 사회의 도덕률에서 벗어나려는 소수의 양심이다. 따라서 양심상의 결정이 어떠한 종교관·세계관 또는 그 외의 가치체계에 기초하고 있는가와 관계없이, 모든 내용의 양심상의 결정이 양심의 자유에 의하여 보장된다.

③ (O) 양심의 자유와는 관계가 없고 개인정보자기결정권을 제한하지만 침해는 아니다.

④ (O) 양심의 자유와는 관계가 없고 일반적 행동자유권을 제한하지만 침해는 아니다.

⑤ (O) 양심의 자유를 제한하지만 침해하지는 않는다.

10

정답 ①

① (X) ② (O) ③ (O) ④ (O) ⑤ (O)

집회의 자유의 헌법적 의미와 기능(헌재 2003.1.30. 2000헌바67)

[1] 헌법은 집회의 자유를 국민의 기본권으로 보장함으로써, 평화적 집회 그 자체는 공공의 안녕질서에 대한 위험이나 침해로서 평가되어서는 아니 되며, 개인이 집회의 자유를 집단적으로 행사함으로써 불가피하게 발생하는 일반대중에 대한 불편함이나 법익에 대한 위험은 보호법익과 조화를 이루는 범위 내에서 국가와 제3자에 의하여 수인되어야 한다는 것을 헌법 스스로 규정하고 있는 것이다.

[2] 집회의 자유는 개인의 인격발현의 요소이자 민주주의를 구성하는 요소라는 이중적 헌법적 기능을 가지고 있다.

[3] 집회의 자유는 타인과의 의견교환을 통하여 공동으로 인격을 발현하는 자유를 보장하는 기본권이자 동시에 국가권력에 의하여 개인이 타인과 사회공동체로부터 고립되는 것으로부터 보호하는 기본권이다. 즉, 공동의 인격발현을 위하여 타인과 함께 모인다는 것은 이미 그 자체로서 기본권에 의하여 보호될 만한 가치가 있는 개인의 자유영역인 것이다.

[4] 집회의 자유는 사회·정치현상에 대한 불만과 비판을 공개적으로 표출케 함으로써 정치적 불만이 있는 자를 사회에 통합하고 정치적 안정에 기여하는 기능을 한다. 특히 집회의 자유는 집권세력에 대한 정치적 반대의사를 공동으로 표명하는 효과적인 수단으로서 현대사회에서 언론매체에 접근할 수 없는 소수집단에게 그들의 권익과 주장을 옹호하기 위한 적절한 수단을 제공한다는 점에서, 소수의견을 국정에 반영하는 창구로서 그 중요성을 더해 가고 있다. 이러한 의미에서 집회의 자유는 소수의 보호를 위한 중요한 기본권인 것이다. … 헌법이 집회의 자유를 보장한 것은 관용과 다양한 견해가 공존하는 다원적인 '열린 사회'에 대한 헌법적 결단인 것이다.

11

정답 ④

① (O)

② (O) 직업의 자유에 대한 제한이라도 직업행사의 자유를 제한하는 것은 개성신장의 길을 처음부터 막는 직업의 선택 그 자체를 제한하는 것보다 기본권주체에 대한 침해의 진지성이 적다고 할 것이므로 그에 대한 제한은 보다 넓게 허용된다.(헌재 2002.10.31. 99헌바76)

③ (O) 이미 국내에서 치과의사면허를 취득하고 외국의 의료기관에서 치과전문의 과정을 이수한 사람들에게 다시 국내에서 전문의 과정을 다시 이수할 것을 요구하는 것은 지나친 부담을 지우는 것이므로, 심판대상조항은 침해의 최소성원칙에 위배되고 법익의 균형성도 충족하지 못한다. 따라서 심판대상조항은 과잉금지원칙에 위배되어 청구인들의 직업수행의 자유를 침해한다.(헌재 2015.9.24. 2013헌마197)

④ (X) 건설업자가 명의대여행위를 한 경우 그 건설업 등록을 필요적으로 말소하도록 한 이 사건 법률조항은 건설업등록제도의 근간을 유지하고 부실공사를 방지하여 국민의 생명과 재산을 보호하려는 것으로 그 목적의 정당성이 인정되고, 명의대여행위가 국민의 생명과 재산에 미치는 위험과 그 위험방지의 긴절성을 고려할 때 반드시 필요하며, 또한 등록이 말소된 후에도 5년이 경과하면 다시 건설업등록을 할 수 있도록 하는 등 기본권 제한을 완화하는 규정을 두고 있음을 고려하면 피해최소성의 원칙에도 부합될 뿐 아니라, 유기적 일체로서의 건설공사의 특성으로 말미암아 경미한 부분의 명의대여행위라도 건축물 전체의 부실로 이어진다는 점을 고려할 때 이로 인해 명의대여행위를 한 건설업자가 더 이상 건설업을 영위하지 못하는 등 손해를 입는다고 하더라도 이를 두고 침해되는 사익이 더 중대하다고 할 수는 없으므로 청구인의 직업수행의 자유 및 재산권을 침해한다고 할 수 없다.(헌재 2001.3.21. 2000헌바27)

⑤ (O) 심판대상조항은 청원경찰이 저지른 범죄의 종류나 내용을 불문하고 범죄행위로 금고 이상의 형의 선고유예를 받게 되면 당연히 퇴직되도록 규정함으로써 그것이 달성하려는 공익의 비중에도 불구하고 청원경찰의 직업의 자유를 과도하게 제한하고 있어 법익의 균형성 원칙에도 위배된다. 따라서, 심판대상조항은 과잉금지원칙에 반하여 직업의 자유를 침해한다.(헌재 2018.1.25. 2017헌가26)

12

정답 ④

① (O)

헌법 제28조
형사피의자 또는 형사피고인으로서 구금되었던 자가 법률이 정하는 불기소처분을 받거나 무죄판결을 받은 때에는 법률이 정하는 바에 의하여 국가에 정당한 보상을 청구할 수 있다.

② (O) 형사보상청구권의 목적이다.

③ (O)

④ (X) 형사보상청구의 제척기간을 1년으로 정한 것(헌재 2010.7.29. 2008헌가4) [헌법불합치]

⑤ (O)

형사보상 및 명예회복에 관한 법률 제8조(보상청구의 기간)
보상청구는 무죄재판이 확정된 사실을 안 날부터 3년, 무죄재판이 확정된 때부터 5년 이내에 하여야 한다.

13

정답 ②

① (O)

② (X)

정당법 제48조(해산된 경우 등의 잔여재산 처분)
① 정당이 제44조(등록의 취소) 제1항의 규정에 의하여 등록이 취소되거나 제45조(자진해산)의 규정에 의하여 자진해산한 때에는 그 잔여재산은 당헌이 정하는 바에 따라 처분한다.
② 제1항의 규정에 의하여 처분되지 아니한 정당의 잔여재산 및 헌법재판소의 해산결정에 의하여 해산된 정당의 잔여재산은 국고에 귀속한다.

③ (O)

헌법 제8조

④ 정당의 목적이나 활동이 민주적 기본질서에 위배될 때에는 정부는 헌법재판소에 그 해산을 제소할 수 있고, 정당은 헌법재판소의 심판에 의하여 해산된다.

④ (O)

⑤ (O)

14 　　　　　　　　　　　　　　　　　　정답 ②

① (X)

헌법재판소법 제5조(재판관의 자격)

① 재판관은 다음 각 호의 어느 하나에 해당하는 직(職)에 15년 이상 있던 40세 이상인 사람 중에서 임명한다. 다만, 다음 각 호 중 둘 이상의 직에 있던 사람의 재직기간은 합산한다.
　1. 판사, 검사, 변호사
　2. 변호사 자격이 있는 사람으로서 국가기관, 국영·공영 기업체, 「공공기관의 운영에 관한 법률」 제4조에 따른 공공기관 또는 그 밖의 법인에서 법률에 관한 사무에 종사한 사람
　3. 변호사 자격이 있는 사람으로서 공인된 대학의 법률학 조교수 이상의 직에 있던 사람

② 다음 각 호의 어느 하나에 해당하는 사람은 재판관으로 임명할 수 없다.
　1. 다른 법령에 따라 공무원으로 임용하지 못하는 사람
　2. 금고 이상의 형을 선고받은 사람
　3. 탄핵에 의하여 파면된 후 5년이 지나지 아니한 사람
　4. 「정당법」 제22조에 따른 정당의 당원 또는 당원의 신분을 상실한 날부터 3년이 경과되지 아니한 사람
　5. 「공직선거법」 제2조에 따른 선거에 후보자(예비후보자를 포함한다)로 등록한 날부터 5년이 경과되지 아니한 사람
　6. 「공직선거법」 제2조에 따른 대통령선거에서 후보자의 당선을 위하여 자문이나 고문의 역할을 한 날부터 3년이 경과되지 아니한 사람

② (O) ④ (X) ⑤ (X)

헌법 제111조

② 헌법재판소는 법관의 자격을 가진 9인의 재판관으로 구성하며, 재판관은 대통령이 임명한다.

③ 제2항의 재판관 중 3인은 국회에서 선출하는 자를, 3인은 대법원장이 지명하는 자를 임명한다.

④ 헌법재판소의 장은 국회의 동의를 얻어 재판관 중에서 대통령이 임명한다.

③ (X)

헌법 제112조

① 헌법재판소 재판관의 임기는 6년으로 하며, 법률이 정하는 바에 의하여 연임할 수 있다.

15 　　　　　　　　　　　　　　　　　　정답 ①

① (X) 군사법원도 포함된다. 모든 법원은 헌법재판소에 위헌제청이 가능하다.

② (O) 다만 대법원 경유는 형식적 절차이기 때문에 대법원이 불송부결정을 할 수는 없다.

③ (O)

④ (O)

헌법재판소법 제45조(위헌결정)

헌법재판소는 제청된 법률 또는 법률 조항의 위헌 여부만을 결정한다. 다만, 법률 조항의 위헌결정으로 인하여 해당 법률 전부를 시행할 수 없다고 인정될 때에는 그 전부에 대하여 위헌결정을 할 수 있다.

⑤ (O) 위헌법률심판의 위헌결정과 헌법소원의 인용결정은 기속력이 있지만, 합헌결정은 기속력이 없다. 권한쟁의심판은 인용이든 기각이든 기속력이 인정된다.

16 　　　　　　　　　　　　　　　　　　정답 ③

① (O)

헌법 제88조

② 국무회의는 대통령·국무총리와 15인 이상 30인 이하의 국무위원으로 구성한다.

② (O) ③ (X)

헌법 제67조

① 대통령은 국민의 보통·평등·직접·비밀선거에 의하여 선출한다.

② 제1항의 선거에 있어서 최고득표자가 2인 이상인 때에는 국회의 재적의원 과반수가 출석한 공개회의에서 다수표를 얻은 자를 당선자로 한다.

③ 대통령후보자가 1인일 때에는 그 득표수가 선거권자 총수의 3분의 1 이상이 아니면 대통령으로 당선될 수 없다.

④ 대통령으로 선거될 수 있는 자는 국회의원의 피선거권이 있고 선거일 현재 40세에 달하여야 한다.

④ (O)

헌법 제68조

① 대통령의 임기가 만료되는 때에는 임기만료 70일 내지 40일전에 후임자를 선거한다.

⑤ (O)

헌법 제89조

다음 사항은 국무회의의 심의를 거쳐야 한다.
1. 국정의 기본계획과 정부의 일반정책
2. 선전·강화 기타 중요한 대외정책
3. 헌법개정안·국민투표안·조약안·법률안 및 대통령령안
4. 예산안·결산·국유재산처분의 기본계획·국가의 부담이 될 계약 기타 재정에 관한 중요사항
5. 대통령의 긴급명령·긴급재정경제처분 및 명령 또는 계엄과 그 해제
6. 군사에 관한 중요사항
7. 국회의 임시회 집회의 요구
8. 영전수여
9. 사면·감형과 복권
10. 행정각부간의 권한의 획정

11. 정부안의 권한의 위임 또는 배정에 관한 기본계획
12. 국정처리상황의 평가·분석
13. 행정각부의 중요한 정책의 수립과 조정
14. 정당해산의 제소
15. 정부에 제출 또는 회부된 정부의 정책에 관계되는 청원의 심사
16. 검찰총장·합동참모의장·각군참모총장·국립대학교총장·대사 기타 법률이 정한 공무원과 국영기업체관리자의 임명
17. 기타 대통령·국무총리 또는 국무위원이 제출한 사항

17 [정답] ⑤

① (O)

헌법 제64조
① 국회는 법률에 저촉되지 아니하는 범위안에서 의사와 내부규율에 관한 규칙을 제정할 수 있다.
② 국회는 의원의 자격을 심사하며, 의원을 징계할 수 있다.
③ 의원을 제명하려면 국회재적의원 3분의 2 이상의 찬성이 있어야 한다.
④ 제2항과 제3항의 처분에 대하여는 법원에 제소할 수 없다.

② (O)

헌법 제53조
④ 재의의 요구가 있을 때에는 국회는 재의에 붙이고, 재적의원과반수의 출석과 출석의원 3분의 2 이상의 찬성으로 전과 같은 의결을 하면 그 법률안은 법률로서 확정된다.

③ (O)

헌법 제65조
② 제1항의 탄핵소추는 국회재적의원 3분의 1 이상의 발의가 있어야 하며, 그 의결은 국회재적의원 과반수의 찬성이 있어야 한다. 다만, 대통령에 대한 탄핵소추는 국회재적의원 과반수의 발의와 국회재적의원 3분의 2 이상의 찬성이 있어야 한다.

④ (O)

헌법 제130조
② 헌법개정안은 국회가 의결한 후 30일 이내에 국민투표에 붙여 국회의원선거권자 과반수의 투표와 투표자 과반수의 찬성을 얻어야 한다.

⑤ (X) 지문의 내용은 맞지만 헌법이 아니라 국회법 제79조 제1항의 내용이다.

18 [정답] ①

① (X) 국회의 정기회의 회기는 100일을, 임시회의 회기는 30일을 초과할 수 없다는 부분은 맞지만, 정기회·임시회를 합하여 연 150일을 초과하여 개최할 수 없다는 조문은 존재하지 않는다. 따라서 임시회를 계속 열면 연중상시 개회가 가능하다.

② (O)

헌법 제47조
① 국회의 정기회는 법률이 정하는 바에 의하여 매년 1회 집회되며, 국회의 임시회는 대통령 또는 국회재적의원 4분의 1 이상의 요구에 의하여 집회된다.
② 정기회의 회기는 100일을, 임시회의 회기는 30일을 초과할 수 없다.
③ 대통령이 임시회의 집회를 요구할 때에는 기간과 집회요구의 이유를 명시하여야 한다.

③ (O)

헌법 제50조
① 국회의 회의는 공개한다. 다만, 출석의원 과반수의 찬성이 있거나 의장이 국가의 안전보장을 위하여 필요하다고 인정할 때에는 공개하지 아니할 수 있다.

④ (O)

헌법 제51조
국회에 제출된 법률안 기타의 의안은 회기중에 의결되지 못한 이유로 폐기되지 아니한다. 다만, 국회의원의 임기가 만료된 때에는 그러하지 아니하다.

⑤ (O)

헌법 제49조
국회는 헌법 또는 법률에 특별한 규정이 없는 한 재적의원 과반수의 출석과 출석의원 과반수의 찬성으로 의결한다. 가부동수인 때에는 부결된 것으로 본다.

19 [정답] ③

① (X)

국회법 제15조(의장·부의장의 선거)
① 의장과 부의장은 국회에서 무기명투표로 선거하고 재적의원 과반수의 득표로 당선된다.

② (X)

국회법 제20조의2(의장의 당적 보유 금지)
① 의원이 의장으로 당선된 때에는 당선된 다음 날부터 의장으로 재직하는 동안은 당적(黨籍)을 가질 수 없다. 다만, 국회의원 총선거에서 「공직선거법」 제47조에 따른 정당추천후보자로 추천을 받으려는 경우에는 의원 임기만료일 90일 전부터 당적을 가질 수 있다.

③ (O)

국회법 제13조(임시의장)
의장과 부의장이 모두 사고가 있을 때에는 임시의장을 선출하여 의장의 직무를 대행하게 한다.

④ (X)

⑥ 제1항부터 제4항까지에 따라 위원을 개선할 때 임시회의 경우에는
회기 중에 개선될 수 없고, 정기회의 경우에는 선임 또는 개선 후
30일 이내에는 개선될 수 없다. 다만, 위원이 질병 등 부득이한 사
유로 의장의 허가를 받은 경우에는 그러하지 아니하다.

⑤ (X)

국회법 제63조(연석회의)
① 소관 위원회는 다른 위원회와 협의하여 연석회의(連席會議)를 열
고 의견을 교환할 수 있다. 다만, 표결은 할 수 없다.

20 정답 ①

① (O)
② (X) 사면·감형·복권은 모두 국무회의의 의결을 거쳐야 하지
만, 국회의 동의를 받아야 하는 것은 일반사면뿐이다.
③ (X)

사면법 제5조(사면 등의 효과)
① 사면, 감형 및 복권의 효과는 다음 각 호와 같다.
  1. 일반사면: 형 선고의 효력이 상실되며, 형을 선고받지 아니한
     자에 대하여는 공소권(公訴權)이 상실된다. 다만, 특별한 규정
     이 있을 때에는 예외로 한다.
  2. 특별사면: 형의 집행이 면제된다. 다만, 특별한 사정이 있을 때
     에는 이후 형 선고의 효력을 상실하게 할 수 있다.
  3. 일반(一般)에 대한 감형: 특별한 규정이 없는 경우에는 형을 변
     경한다.
  4. 특정한 자에 대한 감형: 형의 집행을 경감한다. 다만, 특별한 사
     정이 있을 때에는 형을 변경할 수 있다.
  5. 복권: 형 선고의 효력으로 인하여 상실되거나 정지된 자격을 회
     복한다.
② 형의 선고에 따른 기성(旣成)의 효과는 사면, 감형 및 복권으로 인
하여 변경되지 아니한다.

④ (X)

사면법 제10조(특별사면 등의 상신)
① 법무부장관은 대통령에게 특별사면, 특정한 자에 대한 감형 및 복
권을 상신(上申)한다.
② 법무부장관은 제1항에 따라 특별사면, 특정한 자에 대한 감형 및
복권을 상신할 때에는 제10조의2에 따른 사면심사위원회의 심사
를 거쳐야 한다.

⑤ (X) 선고된 형의 전부를 사면할 것인지 또는 일부만을 사면할
것인지를 결정하는 것은 사면권자의 전권사항에 속하는 것이
고, 징역형의 집행유예에 대한 사면이 병과된 벌금형에도 미치
는 것으로 볼 것인지 여부는 사면의 내용에 대한 해석문제에
불과하다 할 것이다.(헌재 2000.6.1. 97헌바74)

21 정답 ②

① (O) ② (X) ③ (O) ④ (O) ⑤ (O)

헌법 제97조
국가의 세입·세출의 결산, 국가 및 법률이 정한 단체의 회계검사와 행
정기관 및 공무원의 직무에 관한 감찰을 하기 위하여 대통령 소속하에
감사원을 둔다.

제98조
① 감사원은 원장을 포함한 5인 이상 11인 이하의 감사위원으로 구성
한다.
② 원장은 국회의 동의를 얻어 대통령이 임명하고, 그 임기는 4년으로
하며, 1차에 한하여 중임할 수 있다.
③ 감사위원은 원장의 제청으로 대통령이 임명하고, 그 임기는 4년으
로 하며, 1차에 한하여 중임할 수 있다.

제99조
감사원은 세입·세출의 결산을 매년 검사하여 대통령과 차년도국회에
그 결과를 보고하여야 한다.

제100조
감사원의 조직·직무범위·감사위원의 자격·감사대상공무원의 범위 기
타 필요한 사항은 법률로 정한다.

22 정답 ⑤

① (X) 국무총리뿐만 아니라 국회도 국무위원의 해임을 건의할
수 있다.
② (X) ③ (X) ⑤ (O)

헌법 제87조
① 국무위원은 국무총리의 제청으로 대통령이 임명한다.
② 국무위원은 국정에 관하여 대통령을 보좌하며, 국무회의의 구성원
으로서 국정을 심의한다.
③ 국무총리는 국무위원의 해임을 대통령에게 건의할 수 있다.
④ 군인은 현역을 면한 후가 아니면 국무위원으로 임명될 수 없다.

④ (X)

헌법 제63조
① 국회는 국무총리 또는 국무위원의 해임을 대통령에게 건의할 수
있다.
② 제1항의 해임건의는 국회재적의원 3분의 1 이상의 발의에 의하여
국회재적의원 과반수의 찬성이 있어야 한다.

23 정답 ④

① (O)
② (O)

헌법재판소법 제53조(결정의 내용)
① 탄핵심판 청구가 이유 있는 경우에는 헌법재판소는 피청구인을 해
당 공직에서 파면하는 결정을 선고한다.
② 피청구인이 결정 선고 전에 해당 공직에서 파면되었을 때에는 헌
법재판소는 심판청구를 기각하여야 한다.

③ (O)

④ (X)

⑤ (O)

24

정답 ②

① (O) 헌법재판소법 제69조 제2항

② (X) 이 사건 방청불허행위에서 문제된 운영행정위원회 제209회 제1차, 제3차 임시회는 모두 종료되었으므로 권리보호이익이 소멸하였다. 지방의회 위원회 위원장은 특정 방청신청에 대하여 구체적 사정을 고려하여 허가 여부를 결정하고, 위원회 회의는 논의가 속행되지 않는 이상 개별 회의마다 성격이 다르므로 이 사건 방청불허행위와 동일한 행위가 반복될 위험성은 없다. 설령 반복 위험성이 있더라도 이 사건에서는 이 사건 방청불허행위가 지방자치법 제60조 제1항의 적법한 요건을 갖추고 있는가에 관한 위법성이 문제될 뿐이므로, 헌법적으로 해명이 중대한 의미를 지니는 경우로 보기 어렵다. 따라서 이 사건 방청불허행위에 대한 심판청구는 권리보호이익이 없고, 심판청구의 이익도 인정되지 않는다.(헌재 2017.7.27. 2016헌마53)

③ (O)

④ (O) 도로교통법 제53조 제3항 전단 중 '학원의 설립·운영 및 과외교습에 관한 법률'에 따라 설립된 학원 및 '체육시설의 설치·이용에 관한 법률'에 따라 설립된 체육시설에서 어린이통학버스를 운영하는 자에 관한 부분(이하 '이 사건 보호자동승조항'이라 한다)은 청구인들의 직업수행의 자유를 침해하지 않는다.(헌재 2020.4.23. 2017헌마479)

[유예기간을 두고 있는 법령의 경우, 헌법소원심판의 청구기간 기산점을 그 법령의 시행일이 아니라 유예기간 경과일이라고 본 사례]

유예기간을 경과하기 전까지 청구인들은 이 사건 보호자동승조항에 의한 보호자동승의무를 부담하지 않는다. 이 사건 보호자동승조항이 구체적이고 현실적으로 청구인들에게 적용된 것은 유예기간을 경과한 때부터라 할 것이므로, 이때부터 청구기간을 기산함이 상당하다. 종래 이와 견해를 달리하여, 법령의 시행일 이후 일정한 유예기간을 둔 경우 이에 대한 헌법소원심판 청구기간의 기산점을 법령의 시행일이라고 판시한 우리 재판소 결정들은, 이 결정의 취지와 저촉되는 범위 안에서 변경한다.

⑤ (O)

25

정답 ③

① (X)

② (X) 헌법 제111조 제1항 제4호는 지방자치단체 상호간의 권한쟁의에 관한 심판을 헌법재판소가 관장하도록 규정하고 있고, 지방자치단체 '상호간'의 권한쟁의심판에서 말하는 '상호간'이란 '서로 상이한 권리주체간'을 의미한다. 그런데 '지방교육자치에 관한 법률'은 교육감을 시·도의 교육·학예에 관한 사무의 '집행기관'으로 규정하고 있으므로, 교육감과 해당 지방자치단체 상호간의 권한쟁의심판은 '서로 상이한 권리주체간'의 권한쟁의심판청구로 볼 수 없다.

나아가 헌법은 '국가기관'과는 달리 '지방자치단체'의 경우에는 그 종류를 법률로 정하도록 규정하고 있으며(헌법 제117조 제2항), 지방자치법은 지방자치단체의 종류를 특별시, 광역시, 특별자치시, 도, 특별자치도와 시, 군, 구로 정하고 있고(지방자치법 제2조 제1항), 헌법재판소법은 이를 감안하여 권한쟁의심판의 종류를 정하고 있다. 즉, 지방자치법은 헌법의 위임을 받아 지방자치단체의 종류를 규정하고 있으므로, 지방자치단체 상호간의 권한쟁의심판을 규정하는 헌법재판소법 제62조 제1항 제3호를 예시적으로 해석할 필요성 및 법적 근거가 없다. 따라서 시·도의 교육·학예에 관한 집행기관인 교육감과 해당 지방자치단체 사이의 내부적 분쟁과 관련된 심판청구는 헌법재판소가 관장하는 권한쟁의심판에 속하지 아니한다.(헌재 2016.6.30. 2014헌라1)

③ (O) 제3자 소송담당이란 다른 사람의 권리를 주장하는 소송을 말한다. 국회의원이 심의 표결권을 주장하면 자신의 권한이므로 권한쟁의가 가능하다. 그러나, 국회의원이 동의권을 주장하면 제3자 소송담당으로 명문의 규정이 없는 한 인정되지 않는다.

④ (X)

헌법재판소법 제63조(청구기간)
① 권한쟁의의 심판은 그 사유가 있음을 안 날부터 60일 이내에, 그 사유가 있은 날부터 180일 이내에 청구하여야 한다.

⑤ (X)

헌법재판소법 제67조(결정의 효력)
① 헌법재판소의 권한쟁의심판의 결정은 모든 국가기관과 지방자치단체를 기속한다.
② 국가기관 또는 지방자치단체의 처분을 취소하는 결정은 그 처분의 상대방에 대하여 이미 생긴 효력에 영향을 미치지 아니한다.

01	③	02	③	03	①	04	②	05	④
06	④	07	①	08	④	09	④	10	②
11	④	12	①	13	③	14	②	15	①
16	①	17	③	18	②	19	②	20	③
21	④	22	③	23	④	24	③	25	①
26	④	27	①	28	②	29	③	30	②
31	②	32	④	33	④	34	④	35	①
36	④	37	③	38	④	39	④	40	②

01

정답 ③

① (O) 헌재 1996.6.13. 94헌바20.

② (O) 헌재 1996.6.13. 94헌바20.

③ (X) '관습헌법도 성문헌법과 마찬가지로 주권자인 국민의 헌법적 결단의 의사의 표현이며 성문헌법과 동등한 효력을 가진다고 보아야 한다.'

④ (O) 헌재 1996.6.13. 94헌바20.

02

정답 ③

① (X) 우리헌법은 헌법개정의 한계에 관한 규정이 없다.

② (X) 헌법개정에 관한 국회의결은 기명투표로 한다.

③ (O)

헌법 제130조
② 헌법개정안은 국회가 의결한 후 30일 이내에 국민투표에 붙여 국회의원선거권자 과반수의 투표와 투표자 과반수의 찬성을 얻어야 한다.
③ 헌법개정안이 제2항의 찬성을 얻은 때에는 헌법개정은 확정되며, 대통령은 즉시 이를 공포하여야 한다.

④ (X) 헌법은 전문과 단순한 개별조항의 상호관련성이 없는 집합에 지나지 않는 것이 아니고 하나의 통일된 가치체계를 이루고 있으며 헌법의 제 규정 가운데는 헌법의 근본가치를 보다 추상적으로 선언한 것도 있고 이를 보다 구체적으로 표현한 것도 있으므로, 이념적·논리적으로 헌법규범 상호간의 가치의 우열을 인정할 수 있을 것이다. 그러나 이때 인정되는 헌법규범 상호간의 우열은 추상적 가치규범의 구체화에 따른 것으로서 헌법의 통일적 해석을 위하여 유용한 정도를 넘어 헌법의 어느 특정규정이 다른 규정의 효력을 전면 부인할 수 있는 정도의 효력상의 차등을 의미하는 것이라고는 볼 수 없다. 더욱이 헌법개정의 한계에 관한 규정을 두지 아니하고 헌법의 개정을 법률의 개정과는 달리 국민투표에 의하여 이를 확정하도록 규정하고 있는(헌법 제130조 제2항) 현행의 우리 헌법상으로는 과연 어떤 규정이 헌법핵 내지는 헌법제정규범으로서 상위규범이고 어떤 규정이 단순한 헌법개정규범으로서 하위규범인지를 구별하는 것이 가능하지 아니하며, 달리 헌법의 각 개별규정 사이에 그 효력상의 차이를 인정하여야 할 아무런 근거도

03

정답 ①

① (X) ② (O) 한일어업협정사건(헌재 2001.3.21. 99헌마139 등)

  1. 적법요건에 대한 판단

    [1] 어업에 관한 조약은 국내법과 같은 효력을 가지므로 그 체결행위는 공권력의 행사에 해당한다.

    [2] 헌법 전문의 3·1 정신으로부터 기본권을 도출할 수 없다.

    [3] 재산권과 직업의 자유에 대한 침해여부를 판단하는 이상 경제적 기본권 침해여부는 별도로 판단할 필요가 없다.

    [4] 헌법재판소는 국민의 개별적 기본권이 아니라 할지라도 기본권보장의 실질화를 위하여서는, 영토조항만을 근거로 하여 독자적으로는 헌법소원을 청구할 수 없다 할지라도, 모든 국가권능의 정당성의 근원인 국민의 기본권 침해에 대한 권리구제를 위하여 그 전제조건으로서 영토에 관한 권리를, 이를테면 영토권이라 구성하여, 이를 헌법소원의 대상인 기본권의 하나로 간주하는 것은 가능한 것으로 판단된다.

    [5] 어업에 종사하지 아니하는 자는 자기관련성이 인정되지 아니한다.

③ (O)

④ (O) 헌재 2005.6.30. 2003헌바114.

04

정답 ②

① (X) 우리나라는 사회국가원리를 명문으로 규정한 적은 없다. 다만, 사회적 기본권 등을 통하여 사회국가원리를 받아들이고 있다.

② (O) 사회국가의 개념이다.

③ (X) 사회적 기본권은 입법과정이나 정책결정과정에서 사회적 기본권에 규정된 국가목표의 무조건적인 최우선적 배려가 아니라 단지 적절한 고려를 요청하는 것이다. 이러한 의미에서 사회적 기본권은, 국가의 모든 의사결정과정에서 사회적 기본권이 담고 있는 국가목표를 고려하여야 할 국가의 의무를 의미한다.(헌재 2002.12.18. 2002헌마52)

④ (X) 인간다운 생활을 할 권리의 침해(헌재 1997.5.29. 94헌마33) 국가가 인간다운 생활을 보장하기 위한 헌법적인 의무를 다하였는지의 여부가 사법적 심사의 대상이 된 경우에는, 국가가 생계보호에 관한 입법을 전혀 하지 아니하였다든가 그 내용이 현저히 불합리하여 헌법상 용인될 수 있는 재량의 범위를 명백히 일탈한 경우에 한하여 헌법에 위반된다고 할 수 있다.

05

정답 ④

① (X) 이 사건 심판대상조항은 직접적으로 퇴직연금 수급자의 직업선택의 자유 또는 근로의 권리를 제한하고 있지 않고, 설령 퇴직연금 수급자의 재취업이나 근로활동에 다소 부정적인 영향을 끼친다고 하더라도 이는 간접적인 효과 내지 반사적

불이익에 불과하므로, 이 사건 심판대상조항으로 인하여 헌법 제15조가 정한 청구인들의 직업선택의 자유가 침해되었거나, 헌법 제32조 제1항이 정한 청구인들의 근로의 권리가 침해되었다고 볼 수 없고, 청구인들의 행복추구권 및 인간으로서의 존엄과 가치가 침해되었다고 볼 수 없다.(헌재 2008.2.28. 2005헌마872)

② (X) 청구인들이 장차 치과의사 면허시험을 볼 수 있는 자격요건에 관하여 가진 구법에 대한 신뢰는 합법적이고 정당한 것이므로 보호가치 있는 신뢰에 해당하는 것이지만, 한편 청구인들에게 기존의 면허시험 요건에 추가하여 예비시험을 보게 하는 것은 이미 존재하는 여러 가지 면허제도상의 법적 규제에 추가하여 새로운 규제를 하나 더 부가하는 것에 그치고, 이러한 규제가 지나치게 가혹한 것이라고 하기 어려운 반면, 이러한 제도를 통한 공익적 목적은 위에서 본 바와 같이 그 정당성이 인정된다. 따라서 경과규정은 신뢰보호의 원칙에 위배한 것이라 보기 어렵다.(헌재 2003.4.24. 2002헌마611)

③ (X) 무기징역의 집행 중에 있는 자의 가석방 요건을 종전의 '10년 이상'에서 '20년 이상' 형 집행 경과로 강화한 개정 형법 제72조 제1항을, 형법 개정 당시에 이미 수용 중인 사람에게도 적용하는 형법 부칙 제2항은 신뢰보호원칙에 위배되어 신체의 자유를 침해하지 않는다.(헌재 2013.8.29. 2011헌마408)

④ (O) 법원조직법 부칙 제1조 단서 중 제42조 제2항에 관한 부분 및 제2조는 2011.7.18. 당시 사법연수생의 신분을 가지고 있었던 자가 사법연수원을 수료하는 해의 판사 임용에 지원하는 경우에 적용되는 한 헌법에 위반된다.(헌재 2012.11.29. 2011헌마786)

06

정답 ④

① (X) ② (X) ③ (X)

헌법 제8조
① 정당의 설립은 자유이며, 복수정당제는 보장된다.
② 정당은 그 목적·조직과 활동이 민주적이어야 하며, 국민의 정치적 의사형성에 참여하는데 필요한 조직을 가져야 한다
④ 정당의 목적이나 활동이 민주적 기본질서에 위배될 때에는 정부는 헌법재판소에 그 해산을 제소할 수 있고, 정당은 헌법재판소의 심판에 의하여 해산된다.

④ (O) 민주적 기본질서의 외연이 확장될수록 정당해산결정의 가능성은 확대되고, 이와 동시에 정당 활동의 자유는 축소될 것이다. 민주 사회에서 정당의 자유가 지니는 중대한 함의나 정당해산심판제도의 남용가능성 등을 감안한다면, 헌법 제8조 제4항의 민주적 기본질서는 최대한 엄격하고 협소한 의미로 이해해야 한다. 따라서 민주적 기본질서를 현행 헌법이 채택한 민주주의의 구체적 모습과 동일하게 보아서는 안 된다.(헌재 2014.12.19. 2013헌다1)

07

정답 ①

① (O)

헌법 제118조
② 지방의회의 조직·권한·의원선거와 지방자치단체의 장의 선임방법 기타 지방자치단체의 조직과 운영에 관한 사항은 법률로 정한다.

조문상 지방의원선거는 명문의 규정이 있으니까 기본권임이 분명한데, 지자체장에 대해서는 선거라고 하지 않고 선임방법이라는 표현을 사용하여 지자체장의 선거권이 기본권인지에 대한 의문이 있으나 헌법재판소는 기본권임을 인정한다.
[판례] 국민대표기관의 선출을 위한 대통령, 국회의원 선거와 지방의회의원 및 지방자치단체의 장 선출을 위한 지방선거는 대의제 민주주의의 구현방법이라는 점에서는 동일한 의미의 선거라고 할 수 있으나, 헌법은 이러한 선거제도를 규정하는 방식에 차이를 두고 있다.(헌재 2016.10.27. 2014헌마797)

② (X) 선거권의 제한은 불가피하게 요청되는 개별적·구체적 사유가 존재함이 명백할 경우에만 정당화될 수 있고, 막연하고 추상적인 위험이나 국가의 노력에 의해 극복될 수 있는 기술상의 어려움이나 장애 등을 사유로 그 제한이 정당화될 수 없다.(헌재 2007.6.28. 2004헌마644)

③ (X) 주민등록을 할 수 없는 재외국민의 대통령 선거권행사를 전면 부정하는 것은 헌법에 합치되지 않는다.(헌재 2007.6.28. 2004헌마644)

④ (X) 보통선거의 원칙은 선거권자의 능력, 재산, 사회적 지위 등의 실질적인 요소를 배제하고 성년자이면 누구라도 당연히 선거권을 갖는 것을 요구하므로 보통선거의 원칙에 반하는 선거권 제한의 입법을 하기 위해서는 헌법 제37조 제2항의 규정에 따른 한계가 한층 엄격히 지켜져야 한다.(헌재 2007.6.28. 2004헌마644)

08

정답 ④

① (O) ② (O) 기본권충돌의 개념이다.
③ (O) 이익형량원칙이다.
④ (X) 단결권과 근로자의 단결하지 아니할 권리(헌재 2005.11.24. 2002헌바95 등) [합헌]
이 사건 법률조항은 노동조합의 조직유지·강화를 위하여 당해 사업장에 종사하는 근로자의 3분의 2 이상을 대표하는 노동조합의 경우 단체협약을 매개로 한 조직 강제를 용인하고 있다. 이 경우 근로자의 단결하지 아니할 자유와 노동조합의 적극적 단결권(조직강제권)이 충돌하게 되나, 근로자에게 보장되는 적극적 단결권이 단결하지 아니할 자유보다 특별한 의미를 갖고 있고, 노동조합의 조직강제권도 이른바 자유권을 수정하는 의미의 생존권(사회권)적 성격을 함께 가지는 만큼 근로자 개인의 자유권에 비하여 보다 특별한 가치로 보장되는 점 등을 고려하면 노동조합의 적극적 단결권은 근로자 개인의 단결하지 않을 자유보다 중시된다고 할 것이고, 또 노동조합에게 위와 같은 조직강제권을 부여한다고 하여 이를 근로자의 단결하지

아니할 자유의 본질적인 내용을 침해하는 것으로 단정할 수는 없다.

09 정답 ④

① (O) 과잉금지원칙의 헌법적 근거이다.

② (O) 과잉금지원칙의 내용이다.

③ (O) 수단의 적합성원칙의 내용이다.

④ (X) 수단의 적합성이 아니라 침해의 최소성원칙 위반이다.

10 정답 ②

① (O) 법률유보의 내용이다.

② (X) 1차 TV수신료 사건(헌재 1999.5.27. 98헌바70) [잠정적용 헌법불합치 – 수신료를 이사회가 정하고 문화부 장관이 승인하는 것은 헌법에 위반된다.

오늘날 법률유보원칙은 단순히 행정작용이 법률에 근거를 두기만 하면 충분한 것이 아니라, 국가공동체와 그 구성원에게 기본적이고도 중요한 의미를 갖는 영역, 특히 국민의 기본권실현과 관련된 영역에 있어서는 국민의 대표자인 입법자가 그 본질적 사항에 대해서 스스로 결정하여야 한다는 요구까지 내포하고 있다(의회유보원칙).

③ (O) 침해의 최소성원칙 내용이다.

④ (O)

11 정답 ④

① (O) 기본권보호의무의 개념이다.

② (O) 기본권보호의 1차적 수범자는 국회이고 국회의 입법에 의해 그 내용이 구체화 된다.

③ (O) 기본권을 침해하는 법률에 대한 심사기준은 과잉금지원칙이고 기본권보호의무에 대한 심사기준은 과소보호금지 원칙이다.

④ (X) 이 사건 법률조항들이 권리능력의 존재 여부를 출생 시를 기준으로 확정하고 태아에 대해서는 살아서 출생할 것을 조건으로 손해배상청구권을 인정한다 할지라도 이러한 입법적 태도가 입법형성권의 한계를 명백히 일탈한 것으로 보기는 어려우므로 이 사건 법률조항들이 국가의 생명권 보호의무를 위반한 것이라 볼 수 없다.(헌재 2008.7.31. 2004헌바81)

12 정답 ①

① (X) 헌법 제10조가 보호하는 명예는 사람이나 그 인격에 대한 사회적 평가, 즉 객관적·외부적 가치평가를 가리키며 단순한 주관적·내면적 명예감정은 헌법이 보호하는 명예에 포함되지 않는다. 그런데, 제주4·3특별법은 제주4·3사건의 진상규명과 희생자 명예회복을 통해 인권신장과 민주발전 및 국민화합에 이바지함을 목적으로 제정되었고, 위령사업의 시행과 의료지원금 및 생활지원금의 지급 등 희생자들에 대한 최소한의 시혜적 조치를 부여하는 내용을 가지고 있는바, 그에 근거한 이 사건

희생자 결정이 청구인들의 사회적 평가에 부정적 영향을 미쳐 헌법이 보호하고자 하는 명예가 훼손되는 결과가 발생한다고 할 수는 없다. 따라서 이 사건 심판청구는 명예권 등 기본권침해의 자기관련성을 인정할 수 없어 부적법하다.(헌재 2010.11.25. 2009헌마147)

② (O) 헌법 제10조의 행복추구권은 국민이 행복을 추구하기 위하여 필요한 급부를 국가에게 적극적으로 요구할 수 있는 것을 내용으로 하는 것이 아니라, 국민이 행복을 추구하기 위한 활동을 국가권력의 간섭 없이 자유롭게 할 수 있다는 포괄적인 의미의 자유권으로서의 성격을 가지므로 국민에 대한 일정한 보상금 수급기준을 정하고 있는 이 사건 규정이 행복추구권을 침해한다고 할 수 없다.

[판례] 헌법재판소는 자유권적 성격만을 인정하고 있다.(헌재 1995.7.21. 93헌가14)

③ (O) 헌재 2015.11.26. 2012헌마940.

④ (O) 헌재 2016.10.27. 2013헌마450.

13 정답 ③

㉠ (O) 생명권은 선험적이고 자연법적인 권리이다.(헌재 1996.11.28. 95헌바1)

인간의 생명은 고귀하고, 이 세상에서 무엇과도 바꿀 수 없는 존엄한 인간존재의 근원이다. 이러한 생명에 대한 권리는 비록 헌법에 명문의 규정이 없다 하더라도 인간의 생존본능과 존재 목적에 바탕을 둔 선험적이고 자연법적인 권리로서 헌법에 규정된 모든 기본권의 전제로서 기능하는 기본권 중의 기본권이라 할 것이다.

㉡ (X) 태아도 생명권의 주체로 인정된다.

㉢ (X) 민법에서는 사람의 시기를 모체로부터 완전히 노출되는 시점으로 본다.

㉣ (O) 대판 2009.5.21. 2009다17417.

14 정답 ②

① (O) 헌재 2012.7.26. 2010헌마642.

② (X) 소방공무원이 화재진압 중에 사망한 경우에는 국가유공자로 인정하지만 일반적인 업무 중에 사망한 경우에는 인정하지 않는 것이 합헌이라는 의미이다.

[판례] 소방공무원이 직무수행 중 사망한 경우 경찰공무원과 차별하여 순직군경에 포함시키지 아니함으로써 국가유공자로 예우하지 않는 것은 합헌이다.(헌재 2005.9.29. 2004헌바53) [합헌]

③ (O)

④ (O) 형사소송절차의 피해자와 소년심판절차에서의 피해자는 본질적으로 동일한 집단이다.

[판례] 단기 소년원 송치에 대해 피해자의 아버지는 재항고권자에 해당하지 않는다는 규정은 헌법에 위반되지 아니한다.(헌재 2012.7.26. 2011헌마232)

15 정답 ①

① (O)

② (X) 이중처벌에서 말하는 처벌은 형사처벌만을 의미한다.

③ (X) 성폭력치료프로그램 이수명령을 병과하는 것은 형벌이 아니므로 이중처벌이 아니다.

④ (X) 외국에서 형의 전부 또는 일부의 집행을 받은 자에 대하여 형을 감경 또는 면제할 수 있도록 규정한 형법 제7조는 이중처벌금지원칙에 위배되지 않지만, 신체의 자유를 침해한다. (헌재 2015.5.28. 2013헌바129) [잠정적용 헌법불합치]

[1] 형사판결은 국가주권의 일부분인 형벌권 행사에 기초한 것으로서, 외국의 형사판결은 원칙적으로 우리 법원을 기속하지 않으므로 동일한 범죄행위에 관하여 다수의 국가에서 재판 또는 처벌을 받는 것이 배제되지 않는다. 따라서 이중처벌금지원칙은 동일한 범죄에 대하여 대한민국 내에서 거듭 형벌권이 행사되어서는 안 된다는 뜻으로 새겨야 할 것이므로 이 사건 법률조항은 헌법 제13조 제1항의 이중처벌금지원칙에 위배되지 아니한다.

[2] 이 사건 법률조항은 신체의 자유를 침해한다

16 정답 ①

① (X) 피청구인은 청구인이 변호인에게 준 소송서류를 확인한 뒤 '발송일자, 서류의 제목, 수령자' 등의 정보를 수집 및 보관해 오고 있고, 이는 청구인이 어느 시점에 어떤 종류의 소송을 수행하고 있는지를 알려주는 정보들이므로, 이 사건 서류 등재행위는 청구인의 개인정보자기결정권에 대한 제한에도 해당한다. (헌재 2014.9.25. 2012헌마523) 다만 침해는 아니다.

② (O) 변호인의 조력을 받을 권리의 내용이다.

③ (O) 변호인의 조력을 받을 권리는 대화 내용을 듣거나 녹음하는 것은 절대적으로 금지되지만, 접견시간이나 장소를 제한하는 것은 가능하다.

④ (O)

17 정답 ④

① (O)

헌법 제12조
① 모든 국민은 신체의 자유를 가진다. 누구든지 법률에 의하지 아니하고는 체포·구속·압수·수색 또는 심문을 받지 아니하며, 법률과 적법한 절차에 의하지 아니하고는 처벌·보안처분 또는 강제노역을 받지 아니한다.

② (O) ③ (O) 적법절차의 개념이다.

④ (X) 자격정지 이상의 선고유예판결을 받은 경우 그러한 범죄의 중대성 및 경찰공무원 신분의 중대성에 비추어 볼 때 이 사건 규정이 입법자의 재량을 일탈하여 공무담임권, 재산권 및 행복추구권을 침해하는 위헌의 법률조항이라 할 수 없다.(헌재 1998.4.30. 96헌마7)

18 정답 ②

㉠ (X) 죄형법정주의는 범죄와 형벌이 법률로 정해져야 함을 의미하는 것이고, 이러한 죄형법정주의에서 파생되는 명확성의 원칙은 누구나 법률이 처벌하고자 하는 행위가 무엇이며 그에 대한 형벌이 어떠한 것인지를 예견할 수 있고 그에 따라 자신의 행위를 결정할 수 있도록 구성요건이 명확할 것을 의미하는 것으로서, 처벌법규의 구성요건의 내용이 모호하거나 추상적이어서 불명확하면 무엇이 금지된 행위인지를 국민이 알 수 없고 범죄의 성립여부가 법관의 자의적인 해석에 맡겨져 죄형법정주의에 의하여 국민의 자유와 권리를 보장하려는 법치주의의 이념은 실현될 수 없게 된다.(헌재 2002.2.28. 99헌가8)

㉡ (O) 형벌 구성요건의 실질적 내용을 법률에서 직접 규정하지 아니하고 금고의 정관에 위임한 것은 범죄와 형벌에 관하여는 입법부가 제정한 형식적 의미의 "법률"로써 정하여야 한다는 죄형법정주의 원칙에 위반된다.(헌재 2001.1.18. 99헌바112) [위헌]

㉢ (O) 헌재 1997.9.25. 96헌가16.

㉣ (X) 헌재 2010.3.25. 2009헌바121.

19 정답 ②

① (O) 운동금지는 위헌이지만 1인 운동장사용은 헌법에 위반되지 않는다.

② (X) 과태료는 죄형법정주의의 대상이 아니다.

③ (O) 행위 당시의 판례에 의하면 처벌대상이 되지 아니하는 것으로 해석되었던 행위를 판례의 변경에 따라 확인된 내용의 형법 조항에 근거하여 처벌한다고 하여 그것이 형벌불소급원칙에 위반된다고 할 수 없다.(헌재 2014.5.29. 2012헌바390, 2014헌바155(병합))

④ (O) 미결구금일수를 본형에 산입하지 않으면 무죄추정원칙에 위반된다.

20 정답 ③

① (O) 헌재 2018.8.30. 2016헌마344.

② (O)

③ (X) 체포영장을 집행하는 경우 필요한 때에는 타인의 주거 등내에서 피의자 수색을 할 수 있도록 한 형사소송법 제216조 제1항 제1호 중 제200조의2에 관한 부분은 영장주의에 위반된다.(헌재 2018.4.26. 2015헌바370) [헌법불합치]

[1] "필요한 때에는" 부분은 명확성원칙 위반은 아니다.

[2] 영장주의 위반 여부 (적극)

심판대상조항은 체포영장을 발부받아 피의자를 체포하는 경우에 '필요한 때'에는 영장 없이 타인의 주거 등내에서 피의자 수사를 할 수 있다고 규정함으로써, 별도로 영장을 발부받기 어려운 긴급한 사정이 있는지 여부를 구별하지 아니하고 피의자가 소재할 개연성이 있으면 영장 없이 타인의 주거 등을 수색할 수 있도록 허용하고 있다. 이는 체포영장이 발부된 피의자가 타인의 주거 등에 소재할 개연성은 인정되나, 수색에 앞서 영장을 발부받기 어려운 긴급한 사정이 인정되지 않는 경우에도 영장 없이 피의자 수색을 할 수 있다는 것이므로, 위에서 본 헌법 제16조의 영장주의 예외 요건을 벗어난다.

④ (O) 압수·수색의 방법으로 소변을 채취하는 경우 압수대상물인 피의자의 소변을 확보하기 위한 수사기관의 노력에도 불구하고, 피의자가 인근 병원 응급실 등 소변 채취에 적합한 장소로 이동하는 것에 동의하지 않거나 저항하는 등 임의 동행을 기대할 수 없는 사정이 있는 때에는 수사기관으로서는 소변 채취에 적합한 장소로 피의자를 데려가기 위해서 필요 최소한의 유형력을 행사하는 것이 허용된다. 이는 형사소송법 제219조, 제120조 제1항에서 정한 '압수·수색영장의 집행에 필요한 처분'에 해당한다고 보아야 한다. 그렇지 않으면 피의자의 신체와 건강을 해칠 위험이 적고 피의자의 굴욕감을 최소화하기 위하여 마련된 절차에 따른 강제 채뇨가 불가능하여 압수영장의 목적을 달성할 방법이 없기 때문이다.(대판 2018.7.12. 2018도6219)

21   정답 ④

① (O) ② (O) ③ (O) 헌재 2012.2.23. 2009헌마333
④ (X) 수용자가 밖으로 내보내는 모든 서신을 봉함하지 않은 상태로 교정시설에 제출하도록 규정하고 있는 '형의 집행 및 수용자의 처우에 관한 법률 시행령' 제65조 제1항은 청구인의 통신 비밀의 자유를 침해한다.(헌재 2012.2.23. 2009헌마333) [위헌]

22   정답 ③

① (O)
② (O) 소년에 대한 수사경력자료의 보존기간과 삭제에 대하여 규정하면서, 법원에서 불처분결정된 소년부송치 사건에 대하여는 규정하지 않은 구 형실효법 제8조의2 제1항, 제3항 및 현행 형실효법 제8조의2 제1항, 제3항은 과잉금지원칙에 위반하여 당사자의 개인정보자기결정권을 침해한다.(헌재 2021.6.24. 2018헌가2) [헌법불합치]
③ (X) 법무부장관으로 하여금 변호사시험 합격자의 성명을 공개하도록 하는 변호사시험법 제11조 중 명단 공고는 헌법에 위반되지 않는다.(헌재 2020.3.26. 2018헌마77) [기각]
합격자 명단이 공고되면 누구나, 언제든지 이를 검색할 수 있으므로, 심판대상조항은 공공성을 지닌 전문직인 변호사 자격 소지에 대한 일반 국민의 신뢰를 형성하는 데 기여하며, 변호사에 대한 정보를 얻는 수단이 확보되어 법률서비스 수요자의 편의가 증진된다. 합격자 명단을 공고하는 경우, 시험 관리 당국이 더 엄정한 기준과 절차를 통해 합격자를 선정할 것이 기대되므로 시험 관리 업무의 공정성과 투명성이 강화될 수 있다
④ (O)

23   정답 ④

① (O)

> 통신비밀보호법 제4조(불법검열에 의한 우편물의 내용과 불법감청에 의한 전기통신내용의 증거사용 금지)
> 제3조의 규정에 위반하여, 불법검열에 의하여 취득한 우편물이나 그 내용 및 불법감청에 의하여 지득 또는 채록된 전기통신의 내용은 재판 또는 징계절차에서 증거로 사용할 수 없다.

② (O) 일반적으로 감청은 다른 사람의 대화나 통신 내용을 몰래 엿듣는 행위를 의미하는 점 등을 고려하여 보면, 통신비밀보호법상 '감청'이란 대상이 되는 전기통신의 송·수신과 동시에 이루어지는 경우만을 의미하고, 이미 수신이 완료된 전기통신의 내용을 지득하는 등의 행위는 포함되지 않는다.(대판 2012.10.25. 2012도4644)
③ (O) 통신제한조치기간의 연장을 허가함에 있어 총연장기간 또는 총연장횟수의 제한을 두지 아니한 것은 헌법에 합치되지 않는다.(헌재 2010.12.28. 2009헌가30) [잠정적용 헌법불합치]
④ (X) 청구인은 관심대상수용자로 지정된 자이고, 서신에 동봉된 녹취서는 청구인이 원고인 민사사건 증인의 증언을 녹취한 소송서류로서 타인의 실명과 개인정보가 기재되어 있다. 한편, 수용자 사이에 사진을 자유롭게 교환할 수 있도록 하는 경우 각종 교정사고가 발생할 가능성이 있다. 이와 같은 점을 종합적으로 고려하면, 이 사건 반송행위는 과잉금지원칙에 위반되어 청구인의 통신의 자유를 침해하지 않는다.(헌재 2019.12.27. 2017헌마413)

24   정답 ③

① (X) 지문은 개인정보자기결정권을 제한하지만 양심과는 관계가 없다.
② (X)
[1] '양심의 자유'가 보장하고자 하는 '양심'은 민주적 다수의 사고나 가치관과 일치하는 것이 아니라, 개인적 현상으로서 지극히 주관적인 것이다. 양심은 그 대상이나 내용 또는 동기에 의하여 판단될 수 없으며, 특히 양심상의 결정이 이성적·합리적인가, 타당한가 또는 법질서나 사회규범, 도덕률과 일치하는가 하는 관점은 양심의 존재를 판단하는 기준이 될 수 없다.
[2] 일반적으로 민주적 다수는 법질서와 사회질서를 그의 정치적 의사와 도덕적 기준에 따라 형성하기 때문에, 그들이 국가의 법질서나 사회의 도덕률과 양심상의 갈등을 일으키는 것은 예외에 속한다. 양심의 자유에서 현실적으로 문제가 되는 것은 사회적 다수의 양심이 아니라, 국가의 법질서나 사회의 도덕률에서 벗어나려는 소수의 양심이다. 따라서 양심상의 결정이 어떠한 종교관·세계관 또는 그 외의 가치체계에 기초하고 있는가와 관계없이, 모든 내용의 양심상의 결정이 양심의 자유에 의하여 보장된다.

③ (O) 재산목록을 제출하고 그 진실함을 법관 앞에서 선서하는 것은 개인의 인격형성에 관계되는 내심의 가치적·윤리적 판단에 해당하지 않아 양심의 자유의 보호대상이 아니고, 감치의 제재를 통해 이를 강제하는 것이 형사상 불이익한 진술을 강요하는 것이라고 할 수 없으므로, 심판대상조항은 청구인의 양심의 자유 및 진술거부권을 침해하지 아니한다.(헌재 2014.9.25. 2013헌마11)

④ (X) 양심형성의 자유는 내심에 머무르는 한 제한될 수 없는 절대적 기본권이다.

25 정답 ①

① (X) 상업적 광고도 표현의 자유에 의해 보호된다.(헌재 2002.12.18. 2000헌마764) [기각]

광고가 단순히 상업적인 상품이나 서비스에 관한 사실을 알리는 경우에도 그 내용이 공익을 포함하는 때에는 헌법 제21조의 표현의 자유에 의하여 보호된다. 헌법은 제21조 제1항에서 "모든 국민은 언론·출판의 자유 …를 가진다"라고 규정하여 현대 자유민주주의의 존립과 발전에 필수불가결한 기본권으로 언론·출판의 자유를 강력하게 보장하고 있는바, 광고물도 사상·지식·정보 등을 불특정 다수인에게 전파하는 것으로서 언론·출판의 자유에 의한 보호를 받는 대상이 됨은 물론이다. 뿐만 아니라 국민의 알 권리는 국민 누구나가 일반적으로 접근할 수 있는 모든 정보원(情報源)으로부터 정보를 수집할 수 있는 권리로서 정보수집의 수단에는 제한이 없는 권리인 바, 알 권리의 정보원으로서 광고를 배제시킬 합리적인 이유가 없음을 고려할 때, 광고는 이러한 관점에서도 표현의 자유에 속한다고 할 것이다.

② (O)

③ (O)

④ (O) 명예훼손적 표현의 피해자가 공적 인물인지 아니면 사인인지, 그 표현이 공적인 관심 사안에 관한 것인지 순수한 사적인 영역에 속하는 사안인지의 여부에 따라 헌법적 심사기준에는 차이가 있어야 한다.(헌재 1999.6.24. 97헌마265)

26 정답 ④

① (O) 헌재 2003.1.30. 2000헌바67.

② (O)

③ (O)

④ (X) 구 집회 및 시위에 관한 법률 제10조 등 위헌제청(헌재 2014.4.24. 2011헌가29)

[1] 일출시간 전, 일몰시간 후에는 옥외집회 또는 시위를 금지하고, 다만 옥외집회의 경우 예외적으로 관할 경찰관서장이 허용할 수 있도록 한 구 '집회 및 시위에 관한 법률' 제10조는 헌법 제21조 제2항이 규정하는 허가제 금지에 위반되지 아니한다.

헌법 제21조 제2항에 의하여 금지되는 '허가'는 '행정청이 주체가 되어 집회의 허용 여부를 사전에 결정하는 것'으로,

법률적 제한이 실질적으로 행정청의 허가 없는 옥외집회를 불가능하게 하는 것이라면 헌법상 금지되는 사전허가제에 해당하지만, 그에 이르지 아니하는 한 헌법 제21조 제2항에 반하는 것은 아니다. 이 사건 법률조항의 단서 부분은 본문에 의한 제한을 완화시키려는 것이므로 헌법이 금지하고 있는 '옥외집회에 대한 일반적인 사전허가'라고 볼 수 없다. 한편, 이 사건 법률조항 중 단서 부분은 시위에 대하여 적용되지 않으므로 야간 시위의 금지와 관련하여 헌법상 '허가제 금지' 규정의 위반 여부는 문제되지 아니한다.

[2] 규제가 불가피하다고 보기 어려움에도 옥외집회 또는 시위를 절대적으로 금지한 부분에 한하여 한정위헌결정을 한 사례

헌법재판소는, 2010헌가2 결정으로 '집회 및 시위에 관한 법률' 제10조 중 '시위' 부분 등에 대하여 한정위헌결정을 한 바 있고, 이 사건에 있어서 가능한 한 심판대상조항들 중 위헌인 부분을 가려내야 할 필요성은 2010헌가2 결정에서와 마찬가지로 인정되므로, 심판대상조항들은 '일몰시간 후부터 같은 날 24시까지의 옥외집회 또는 시위'에 적용되는 한 헌법에 위반된다.

27 정답 ①

① (X) 국민연금법상 연금수급권 내지 연금수급기대권이 재산권의 보호대상인 사회보장적 급여라고 한다면 사망일시금은 사회보험의 원리에서 다소 벗어난 장제부조적·보상적 성격을 갖는 급여로 사망일시금은 헌법상 재산권에 해당하지 아니하므로, 이 사건 사망일시금 한도 조항이 청구인들의 재산권을 제한한다고 볼 수 없다.(헌재 2019.2.28. 2017헌마432)

② (O) 공무원연금법이 개정되면서 퇴직연금의 수급요건이 재직기간 20년에서 10년으로 변경되었으나, 같은 법 부칙 제6조가 연금수급요건 완화에 관한 특례는 이 법 시행일인 2016.1.1. 당시 재직 중인 공무원부터 적용한다고 규정하여 그 이전에 퇴직한 자가 특례의 적용대상에서 제외된다하더라도 헌법에 위반되지 아니한다.(헌재 2017.5.25. 2015헌마933)

③ (O) 헌법이 보장하고 있는 재산권은 경제적 가치가 있는 모든 공법상·사법상의 권리를 뜻하며, 사적 유용성 및 그에 대한 원칙적인 처분권을 내포하는 재산가치 있는 구체적인 권리를 의미한다. 이 사건 조항을 통하여 인정되는 '수용청구권'은 사적 유용성을 지닌 것으로서 재산의 사용, 수익, 처분에 관계되는 법적 권리이므로 헌법상 재산권에 포함된다고 볼 것이다.(헌재 2005.7.21. 2004헌바57)

④ (O) 청구인이 잠수기어업허가를 받아 키조개 등을 채취하는 직업에 종사한다고 하더라도 이는 원칙적으로 자신의 계획과 책임하에 행동하면서 법제도에 의하여 반사적으로 부여되는 기회를 활용하는 것에 불과하므로 잠수기어업허가를 받지 못하여 상실된 이익 등 청구인 주장의 재산권은 헌법 제23조에서 규정하는 재산권의 보호범위에 포함된다고 볼 수 없다.(헌재 2008.6.26. 2005헌마173)

28 [정답] ②

① (O) 직업의 자유의 내용이다.

② (X) 직장선택의 자유는 원하는 직장을 제공하여 줄 것을 청구하거나 한번 선택한 직장의 존속보호를 청구할 권리를 보장하지 않으며, 또한 사용자의 처분에 따른 직장 상실로부터 직접 보호하여 줄 것을 청구할 수도 없다. 다만 국가는 이 기본권에서 나오는 객관적 보호의무, 즉 사용자에 의한 해고로부터 근로자를 보호할 의무를 질 뿐이다. 직업의 자유에서 도출되는 보호의무와 마찬가지로 사용자의 처분에 따른 직장 상실에 대하여 최소한의 보호를 제공하여야 할 의무를 국가에 지우는 것으로 볼 수는 있을 것이나, 이 경우에도 입법자가 그 보호의무를 전혀 이행하지 않거나 사용자와 근로자의 상충하는 기본권적 지위나 이익을 현저히 부적절하게 형량한 경우에만 위헌 여부의 문제가 생길 것이다.(헌재 2002.11.28. 2001헌바50)

③ (O)

④ (O) 직업은 사회적 무해성을 요구하지 않으므로 성매매나 게임물의 환전과 같이 유해한 내용도 직업에 포함된다.

29 [정답] ③

① (O) 경찰공무원이 자격정지 이상의 형의 선고유예를 받은 경우 공무원직에서 당연퇴직하도록 규정하고 있는 이 사건 법률조항은 자격정지 이상의 선고유예 판결을 받은 모든 범죄를 포괄하여 규정하고 있을 뿐만 아니라 심지어 오늘날 누구에게나 위험이 상존하는 교통사고 관련범죄 등 과실범의 경우마저 당연퇴직의 사유에서 제외하지 않고 있으므로 최소침해성의 원칙에 반한다. 또한, 오늘날 사회국가 원리에 입각한 공직제도의 중요성이 강조되면서 개개 공무원의 공무담임권 보장의 중요성은 더욱 큰 의미를 가지고 있다. 일단 공무원으로 채용된 공무원을 퇴직시키는 것은 공무원이 장기간 쌓은 지위를 박탈해 버리는 것이므로 같은 입법목적을 위한 것이라고 하여도 당연퇴직 사유를 임용결격사유와 동일하게 취급하는 것은 타당하다고 할 수 없다. 따라서 이 사건 법률조항은 헌법 제25조의 공무담임권을 침해한 위헌 법률이다.(헌재 2004.9.23. 2004헌가12)

② (O) 직업공무원제의 내용이다.

③ (X) 공무원이거나 공무원이었던 사람이 재직 중의 사유로 금고 이상의 형을 받거나 형이 확정된 경우 퇴직급여 및 퇴직수당의 일부를 감액하여 지급함에 있어 그 이후 형의 선고의 효력을 상실하게 하는 특별사면 및 복권을 받은 경우를 달리 취급하는 규정을 두지 아니한 구 공무원연금법 제64조 제1항 제1호와 구 공무원연금법 제64조 제1항 제1호는 재산권, 인간다운 생활을 할 권리를 침해하지 않는다.(헌재 2020.4.23. 2018헌바402)

④ (O) 필요적 직위해제는 위헌이지만, 임의적 직위해제는 합헌이다.

30 [정답] ②

① (O) 필요적 행정심판은 사법절차가 준용되어야 하고, 임의적 행정심판은 사법절차가 준용되지 않아도 된다.

② (X) 가사비송 조항이 상속재산분할에 관한 사건을 가사비송사건으로 규정하였다고 하여도 이것이 입법재량의 한계를 일탈하여 상속재산분할에 관한 사건을 제기하고자 하는 자의 공정한 재판을 받을 권리를 침해한다고 볼 수 없다.(헌재 2017.4.27. 2015헌바24)

공동상속인 간의 공평을 기하고자 하는 특별수익자 조항의 입법취지에 비추어 볼 때, 이 사건 특별수익조항이 특별수익자가 배우자인 경우 특별수익 산정에 관한 예외규정을 두지 않은 것에는 그 정당성과 합리성이 인정된다.

③ (O) 따라서 기소유예에 대해서는 헌법소원이 가능하다.

④ (O) 교원징계 재심위원회의 재심결정에 대해 교원에게만 불복을 허용하고 학교법인에게는 불복을 허용하지 않는 것은 헌법에 위반된다.(헌재 2006.2.23. 2005헌가7) [위헌 - 재판청구권도 침해하였다.

31 [정답] ②

① (O)

헌법 제30조
타인의 범죄행위로 인하여 생명·신체에 대한 피해를 받은 국민은 법률이 정하는 바에 의하여 국가로부터 구조를 받을 수 있다.

② (X) 적극적 손해가 아니라 소극적 손해이다.
[판례] 범죄피해자 보호법에 의한 범죄피해 구조금 중 위 법 제17조 제2항의 유족구조금은 사람의 생명 또는 신체를 해치는 죄에 해당하는 행위로 인하여 사망한 피해자 또는 그 유족들에 대한 손실보상을 목적으로 하는 것으로서, 위 범죄행위로 인한 손실 또는 손해를 전보하기 위하여 지급된다는 점에서 불법행위로 인한 소극적 손해의 배상과 같은 종류의 금원이라고 봄이 타당하다.(대판 2017.11.9. 2017다228083)

③ (O)

범죄피해자보호법 제25조(구조금의 지급신청)
② 제1항에 따른 신청은 해당 구조대상 범죄피해의 발생을 안 날부터 3년이 지나거나 해당 구조대상 범죄피해가 발생한 날부터 10년이 지나면 할 수 없다.

④ (O)

범죄피해자보호법 제21조(손해배상과의 관계)
① 국가는 구조피해자나 유족이 해당 구조대상 범죄피해를 원인으로 하여 손해배상을 받았으면 그 범위에서 구조금을 지급하지 아니한다.

32 [정답] ③

① (O) 헌재 2012.2.23. 2011헌마123.

② (O)

③ (X) 근로자가 사업주의 지배관리 아래 출퇴근하던 중 발생한 사고로 부상 등이 발생한 경우만 업무상 재해로 인정하는 산업재해보상보험법 제37조 제1항 제1호 다목은 평등원칙에 위배

된다.(헌재 2016.9.29. 2014헌바254) [잠정적용 헌법불합치]

④ (O) 지방자치단체장을 위한 별도의 퇴직급여제도를 마련하지 않은 것은 진정입법부작위에 해당하는데, 헌법상 지방자치단체장을 위한 퇴직급여제도에 관한 사항을 법률로 정하도록 위임하고 있는 조항은 존재하지 않는다. 나아가 지방자치단체장은 특정 정당을 정치적 기반으로 하여 선거에 입후보할 수 있고 선거에 의하여 선출되는 공무원이라는 점에서 헌법 제7조 제2항에 따라 신분보장이 필요하고 정치적 중립성이 요구되는 공무원에 해당한다고 보기 어려우므로 헌법 제7조의 해석상 지방자치단체장을 위한 퇴직급여제도를 마련하여야 할 입법적 의무가 도출된다고 볼 수 없고, 그 외에 헌법 제34조나 공무담임권 보장에 관한 헌법 제25조로부터 위와 같은 입법의무가 도출되지 않는다. 따라서 이 사건 입법부작위는 헌법소원의 대상이 될 수 없는 입법부작위를 그 심판대상으로 한 것으로 부적법하다.(헌재 2014.6.26. 2012헌마459)

33 　　　　　　　　　　　　　정답 ④

① (O) 헌재 2014.4.24. 2011헌마612.

② (O) 이 사건 법률조항은 군인이 해외유학을 위하여 휴직하는 것 자체를 금지하는 것이 아니라 그 휴직기간 중에 봉급을 지급하지 않는 것으로 정하고 있을 뿐이고, 직업의 자유나 교육을 받을 권리에 자비 해외유학을 위한 휴직기간 중에 보수를 받을 권리까지 포함되어 있다고 할 수는 없으므로, 이 사건 법률조항들로 인하여 청구인의 직업의 자유나 교육을 받을 권리가 침해되었다고 볼 수 없다.(헌재 2009.4.30. 2007헌마290)

③ (O) ④ (X) 교육을 받을 권리가 국가에 대하여 특정한 교육제도나 시설의 제공을 요구할 수 있는 권리를 뜻하는 것은 아니므로, 청구인이 이 사건 도서관에서 도서를 대출할 수 없거나 열람실을 이용할 수 없더라도 청구인의 교육을 받을 권리가 침해된다고 볼 수 없다.(헌재 2016.11.24. 2014헌마977)

34 　　　　　　　　　　　　　정답 ④

① (O) ② (O) 조세법률주의의 내용이다.

③ (O) 조세의 개념이다.

④ (X) 종합부동산세(헌재 2008.11.13. 2006헌바112)

[1] 종합부동산세의 과세방법을 '인별합산'이 아니라 '세대별 합산'으로 규정한 종합부동산세법 제7조 제1항은 … 이 사건 세대별 합산규정은 혼인한 자 또는 가족과 함께 세대를 구성한 자를 비례의 원칙에 반하여 개인별로 과세되는 독신자, 사실혼 관계의 부부, 세대원이 아닌 주택 등의 소유자 등에 비하여 불리하게 차별하여 취급하고 있으므로, 헌법 제36조 제1항에 위반된다. [위헌]

[2] 1가구 1주택에 대한 종합부동산세 과세는 헌법불합치

[3] 미실현소득에 대한 조세부과는 헌법에 위반되지 않는다.

35 　　　　　　　　　　　　　정답 ①

① (X) 조례와 정관에는 포괄위임금지원칙이 적용되지 않는다.

② (O) 헌재 2016.11.24. 2014헌가6.

③ (O) 운전면허를 받은 사람이 자동차 등을 이용하여 살인 또는 강간 등 행정안전부령이 정하는 범죄행위를 한 때 운전면허를 취소하도록 하는 구 도로교통법 제93조 제1항 제11호는 법률유보원칙에 위배되지 않는다. - 그러나 심판대상조항은 직업의 자유 및 일반적 행동의 자유를 침해한다.(헌재 2015.5.28. 2013헌가6)
심판대상조항 중 '자동차 등을 이용하여' 부분은 포섭될 수 있는 행위 태양이 지나치게 넓을 뿐만 아니라, 하위법령에서 규정될 대상범죄에 심판대상조항의 입법목적을 달성하기 위해 반드시 규제할 필요가 있는 범죄행위가 아닌 경우까지 포함될 우려가 있어 침해의 최소성 원칙에 위배된다. 심판대상조항은 운전을 생업으로 하는 자에 대하여는 생계에 지장을 초래할 만큼 중대한 직업의 자유의 제약을 초래하고, 운전을 업으로 하지 않는 자에 대하여도 일상생활에 심대한 불편을 초래하여 일반적 행동의 자유를 제약하므로 법익의 균형성 원칙에도 위배된다. 따라서 심판대상조항은 직업의 자유 및 일반적 행동의 자유를 침해한다.

④ (O) 법 제14조 제5항 중 제12조 제3항 가운데 '의료기관개설자'에 관한 부분, 구 의료법 제23조의2 제2항 중 '의료인'에 관한 부분, 법인인 의료기기업자의 대표자 등이 리베이트를 제공한 경우 법인에 대해서도 벌금을 부과하는 구 의료기기법 제46조는 헌법에 위반되지 않는다.(헌재 2018.1.28. 2016헌바201)

36 　　　　　　　　　　　　　정답 ④

① (O) 헌법소원의 대상이 아니다.

② (O)

③ (O) 하위법이 위헌이라고 상위법이 위헌이 되는 것은 아니다.

④ (X) 선거기간 개시일이 아니라 선거일 현재 40세이다.

37 　　　　　　　　　　　　　정답 ③

① (O) 위헌결정은 모든 국가기관을 기속한다.

② (O) 형벌이 아니면 장래효가 원칙이다.

③ (X) 합헌으로 결정한 다음날까지 소급하니까 2008년 10월 31일로 소급한다.

④ (O) 재심을 청구하면 무죄판결이 가능하다.

38 　　　　　　　　　　　　　정답 ④

① (O) 재판의 전제성의 개념이다.

② (O) 당해 사건이 각하되면 당해 사건이 존재하지 않으므로 재판의 전제성이 인정되지 않는다.

③ (O) ④ (X) 재판의 전제성에서 말하는 재판은 사실상 법원의 모든 재판이 포함되므로 법원이 행하는 구속기간갱신결정도 「헌법재판소법」 제41조 제1항에 규정된 재판에 해당된다.

39 [정답] ④

① (O) 다만 대법원은 한정위헌의 기속력을 부정한다.

② (O) 이미 위헌결정이 선고되면 해당 조문이 존재하지 않기 때문이다.

③ (O)

④ (X) 일사부재리가 적용되는 동일사건은 종전 사건과 당사자와 심판대상이 동일해야 하고 당해 사건도 동일해야 한다.

40 [정답] ②

① (X) 예시조항이므로 명문의 규정이 없어도 헌법에 의해 설치되고, 독자적 권한이 있고, 분쟁시 해결 방법이 없으면 권한쟁의심판의 당사자가 된다.

② (O) 다만 권한침해는 아니다.

③ (X) 권한쟁의심판은 명문의 규정으로 가처분이 인정된다.

④ (X) 정당은 헌법소원을 할 수 있지만 권한쟁의심판을 할 수는 없다. 또한 교섭단체도 권한쟁의심판의 당사자가 아니다.

01	③	02	④	03	②	04	④	05	③
06	②	07	③	08	①	09	①	10	④
11	⑤	12	③	13	⑤	14	①	15	⑤
16	④	17	④	18	③	19	②	20	⑤

01　　정답 ③

ㄱ. (O) 문화정책은 문화에 대한 불편부당의 원칙이 적용되어야 한다.

ㄴ. (O) 헌법상 권력분립의 원리는 지방의회와 지방자치단체의 장 사이에서도 상호견제와 균형의 원리로서 실현되고 있다. 다만 지방자치단체의 장과 지방의회는 정치적 권력기관이긴 하지만 지방자치제도가 본질적으로 훼손되지 않는다면, 중앙·지방 간 권력의 수직적 분배라고 하는 지방자치제의 권력분립적 속성상 중앙정부와 국회 사이의 구성 및 관여와는 다른 방법으로 국민주권·민주주의원리가 구현될 수 있다. 따라서 지방의회와 지방자치단체의 장 사이에서의 권력분립제도에 따른 상호견제와 균형은 현재 우리 사회 내 지방자치의 수준과 특성을 감안하여 국민주권·민주주의원리가 최대한 구현될 수 있도록 하는 효율적이고도 발전적인 방식이 되어야 한다.(헌재 2014.1.28. 2012헌바216)

ㄷ. (O) 체계정당성의 원리는 헌법적 원리이지만 체계정당성 위반만으로는 위헌이 아니고 비례원칙 등의 다른 원칙에 위배되어야 위헌이 된다.

ㄹ. (X) 자기책임원리는 인간의 자유와 유책성, 그리고 인간의 존엄성을 진지하게 반영한 원리로서 법치주의에 당연히 내재하는 원리이다.(헌재 2010.6.24. 2007헌바101)

ㅁ. (X) 정당의 보호(헌재 1999.12.23. 99헌마135)
자유민주적 기본질서를 부정하고 이를 적극적으로 제거하려는 조직도, 국민의 정치적 의사형성에 참여하는 한, '정당의 자유'의 보호를 받는 정당에 해당하며, 오로지 헌법재판소가 그의 위헌성을 확인한 경우에만 정당은 정치생활의 영역으로부터 축출될 수 있다는 의미를 가진다.

02　　정답 ④

① (O) 국적선택권은 헌법상의 기본권이다.(헌재 2006.3.30. 2003헌마806)
근대국가 성립 이전의 영민(領民)은 토지에 종속되어 영주(領主)의 소유물과 같은 처우를 받았다. 근대국가에서도 개인은 출생지 또는 혈통에 기속되고 충성의무를 강요당하는 지위에 있었으므로 국적선택권이 인정될 여지가 없었다. 그러나 천부인권(天賦人權) 사상은 국민주권을 기반으로 하는 자유민주주의 헌법을 낳았고 이 헌법은 인간의 존엄과 가치를 존중하므로, 개인은 자신의 운명에 지대한 영향을 미치는 정치적 공동체인 국가를 선택할 수 있는 권리, 즉 국적선택권을 기본권으로 인식하기에 이르렀다. 세계인권선언(1948.12.10)이 제15조에서 "① 사람은 누구를 막론하고 국적을 가질 권리를 가진다. ② 누구를 막론하고 불법하게 그 국적을 박탈당하지 아니하여야 하며 그 국적변경의 권리가 거부되어서는 아니된다"는 규정을 둔 것은 이를 뒷받침하는 좋은 예다. 그러나 개인의 국적선택에 대하여는 나라마다 그들의 국내법에서 많은 제약을 두고 있는 것이 현실이므로, 국적은 아직도 자유롭게 선택할 수 있는 권리에는 이르지 못하였다고 할 것이다.

② (O) 수단의 적합성은 인정되지만, 침해의 최소성원칙에 위반된다.

④ (X) 복수국적자가 병역준비역에 편입된 때부터 3개월이 지난 경우 병역의무 해소 전에는 대한민국 국적에서 이탈할 수 없도록 제한하는 국적법 제12조 제2항 본문 및 제14조 제1항 단서 중 제12조 제2항 본문에 관한 부분은 국적이탈의 자유를 침해한다.(헌재 2020.9.24. 2016헌마889) [헌법불합치]

③ (O) 국적이탈의 자유는 명문의 규정은 없지만, 헌법 제14조가 보장하는 거주·이전의 자유에 포함된다.

⑤ (O) 명확성원칙에 위배되지 않는다.

03　　정답 ②

ㄱ. (O) ㄴ. (O)

헌법 제130조
① 국회는 헌법개정안이 공고된 날로부터 60일 이내에 의결하여야 하며, 국회의 의결은 재적의원 3분의 2 이상의 찬성을 얻어야 한다.
② 헌법개정안은 국회가 의결한 후 30일 이내에 국민투표에 붙여 국회의원선거권자 과반수의 투표와 투표자 과반수의 찬성을 얻어야 한다.

ㄷ. (X) 재적 과반수의 발의니까 300명의 과반수면 151명이다.

ㄹ. (O) 헌법개정은 헌법이 정한 절차를 따라야 하고 그 외의 방법으로는 할 수 없다.

04　　정답 ④

ㄱ. (X) 대한민국 국적을 가지지 아니한 사람을 위로금 지급대상에서 제외한 '대일항쟁기 강제동원 피해조사 및 국외강제동원 희생자 등 지원에 관한 특별법'은 평등원칙에 위배되지 않는다.(헌재 2015.12.23. 2011헌바139)

ㄴ. (X) 우리 정부가 직접 원폭피해자들의 기본권을 침해하는 행위를 한 것은 아니지만, 일본에 대한 배상청구권의 실현 및 인간으로서의 존엄과 가치의 회복에 대한 장애상태가 초래된 것은 우리 정부가 청구권의 내용을 명확히 하지 않고 '모든 청구권'이라는 포괄적인 개념을 사용하여 이 사건 협정을 체결한 것에도 책임이 있다는 점에 주목한다면, 그 장애상태를 제거하는 행위로 나아가야 할 구체적 의무가 있음을 부인하기 어렵다.
[판례] 청구인들이 일본국에 대하여 가지는 원폭피해자로서

의 배상청구권이 '대한민국과 일본국 간의 재산 및 청구권에 관한 문제의 해결과 경제협력에 관한 협정' 제2조 제1항에 의하여 소멸되었는지 여부에 관한 한·일 양국 간 해석상 분쟁을 위 협정 제3조가 정한 절차에 따라 해결하지 아니하고 있는 피청구인의 부작위는 헌법에 위반된다.(헌재 2011.8.30. 2008헌마648)

ㄷ. (O) ㄹ. (O) 헌법전문에서 국가의 의무는 도출되지만 기본권은 도출되지 않는다.

05 [정답] ③

ㄱ. (O) 기본권보호의무는 과소보호금지원칙에 따라 판단한다.

ㄴ. (O) 기본권 침해에 대한 심사는 과잉금지원칙에 따라 판단한다.

ㄷ. (O) ㄹ. (X) 심판대상조항이 선거운동의 자유를 감안하여 선거운동을 위한 확성장치를 허용할 공익적 필요성이 인정된다고 하더라도 정온한 생활환경이 보장되어야 할 주거지역에서 출근 또는 등교 이전 및 퇴근 또는 하교 이후 시간대에 확성장치의 최고출력 내지 소음을 제한하는 등 사용시간과 사용지역에 따른 수인한도 내에서 확성장치의 최고출력 내지 소음 규제기준에 관한 규정을 두지 아니한 것은, 국민이 건강하고 쾌적하게 생활할 수 있는 양호한 주거환경을 위하여 노력하여야 할 국가의 의무를 부과한 헌법 제35조 제3항에 비추어 보면, 적절하고 효율적인 최소한의 보호조치를 취하지 아니하여 국가의 기본권 보호의무를 과소하게 이행한 것으로서, 청구인의 건강하고 쾌적한 환경에서 생활할 권리를 침해하므로 헌법에 위반된다.(헌재 2019.12.27. 2018헌마730)

06 [정답] ②

① (O) 국가권력을 나누는 것은 권력분립의 방법이다.

② (X) 지방자치단체의 장에게 지방의회 사무직원의 임용권을 부여하고 있는 심판대상조항은 지방자치법 제101조, 제105조 등에서 규정하고 있는 지방자치단체의 장의 일반적 권한의 구체화로서 우리 지방자치의 현황과 실상에 근거하여 지방의회 사무직원의 인력수급 및 운영 방법을 최대한 효율적으로 규율하고 있다고 할 것이다. 심판대상조항에 따른 지방의회 의장의 추천권이 적극적이고 실질적으로 발휘된다면 지방의회 사무직원의 임용권이 지방자치단체의 장에게 있다고 하더라도 그것이 곧바로 지방의회와 집행기관 사이의 상호견제와 균형의 원리를 침해할 우려로 확대된다거나 또는 지방자치제도의 본질적 내용을 침해한다고 볼 수는 없다.(헌재 2014.1.28. 2012헌바216)

③ (O) 정치적 중립성을 엄격하게 지켜야 할 대법원장의 지위에 비추어 볼 때 정치적 사건을 담당하게 될 특별검사의 임명에 대법원장을 관여시키는 것이 과연 바람직한 것인지에 대하여 논란이 있을 수 있으나, 그렇다고 국회의 이러한 정치적·정책적 판단이 헌법상 권력분립원칙에 어긋난다거나 입법재량의 범위에 속하지 않는다고는 할 수 없다.(헌재 2008.1.10. 2007헌마1468)

④ (O) 기능적 권력분립의 개념이다.

⑤ (O) 공수처법 제24조 제1항은 고위공직자범죄수사처와 다른 수사기관 사이의 권한 배분에 관한 사항을 규정한 것으로 청구인들의 법적 지위에 영향을 미친다고 볼 수 없어 기본권침해가능성이 인정되지 않으므로, 위 조항에 대한 심판청구는 부적법하다.(헌재 2021.1.28. 2020헌마264) [각하, 기각]

[1] 국무총리에 관한 헌법 규정의 해석상 국무총리의 통할을 받는 '행정각부'에 모든 행정기관이 포함된다고 볼 수 없다. 즉 정부의 구성단위로서 그 권한에 속하는 사항을 집행하는 중앙행정기관을 반드시 국무총리의 통할을 받는 '행정각부'의 형태로 설치하거나 '행정각부'에 속하는 기관으로 두어야 하는 것이 헌법상 강제되는 것은 아니므로, 법률로써 '행정각부'에 속하지 않는 독립된 형태의 행정기관을 설치하는 것이 헌법상 금지된다고 할 수 없다.

[2] 수사처는 직제상 대통령 또는 국무총리 직속기관 내지 국무총리의 통할을 받는 행정각부에 속하지 않는다고 하더라도 대통령을 수반으로 하는 행정부에 소속되고 그 관할권의 범위가 전국에 미치는 중앙행정기관으로 보는 것이 타당하다.

[3] 수사처의 권한 행사에 대해서는 여러 기관으로부터의 통제가 이루어질 수 있으므로, 단순히 수사처가 독립된 형태로 설치되었다는 이유만으로 권력분립원칙에 위반된다고 볼 수 없다.

[4] 법률에 근거하여 수사처라는 행정기관을 설치하는 것이 헌법상 금지되지 않는바, … 그 판단에는 본질적으로 국회의 폭넓은 재량이 인정된다. 또한 수사처의 설치로 말미암아 수사처와 기존의 다른 수사기관과의 관계가 문제된다 하더라도 동일하게 행정부 소속인 수사처와 다른 수사기관 사이의 권한 배분의 문제는 헌법상 권력분립원칙의 문제라고 볼 수 없다.

[5] 구 공수처법 제2조 및 공수처법 제3조 제1항은 권력분립원칙에 반하여 청구인들의 평등권, 신체의 자유 등을 침해하지 않는다.

[6] 헌법에 규정된 영장신청권자로서의 검사는 검찰권을 행사하는 국가기관인 검사로서 공익의 대표자이자 수사단계에서의 인권옹호기관으로서의 지위에서 그에 부합하는 직무를 수행하는 자를 의미하는 것이지, 검찰청법상 검사만을 지칭하는 것으로 보기 어렵다.

07 [정답] ③

ㄱ. (X) 위기가 현실적으로 발생하였을 때 국가긴급권이 발동되고, 국가긴급권을 예방적으로 발동할 수는 없다.

ㄴ. (O)

헌법 제76조
① 대통령은 내우·외환·천재·지변 또는 중대한 재정·경제상의 위기에 있어서 국가의 안전보장 또는 공공의 안녕질서를 유지하기 위하여 긴급한 조치가 필요하고 국회의 집회를 기다릴 여유가 없을 때에 한하여 최소한으로 필요한 재정·경제상의 처분을 하거나 이에 관하여 법률의 효력을 가지는 명령을 발할 수 있다.
② 대통령은 국가의 안위에 관계되는 중대한 교전상태에 있어서 국가를 보위하기 위하여 긴급한 조치가 필요하고 국회의 집회가 불가능한 때에 한하여 법률의 효력을 가지는 명령을 발할 수 있다.
③ 대통령은 제1항과 제2항의 처분 또는 명령을 한 때에는 지체없이 국회에 보고하여 그 승인을 얻어야 한다.
④ 제3항의 승인을 얻지 못한 때에는 그 처분 또는 명령은 그때부터 효력을 상실한다. 이 경우 그 명령에 의하여 개정 또는 폐지되었던 법률은 그 명령이 승인을 얻지 못한 때부터 당연히 효력을 회복한다.

ㄷ. (O) 대통령이 발한 금융실명거래 및 비밀보장에 관한 긴급재정경제명령의 위헌확인 사건(헌재 1996.2.29. 93헌마186) [기각, 각하] "긴급재정경제명령이 헌법 제76조 소정의 요건과 한계에 부합한다면, 그 자체로 목적의 정당성, 수단의 적절성, 침해의 최소성, 법익의 균형성이라는 기본권 제한의 한계로서의 과잉금지원칙을 준수하는 것이 되는 것"이라고 판시하여 국가긴급권이 적법하게 행사될 경우에는 다시 과잉금지원칙을 검토할 필요가 없다는 태도를 취하고 있다.

ㄹ. (X) 국가긴급권은 공공복리의 목적으로 적극적으로 행사할 수 없다.

08 　　　　　　　　　　　정답 ①

① (O) 국민참여재판 배심원의 자격을 만 20세 이상으로 정한 국민의 형사재판 참여에 관한 법률 제16조 중 '만 20세 이상' 부분은 헌법에 위반되지 않는다.(헌재 2021.5.27. 2019헌가19) [합헌] 심판대상조항이 우리나라 국민참여재판제도의 취지와 배심원의 권한 및 의무 등 여러 사정을 종합적으로 고려하여 만 20세에 이르기까지 교육 및 경험을 쌓은 자로 하여금 배심원의 책무를 담당하도록 정한 것은 입법형성권의 한계 내의 것으로 자의적인 차별이라고 볼 수 없다.
② (X) 자의금지원칙을 적용한 사례이다.
③ (X) 특별시장·광역시장·특별자치시장·도지사·특별자치도지사 선거의 예비후보자를 후원회지정권자에서 제외하고, 자치구의 지역구의회의원 선거의 예비후보자를 후원회지정권자에서 제외하고 있는 정치자금법 조항에 관한 심판청구사건에서,(헌재 2019.12.27. 2018헌마301)
　　[1] 광역자치단체장선거의 예비후보자에 관한 부분은 청구인들 평등권을 침해하여 헌법에 위반된다. [헌법불합치]
　　[2] 자치구의회의원선거의 예비후보자에 관한 부분에 대하여는 재판관들의 의견이 인용의견 5인, 기각의견 4인으로 나뉘어 헌법과 헌법재판소법에서 정한 인용의견을 위한 정

족수 6인에 이르지 못하여 기각하였다. [기각]
④ (X) 법내용평등설(입법자구속설) – 헌법재판소 입장
법의 내용이 불평등할 경우 그 법을 아무리 평등하게 적용하더라도 그 결과는 불평등할 것이므로 법의 내용도 평등해야 한다. 사법과 행정뿐만 아니라 입법자도 구속한다(실질적 법치주의)
⑤ (X) 누범자에 대한 가중처벌은 … 평등원칙에 위반되지 않는다. (헌재 2011.5.26. 2009헌바63 등)
누범은 전범에 대한 형벌의 경고적 기능을 무시하고 다시 범죄를 저질렀다는 점에서 사회적 비난가능성이 높고, 이러한 누범이 증가하고 있는 추세를 감안하여 범죄예방 및 사회방위의 형사정책적 고려에 기인하여 이를 가중처벌하는 것이어서 합리적 근거 있는 차별이라 볼 것이므로 이 사건 법률조항이 평등원칙에 위배된다고 할 수 없다.

09 　　　　　　　　　　　정답 ①

① (O) ② (X) 제한되는 기본권은 표현의 자유와 결사의 자유이다.
③ (X) 결사의 자유에 포함되는 단체활동의 자유는 단체 외부에 대한 활동만이 아니라, 단체의 내부적 생활을 스스로 결정하고 형성할 권리인 단체 내부 활동의 자유도 포함된다.
④ (X) 국민모두가 참여하는 것이 아니므로 선거권은 제한되는 기본권이 아니다.
⑤ (X) 공적인 역할을 수행하는 농협 구성원의 결사의 자유와 심사기준(헌재 2012.12.27. 2011헌마562 등)
공적인 역할을 수행하는 결사 또는 그 구성원들이 기본권의 침해를 주장하는 경우에 과잉금지원칙 위배 여부를 판단할 때에는, 순수한 사적인 임의결사의 기본권이 제한되는 경우의 심사에 비해서는 완화된 기준을 적용할 수 있다. 이 사건에서도 농협의 공법인적 성격과 조합장선거 관리의 공공성 등의 특성상 기본권제한의 과잉금지원칙 위배 여부를 심사함에 있어 농협 및 농협 조합장선거의 공적인 측면을 고려해야 할 것이다.

10 　　　　　　　　　　　정답 ④

① (X) 헌법 제10조가 보호하는 명예는 사람이나 그 인격에 대한 사회적 평가, 즉 객관적·외부적 가치평가를 가리키며 단순한 주관적·내면적 명예감정은 헌법이 보호하는 명예에 포함되지 않는다. 그런데, 제주4·3특별법은 제주4·3사건의 진상규명과 희생자 명예회복을 통해 인권신장과 민주발전 및 국민화합에 이바지함을 목적으로 제정되었고, 위령사업의 시행과 의료지원금 및 생활지원금의 지급 등 희생자들에 대한 최소한의 시혜적 조치를 부여하는 내용을 가지고 있는바, 그에 근거한 이 사건 희생자 결정이 청구인들의 사회적 평가에 부정적 영향을 미쳐 헌법이 보호하고자 하는 명예가 훼손되는 결과가 발생한다고 할 수는 없다. 따라서 이 사건 심판청구는 명예권 등 기본권침해의 자기관련성을 인정할 수 없어 부적법하다.(헌재 2010.11.25. 2009헌마147)

② (X) 이 사건 법률조항이 과잉금지원칙에 반하여 일반적 행동자유권을 침해한다고 볼 수 없다.(헌재 2021.6.24. 2019헌바5)

③ (X) 전용차로로 통행할 수 있는 차가 아닌 차의 전용차로 통행을 원칙적으로 금지하고 대통령령으로 정하는 예외적인 경우에만 이를 허용하며, 전용차로 통행금지를 위반한 경우 과태료에 처하도록 한 도로교통법 제15조 제3항 및 도로교통법 제160조 제3항 중 제15조 제3항에 관한 부분은 모두 헌법에 위반되지 않는다.(헌재 2018.11.29. 2017헌바465) [합헌]

④ (O) 거짓이나 그 밖의 부정한 수단으로 운전면허를 받은 경우 모든 범위의 운전면허를 필요적으로 취소하도록 한 구 도로교통법 제93조 제1항 단서, 구 도로교통법 제93조 제1항 단서, 도로교통법 제93조 제1항 단서 중 각 제8호의 '거짓이나 그 밖의 부정한 수단으로 운전면허를 받은 경우'에 관한 부분 가운데, 각 '거짓이나 그 밖의 부정한 수단으로 받은 운전면허를 제외한 운전면허'를 필요적으로 취소하도록 한 부분은 모두 헌법에 위반된다.(헌재 2020.6.25. 2019헌가9) [위헌]

⑤ (X) 헌법재판소는 일반적 자유설의 입장에서 "위험한 스포츠를 즐길 권리"와 같은 것도 자기결정권에 포함된다고 한다.

11 {정답 ⑤}

① (O) 게임물의 수거·폐기는 즉시강제이므로 영장주의가 적용되지 않는다.

② (O) 심판대상조항에 의한 자료제출요구는 행정조사의 성격을 가지는 것으로 수사기관의 수사와 근본적으로 그 성격을 달리하며, 청구인에 대하여 직접적으로 어떠한 물리적 강제력을 행사하는 강제처분을 수반하는 것이 아니므로 영장주의의 적용대상이 아니다.(헌재 2019.9.26. 2016헌바381)

③ (O) 체포영장을 집행하는 경우 필요한 때에는 타인의 주거 등 내에서 피의자 수색을 할 수 있도록 한 형사소송법 제216조 제1항 제1호 중 제200조의2에 관한 부분은 영장주의에 위반된다.(헌재 2018.4.26. 2015헌바370) [헌법불합치]

[1] "필요한 때에는" 부분은 명확성원칙 위반은 아니다.

[2] 영장주의 위반 여부(적극)

심판대상조항은 체포영장을 발부받아 피의자를 체포하는 경우에 '필요한 때'에는 영장 없이 타인의 주거 등 내에서 피의자 수색을 할 수 있다고 규정함으로써, 별도로 영장을 발부받기 어려운 긴급한 사정이 있는지 여부를 구별하지 아니하고 피의자가 소재할 개연성이 있으면 영장 없이 타인의 주거 등을 수색할 수 있도록 허용하고 있다. 이는 체포영장이 발부된 피의자가 타인의 주거 등에 소재할 개연성은 인정되나, 수색에 앞서 영장을 발부받기 어려운 긴급한 사정이 인정되지 않는 경우에도 영장 없이 피의자 수색을 할 수 있다는 것이므로, 위에서 본 헌법 제16조의 영장주의 예외 요건을 벗어난다.

④ (O) 형사처벌을 하는 것은 심리적 간접적 강제이므로 영장주의가 적용되지 않는다.

⑤ (X) 법원의 허가를 받기 때문에 영장주의위반은 아니다.

[판례] 수사의 필요성이 있는 경우 기지국수사를 허용한 통신비밀보호법 제13조 제1항 중 '검사 또는 사법경찰관은 수사를 위하여 필요한 경우 전기통신사업법에 의한 전기통신사업자에게 제2조 제11호 가목 내지 라목의 통신사실 확인자료의 열람이나 제출을 요청할 수 있다' 부분은 개인정보자기결정권과 통신의 자유를 침해한다.(헌재 2018.6.28. 2012헌마538) [잠정적용 헌법불합치]

[1] 이 사건 요청조항은 수사활동을 보장하기 위한 목적에서, 범죄수사를 위해 필요한 경우 수사기관이 법원의 허가를 얻어 전기통신사업자에게 해당 가입자에 관한 통신사실 확인자료의 제공을 요청할 수 있도록 하고 있으므로, 입법목적의 정당성과 수단의 적정성이 인정된다. 다른 방법으로는 범죄수사가 어려운 경우(보충성)를 요건으로 추가하는 방안 등을 검토함으로써 수사에 지장을 초래하지 않으면서도 불특정 다수의 기본권을 덜 침해하는 수단이 존재하는 점을 고려할 때, 이 사건 요청조항은 침해의 최소성과 법익의 균형성이 인정되지 아니한다.

[2] 이 사건 허가조항은 영장주의에 위반되지 않는다. [기각] 이 사건 허가조항은 수사기관이 전기통신사업자에게 통신사실 확인자료 제공을 요청함에 있어 관할 지방법원 또는 지원의 허가를 받도록 규정하고 있다. 따라서 이 사건 허가조항은 헌법상 영장주의에 위배되지 아니한다.

12 {정답 ③}

① (O) ② (O) ③ (X) ④ (O) ⑤ (O)

대통령의 재신임투표 가능성(헌재 2004.5.14. 2004헌나1) [기각]

[1] 대통령에게 국민투표 부의권을 부여하는 헌법 제72조는 가능하면 대통령에 의한 국민투표의 정치적 남용을 방지할 수 있도록 엄격하고 축소적으로 해석되어야 한다. 이러한 관점에서 볼 때, 헌법 제72조의 국민투표의 대상인 '중요정책'에는 대통령에 대한 '국민의 신임'이 포함되지 않는다. 대통령은 헌법상 국민에게 자신에 대한 신임을 국민투표의 형식으로 물을 수 없을 뿐만 아니라, 특정 정책을 국민투표에 붙이면서 이에 자신의 신임을 결부시키는 대통령의 행위도 위헌적인 행위로서 헌법적으로 허용되지 않는다. 물론, 대통령이 특정 정책을 국민투표에 붙인 결과 그 정책의 실시가 국민의 동의를 얻지 못한 경우, 이를 자신에 대한 불신임으로 간주하여 스스로 물러나는 것은 어쩔 수 없는 일이나, 정책을 국민투표에 붙이면서 "이를 신임투표로 간주하고자 한다"는 선언은 국민의 결정행위에 부당한 압력을 가하고 국민투표를 통하여 간접적으로 자신에 대한 신임을 묻는 행위로서, 대통령의 헌법상 권한을 넘어서는 것이다.

[2] 헌법은 대통령에게 국민투표를 통하여 직접적이든 간접적이든 자신의 신임여부를 확인할 수 있는 권한을 부여하지 않는다. 뿐만 아니라, 헌법은 명시적으로 규정된 국민투표

외에 다른 형태의 재신임 국민투표를 허용하지 않는다. 이는 주권자인 국민이 원하거나 또는 국민의 이름으로 실시하더라도 마찬가지이다. 국민은 선거와 국민투표를 통하여 국가권력을 직접 행사하게 되며, 국민투표는 국민에 의한 국가권력의 행사방법의 하나로서 명시적인 헌법적 근거를 필요로 한다. 따라서 국민투표의 가능성은 국민주권주의나 민주주의원칙과 같은 일반적인 헌법원칙에 근거하여 인정될 수 없으며, 헌법에 명문으로 규정되지 않는 한 허용되지 않는다.

[3] 헌법상 허용되지 않는 재신임 국민투표를 국민들에게 제안한 것은 그 자체로서 헌법 제72조에 반하는 것으로 헌법을 실현하고 수호해야 할 대통령의 의무를 위반한 것이다.

13 정답 ⑤

① (O) 헌재 2018.2.22. 2017헌마691.

② (O) 대판 2015.1.29. 2012두7387.

③ (O) 교사가 수업권을 내세워 수업거부를 할 수 없다는 의미이다.

④ (O) 학부모의 학교선택권의 헌법적 근거와 의의(헌재 2009.4.30. 2005헌마514)

[1] 부모의 자녀에 대한 교육권은 비록 헌법에 명문으로 규정되어 있지는 아니하지만, 혼인과 가족생활을 보장하는 헌법 제36조 제1항, 행복추구권을 보장하는 헌법 제10조 및 헌법 제37조 제1항에서 나오는 중요한 기본권이며, 이러한 부모의 자녀교육권이 학교영역에서는 자녀의 교육진로에 관한 결정권 내지는 자녀가 다닐 학교를 선택하는 권리로 구체화된다.

[2] 대부분의 시·도에서 선복수지원·후추첨방식을 채택하고 있어 제한적으로 종교학교를 선택하거나 선택하지 않을 권리를 보장하고 있고, 종교과목이 정규과목인 경우 대체과목의 설치를 의무화하고 있는 점들을 고려할 때, 이 사건 조항으로 인하여 학부모의 '사립학교선택권'이나 종교교육을 위한 학교선택권이 과도하게 제한된다고 보기도 어렵다.

⑤ (X) ○○교육대학교 등 11개 대학교의 '2017학년도 신입생 수시모집 입시요강'이 검정고시로 고등학교 졸업학력을 취득한 사람들의 수시모집 지원을 제한하는 것은 교육을 받을 권리를 침해한다.(헌재 2017.12.28. 2016헌마649)

14 정답 ①

ㄱ. (O) ㄴ. (O) ㄷ. (X) ㄹ. (O)

공유수면에 대한 지방자치단체의 관할구역 경계획정은 명시적인 법령상의 규정이 존재한다면 그에 따르고, 명시적인 법령상의 규정이 존재하지 않는다면 불문법상 해상경계에 따라야 한다. 불문법상 해상경계마저 존재하지 않는다면, 주민·구역·자치권을 구성요소로 하는 지방자치단체의 본질에 비추어 지방자치단체의 관할구역에 경계가 없는 부분이 있다는 것은 상정할 수 없으므로, 권한쟁의심판권을 가지고 있는 헌법재판소가 형평의 원칙에 따라 합리적이고 공평하게 해상경계선을 획정하여야 한다.

국가기본도에 표시된 해상경계선은 그 자체로 불문법상 해상경계선으로 인정되는 것은 아니나, 관할 행정청이 국가기본도에 표시된 해상경계선을 기준으로 하여 과거부터 현재에 이르기까지 반복적으로 처분을 내리고, 지방자치단체가 허가, 면허 및 단속 등의 업무를 지속적으로 수행하여 왔다면 국가기본도상의 해상경계선은 여전히 지방자치단체 관할 경계에 관하여 불문법으로서 그 기준이 될 수 있다.(헌재 2021.2.25. 2015헌라7)

15 정답 ⑤

ㄱ. (O) 법률에 대한 위헌결정은 원칙적 장래효지만 형벌에 관한 규정의 위헌결정은 소급효가 있으므로 확정된 형사재판에 대한 재심으로 무죄가 가능하다.

ㄴ. (O) 헌법 제41조 제3항은 국회의원선거에 있어 필수적인 요소라고 할 수 있는 선거구에 관하여 직접 법률로 정하도록 규정하고 있으므로, 피청구인에게는 국회의원의 선거구를 입법할 명시적인 헌법상 입법의무가 존재한다. 나아가 헌법이 국민주권의 실현 방법으로 대의민주주의를 채택하고 있고 선거구는 이를 구현하기 위한 기초가 된다는 점에 비추어 보면, 헌법 해석상으로도 피청구인에게 국회의원의 선거구를 입법할 의무가 인정된다. 따라서 헌법재판소가 입법개선시한을 정하여 헌법불합치결정을 하였음에도 국회가 입법개선시한까지 개선입법을 하지 아니하여 국회의원의 선거구에 관한 법률이 존재하지 아니하게 된 경우, 국회는 이를 입법 하여야 할 헌법상 의무가 있다.(헌재 2016.4.28. 2015헌마1177)

ㄷ. (O) 의료법 시행규칙에 있던 비맹제외기준이 위헌결정을 받은 후 국회가 동 조항을 의료법에 규정한 것은 위헌결정의 기속력에 반하지 않는다.(헌재 2008.10.30. 2006헌마1098) [기각]

헌법재판소법 제47조 제1항 및 제75조 제1항에 규정된 법률의 위헌결정 및 헌법소원 인용결정의 기속력과 관련하여, 입법자인 국회에게 기속력이 미치는지 여부, 나아가 결정주문뿐 아니라 결정이유에까지 기속력을 인정할지 여부는 헌법재판소의 헌법재판권 내지 사법권의 범위와 한계, 국회의 입법권의 범위와 한계 등을 고려하여 신중하게 접근할 필요가 있다. 설령 결정이유에까지 기속력을 인정한다고 하더라도, 결정주문을 뒷받침하는 결정이유에 대하여 적어도 위헌결정의 정족수인 재판관 6인 이상의 찬성이 있어야 할 것이고, 이에 미달할 경우에는 결정이유에 대하여 기속력을 인정할 여지가 없는데, 헌법재판소가 2006.5.25. '안마사에 관한 규칙' 제3조 제1항 제1호와 제2호 중 각 "앞을 보지 못하는" 부분에 대하여 위헌으로 결정한 2003헌마715등 사건의 경우 그 결정이유에서 비맹제외기준이 과잉금지원칙에 위반한다는 점과 관련하여서는 재판관 5인만이 찬성하였을 뿐이므로 위 과잉금지원칙 위반의 점에 대하여 기속력이 인정될 여지가 없다.

ㄹ. (O) 위헌법률심판과 헌법소원은 위헌결정에 대해서 기속력이
인정되고, 권한쟁의심판은 인용이든 기각이든 기속력이 인정
된다.

16

정답 ④

① (O) 헌재 2004.4.29. 2003헌마641.

② (O) 전체 법학전문대학원의 총 입학정원이 한정되어 있는 상
태에서 이 사건 인가처분이 여성만이 진학할 수 있는 여자대학
에 법학전문대학원 설치를 인가한 것은, 결국 청구인들과 같은
남성들이 진학할 수 있는 법학전문대학원의 정원이 여성에 비
하여 적어지는 결과를 초래하여 청구인들의 직업선택의 자유,
평등권을 침해할 가능성이 있으므로, 이 사건 인가처분의 직접
적인 상대방이 아닌 제3자인 청구인들에게도 기본권 침해의
자기관련성이 인정된다.(헌재 2013.5.30. 2009헌마514)

③ (O)

④ (X) 벌칙조항의 전제가 되는 구성요건조항이 별도로 규정되어
있는 경우에 벌칙조항에 대하여는 청구인이 그 법정형이 체계
정당성에 어긋난다거나 과다하다는 등 그 자체가 위헌임을 주
장하지 않는 한 기본권 침해의 직접성을 인정할 수 없다.(헌재
2009.10.29. 2007헌마1359)

⑤ (O)

17

정답 ④

① (O) 행정입법부작위는 헌법적 의무이므로 행정입법부작위는
헌법소원의 대상이 된다.

② (O) 헌재 2005.12.22. 2004헌마66.

③ (O)

④ (X) 국민의 권리 의무에 관한 내용을 정하는 행정입법에 대해
서는 법률에 의한 위임이 있어야 새로운 내용을 정할 수 있다.

⑤ (O) 법령보충적 행정규칙이 집행행위를 매개하지 않고 기본권
을 침해하면 헌법소원의 대상이 된다.

18

정답 ③

① (X) 280명 출석에 출석 과반수면 141명의 찬성이 있어야 한다.

② (X) 대통령의 법률안 거부권은 수정거부나 일부거부는 인정되
지 않는다.

③ (O) 대통령의 법률안 거부는 환부거부를 해야 하고 국회가 폐
회중인 경우에도 환부해야 한다.

④ (X) 국회의 임기가 만료되면 모든 법률안이 폐기된다.

⑤ (X) 국회가 재적의원 과반수의 출석과 출석의원 3분의 2 이상
의 찬성으로 전과 같은 의결을 하면 대통령은 더 이상 재의를
요구할 수 없고 지체 없이 공포하여야 하며, 국회의 재의결만
으로 법률안은 확정된다.

19

정답 ②

ㄱ. (O)

ㄴ. (X) 탄핵에 대한 토론을 거쳐야 한다는 명문의 규정은 없고
토론을 하여야 하는지는 국회가 재량으로 결정할 사항이므로
토론을 하지 않고 국회가 의결해도 위법하지 않다.

ㄷ. (O)

ㄹ. (O) ㅁ. (X) 헌법재판소는 탄핵소추의결서에 기재되지 아니
한 소추사유도 판단의 대상으로 삼을 수 없다. 즉 국회의 소추
사유에 구속된다. 다만 소추사유의 체계와 법적용에 대해서는
구속되지 않는다.

20

정답 ⑤

① (O) 2017.10.30. 甲에게 송달되었고, 그로부터 30일 내인
2017.11.28.에 「헌법재판소법」 제68조 제2항에 의한 헌법소
원심판을 청구하였으므로 청구기간을 준수하였다.

② (O) 재판의 전제성 여부는 법원의 판단을 존중하는 것이 원칙
이나 헌법재판소가 직권으로 판단할 수 있다.

③ (O) 처분 이후에 해당법률이 위헌으로 되면 그 처분은 취소사
유이지 무효사유는 아니다.

④ (O) 승소판결이 확정되면 더 이상 유리한 판결을 할 수 있는
경우이므로 재판의 전제성은 인정되지 않는다.

⑤ (X) 위헌법률심판제청신청은 전심급을 통하여 한번만 할 수
있다.

01	②	02	①	03	③	04	④	05	④
06	①	07	②	08	②	09	③	10	③
11	②	12	④	13	④	14	①	15	③
16	①	17	④	18	③	19	③	20	④
21	③	22	④	23	②	24	①	25	③

01

정답 ②

① (O) 정당은 권리능력 없는 사단으로서 정당의 자유의 주체가 된다.

② (X) 현 정당법상 16세 이상이면 당원이 될 수 있지만, 선거권이 정지되면 당원이 될 수 없다.

정당법 제22조(발기인 및 당원의 자격)

① 16세 이상의 국민은 공무원 그 밖에 그 신분을 이유로 정당가입이나 정치활동을 금지하는 다른 법령의 규정에 불구하고 누구든지 정당의 발기인 및 당원이 될 수 있다. 다만, 다음 각 호의 어느 하나에 해당하는 자는 그러하지 아니하다.

1. 「국가공무원법」 제2조(공무원의 구분) 또는 「지방공무원법」 제2조(공무원의 구분)에 규정된 공무원. 다만, 대통령, 국무총리, 국무위원, 국회의원, 지방의회의원, 선거에 의하여 취임하는 지방자치단체의 장, 국회 부의장의 수석비서관·비서관·비서·행정보조요원, 국회 상임위원회·예산결산특별위원회·윤리특별위원회 위원장의 행정보조요원, 국회의원의 보좌관·비서관·비서, 국회 교섭단체대표의원의 행정비서관, 국회 교섭단체의 정책연구위원·행정보조요원과 「고등교육법」 제14조(교직원의 구분) 제1항·제2항에 따른 교원은 제외한다.

2. 「고등교육법」 제14조 제1항·제2항에 따른 교원을 제외한 사립학교의 교원

3. 법령의 규정에 의하여 공무원의 신분을 가진 자

4. 「공직선거법」 제18조 제1항에 따른 선거권이 없는 사람

② 대한민국 국민이 아닌 자는 당원이 될 수 없다.

③ (O) 정당의 자유의 내용이다.

④ (O)

정당법 제44조(등록의 취소)

① 정당이 다음 각 호의 어느 하나에 해당하는 때에는 당해 선거관리위원회는 그 등록을 취소한다.

1. 제17조(법정시·도당수) 및 제18조(시·도당의 법정당원수)의 요건을 구비하지 못하게 된 때. 다만, 요건의 흠결이 공직선거의 선거일 전 3월 이내에 생긴 때에는 선거일 후 3월까지, 그 외의 경우에는 요건흠결시부터 3월까지 그 취소를 유예한다.

2. 최근 4년간 임기만료에 의한 국회의원선거 또는 임기만료에 의한 지방자치단체의 장선거나 시·도의회의원선거에 참여하지 아니한 때

3. 임기만료에 의한 국회의원선거에 참여하여 의석을 얻지 못하고 유효투표총수의 100분의 2 이상을 득표하지 못한 때

② 제1항의 규정에 의하여 등록을 취소한 때에는 당해 선거관리위원회는 지체 없이 그 뜻을 공고하여야 한다

02

정답 ①

① (O)

② (X) 1960년 제3차 개정헌법은 중앙선거관리위원회를 처음 도입하였으며, 1962년 개정헌법에서는 각급선관위를 최초로 규정하였다.

③ (X) 1962년 제5차 개정헌법은 인간의 존엄과 가치를 최초로 명문화하였다.

④ (X) 1980년 제8차 개정헌법은 적정임금의 보장을 신설하였으며, 1987년 제9차 개정헌법은 최저임금제의 실시를 신설하였다.

03

정답 ③

① (O) 공무원의 지위를 이용하는 선거운동을 처벌하는 것은 합헌이지만, 선거운동의 기획에 참여하는 것은 공무원의 지위를 이용하는 것이 아니므로 이를 처벌하는 것은 헌법에 위반된다.

② (O) 헌재 2014.11.27. 2013헌마814.

③ (X) 국회의원과 지방의회의원은 선거에서 중립성이 요구되지 않는다.

④ (O) 헌재 2007.5.31. 2005헌마1139.

04

정답 ④

① (X) 심판대상조항이 '부정 취득한 운전면허'를 필요적으로 취소하도록 한 것은, 임의적 취소·정지의 대상으로 전환할 경우 면허제도의 근간이 흔들리게 되고 형사처벌 등 다른 제재수단만으로는 여전히 부정 취득한 운전면허로 자동차 운행이 가능하다는 점에서, 피해의 최소성 원칙에 위배되지 않는다. 반면, 심판대상조항이 '부정 취득하지 않은 운전면허'까지 필요적으로 취소하도록 한 것은, 임의적 취소·정지 사유로 함으로써 구체적 사안의 개별성과 특수성을 고려하여 불법의 정도에 상응하는 제재수단을 선택하도록 하는 등 완화된 수단에 의해서도 입법목적을 같은 정도로 달성하기에 충분하므로, 피해의 최소성 원칙에 위배된다. 나아가, 위법이나 비난의 정도가 미약한 사안을 포함한 모든 경우에 부정 취득하지 않은 운전면허까지 필요적으로 취소하고 이로 인해 2년 동안 해당 운전면허 역시 받을 수 없게 하는 것은, 공익의 중대성을 감안하더라도 지나치게 기본권을 제한하는 것이므로, 법익의 균형성 원칙에도 위배된다. 따라서 심판대상조항 중 각 '거짓이나 그 밖의 부정한 수단으로 받은 운전면허를 제외한 운전면허'를 필요적으로 취소하도록 한 부분은, 과잉금지원칙에 반하여 일반적 행동의 자유 또는 직업의 자유를 침해한다.(헌재 2020.6.25. 2019헌가9)

② (X) 소송사건의 대리인인 변호사가 수용자를 접견하고자 하는 경우 소송계속 사실을 소명할 수 있는 자료를 제출하도록 요구하고 있는 '형의 집행 및 수용자의 처우에 관한 법률 시행규칙' 제29조의2 제1항 제2호 중 '수형자 접견'에 관한 부분은 변호사인 청구인의 직업수행의 자유를 침해하여 헌법에 위반된다. (헌재 2021.10.28. 2018헌마60) [위헌]

③ (X) 도로교통법 제53조 제3항 전단 중 '학원의 설립·운영 및

과외교습에 관한 법률'에 따라 설립된 학원 및 '체육시설의 설치·이용에 관한 법률'에 따라 설립된 체육시설에서 어린이통학버스를 운영하는 자에 관한 부분(이하 '이 사건 보호자동승조항'이라 한다)은 청구인들의 직업수행의 자유를 침해하지 않는다.(헌재 2020.4.23. 2017헌마479)

[유예기간을 두고 있는 법령의 경우, 헌법소원심판의 청구기간 기산점을 그 법령의 시행일이 아니라 유예기간 경과일이라고 본 사례]

유예기간을 경과하기 전까지 청구인들은 이 사건 보호자동승조항에 의한 보호자동승의무를 부담하지 않는다. 이 사건 보호자동승조항이 구체적이고 현실적으로 청구인들에게 적용된 것은 유예기간을 경과한 때부터라 할 것이므로, 이때부터 청구기간을 기산함이 상당하다. 종래 이와 견해를 달리하여, 법령의 시행일 이후 일정한 유예기간을 둔 경우 이에 대한 헌법소원심판 청구기간의 기산점을 법령의 시행일이라고 판시한 우리 재판소 결정들은, 이 결정의 취지와 저촉되는 범위 안에서 변경한다.

④ (O)

05 〔정답〕④

① (X) 외국인근로자의 경우 체류기간 만료가 퇴직과 직결되고, 체류기간이 만료되면 출국한다는 것을 전제로 고용허가를 받았다는 점에서 출국만기보험금의 지급시기를 출국 후 14일 이내로 정한 것이 근로자퇴직급여보장법이나 근로기준법상의 퇴직금 지급시기와 다르게 정한 것이라고 보기 어렵다. 즉, 심판대상조항은 고용허가를 받아 국내에 들어온 외국인근로자의 특수한 지위에서 기인하는 것이므로, 심판대상조항이 외국인근로자에 대하여 내국인근로자와 달리 규정하였다고 하여 청구인들의 평등권을 침해한다고 볼 수 없다.(헌재 2016.3.31. 2014헌마367)

② (X) 근로의 권리는 고용증진을 위한 사회적·경제적 정책을 요구할 수 있는 권리일 뿐, 국가에 대하여 직접 일자리(직장)를 청구하거나 일자리에 갈음하는 생계비의 지급청구권을 의미하지 않는다.

③ (X) 근로계약의 형식 여하에 불구하고 일용근로자를 상용근로자와 동일하게 취급하기 위한 최소한의 기간으로 3개월이라는 기준을 설정한 것이 입법재량의 범위를 현저히 일탈하였다고 볼 수 없다. 해고예고제도는 30일 전에 예고를 하거나 30일분 이상의 통상임금을 해고예고수당으로 지급하도록 하고 있는바, 일용근로계약을 체결한 후 근속기간이 3개월이 안 된 근로자를 해고할 때에도 이를 적용하도록 한다면 사용자에게 지나치게 불리하다는 점에서도 심판대상조항이 입법재량의 범위를 현저히 일탈하였다고 볼 수 없다. 따라서 심판대상조항이 청구인의 근로의 권리를 침해한다고 보기 어렵다.(헌재 2017.5.25. 2016헌마640)

④ (O) 헌재 2013.10.24. 2010헌마219.

06 〔정답〕①

① (O) 교원의 정당가입금지는 합헌이고, 정치단체가입금지는 위헌이다.

② (X) 국민참여재판 배심원의 자격을 만 20세 이상으로 정한 국민의 형사재판 참여에 관한 법률 제16조 중 '만 20세 이상' 부분은 헌법에 위반되지 않는다.(헌재 2021.5.27. 2019헌가19) [합헌] 심판대상조항이 우리나라 국민참여재판제도의 취지와 배심원의 권한 및 의무 등 여러 사정을 종합적으로 고려하여 만 20세에 이르기까지 교육 및 경험을 쌓은 자로 하여금 배심원의 책무를 담당하도록 정한 것은 입법형성권의 한계 내의 것으로 자의적인 차별이라고 볼 수 없다.

③ (X) 형벌체계에 있어서 법정형의 균형은 한치의 오차도 없이 반드시 실현되어야 하는 헌법상의 절대원칙은 아니다. 중요한 것은, 범죄와 형벌 사이의 간극이 너무 커서 형벌 본래의 목적과 기능에 본질적으로 반하고 실질적 법치국가의 원리에 비추어 허용될 수 없을 정도인지가 문제될 뿐이다.(헌재 2006.4.27. 2005헌바36)

④ (X) 공무원의 유급휴일을 정할 때에는 공무원의 근로자로서의 지위뿐만 아니라 국민전체의 봉사자로서 국가 재정으로 봉급을 지급받는 특수한 지위도 함께 고려하여야 하고, 공무원의 경우 유급휴가를 포함한 근로조건이 법령에 의해 정해진다는 사정도 함께 감안하여야 하므로, 단지 근로자의 날과 같은 특정일을 일반근로자에게는 유급휴일로 인정하면서 공무원에게는 유급휴일로 인정하지 않는다고 하여 이를 곧 자의적인 차별이라고 할 수는 없다.(헌재 2015.11.26. 2015헌마756)

07 〔정답〕②

① (O) 목적의 정당성과 수단의 적합성은 인정되지만 침해의 최소성 위반으로 헌법불합치 되었다.

② (X) 성적 자기결정권을 행사할 능력이 있는 19세 이상의 정신적 장애인과 정상적인 합의 하에 성관계를 한 사람은 심판대상조항에 의하여 처벌되지 아니하므로, 심판대상조항이 정신적 장애인의 성적 자기결정권을 침해하거나 장애인과 비장애인을 차별하지 아니한다.(헌재 2016.11.24. 2015헌바136)

③ (O) 심판대상조항은 청구인의 신체의 자유를 제한하는 것은 아니다. 심판대상조항은 위험성을 가진 재화의 제조·판매조건을 제약함으로써 최고속도 제한이 없는 전동킥보드를 구입하여 사용하고자 하는 소비자의 자기결정권 및 일반적 행동자유권을 제한할 뿐이다. 심판대상조항은 과잉금지원칙을 위반하여 소비자의 자기결정권 및 일반적 행동자유권을 침해하지 아니한다.(헌재 2020.2.27. 2017헌마1339)

④ (O) 헌재 2015.11.26. 2012헌마940.

08 〔정답〕②

① (O) 헌재 2014.3.27. 2010헌가2.

② (X) 폭력을 수단으로 하는 집회는 보호되지 않는다.

③ (O) 집회의 자유의 내용이다.

④ (O) 집회는 최대한 보호되어야 하지만 지문과 같은 한계가 있다.

09 정답 ③

① (O) 사생활의 비밀과 사생활의 자유(사생활 형성의 자유)를 말한다.

② (O) 이 사건 법률조항은 인터넷회선 감청의 특성을 고려하여 그 집행 단계나 집행 이후에 수사기관의 권한 남용을 통제하고 관련 기본권의 침해를 최소화하기 위한 제도적 조치가 제대로 마련되어 있지 않은 상태에서, 범죄수사 목적을 이유로 인터넷회선 감청을 통신제한조치 허가 대상 중 하나로 정하고 있으므로 침해의 최소성 요건을 충족한다고 할 수 없다.(헌재 2018.8.30. 2016헌마263)

③ (X) 공직자의 공무집행과 직접적인 관련이 없는 개인적인 사생활에 관한 사실이라도 일정한 경우 공적인 관심 사안에 해당할 수 있다. 공직자의 자질·도덕성·청렴성에 관한 사실은 그 내용이 개인적인 사생활에 관한 것이라 할지라도 순수한 사생활의 영역에 있다고 보기 어렵다. 이러한 사실은 공직자 등의 사회적 활동에 대한 비판 내지 평가의 한 자료가 될 수 있고, 업무집행의 내용에 따라서는 업무와 관련이 있을 수도 있으므로, 이에 대한 문제제기 내지 비판은 허용되어야 한다.(헌재 2013.12.26. 2009헌마747)

④ (O) 좌석안전띠를 착용할 것인가 여부는 일반적 행동자유권의 문제이다.

10 정답 ③

① (O) 헌재 2017.11.30. 2016헌마448.

② (O) 헌재 2019.12.27. 2018헌바236.

③ (X) 유족급여수급권이 헌법상 보장되는 재산권에 포함되더라도 수급권자인 유족의 범위는 유족급여수급권의 내용과 한계를 형성하는 영역에 있는 것으로서 법률에 의하여 구체적으로 형성되어야만 비로소 확정된다. 그런데 유족급여수급권은 공무원의 사망이라는 위험에 대비하여 그 유족의 생활안정과 복지 향상을 도모하기 위한 사회보장적 급여의 성격을 가지므로 입법자는 구체적인 내용을 형성함에 있어서 국가의 재정능력과 전반적인 사회보장수준, 국민 전체의 소득 및 생활수준, 그 밖의 여러 가지 사회적·경제적 여건 등을 종합하여 합리적인 수준에서 결정할 수 있는 광범위한 형성의 자유를 가진다. 따라서 입법자가 연령과 장애 상태를 독자적 생계유지가능성의 판단기준으로 삼아 대통령령이 정하는 정도의 장애 상태에 있지 아니한 19세 이상의 자녀를 유족의 범위에서 제외하였음을 들어 유족급여수급권의 본질적 내용을 침해하였다거나 입법형성권의 범위를 벗어났다고 보기 어렵다.(헌재 2019.11.28. 2018헌바335)

④ (O) 헌재 2003.7.24. 2002헌바51.

11 정답 ②

① (O) 일체의 집필을 금지하는 것은 헌법에 위반되고 원칙적으로 금지하고 예외적으로 허용하면 헌법에 위반되지 않는다.

② (X) 심의규정을 위반한 방송사업자에게 '주의 또는 경고'만으로도 반성을 촉구하고 언론사로서의 공적 책무에 대한 인식을 제고시킬 수 있고, 위 조치만으로도 심의규정에 위반하여 '주의 또는 경고'의 제재조치를 받은 사실을 공표하게 되어 이를 다른 방송사업자나 일반 국민에게 알리게 됨으로써 여론의 왜곡 형성 등을 방지하는 한편, 해당 방송사업자에게는 해당 프로그램의 신뢰도 하락에 따른 시청률 하락 등의 불이익을 줄 수 있다. 또한, '시청자에 대한 사과'에 대하여는 '명령'이 아닌 '권고'의 형태를 취할 수도 있다. 이와 같이 기본권을 보다 덜 제한하는 다른 수단에 의하더라도 이 사건 심판대상조항이 추구하는 목적을 달성할 수 있으므로 이 사건 심판대상조항은 침해의 최소성원칙에 위배된다.(헌재 2012.8.23. 2009헌가27)

③ (O) 피청구인 대통령의 지시로 피청구인 대통령 비서실장등이 야당 소속 후보를 지지하였거나 정부에 비판적 활동을 한 문화예술인이나 단체를 정부의 문화예술 지원사업에서 배제할 목적으로, 문화예술인 지원사업에서 배제하도록 한 일련의 지시 행위는 위헌임을 확인한다.(헌재 2020.12.23. 2017헌마416) [위헌 확인]

　[1] 정치적 견해는 개인의 인격주체성을 특징짓는 개인정보에 해당하고, 그것이 지지 선언 등의 형식으로 공개적으로 이루어진 것이라고 하더라도 여전히 개인정보자기결정권의 보호 범위 내에 속한다. 국가가 개인의 정치적 견해에 관한 정보를 수집·보유·이용하는 등의 행위는 개인정보자기결정권에 대한 중대한 제한이 되므로 이를 위해서는 법령상의 명확한 근거가 필요하다. 그런데 정부가 문화예술 지원사업에서 배제할 목적으로 문화예술인들의 정치적 견해에 관한 정보를 처리할 수 있도록 수권하는 법령상 근거가 존재하지 않으므로 이 사건 정보수집 등 행위는 법률유보원칙에 위반된다. 나아가, 이 사건 정보수집 등 행위는 청구인들의 정치적 견해를 확인하여 야당 후보자를 지지한 이력이 있거나 현 정부에 대한 비판적 의사를 표현한 자에 대한 문화예술 지원을 차단하는 위헌적인 지시를 실행하기 위한 것으로, 그 목적의 정당성도 인정할 여지가 없어 헌법상 허용될 수 없는 공권력 행사이다.

　[2] 이 사건 지원배제 지시는 법적 근거가 없으며, 그 목적 또한 정부에 대한 비판적 견해를 가진 청구인들을 제재하기 위한 것으로 헌법의 근본원리인 국민주권주의와 자유민주적 기본질서에 반하므로, 청구인들의 표현의 자유를 침해한다.

　[3] 청구인들의 정치적 견해를 기준으로 이들을 문화예술계 지원사업에서 배제되도록 한 것은 자의적인 차별행위로서 청구인들의 평등권을 침해한다.

④ (O) 특별권력관계의 경우에도 기본권 제한은 법적근거가 필요하다.

12
[정답] ④

① (O) 권한행사의 절차나 방법은 국민의 권리 의무와 관계가 없기 때문에 행정규칙의 형식으로 정하는 것이 가능하다.

② (O)

③ (O) 법령보충적 행정규칙은 독자적으로 대외적 구속력을 가지는 것이 아니라 상위법과 결합하여 대외적 구속력을 가진다.

④ (X) 오늘날 의회의 입법독점주의에서 입법중심주의로 전환하여 일정한 범위 내에서 행정입법을 허용하게 된 동기가 사회적 변화에 대응한 입법수요의 급증과 종래의 형식적 권력분립주의로는 현대사회에 대응할 수 없다는 기능적 권력분립론에 있다는 점 등을 감안하여 헌법 제40조와 헌법 제75조, 제95조의 의미를 살펴보면, 국회입법에 의한 수권이 입법기관이 아닌 행정기관에게 법률 등으로 구체적인 범위를 정하여 위임한 사항에 관하여는 당해 행정기관에게 법정립의 권한을 갖게 되고, 입법자가 규율의 형식도 선택할 수 있다 할 것이므로, 헌법이 인정하고 있는 위임입법의 형식은 예시적인 것으로 보아야 할 것이고, 그것은 법률이 행정규칙에 위임하더라도 그 행정규칙은 위임된 사항만을 규율할 수 있으므로, 국회입법의 원칙과 상치되지도 않는다. 다만 행정규칙은 법규명령과 같은 엄격한 제정 및 개정절차를 요하지 아니하므로, 재산권 등과 같은 기본권을 제한하는 작용을 하는 법률이 입법위임을 할 때에는 대통령령, 총리령, 부령 등 법규명령에 위임함이 바람직하고, 고시와 같은 형식으로 입법위임을 할 때에는 적어도 행정규제기본법 제4조 제2항 단서에서 정한 바와 같이 법령이 전문적·기술적 사항이나 경미한 사항으로서 업무의 성질상 위임이 불가피한 사항에 한정된다 할 것이고, 그러한 사항이라 하더라도 포괄위임금지의 원칙상 법률의 위임은 반드시 구체적·개별적으로 한정된 사항에 대하여 행하여져야 한다.(헌재 2006.12.28. 2005헌바59)

13
[정답] ④

① (O)

② (O)

③ (O)

④ (X) 문화국가에서의 문화정책은 문화 그 자체가 아니라, 문화가 생겨날 수 있는 문화풍토를 조성하는 것에 초점을 두어야 한다.(헌재 2004.5.27. 2003헌가1)

14
[정답] ①

① (O)

헌법 제47조
① 국회의 정기회는 법률이 정하는 바에 의하여 매년 1회 집회되며, 국회의 임시회는 대통령 또는 국회재적의원 4분의 1 이상의 요구에 의하여 집회된다.
② 정기회의 회기는 100일을, 임시회의 회기는 30일을 초과할 수 없다.

③ 대통령이 임시회의 집회를 요구할 때에는 기간과 집회요구의 이유를 명시하여야 한다.

② (X) 사면·감형·복권은 모두 국무회의를 거쳐야 하지만 국회의 동의를 받아야 하는 것은 일반사면뿐이다.

③ (X) 계엄을 선포하면 대통령은 지체없이 국회에 통고해야 하지만 국회의 승인을 얻어야 하는 것은 아니다.

④ (X) 국회의 대통령에 대한 출석·답변을 요구하지 못한다.

헌법 제81조
대통령은 국회에 출석하여 발언하거나 서한으로 의견을 표시할 수 있다.

15
[정답] ③

① (X) ③ (O) ④ (X)

헌법 제98조
① 감사원은 원장을 포함한 5인 이상 11인 이하의 감사위원으로 구성한다.
② 원장은 국회의 동의를 얻어 대통령이 임명하고, 그 임기는 4년으로 하며, 1차에 한하여 중임할 수 있다.
③ 감사위원은 원장의 제청으로 대통령이 임명하고, 그 임기는 4년으로 하며, 1차에 한하여 중임할 수 있다.

② (X) 감사원이 지방자치단체에 대하여 자치사무의 합법성뿐만 아니라 합목적성에 대하여도 감사한 행위는 지방자치제도의 본질적 내용을 침해하지 않는다.(헌재 2008.5.29. 2005헌라3)

16
[정답] ①

① (O) 국무위원은 헌법이 정하는 탄핵대상이다.

② (X)

헌법 제87조
① 국무위원은 국무총리의 제청으로 대통령이 임명한다.

③ (X)

헌법 제95조
국무총리 또는 행정각부의 장은 소관사무에 관하여 법률이나 대통령령의 위임 또는 직권으로 총리령 또는 부령을 발할 수 있다.

④ (X)

헌법 제94조
행정각부의 장은 국무위원 중에서 국무총리의 제청으로 대통령이 임명한다.

17 정답 ④

ㄱ. (O)

헌법 제54조
① 국회는 국가의 예산안을 심의·확정한다.
② 정부는 회계연도마다 예산안을 편성하여 회계연도 개시 90일 전까지 국회에 제출하고, 국회는 회계연도 개시 30일 전까지 이를 의결하여야 한다.
③ 새로운 회계연도가 개시될 때까지 예산안이 의결되지 못한 때에는 정부는 국회에서 예산안이 의결될 때까지 다음의 목적을 위한 경비는 전년도 예산에 준하여 집행할 수 있다.
   1. 헌법이나 법률에 의하여 설치된 기관 또는 시설의 유지·운영
   2. 법률상 지출의무의 이행
   3. 이미 예산으로 승인된 사업의 계속

ㄴ. (O)

헌법 제55조
① 한 회계연도를 넘어 계속하여 지출할 필요가 있을 때에는 정부는 연한을 정하여 계속비로서 국회의 의결을 얻어야 한다.
② 예비비는 총액으로 국회의 의결을 얻어야 한다. 예비비의 지출은 차기국회의 승인을 얻어야 한다.

ㄷ. (O)

헌법 제58조
국채를 모집하거나 예산외에 국가의 부담이 될 계약을 체결하려 할 때에는 정부는 미리 국회의 의결을 얻어야 한다.

ㄹ. (O)

헌법 제60조
② 국회는 선전포고, 국군의 외국에의 파견 또는 외국군대의 대한민국 영역안에서의 주류에 대한 동의권을 가진다.

18 정답 ③

① (O)

국회법 제9조(의장·부의장의 임기)
① 의장과 부의장의 임기는 2년으로 한다. 다만, 국회의원 총선거 후 처음 선출된 의장과 부의장의 임기는 그 선출된 날부터 개시하여 의원의 임기 개시 후 2년이 되는 날까지로 한다.
② 보궐선거로 당선된 의장 또는 부의장의 임기는 전임자 임기의 남은 기간으로 한다.

② (O)
③ (X)

국회법 제12조(부의장의 의장 직무대리)
① 의장이 사고(事故)가 있을 때에는 의장이 지정하는 부의장이 그 직무를 대리한다.
② 의장이 심신상실 등 부득이한 사유로 의사표시를 할 수 없게 되어 직무대리자를 지정할 수 없을 때에는 소속 의원 수가 많은 교섭단체 소속 부의장의 순으로 의장의 직무를 대행한다.

④ (O)

헌법 제51조
국회에 제출된 법률안 기타의 의안은 회기중에 의결되지 못한 이유로 폐기되지 아니한다. 다만, 국회의원의 임기가 만료된 때에는 그러하지 아니하다.

19 정답 ③

ㄱ. (X)

국회법 29조의2(영리업무 종사 금지)
① 의원은 그 직무 외에 영리를 목적으로 하는 업무에 종사할 수 없다. 다만, 의원 본인 소유의 토지·건물 등의 재산을 활용한 임대업 등 영리업무를 하는 경우로서 의원 직무수행에 지장이 없는 경우에는 그러하지 아니하다.
② 의원이 당선 전부터 제1항 단서의 영리업무 외의 영리업무에 종사하고 있는 경우에는 임기 개시 후 6개월 이내에 그 영리업무를 휴업하거나 폐업하여야 한다.
③ 의원이 당선 전부터 제1항 단서의 영리업무에 종사하고 있는 경우에는 임기 개시 후 1개월 이내에, 임기 중에 제1항 단서의 영리업무에 종사하게 된 경우에는 지체 없이 이를 의장에게 서면으로 신고하여야 한다.

ㄴ. (O)

헌법 제46조
① 국회의원은 청렴의 의무가 있다.
② 국회의원은 국가이익을 우선하여 양심에 따라 직무를 행한다.
③ 국회의원은 그 지위를 남용하여 국가·공공단체 또는 기업체와의 계약이나 그 처분에 의하여 재산상의 권리·이익 또는 직위를 취득하거나 타인을 위하여 그 취득을 알선할 수 없다.

ㄷ. (O)

헌법 제44조
① 국회의원은 현행범인인 경우를 제외하고는 회기중 국회의 동의없이 체포 또는 구금되지 아니한다.
② 국회의원이 회기전에 체포 또는 구금된 때에는 현행범인이 아닌 한 국회의 요구가 있으면 회기중 석방된다.

ㄹ. (X) 자유위임은 의회내에서의 정치의사형성에 정당의 협력을 배척하는 것이 아니며, 의원이 정당과 교섭단체의 지시에 기속되는 것을 배제하는 근거가 되는 것도 아니다. 또한 국회의원의 국민대표성을 중시하는 입장에서도 특정 정당에 소속된 국회의원이 정당기속 내지는 교섭단체의 결정(소위 '당론')에 위반하는 정치활동을 한 이유로 제재를 받는 경우, 국회의원 신분을 상실하게 할 수는 없으나 "정당내부의 사실상의 강제" 또는 소속 "정당으로부터의 제명"은 가능하다고 보고 있다. 그렇다면, 당론과 다른 견해를 가진 소속 국회의원을 당해 교섭단체의 필요에 따라 다른 상임위원회로 전임(사·보임)하는 조치는 특별한 사정이 없는 한 헌법상 용인될 수 있는 "정당내부의 사실상 강제"의 범위내에 해당한다고 할 것이다.(헌재 2003.10.30. 2002헌라1)

20

정답 ④

① (O)

헌법 제47조
① 국회의 정기회는 법률이 정하는 바에 의하여 매년 1회 집회되며, 국회의 임시회는 대통령 또는 국회재적의원 4분의 1 이상의 요구에 의하여 집회된다.
② 정기회의 회기는 100일을, 임시회의 회기는 30일을 초과할 수 없다.
③ 대통령이 임시회의 집회를 요구할 때에는 기간과 집회요구의 이유를 명시하여야 한다.

② (O)

국회법 제73조(의사정족수)
① 본회의는 재적의원 5분의 1 이상의 출석으로 개의한다.

제109조(의결정족수)
의사는 헌법 또는 이 법에 특별한 규정이 없는 한 재적의원 과반수의 출석과 출석의원 과반수의 찬성으로 의결한다.

③ (O) 대통령을 제외한 탄핵소추 정족수이다.

④ (X)

국회법 제5조(임시회)
① 의장은 임시회의 집회 요구가 있을 때에는 집회기일 3일 전에 공고한다. 이 경우 둘 이상의 집회 요구가 있을 때에는 집회일이 빠른 것을 공고하되, 집회일이 같은 때에는 그 요구서가 먼저 제출된 것을 공고한다.
② 의장은 제1항에도 불구하고 다음 각 호의 어느 하나에 해당하는 경우에는 집회기일 1일 전에 공고할 수 있다.
  1. 내우외환, 천재지변 또는 중대한 재정·경제상의 위기가 발생한 경우
  2. 국가의 안위에 관계되는 중대한 교전 상태나 전시·사변 또는 이에 준하는 국가비상사태인 경우
③ 국회의원 총선거 후 첫 임시회는 의원의 임기 개시 후 7일에 집회하며, 처음 선출된 의장의 임기가 폐회 중에 만료되는 경우에는 늦어도 임기만료일 5일 전까지 집회한다. 다만, 그 날이 공휴일인 때에는 그 다음 날에 집회한다.

21

정답 ③

① (O) 도로교통법 제53조 제3항 전단 중 '학원의 설립·운영 및 과외교습에 관한 법률'에 따라 설립된 학원 및 '체육시설의 설치·이용에 관한 법률'에 따라 설립된 체육시설에서 어린이통학버스를 운영하는 자에 관한 부분(이하 '이 사건 보호자동승조항'이라 한다)은 청구인들의 직업수행의 자유를 침해하지 않는다.(헌재 2020.4.23. 2017헌마479)

[유예기간을 두고 있는 법령의 경우, 헌법소원심판의 청구기간 기산점을 그 법령의 시행일이 아니라 유예기간 경과일이라고 본 사례]

유예기간을 경과하기 전까지 청구인들은 이 사건 보호자동승조항에 의한 보호자동승의무를 부담하지 않는다. 이 사건 보호자동승조항이 구체적이고 현실적으로 청구인들에게 적용된 것

은 유예기간을 경과한 때부터라 할 것이므로, 이때부터 청구기간을 기산함이 상당하다. 종래 이와 견해를 달리하여, 법령의 시행일 이후 일정한 유예기간을 둔 경우 이에 대한 헌법소원심판 청구기간의 기산점을 법령의 시행일이라고 판시한 우리 재판소 결정들은, 이 결정의 취지와 저촉되는 범위 안에서 변경한다.

② (O) 헌법소원의 객관적 측면이다.

③ (X) 권한쟁의는 재판관 과반수의 찬성으로 결정한다.

④ (O)

22

정답 ④

① (O) 지방자치단체가 권한쟁의를 하는 것은 자치사무에 대해서이고 기관위임사무에 대해서는 할 수 없다.

② (O) 권한쟁의의 요건이다.

③ (O) 권한쟁의를 할 수 있는 당사자 능력은 헌법에 의해 설치된 기관이어야 하는데, 국민은 권한쟁의의 당사자능력이 인정되지 않는다.

④ (X) 헌법재판소법 제62조 제1항 제3호는 이를 구체화하여 헌법재판소가 관장하는 지방자치단체 상호간의 권한쟁의심판을 ① 특별시·광역시·도 또는 특별자치도 상호간의 권한쟁의심판, ② 시·군 또는 자치구 상호간의 권한쟁의심판, ③ 특별시·광역시·도 또는 특별자치도와 시·군 또는 자치구간의 권한쟁의심판 등으로 규정하고 있다. 지방자치단체의 의결기관인 지방의회와 지방자치단체의 집행기관인 지방자치단체장 간의 내부적 분쟁은 지방자치단체 상호간의 권한쟁의심판의 범위에 속하지 아니하고, 달리 국가기관 상호간의 권한쟁의심판이나 국가기관과 지방자치단체 상호간의 권한쟁의심판에 해당한다고 볼 수도 없다. 따라서 지방자치단체의 의결기관과 지방자치단체의 집행기관 사이의 내부적 분쟁과 관련된 심판청구는 헌법재판소가 관장하는 권한쟁의심판에 속하지 아니하여 부적법하다.(헌재 2018.7.26. 2018헌라1)

23

정답 ②

① (X)

법원조직법 제50조의2(법관의 파견 금지 등)
① 법관은 대통령비서실에 파견되거나 대통령비서실의 직위를 겸임할 수 없다.
② 법관으로서 퇴직 후 2년이 지나지 아니한 사람은 대통령비서실의 직위에 임용될 수 없다.

② (O)

③ (X)

헌법 제106조
① 법관은 탄핵 또는 금고 이상의 형의 선고에 의하지 아니하고는 파면되지 아니하며, 징계처분에 의하지 아니하고는 정직·감봉 기타 불리한 처분을 받지 아니한다.

④ (X)

법원조직법 제47조(심신상의 장해로 인한 퇴직)
법관이 중대한 신체상 또는 정신상의 장해로 직무를 수행할 수 없을 때에는, 대법관인 경우에는 대법원장의 제청으로 대통령이 퇴직을 명할 수 있고, 판사인 경우에는 인사위원회의 심의를 거쳐 대법원장이 퇴직을 명할 수 있다.

24 　정답 ①

① (X) 정당의 후보자 추천에 관한 단순한 지지·반대의 의견개진 및 의사표시는 「공직선거법」상 선거운동이 아니다. 선거운동을 특정인을 당선케 하거나 당선하지 못하게 하는 의식적 능동적 행위를 말한다.

② (O) 이 사건 법률조항에서 선거일전 180일부터 선거일까지 인터넷상 선거와 관련한 정치적 표현 및 선거운동을 금지하고 처벌하는 것은 후보자 간 경제력 차이에 따른 불균형 및 흑색 선전을 통한 부당한 경쟁을 막고, 선거의 평온과 공정을 해하는 결과를 방지한다는 입법목적 달성을 위하여 적합한 수단이라고 할 수 없다.(헌재 2011.12.29. 2007헌마1001)

③ (O)

④ (O)

헌법 제114조
⑥ 중앙선거관리위원회는 법령의 범위안에서 선거관리·국민투표관리 또는 정당사무에 관한 규칙을 제정할 수 있으며, 법률에 저촉되지 아니하는 범위안에서 내부규율에 관한 규칙을 제정할 수 있다.

25 　정답 ③

① (O)

② (O)

③ (X) 기관위임사무는 원칙적으로 조례를 정할 수 없지만, 법률의 위임이 있으면 가능하다.

④ (O) 조례와 정관에 대해서는 포괄위임이 가능하다.

01	④	02	③	03	③	04	②	05	③
06	④	07	①	08	②	09	①	10	③
11	④	12	①	13	④	14	②	15	②
16	④	17	④	18	②	19	①	20	④

01

정답 ④

① (O)

② (O) 헌재 1995.12.8. 95헌바3.

③ (O) 제7차 개헌은 헌법개정이 이원화 되었다.

④ (X)

헌법 제130조
① 국회는 헌법개정안이 공고된 날로부터 60일 이내에 의결하여야 하며, 국회의 의결은 재적의원 3분의 2 이상의 찬성을 얻어야 한다.
② 헌법개정안은 국회가 의결한 후 30일 이내에 국민투표에 붙여 국회의원선거권자 과반수의 투표와 투표자 과반수의 찬성을 얻어야 한다.
③ 헌법개정안이 제2항의 찬성을 얻은 때에는 헌법개정은 확정되며, 대통령은 즉시 이를 공포하여야 한다.

02

정답 ③

① (O) 평화통일은 전문에 있고 자유민주적 기본질서에 입각한 평화통일은 헌법 제4조이다.

② (O)

헌법 제8조
④ 정당의 목적이나 활동이 민주적 기본질서에 위배될 때에는 정부는 헌법재판소에 그 해산을 제소할 수 있고, 정당은 헌법재판소의 심판에 의하여 해산된다.

③ (X) 여기서 말하는 민주적 기본질서의 '위배'란, 민주적 기본질서에 대한 단순한 위반이나 저촉을 의미하는 것이 아니라, 민주사회의 불가결한 요소인 정당의 존립을 제약해야 할 만큼 그 정당의 목적이나 활동이 우리 사회의 민주적 기본질서에 대하여 실질적인 해악을 끼칠 수 있는 구체적 위험성을 초래하는 경우를 가리킨다.(헌재 2014.12.19. 2013헌다1)

④ (O) 사회국가원리의 한계이다.

03

정답 ③

① (O) 헌재 2016.10.27. 2015헌바203.

② (O) 헌재 1996.2.16. 96헌가2.

③ (X) 신뢰보호가 아니라 법적안정성의 내용이다.
   [판례] 법적 안정성은 객관적 요소로서 법질서의 신뢰성 항구성 법적 투명성과 법적 평화를 의미한다. 이와 내적인 상호연관관계에 있는 법적 안정성의 주관적 측면은 한번 제정된 법규범은 원칙적으로 존속력을 갖고 자신의 행위기준으로 작용하

리라는 개인의 신뢰보호이다.(헌재 1996.2.16. 96헌가2)

④ (O) 시혜적 소급을 하지 않아도 합헌이라는 것이다.(헌재 2021.10.28. 2019헌마106)

04

정답 ②

① (O)

헌법 제67조
① 대통령은 국민의 보통·평등·직접·비밀선거에 의하여 선출한다.
② 제1항의 선거에 있어서 최고득표자가 2인 이상인 때에는 국회의 재적의원 과반수가 출석한 공개회의에서 다수표를 얻은 자를 당선자로 한다.
③ 대통령후보자가 1인일 때에는 그 득표수가 선거권자 총수의 3분의 1 이상이 아니면 대통령으로 당선될 수 없다.

② (X) 집행유예기간 중에는 선거권이 인정되고, 실형의 경우에는 1년 미만이면 선거권이 인정되지만 1년 이상이면 선거권이 인정되지 않는다.

③ (O) 지방자치단체장의 선거에 대해서는 헌법에 규정이 없지만 기본권으로 인정된다.

④ (O) 헌재 2020.8.28. 2017헌마813.

05

정답 ③

① (O) 불법체류외국인도 기본권 주체성이 인정된다.(헌재 2012.8.23. 2008헌마430) [기각]

헌법재판소법 제68조 제1항 소정의 헌법소원은 기본권의 주체이어야만 청구할 수 있는데, 단순히 '국민의 권리'가 아니라 '인간의 권리'로 볼 수 있는 기본권에 대해서는 외국인도 기본권의 주체가 될 수 있다. 나아가 청구인들이 불법체류 중인 외국인들이라 하더라도, 불법체류라는 것은 관련 법령에 의하여 체류자격이 인정되지 않는다는 것일 뿐이므로, '인간의 권리'로서 외국인에게도 주체성이 인정되는 일정한 기본권에 관하여 불법체류 여부에 따라 그 인정 여부가 달라지는 것은 아니다.

② (O) 일자리에 관한 권리는 외국인에게 인정되지 않지만, 일할 환경에 관한 권리는 외국인에게도 인정된다.

③ (X) 공법상 재단법인인 방송문화진흥회가 최다출자자인 방송사업자에게 기본권 주체성이 인정된다.(헌재 2013.9.26. 2012헌마271)
   방송문화진흥회가 최다출자자인 방송사업자의 경우 한국방송광고공사의 후신인 한국방송광고진흥공사가 위탁하는 방송광고에 한하여 방송광고를 할 수 있도록 한 방송광고판매대행 등에 관한 법률 제5조 제2항 중 '방송문화진흥회법에 따라 설립된 방송문화진흥회가 최다출자자인 방송사업자' 부분은 구 방송법령에 대한 헌법불합치결정(2006헌마352)의 기속력에 반하지 않는다.

④ (O)

06

정답 ④

① (O) 목적의 정당성이 부정되어 남성의 성적자기결정권과 사생활의 비밀을 침해하였다.

② (O) 침해의 최소성원칙 위반으로 성적자기결정권과 사생활의 비밀을 침해하였다.

③ (O) '다른 사람의 자동차등을 훔친 경우'를 필요적 운전면허 취소사유로 규정한 도로교통법 조항은 운전면허 소지자의 직업의 자유 및 일반적 행동의 자유를 침해한다.(헌재 2017.5.25. 2016헌가6)

④ (X) 임신한 여성의 자기낙태를 처벌하는 형법 제269조 제1항, 의사가 임신한 여성의 촉탁 또는 승낙을 받아 낙태하게 한 경우를 처벌하는 형법 제270조 제1항 중 '의사'에 관한 부분은 모두 헌법에 합치되지 아니하며, 위 조항들은 2020.12.31.을 시한으로 입법자가 개정할 때까지 계속 적용된다.(헌재 2019.4.11. 2017헌바127) [헌법불합치]

[1] 이 사안은 국가가 태아의 생명 보호를 위해 확정적으로 만들어 놓은 자기낙태죄 조항이 임신한 여성의 자기결정권을 제한하고 있는 것이 과잉금지원칙에 위배되어 위헌인지 여부에 대한 것이다. 자기낙태죄 조항의 존재와 역할을 간과한 채 임신한 여성의 자기결정권과 태아의 생명권의 직접적인 충돌을 해결해야 하는 사안으로 보는 것은 적절하지 않다.

[2] 제한되는 기본권

임신한 여성에게 임신의 유지·출산을 강제하고 있으므로, 임신한 여성의 자기결정권을 제한하고 있다.

[3] 임신한 여성의 자기결정권 침해 여부

(1) 입법목적의 정당성 및 수단의 적합성

태아는 비록 그 생명의 유지를 위하여 모(母)에게 의존해야 하지만, 그 자체로 모(母)와 별개의 생명체이고, 특별한 사정이 없는 한 인간으로 성장할 가능성이 크므로, 태아도 헌법상 생명권의 주체가 되며, 국가는 태아의 생명을 보호할 의무가 있다.

자기낙태죄 조항은 태아의 생명을 보호하기 위한 것으로서 그 입법목적이 정당하고, 낙태를 방지하기 위하여 임신한 여성의 낙태를 형사처벌하는 것은 이러한 입법목적을 달성하는 데 적합한 수단이다.

(2) 침해의 최소성 및 법익의 균형성

국가가 생명을 보호하는 입법적 조치를 취함에 있어 인간생명의 발달단계에 따라 그 보호정도나 보호수단을 달리하는 것은 불가능하지 않다. 산부인과 학계에 의하면 현 시점에서 최선의 의료기술과 의료 인력이 뒷받침될 경우 태아는 마지막 생리기간의 첫날부터 기산하여 22주(이하 "임신 22주"라 한다) 내외부터 독자적인 생존이 가능하다고 한다. 이처럼 태아가 모체를 떠난 상태에서 독자적인 생존을 할 수 있는 경우에는, 그렇지 않은 경우와 비교할 때 훨씬 인간에 근

접한 상태에 도달하였다고 볼 수 있다.

이러한 점들을 고려하면, 태아가 모체를 떠난 상태에서 독자적으로 생존할 수 있는 시점인 임신 22주 내외에 도달하기 전이면서 동시에 임신 유지와 출산 여부에 관한 자기결정권을 행사하기에 충분한 시간이 보장되는 시기(이하 착상 시부터 이 시기까지를 '결정 가능기간'이라 한다)까지의 낙태에 대해서는 국가가 생명보호의 수단 및 정도를 달리 정할 수 있다고 봄이 타당하다.

따라서, 자기낙태죄 조항은 입법목적을 달성하기 위하여 필요한 최소한의 정도를 넘어 임신한 여성의 자기결정권을 제한하고 있어 침해의 최소성을 갖추지 못하였고, 태아의 생명 보호라는 공익에 대하여만 일방적이고 절대적인 우위를 부여함으로써 법익균형성의 원칙도 위반하였다고 할 것이므로, 과잉금지원칙을 위반하여 임신한 여성의 자기결정권을 침해하는 위헌적인 규정이다.

07

정답 ①

① (X) 친생부인의 소의 제척기간을 규정한 민법 제847조 제1항 중 "부(夫)가 그 사유가 있음을 안 날부터 2년내" 부분은 헌법에 위반되지 않는다.(헌재 2015.3.26. 2012헌바357)

② (O) 헌재 2011.5.26. 2010헌마775. [기각]

③ (O)

④ (O) 선거기사심의위원회가 불공정한 선거기사를 보도하였다고 인정한 언론사에 대하여 언론중재위원회를 통하여 사과문을 게재할 것을 명하도록 하는 공직선거법 제8조의3 제3항 중 '사과문 게재' 부분과, 해당 언론사가 사과문 게재 명령을 지체 없이 이행하지 않을 경우 형사처벌하는 구 공직선거법 규정은 언론사의 인격권을 침해한다.(헌재 2015.7.30. 2013헌가8)

08

정답 ②

㉠ (O) 일반적 행동자유권의 개념이다.

㉡ (X) 육군 장교가 민간법원에서 약식명령을 받아 확정되면 자진신고할 의무를 규정한 '2020년도 장교 진급 지시' 조항 및 '2021년도 장교 진급 지시' 조항은 일반적 행동의 자유를 침해하지 않는다.(헌재 2021.8.31. 2020헌마12) [기각, 각하]

㉢ (O) 일반적 행동자유권의 보호영역이다.

㉣ (O) 헌재 2021.5.27. 2019헌마321.

09

정답 ①

① (O) 익명표현의 자유도 표현의 자유의 내용으로 보호된다.(헌재 2021.1.28. 2018헌마456)

② (X) 헌법 제21조 제4항은 "언론·출판은 타인의 명예나 권리 또는 공중도덕이나 사회윤리를 침해 하여서는 아니 된다."고 규정하고 있는바, 이는 언론·출판의 자유에 따르는 책임과 의

무를 강조하는 동시에 언론·출판의 자유에 대한 제한의 요건을 명시한 규정으로 볼 것이고, 헌법상 표현의 자유의 보호영역 한계를 설정한 것이라고는 볼 수 없기 때문에, 음란표현도 헌법 제21조가 규정하는 언론·출판의 자유의 보호영역에는 해당하되, 다만 헌법 제37조 제2항에 따라 제한할 수 있는 것이다.(헌재 2009.5.28. 2006헌바109)

③ (X) '음란표현'도 헌법상 언론·출판의 자유의 보호영역 안에 있다.

④ (X) 인터넷언론사에 대해 선거일 전 90일부터 선거일까지 후보자 명의의 칼럼 등을 게재하는 것을 제한하는 구 '인터넷선거보도 심의기준 등에 관한 규정' 제8조 제2항 본문과 그 현행 규정 제8조 제2항은 헌법에 위반된다.(헌재 2019.11.28. 2016헌마90) 이 사건 시기제한조항의 입법목적은 인터넷 선거보도의 공정성과 선거의 공정성을 확보하려는 것이므로, 그 입법목적은 정당하고, 이 사건 시기제한조항은 그 입법목적을 달성하기 위하여 적합한 수단이다. 이 사건 시기제한조항은 다음과 같은 이유로 침해의 최소성원칙에 반한다. 결국 이 사건 시기제한조항은 과잉금지원칙에 반하여 청구인의 표현의 자유를 침해한다.

10　　　　　　　　　　　　　　　　정답 ③

① (O)

> 헌법 제12조
> ⑤ 누구든지 체포 또는 구속의 이유와 변호인의 조력을 받을 권리가 있음을 고지받지 아니하고는 체포 또는 구속을 당하지 아니한다. 체포 또는 구속을 당한 자의 가족등 법률이 정하는 자에게는 그 이유와 일시·장소가 지체없이 통지되어야 한다.

② (O)

> 헌법 제12조
> ③ 체포·구속·압수 또는 수색을 할 때에는 적법한 절차에 따라 검사의 신청에 의하여 법관이 발부한 영장을 제시하여야 한다. 다만, 현행범인인 경우와 장기 3년 이상의 형에 해당하는 죄를 범하고 도피 또는 증거인멸의 염려가 있을 때에는 사후에 영장을 청구할 수 있다.

③ (X)

> 헌법 제12조
> ① 모든 국민은 신체의 자유를 가진다. 누구든지 법률에 의하지 아니하고는 체포·구속·압수·수색 또는 심문을 받지 아니하며, 법률과 적법한 절차에 의하지 아니하고는 처벌·보안처분 또는 강제노역을 받지 아니한다.

④ (O)

> 헌법 제12조
> ⑦ 피고인의 자백이 고문·폭행·협박·구속의 부당한 장기화 또는 기망 기타의 방법에 의하여 자의로 진술된 것이 아니라고 인정될 때 또는 정식재판에 있어서 피고인의 자백이 그에게 불리한 유일한 증거일 때에는 이를 유죄의 증거로 삼거나 이를 이유로 처벌할 수 없다.

11　　　　　　　　　　　　　　　　정답 ④

① (O) ② (O) ④ (X) 신상정보등록은 통신매체이용음란죄와 20년간 일률적으로 등록하는 것을 제외하고는 모두 합헌이다.

③ (O) 통신매체이용음란죄[비교적 경미한 범죄인 스마트폰을 이용하여 성적수치심을 일으키는 글을 피해자(여, 14세)에게 도달하게 하였다는 범죄사실]로 유죄판결이 확정된 자는 신상정보 등록대상자가 된다고 규정한 '성폭력범죄의 처벌 등에 관한 특례법' 부분은 청구인의 개인정보 자기결정권을 침해하여 헌법에 위반된다.(헌재 2016.3.31. 2015헌마688) [위헌]

12　　　　　　　　　　　　　　　　정답 ①

① (X) ③ (O) 헌법재판소는 경우에 따라 대학 전구성원이 자율성을 갖는 경우도 있다고 보아 교수에 한정하지 않는다.(헌재 2006.4.27. 2005헌마1047)

② (O) 대학은 헌법소원을 제기할 수 있는 기본권 주체성이 인정된다.

④ (O) 헌재 2006.4.27. 2005헌마1047.

13　　　　　　　　　　　　　　　　정답 ④

① (X) 사안은 기본권 경합에 해당한다.

② (X) 공무원 보수규정의 봉급액 책정에 있어서 경찰공무원과 군인을 평등권 침해 여부의 판단에 있어서 의미 있는 비교집단으로 볼 수 있다.(헌재 2008.12.26. 2007헌마444) [기각]
국가비상사태, 대규모의 테러 또는 소요사태가 발생하였거나 발생할 우려가 있는 경우에는 경찰공무원은 치안유지를 위하여 군인에 상응하는 고도의 위험을 무릅쓰고 부여된 업무를 수행하여야만 한다. 이를 고려하여 볼 때, 직무의 곤란성과 책임의 정도에 따라 결정되는 공무원보수의 책정에 있어서(국가공무원법 제46조 제1항), 경찰공무원과 군인은 본질적으로 동일·유사한 집단이라고 할 것이다. … 경찰공무원 중 경장의 봉급월액이 이에 대응하는 군인계급인 중사의 봉급월액보다 적게 규정되었다고 하여 이를 합리적 이유 없는 차별에 해당한다고 볼 수 없다.

③ (X) 직업의 자유에 '해당 직업에 합당한 보수를 받을 권리'까지 포함되어 있다고 보기 어려우므로 이 사건 법령조항이 청구인이 원하는 수준보다 적은 봉급월액을 규정하고 있다고 하여 이로 인해 청구인의 직업선택이나 직업수행의 자유가 침해되었다고 할 수 없고, 위 조항은 경찰공무원인 경장의 봉급표를 규정한 것으로서 개성 신장을 위한 행복추구권의 제한과는 직접적인 관련이 없으므로, 청구인의 위 주장들은 모두 이유 없다.(헌재 2008.12.26. 2007헌마444)

④ (O)

14　　　　　　　　　　　　　　　　정답 ②

① (O) 통신은 격지자 간의 매체에 의한 의사전달을 말한다.

② (X) 헌법 제18조로 보장되는 기본권인 통신의 자유란 통신수단을 자유로이 이용하여 의사소통할 권리이다. '통신수단의 자유로운 이용'에는 자신의 인적사항을 누구에게도 밝히지 않는 상태로 통신수단을 이용할 자유, 즉 통신수단의 익명성 보장도 포함된다. 심판대상조항은 휴대전화를 통한 문자·전화·모바일 인터넷 등 통신기능을 사용하고자 하는 자에게 반드시 사전에 본인확인 절차를 거치는 데 동의해야만 이를 사용할 수 있도록 하므로, 익명으로 통신하고자 하는 청구인들의 통신의 자유를 제한한다. 반면, 심판대상조항이 통신의 비밀을 제한하는 것은 아니다. 가입자의 인적사항이라는 정보는 통신의 내용·상황과 관계없는 '비 내용적 정보'이며 휴대전화 통신계약 체결 단계에서는 아직 통신수단을 통하여 어떠한 의사소통이 이루어지는 것이 아니므로 통신의 비밀에 대한 제한이 이루어진다고 보기는 어렵기 때문이다.(헌재 2019.9.26. 2017헌마1209)

③ (O) 통신비밀보호법 제5조 제2항 중 인터넷회선 감청(인터넷 통신망에서 정보 전송을 위해 쪼개어진 단위인 전기신호 형태의 '패킷'(packet)을 수사기관이 중간에 확보하여 그 내용을 지득하는 이른바 '패킷감청')에 관한 부분은 집행단계 이후 객관적 통제수단이 제대로 마련되어 있지 않아 청구인의 통신 및 사생활의 비밀과 자유를 침해한다.(헌재 2018.8.30. 2016헌마263) [잠정적용 헌법불합치]

이 사건 법률조항은 입법목적의 정당성과 수단의 적합성이 인정된다. 이상을 종합하면, 이 사건 법률조항은 인터넷회선 감청의 특성을 고려하여 그 집행단계나 집행 이후에 수사기관의 권한 남용을 통제하고 관련 기본권의 침해를 최소화하기위한 제도적 조치가 제대로 마련되어 있지 않은 상태에서, 범죄수사 목적을 이유로 인터넷회선 감청을 통신제한조치 허가대상 중 하나로 정하고 있으므로 침해의 최소성요건을 충족한다고 할 수 없다.

④ (O)

15 〔정답〕 ②

① (O) 인간다운 생활권에 대한 심사기준이다.

② (X) 65세 미만의 비교적 젊은 나이인 경우, 일반적 생애주기에 비추어 자립 욕구나 자립지원의 필요성이 높고, 질병의 치료효과나 재활의 가능성이 높은 편이므로 노인성 질병이 발병하였다고 하여 곧 사회생활이 객관적으로 불가능하다거나, 가내에서의 장기요양의 욕구·필요성이 급격히 증가한다고 평가할 것은 아니다. 또한 활동지원급여와 장기요양급여는 급여량 편차가 크고, 사회활동 지원 여부 등에 있어 큰 차이가 있다. 그럼에도 불구하고 65세 미만의 장애인 가운데 일정한 노인성 질병이 있는 사람의 경우 일률적으로 활동지원급여 신청자격을 제한한 데에 합리적 이유가 있다고 보기 어려우므로 심판대상조항은 평등원칙에 위반된다.(헌재 2020.12.23. 2017헌가22)

③ (O) 헌재 2015.6.25. 2014헌바269.

④ (O) 헌재 2018.8.30. 2017헌바197.

16 〔정답〕 ④

① (O) 노동조합은 근로의 권리의 주체가 될 수 없다.(헌재 2009. 2.26. 2007헌바27)

② (O) 해고예고제도의 적용예외 사유로서 "일용근로자로서 3개월을 계속 근무하지 아니한 자" 부분은 헌법에 위반되지 아니한다.(헌재 2017.5.25. 2016헌마640)

일용근로자는 계약한 1일 단위의 근로기간이 종료되면 해고의 절차를 거칠 것도 없이 근로관계가 종료되는 것이 원칙이므로, 그 성질상 해고예고의 예외를 인정한 것이 상당한 이유가 있다.

③ (O) 청원경찰의 복무에 관하여 국가공무원법 제66조 제1항을 준용하여 노동운동을 금지하는 청원경찰법 제5조 제4항 중 국가공무원법 제66조 제1항 가운데 '노동운동' 부분을 준용하는 부분은 헌법에 합치되지 아니하고, 위 법률조항은 2018.12.31.을 시한으로 개정될 때까지 계속 적용한다.(헌재 2017.9.28. 2015헌마653) [계속적용 헌법불합치]

[1] 목적의 정당성 및 수단의 적합성은 인정된다.

[2] 침해의 최소성원칙에 위배된다.

④ (X) 경비업법 제15조 제3항 위헌확인(헌재 2009.10.29. 2007헌마1359) [기각]

공항·항만 등 국가중요시설의 경비업무를 담당하는 특수경비원에게 경비업무의 정상적인 운영을 저해하는 일체의 쟁의행위를 금지하는 경비업법 제15조 제3항은 특수경비원의 단체행동권을 박탈하여 헌법 제33조 제1항에 위배되는 것이라 할 수 없다.

17 〔정답〕 ④

① (O) 전국동시지방선거의 선거운동 과정에서 후보자들이 확성장치를 사용할 수 있도록 허용하면서도 그로 인한 소음의 규제기준을 정하지 아니한 공직선거법 제79조 제3항 제2호 중 '시·도지사 선거' 부분, 같은 항 제3호 및 공직선거법 제216조 제1항은 헌법에 합치되지 아니한다.(헌재 2019.12.27. 2018헌마730) [헌법불합치]

국가가 국민의 건강하고 쾌적한 환경에서 생활할 권리에 대한 보호의무를 다하지 않았는지 여부를 헌법재판소가 심사할 때에는 국가가 이를 보호하기 위하여 적어도 적절하고 효율적인 최소한의 보호조치를 취하였는가 하는 이른바 '과소보호금지원칙'의 위반 여부를 기준으로 삼아야 한다. 공직선거법에는 주거지역과 같이 정온한 생활환경을 유지할 필요성이 높은 지역에 대한 규제기준이 마련되어 있지 아니하다. 예컨대 소음·진동관리법, '집회 및 시위에 관한 법률' 등에서 대상지역 및 시간대별로 구체적인 소음기준을 정한 것과 같이, 공직선거법에서도 이에 준하는 규정을 둘 수 있다. 심판대상조항이 선거운동의 자유를 감안하여 선거운동을 위한 확성장치를 허용할 공익적 필요성이 인정된다고 하더라도 정온한 생활환경이 보장되어야 할 주거지역에서 출근 또는 등교 이전 및 퇴근 또는 하교 이후 시간대에 확성장치의 최고출력 내지 소음을 제한하는 등 사용시간과 사용지역에 따른 수인한도 내에서 확성장치의 최고출력 내지 소음 규제기준에 관한 규정을 두지 아니한 것은, 국민이 건강하고 쾌적하게 생활할 수 있는 양호한 주거환경을 위하여 노력하여야 할 국가의 의무를 부과한 헌법 제35조 제3항에 비추어 보면, 적절하고 효율적인 최소한의 보호조치를 취하지 아니하여 국가의 기본권 보호의무를 과소하게 이행한 것이다. 따라서, 심판대상조항은 국가의 기본권 보호의무를 과소하게 이행한 것으로서, 청구인의 건강하고 쾌적한 환경에서 생활할 권리를 침해한다.

② (O) 이 사건은 입법자가 사업장의 실내소음에 관하여 어떠한 입법적 규율을 하였는데 그 내용이 불완전·불충분한 경우라기보다는, 애당초 모든 사업장의 실내소음을 규제하는 기준에 관한 입법적 규율 자체를 전혀 하지 않은 경우이므로, 그 실질이 진정입법부작위를 다투는 것이라 할 것이다. 결국 독서실과 같이 정온을 요하는 사업장의 실내소음 규제기준을 제정하여야 할 입법자의 입법의무를 인정할 수 없으므로, 이 사건 심판청구는 헌법소원의 대상이 될 수 없는 입법부작위를 대상으로 한 것으로서 부적법하다.(헌재 2017.12.28. 2016헌마45)

③ (O)

④ (X) 기본권보호의무를 심사하는 기준은 과잉금지원칙이 아니라 과소보호금지원칙이다.

18 [정답] ②

① (O)

헌법 제27조
② 군인 또는 군무원이 아닌 국민은 대한민국의 영역안에서는 중대한 군사상 기밀·초병·초소·유독음식물공급·포로·군용물에 관한 죄 중 법률이 정한 경우와 비상계엄이 선포된 경우를 제외하고는 군사법원의 재판을 받지 아니한다.

② (X) 기본권제한의 정도가 특정범죄의 범죄신고자 등 증인 등을 보호하고 실체적 진실의 발견에 이바지하는 공익에 비하여 크다고 할 수 없어 법익의 균형성도 갖추고 있으며, 기본권제한에 관한 피해의 최소성 역시 인정되므로, 공정한 재판을 받을 권리를 침해한다고 할 수 없다.(헌재 2010.11.25. 2009헌바57)

③ (O) 기피신청이 소송의 지연을 목적으로 함이 명백한 경우에 신청을 받은 법원 또는 법관이 이를 기각할 수 있도록 규정한 형사소송법 제20조 제1항은 공정한 재판을 받을 권리를 침해하는 것이 아니다.(헌재 2006.7.27. 2005헌바58)

④ (O) 심판대상조항에 따른 법무부장관의 출국금지결정은 형사재판에 계속 중인 국민의 출국의 자유를 제한하는 행정처분일 뿐이고, 영장주의가 적용되는 신체에 대하여 직접적으로 물리적 강제력을 수반하는 강제처분이라고 할 수는 없다. 따라서 심판대상조항이 헌법 제12조 제3항의 영장주의에 위배된다고 볼 수 없다.(헌재 2015.9.24. 2012헌바302)

19 [정답] ①

① (X) 형사보상결정에 대한 불복금지(헌재 2010.10.28. 2008헌마514) [일부기각, 위헌]

[1] 형사보상청구금액의 상한제 [기각]
형사보상청구권은 헌법 제28조에 따라 '법률이 정하는 바에 의하여' 행사되므로 그 내용은 법률에 의해 정해지는바, 형사보상의 구체적 내용과 금액 및 절차에 관한 사항은 입법자가 정하여야 할 사항이다. … 보상금액의 구체화·개별화를 추구할 경우에는 개별적인 보상금액을 산정하는 데 상당한 기간의 소요 및 절차의 지연을 초래하여 형사보상제도의 취지에 반하는 결과가 될 위험이 크고 나아가 그로 인하여 형사보상금의 액수에 지나친 차등이 발생하여 오히려 공평의 관념을 저해할 우려가 있는바, 이 사건 보상금조항 및 이 사건 보상금시행령조항은 청구인들의 형사보상청구권을 침해한다고 볼 수 없다.

[2] 형사보상결정에 대한 불복금지 [위헌]
형사보상의 청구에 대하여 한 보상의 결정에 대하여는 불복을 신청할 수 없도록 하여 형사보상의 결정을 단심재판으로 규정한 형사보상법 제19조 제1항은 청구인들의 형사보상청구권 및 재판청구권을 침해한다.

② (O) 형사보상청구의 제척기간을 1년으로 정한 것(헌재 2010.7.29. 2008헌가4) [헌법불합치]

형사보상의 청구는 무죄재판이 확정된 때로부터 1년 이내에 하도록 규정하고 있는 형사보상법 제7조는 헌법 제28조에 합치되지 아니한다. … 이 사건 법률조항은 형사소송법상 형사피고인이 재정하지 아니한 가운데 재판할 수 있는 예외적인 경우를 상정하고 있는 등 형사피고인은 당사자가 책임질 수 없는 사유에 의하여 무죄재판의 확정사실을 모를 수 있는 가능성이 있으므로, 형사피고인이 책임질 수 없는 사유에 의하여 제척기간을 도과할 가능성이 있는바, 이는 국가의 잘못된 형사사법작용에 의하여 신체의 자유라는 중대한 법익을 침해받은 국민의 기본권을 사법상의 권리보다도 가볍게 보호하는 것으로서 부당하다.

③ (O)

형사보상 및 명예회복에 관한 법률 제4조(보상하지 아니할 수 있는 경우)
다음 각 호의 어느 하나에 해당하는 경우에는 법원은 재량(裁量)으로 보상청구의 전부 또는 일부를 기각(棄却)할 수 있다.
1. 「형법」 제9조 및 제10조 제1항의 사유로 무죄재판을 받은 경우
2. 본인이 수사 또는 심판을 그르칠 목적으로 거짓 자백을 하거나 다른 유죄의 증거를 만듦으로써 기소(起訴), 미결구금 또는 유죄재판을 받게 된 것으로 인정된 경우
3. 1개의 재판으로 경합범(競合犯)의 일부에 대하여 무죄재판을 받고 다른 부분에 대하여 유죄재판을 받았을 경우

④ (O)

20

① (O) 직업의 자유와 공무담임권이 경합하면 공무담임권을 기준으로 판단한다.

② (O) 공무담임권의 보호영역에는 일반적으로 공직취임의 기회보장, 신분유지, 승진의 기회균등으로 이루어진다.

③ (O) 공사 공단의 직원의 근무관계는 사법관계로 공무담임권의 보호영역이 아니다.

④ (X) 현직 공무원에 대해 금고 이상의 선고유예판결을 받으면 당연퇴직되는 것이 위헌이지만(단, 수뢰죄, 업무상 횡령·배임의 경우에 선고유예만으로 당연퇴직은 합헌), 선고유예 중에 공무원 임용결격사유로 하는 것은 헌법에 위반되지 않는다.

MEMO